50 dissertations d'Histoire, Géographie et Géopolitique

50 dissertations d'Histoire, Géographie et Géopolitique

Éric Szulman

Agrégé et docteur en Histoire,
professeur d'Histoire, Géographie et Géopolitique
en CPGE ECS au lycée La Pérouse-Kerichen de Brest

ellipses

ISBN 9782340-029255

32, rue Bargue 75740 Paris cedex 15

www.editions-ellipses.fr

Remerciements

Je ne remercierai jamais assez Nolwenn P. et Éric V. pour la patience dont ils ont fait preuve comme la pertinence de leurs remarques et de leurs corrections afin de m'aider à réaliser ce travail.

Comment également ne pas dire toute l'affection que je porte à ma femme qui m'a encouragé et considérablement aidé à réaliser cet ouvrage.

PRÉAMBULE

Des méthodes et des conseils pour faire une bonne dissertation, vous en trouverez beaucoup et parfois d'excellents. Suivez-les autant que vous pouvez, en particulier ceux que vos professeurs peuvent vous donner. Ce sont tous des experts de la dissertation : c'est ainsi qu'on les a recrutés et c'est ce qui explique la place qu'ils occupent aujourd'hui.

Aussi, le manuel que vous avez dans les mains n'a-t-il pas pour ambition de se substituer au cours donné chaque semaine ou de présenter une nouvelle synthèse du programme d'ECS. D'autres ouvrages, excellents et en grand nombre, le font très bien. Son but est juste de vous présenter 50 exemples de dissertations, de les commenter, parfois (mais pas toujours) de les détailler pour vous aider à mieux maîtriser un exercice si difficile. C'est un outil pédagogique d'apprentissage par l'exemple, lui-même nourri de l'expérience d'un professeur qui a éprouvé avec ses étudiants la dureté et la difficulté d'un travail de longue haleine.

Que trouverez-vous dans ce manuel ?

Une méthodologie de la dissertation bien évidemment. C'est un passage obligé, un peu théorique parfois, qui vise à dire ce qu'il faudrait faire.

Viennent surtout ensuite 50 exemples variés de sujets corrigés dont 15 sont présentés avec les croquis de synthèse associés. Tous sont originaux dans le sens où ils ne sont pas (encore ?) tombés sous cette forme au concours. Par ailleurs, nous avons veillé à respecter un certain équilibre entre les différents modules qui organisent le programme d'Histoire, Géographie et Géopolitique d'ECS. Aussi, des sujets portant exclusivement sur des questions d'Histoire du début de première année ont été intégrés bien qu'ils aient peu de chance d'être posés comme tels au concours. Ils offrent pourtant une idée du type de dissertation posée lors du premier semestre de première année, celui où l'on découvre l'épreuve et s'y confronte.

Quant aux croquis, ils ont tous été réalisés à main levée en moins d'une heure. Ils donnent à voir ce à quoi peut ressembler le travail attendu au concours de l'ESCP.

Enfin, certains sujets ont été entièrement rédigés ; d'autres ne présentent qu'une partie ou qu'une introduction et un plan plus ou moins détaillé ; parfois, nous en présentons même plusieurs. Cette hétérogénéité a pour but de montrer la diversité des approches et des analyses possibles tout autant que l'importance que revêt la construction de la problématique et du plan dans cet exercice.

Avant de commencer, rappelons trois maximes fondamentales qui doivent guider votre apprentissage :

1. Il n'existe aucune recette de cuisine ou de formule magique qui vous permettra de réussir à coup sûr.
2. Vous pouvez être l'étudiant le plus érudit qui soit, connaître votre cours dans ses moindres détails, vous ne saurez pas pour autant faire une dissertation.
3. Seule la pratique régulière et répétée de l'exercice vous garantit le succès le jour du concours.

Ces trois réalités résultent du fait qu'une dissertation ne relève pas d'un savoir mais d'un savoir-faire. C'est un exercice rigoureux et très exigeant de réflexion et d'argumentation qui impose un entraînement soutenu et astreignant pour être maîtrisé.

C'est aussi pourquoi il faut admettre vos possibles échecs, surtout au début. L'acquisition d'un savoir-faire passe par l'acceptation et la compréhension des erreurs que l'on peut commettre pour pouvoir progresser ; elles font inévitablement partie du processus d'apprentissage. Imaginez que le concours soit l'équivalent d'un marathon ou d'une descente olympique et qu'en débutant la classe préparatoire vous ne sachiez ni courir, ni faire de ski. Évidemment, surtout au départ, l'entraînement va être pénible et vous aurez des points de côté ou vous ferez de nombreuses chutes. Mais apprenez à vous relever et à poursuivre vos efforts, c'est le seul moyen d'espérer progresser. En définitive, c'est à vous de comprendre comment faire, d'inventer (par l'accumulation des entraînements) votre méthode d'analyse et d'argumentation. Lorsque vous y serez parvenu, le travail de mémorisation n'en deviendra que plus facile et prendra sens. Vous pourriez même y prendre goût…

Car la dissertation est tout sauf une épreuve fermée de récitation, de reproduction d'un schéma de pensée. C'est un exercice ouvert qui n'exige pas de trouver *LA* réponse à une question, mais au contraire de développer *votre* réponse à des problèmes complexes, souvent actuels et parfois polémiques. À vous de faire preuve de pertinence et de sagacité pour appréhender le devenir trouble, aussi inquiétant que passionnant, du monde qui nous entoure. Comme me l'a appris un bon ami philosophe, la devise de Kant, « *Sapere aude* ! » peut tout aussi bien se traduire par « Aie l'audace de penser par toi-même ! »

(maxime fondatrice de tout exercice de dissertation quel que soit la discipline) que par « prends le risque de goûter[1] ». Alors n'ayez pas peur. Cherchez à savoir et comprendre par vous-même, savourez l'exercice…

Un dernier conseil avant de commencer : avant de vous précipiter sur les corrigés, essayez déjà, de traiter seul le sujet que vous souhaitez étudier, de trouver une problématique et un plan détaillé, voire de réaliser le croquis. Vous en retirez un immense bénéfice, bien plus grand que si vous vous contentez passivement de regarder la correction.

1. Jean-Baptiste Scherrer, *Petit cahier de philosophie*, Gallimard, 1999, page 13 : « Le latin *sapere* dit à la fois la sagesse et la saveur : le sage est un grand goûteur. Et la sagesse n'est rien d'autre, si l'on entend les mots, que l'aptitude à savourer le goût. Mais le goût des choses ne se donne qu'à celui qui prend le risque de ne plus se contenter de la fadeur frelatée de l'opinion. "Prends le risque de goûter !" ou, mais c'est la même chose, "Aie l'audace de penser par toi-même !" ».

CONSEILS MÉTHODOLOGIQUES

I. La Dissertation (1) : Analyser un sujet et construire un plan

A. Analyse du sujet

1. Expliciter les termes et le sens du sujet

Il faut d'abord chercher à expliciter chaque terme et réfléchir à sa place et son sens dans le sujet. Pourquoi a-t-on utilisé ce terme-là plutôt qu'un autre ? Quel sens recouvre-t-il par rapport à la question posée ? Car chaque mot est important et oriente la réflexion. À cet égard, méfiez-vous des ressemblances : si un sujet vous semble proche d'un autre que vous auriez déjà pu traiter, faites encore plus attention aux mots employés, aux différences. Il est fort improbable en effet de rencontrer deux sujets exactement identiques. Chaque sujet est toujours unique et en changer un terme ou même une virgule peut en transformer totalement le sens !

Pour éviter cette erreur, réfléchissez et explicitez chaque mot pour lui-même. Comment faire ? Appuyez-vous sur vos connaissances mais pensez également au sens du mot dans un autre contexte, ou bien cherchez des synonymes ou des antonymes. Bref, jouez avec les mots pour explorer leur signification et donc celle aussi du sujet.

À cet égard, les bornes chronologiques et le cadre géographique du sujet sont essentiels. Posez-vous toujours deux questions :

1. Quand commence le sujet ? Parfois, le sujet l'indique soit avec des bornes chronologiques mises entre parenthèses, soit par des prépositions (depuis, pendant, durant…). Dans ce second cas, cela peut indiquer que des évolutions ont eu lieu.

2. Quel(s) espace(s) sont concernés ? Faites toujours attention aux expressions géographiques : l'Asie orientale n'est pas l'Asie, le Moyen-Orient n'est pas le monde arabe, l'Amérique du Sud n'est pas l'Amérique latine…Il s'agit de comprendre pourquoi le sujet se focalise sur tel espace plutôt que tel autre.

Tout ce travail préparatoire est primordial car il vous permettra d'éviter le pire : le hors sujet et la récitation de cours. Dans une dissertation, on ne vous demande pas de tout dire et encore moins de tout savoir. En revanche, on exige que vous soyez capable de saisir les enjeux d'un problème et d'y répondre avec une stricte exactitude. Bref, de répondre au sujet et rien qu'au sujet !

2. Formuler la question du sujet, l'explorer et mobiliser ses connaissances

Après avoir bien délimité le sujet, il faut mobiliser les connaissances qui s'y rapportent. Mais comme l'exercice de dissertation est avant tout un exercice d'argumentation, il vaut mieux chercher des idées (appuyées évidemment sur des connaissances) plutôt que des faits ou des exemples qui pourraient vous perdre. L'erreur à ne surtout pas commettre est de récapituler au brouillon tout ce que l'on sait de son cours ou du thème qui semble proche de la question posée, sans vraiment chercher à répondre au sujet.

Pour ce faire, il est intéressant de partir du sujet lui-même et de construire une question à partir des termes exacts, c'est-à-dire de formuler (ce qu'on peut appeler) la question du sujet. Attention, une telle question simple n'est jamais une problématique. C'est juste une étape intermédiaire et commode pour commencer à réfléchir et pour mobiliser ses idées et ses connaissances. Comment faire ? Cela dépend du type de sujet. Schématiquement, il en existe de trois sortes :

1. **Les sujets questions** : Le sujet est déjà sous forme interrogative, le plus souvent sous la forme d'une question fermée, c'est-à-dire qui induit une réponse par oui ou par non. Dans ce cas, essayez déjà de voir quels arguments et quelles connaissances vous semblent répondre à la question, lesquels vont dans un sens plutôt positif, et d'autres plutôt négatif. Mais bien sûr, cela ne fait pas un plan ou une problématique. C'est juste une étape préalable pour explorer le sujet. Il peut être aussi intéressant d'inverser la question pour mieux percevoir le sens du sujet et trouver de nouvelles idées.

   > **Exemples** : « L'Europe en 1913 : une suprématie incontestable ? ». En inversant la question, on obtient : L'Europe en 1913 : une suprématie contestable et/ou contestée ? De même, « Peut-on définir une identité européenne ? », revient aussi à s'interroger sur les raisons pour lesquels on ne pourrait pas.

2. **Les sujets relations** : Ce sont des sujets dans lesquels on trouve une conjonction de coordination (le plus souvent « et ») ou des prépositions ou des locutions prépositives (« en », « dans », « face à »,…etc.). Le propre de ces sujets est de mettre en relation deux termes ou deux notions dont il faut alors étudier les liens,

les interactions. Aussi, cela revient à formuler une question en commençant par : « Quelles sont les relations… ? » ou « Quels sont le rôle et la place… ? », ou encore « Comment réagit… ? ». À partir de là, réfléchissez aux idées et aux faits qui vous permettent d'y répondre.

> **Exemples** : « Le Japon en Asie depuis le XIXe siècle », *question du sujet* : Comment la place du Japon en Asie a-t-elle évolué depuis la fin du XIXe siècle ? ou « Le monde face aux défis agricoles et alimentaires contemporains », *question du sujet* : Comment le monde fait-il face aux défis alimentaires et agricoles contemporains ?

3. **Les sujets-phrase** : Le sujet est une phrase nominale qu'il s'agit dès lors de transformer en question pour percevoir son sens. Il peut arriver (mais c'est beaucoup plus rare dans les sujets d'ECS) d'avoir une citation à commenter. Dans tous les cas, posez votre question du sujet et cherchez des arguments pour y répondre.

> **Exemples** : « Les défis intérieurs de l'ascension chinoise depuis 1979 », *question du sujet* : quels défis intérieurs résultent de l'ascension chinoise depuis 1979 ? ou « L'instabilité du monde arabe, un enjeu régional aux répercussions mondiales », *question du sujet* : En quoi l'instabilité du monde arabe est un enjeu régional aux répercussions mondiales ?

Enfin, pensez aussi toujours à questionner le sujet lui-même : pourquoi vous pose-t-on cette question ? Et pourquoi de cette façon-là ? Quel contexte, quelle actualité peuvent-ils donner sens à une telle question ? Car partez toujours du principe qu'un sujet n'est pas neutre. Au contraire, il a été construit par un concepteur qui a lui-même beaucoup réfléchi avant de formuler son sujet de telle ou telle manière. Il a pesé chaque mot, il a travaillé la question plusieurs fois et finalement il a bien une idée derrière la tête pour s'arrêter sur un tel libellé. À vous de trouver laquelle.

En définitive, poser la question du sujet devrait vous permettre de l'explorer. Car une fois la question posée, on se rend toujours compte que la réponse à cette dernière consiste à dire : « ça dépend ». Dès lors, à vous de chercher : « ça dépend. *Oui mais de quoi ?* »

On le verra dans les 50 exemples à venir, à quel point combien les paramètres d'une question en HGG sont récurrents. Ils varient en fonction :

- **De l'Histoire** : La période à laquelle on étudie la question constitue une première variable. Autrement dit, chaque sujet peut avoir une dimension évolutive : les choses ont pu être ainsi, mais ce n'est plus le cas.
- **De la Géographie** : La variabilité de l'espace et/ou de l'échelle concernés est également à prendre en compte : c'est vrai pour tel pays, telle région, tel continent, mais pas pour tel autre. C'est vrai si on regarde à l'échelle du monde, mais pas d'une ville…

– **De la Géopolitique** : qu'est-ce que la géopolitique ? Un certain regard sur les conflits, les rapports de forces dans l'espace. Or, le propre de la géopolitique est d'essayer de croiser les angles d'analyse d'un problème pour parvenir à en expliquer les facteurs et les effets. Il faut donc réfléchir à la variation thématique d'une question pour l'étudier : économique, militaire, stratégique, diplomatique, politique, social, culturel, spatial, environnemental etc.

Saisir cette variabilité d'un sujet à partir de la question du sujet et de l'analyse des termes devrait vous permettre de le parcourir dans tous ses sens, de chercher déjà à bâtir des arguments.

Dans tout ce travail préparatoire, il est cependant une erreur à ne pas commettre : substituer aux mots exacts du sujet des synonymes, des expressions proches. Cette erreur courante peut-être bégnine. Mais parfois elle est source d'errements très préjudiciables qui vous font changer le sens du sujet. Donc accrochez-vous aux termes tels qu'ils sont formulés.

3. Construire une problématique

Les deux étapes précédentes vous ont normalement conduit à percevoir le sens du sujet, c'est-à-dire à anticiper déjà sur une ou des réponse(s) possible(s). Il est alors temps de trouver la problématique.

Qu'est-ce qu'une problématique ? Une problématique est, comme son nom l'indique, un problème, une énigme qui appelle une réponse complexe. Par définition, à la différence d'une question, un problème suppose de la difficulté, de la nuance, de la subtilité pour être résolu. Problématiser, cela consiste donc à saisir ce qui résiste à une analyse simple dans un sujet. Cela revient aussi à déterminer un axe de lecture pour le sujet. Mais comment construire une problématique ?

Un moyen commode (mais qui, attention, ne fonctionne pas toujours) consiste, après avoir formulé la question du sujet, à y répondre le plus simplement possible. Ensuite, le problème résulte des réponses que vous pouvez apporter à cette question. Prenons des exemples pour voir cela que cela peut donner.

EXEMPLES DE PROBLÉMATISATION

Exemple 1 : *La France face à la décolonisation*

Question du sujet : Comment la France a-t-elle géré la décolonisation ?

Réponse : A la différence du Royaume-Uni, la France a plutôt choisi l'option militaire que la voie diplomatique pour décoloniser.

Problématique : Pourquoi la France a-t-elle eu tant de mal à décoloniser ?

Exemple 2 : *Les États-Unis et l'Europe depuis 1945*

Question du sujet : Quelles relations les États-Unis et l'Europe ont-ils entretenu depuis 1945 ?

Réponse : D'un point de vue géopolitique, l'Europe et les États-Unis ont entretenu une alliance asymétrique et qui n'a pas été, notamment du point de vue américain, sans ambiguïté. Mais d'un point de vue économique, les États-Unis et l'Europe ont plutôt été des rivaux, surtout depuis les années 1970.

Problématique : Les États-Unis et l'Europe depuis 1945 : une alliance indéfectible ou une distance grandissante ?

Notez combien problématiser ne veut pas dire changer la question ! Cela consiste plutôt à la mettre en perspective, à lui donner un sens. À cet égard, il peut souvent être intéressant (mais pas toujours) de construire une alternative (« Ou bien…, ou bien »).

En définitive, parvenir à bien problématiser un sujet est absolument crucial dans la mesure où seul un problème bien formulé peut vous permettre d'argumenter avec rigueur et précision. On verra d'ailleurs au fil des 50 dissertations, qu'il existe toujours plusieurs façons de problématiser un sujet et donc d'y répondre. Car la problématique détermine votre plan.

B. Construire le plan

La dissertation est tout sauf une récitation. C'est une démonstration organisée et argumentée. Elle doit donc s'appuyer sur un plan structuré qui constitue « l'ossature », le « squelette » de votre réflexion. Un bon devoir, plus qu'une somme de connaissances, plus que des réflexions pertinentes ou des exemples bien choisis, est un devoir bien construit. D'autant que, dans les épreuves des écoles de commerce, vous ne disposez que de 4 heures (parfois moins lorsque vous devez réaliser un croquis ou commenter un document). La pertinence de l'argumentation, la clarté et surtout la logique de votre réponse sont donc primordiales.

Qu'est-ce qu'un plan ? C'est exclusivement *LA* réponse au sujet ou plus précisément à la problématique que vous avez-vous-même formulée. N'essayez jamais de plaquer un plan préétabli. Cherchez à tout prix à répondre à votre question. Pour ce faire, utilisez les termes du sujet tels qu'ils sont formulés. Au mieux, tentez de jouer avec ces mots pour construire votre plan.

Déterminez d'abord vos trois grandes parties (les épreuves des écoles de commerce exigent trois parties) puis ensuite seulement cherchez à les détailler. Vos parties, doivent être équilibrées : elles doivent être d'égal intérêt et de longueur comparable. Il ne faut pas se répéter, ni oublier des éléments.

Essayez pour chaque partie et chaque sous-partie de rédiger à l'avance un argument sous forme de phrase. Cela vous permettra :

1. D'anticiper sur la rédaction et de bien commencer chaque paragraphe par une idée ;
2. De lier et coordonner vos idées les unes avec les autres, de prévoir à l'avance la progression de votre raisonnement.

Enfin, une fois ce squelette fabriqué, pour chaque sous-partie, c'est-à-dire chaque paragraphe, trouver des faits et des exemples qui illustreront l'idée que vous voulez développer.

Il existe plusieurs types de plan qu'on peut très bien combiner :

- **Le plan chronologique** : on insiste sur l'évolution d'un phénomène en en marquant les ruptures temporelles. Tout le problème est alors de trouver les dates ou périodes-clés où les choses changent.
- **Le plan dialectique** : Aspects/Facteurs/Limites ou Typologie. Autrement dit, on décrit les formes d'un phénomène, on en montre les ressorts, les atouts ou les acteurs, puis on le nuance en en montrant les limites ou la variabilité géographique.
- **Le plan thématique** : Il est rare qu'un tel plan soit intégralement mobilisable pour les dissertations d'HGG car il écrase justement les dimensions historiques et géographiques d'un sujet. Il peut être néanmoins utile de distinguer le sujet en fonction de ses dimensions thématiques (culturelle, économique, militaire… etc.)
- **Le plan explicatif** : (1) les faits, (2) les causes, (3) les conséquences ou les effets : il convient souvent s'il l'on doit analyser un événement ou un phénomène.

Quoi qu'il en soit, surtout ne cherchez jamais à trouver quel type de plan vous allez prendre dans le tiroir aux plans comme s'il s'agissait d'une garde-robe. Le seul guide pour bâtir un plan est la logique de votre réponse par rapport à la problématique que vous avez posée.

II. La Dissertation (2) : Rédiger l'introduction et la conclusion

A. Rédiger l'introduction

L'introduction est peut-être l'élément le plus important de votre devoir. C'est la première chose que votre correcteur lira. Ce sera donc la première impression qu'il se fera et surtout c'est la partie qu'il lira avec le plus d'attention dans la mesure où elle montre tout à la fois votre compréhension du sujet, vos qualités d'analyse et de rédaction et votre maîtrise des connaissances. C'est pourquoi l'introduction doit être travaillée avec précision. À cet égard, il est conseillé de la rédiger au brouillon.

Toute introduction se compose toujours de 3 éléments : un préambule, l'analyse du sujet et l'annonce du plan.

1. Le préambule

Le préambule ne doit pas être bâclé, bien au contraire. Il doit être l'entrée en matière qui doit vous amener à présenter le sujet de la façon la plus pertinente possible. C'est l'incipit de votre devoir, qui comme dans une œuvre littéraire, doit capter l'attention de votre lecteur et lui faire sentir dès le départ que vous avez compris les enjeux de la question. Comment faire ? Vous avez plusieurs possibilités :

- Soit vous partez d'un exemple précis (un fait, une anecdote, un événement, ou une citation) qui va vous permettre de présenter le sujet.
- Soit vous partez d'une réflexion plus large que le sujet lui-même, sur la période concernée, ou sur le cours, qui vous amènera à la question plus précise de la dissertation.

De toute façon, l'objectif d'un préambule est de présenter le sujet sans qu'il tombe néanmoins dans votre propos comme un cheveu sur la soupe. De ce fait, il faut impérativement éviter les grandes phrases d'une banalité affligeante, telle que « de tous temps, les hommes…etc. »

2. L'analyse du sujet

Le but de ce paragraphe est de montrer au correcteur comment vous avez compris le sujet et donc comment vous êtes parvenu à formuler votre problématique (qui doit toujours clore le paragraphe). Il vous faut donc revenir sur le sens des termes du sujet, les mettre en perspective, les replacer dans leur contexte, pour expliquer le sens du sujet.

Il peut aussi être intéressant (en fonction de la question) de replacer le problème dans son histoire, son contexte. En particulier, si le sujet comporte une dimension historique, revenir sur les faits passés est une bonne manière d'entrer en matière et de lui donner du relief. Par ailleurs, vous pouvez aussi amener une réflexion sur la pertinence et/ou l'actualité du sujet ; répondre donc à la question : pourquoi un tel sujet se pose-t-il ?

Finalement, le but d'une introduction, est d'expliciter de façon rigoureuse comment et pourquoi on vous pose une telle question. Aussi, il faut réussir à démontrer la pertinence du problème. Une façon de faire est, au cours du paragraphe, d'exposer un certain sens du sujet puis de marquer une rupture par l'usage de mots comme « or », « pourtant », « mais », « en revanche » afin d'introduire une contradiction, une remise en cause de ce qui a été, ou de ce qu'on croit habituellement... Bref, de démontrer que le sujet n'est pas simple mais nécessite d'être discuté de façon complexe et nuancée, donc de faire l'objet d'une dissertation.

En résumé, l'analyse du sujet comporte : l'analyse des termes du sujet, le contexte et votre problématique qui doit conclure le paragraphe.

3. L'annonce du plan

Enfin il ne faut jamais oublier l'annonce du plan, qui se doit d'être exposé avec une clarté rigoureuse et répondre exactement au sujet comme à votre problématique. Deux erreurs majeures sont alors à éviter : 1) annoncer un plan et ne pas le suivre dans son développement. 2) annoncer un plan incompréhensible.

En définitive votre introduction peut être relativement longue et être écrite sur une page maximum.

B. Rédiger la conclusion

La conclusion, même si elle reste moins importante que votre introduction, n'en demeure pas moins essentielle. Elle se compose de deux parties, donc de deux paragraphes : le bilan et une ouverture.

1. Le Bilan

Le bilan ne doit pas être un résumé de votre devoir. Ce doit être la réponse exacte à votre problématique que vous devez synthétiser. Vous pouvez d'ailleurs rappeler votre problématique et montrer comment vous y avez répondu. En d'autres termes, la conclusion est là pour souligner la cohérence et la pertinence de votre démonstration.

2. L'Ouverture

Ces derniers mots de votre devoir vous permettent de faire jouer votre imagination, qui ne doit pourtant pas être débridée. L'idée est d'élargir le sujet afin de montrer que la réflexion n'est pas finie, qu'il existe d'autres problèmes sous-jacents ou qui se posent à la suite de celui que vous venez de traiter. Comment faire ? Soit vous posez une autre question (évidemment en rapport avec le sujet) ou vous abordez un autre problème ; soit vous finissez par une citation ou un exemple qui porte à réflexion et montre que la réflexion n'est pas achevée (on n'a jamais fini de réfléchir à un problème).

Votre conclusion doit être courte : une demi-page. Vous pouvez aussi bien la rédiger au brouillon avant même de rédiger votre développement, ou au contraire la rédiger dans la dernière demi-heure. Dans tous les cas, il faut que vous évitiez de la bâcler car ce sont les derniers mots que votre correcteur lira et donc retiendra.

III. La Dissertation (3) : rédiger le développement

A. La forme du développement

Le développement d'une dissertation se compose impérativement de plusieurs parties et paragraphes. Ces parties et paragraphes doivent être clairement distincts dans la copie :

- Lorsque vous changez de partie, il faut sauter une ou deux lignes.
- Lorsque vous commencez un paragraphe vous devez utiliser un alinéa (un espace de deux carreaux au début du paragraphe).
- Ne sautez pas de ligne entre chaque paragraphe

Ces règles sont impératives pour rendre votre copie lisible, car, dès lors, on peut toujours voir du premier coup d'œil votre plan et l'équilibre de vos parties. Vous ne devez, en effet, surtout pas indiquer le titre de vos parties ou sous parties. Tout votre devoir doit être entièrement rédigé.

Second point important dans la rédaction : rédigez des transitions et des introductions de parties. S'il n'est pas nécessaire d'annoncer vos sous-parties au début de chaque grande partie, en revanche il est impératif d'introduire l'idée principale que vous allez développer. En outre, une fois votre partie achevée, il est nécessaire de montrer comment vous passez d'une idée à l'autre, quelle est la logique de votre raisonnement. Ces transitions font toute la saveur d'un bon devoir qui synthétise votre argumentation et surtout souligne auprès de votre correcteur sa logique, sa cohérence. Ne négligez pas ces rouages rhétoriques : ils constituent les chevilles ouvrières de votre travail.

B. Le paragraphe

Votre travail doit se composer de plusieurs paragraphes. Chaque paragraphe doit constituer une unité, un tout cohérent construit autour d'une idée. Si vous passez à une autre idée, à un autre argument, il faut impérativement aller à la ligne, et rédiger un nouveau paragraphe.

La rédaction d'un paragraphe est libre, mais doit néanmoins se composer de plusieurs éléments indispensables à la cohérence et à la compréhension de votre argumentation. Il faut que :

– Vous présentiez votre argument, votre idée.
– Vous expliquiez cet argument, que vous le démontriez, que vous le justifiiez. Toute affirmation, même vraie et juste mais non fondée est toujours considérée comme nulle et non advenue.
– Vous présentiez un ou plusieurs exemples, qui illustrent votre propos. En Histoire, comme en Géographie ou en Géopolitique, on attend de vous que vous expliquiez des phénomènes et des faits concrets, c'est-à-dire inscrits dans un espace et un temps particuliers. Il faut donc nourrir la copie de chiffres, de noms, de dates, de lieux précis, bref d'exemples. De fait, le défaut le plus fréquent et le plus dommageable dans ce type d'exercice consiste à aligner des idées abstraites sans lien avec une quelconque réalité. Pensez aussi à faire un usage proportionné de références livresques : faire preuve d'une érudition modeste et bien dosée est fort valorisant.
– Vous construisiez une transition avec le paragraphe, l'idée suivante, marquant ainsi l'indispensable lien logique entre deux idées.

C. Rédaction et usage de mots de liaison

La qualité de l'orthographe et du style est essentielle et elle est comprise dans l'évaluation de votre copie. De ce fait, il est fortement conseillé de faire des phrases courtes. L'accumulation de conjonctions de coordination, de virgules et de subordonnées nuit gravement à la lecture de votre travail et conduit généralement à l'énervement du correcteur. Par ailleurs, pour rendre votre travail clair, logique et rigoureux, l'usage de mots de liaison, évidemment employés à propos, se révèle être un outil très utile.

EN CONCLUSION : CE QUI FAIT LA DIFFÉRENCE

– La qualité de la rédaction avant toute chose. Une copie mal écrite, même très érudite et pertinente, sera mécaniquement mal notée.
– La clarté, la rigueur et la pertinence de l'argumentation. Cherchez à toujours rattacher vos propos au sujet et à votre problématique et à les nuancer.
– La multiplicité et la précision de vos connaissances et de vos exemples. En particulier, votre capacité à les maîtriser, c'est-à-dire à les trier et à les hiérarchiser dans la seule optique de répondre au sujet est une des compétences les plus valorisées. La précision de vos exemples et de vos références géographiques ou bibliographiques est également déterminante.
– La qualité de vos transitions. Essayez dans la mesure du possible de donner un sens à l'enchaînement de vos idées, car c'est l'ordre et la hiérarchie de vos arguments qui comptent par-dessus tout.

IV. Comment faire un croquis de synthèse ?

Le croquis est un exercice de synthèse cartographique en lien avec le sujet de la dissertation posée. En effet, l'objectif de cette épreuve n'est pas du tout de reproduire un croquis préparé à l'avance, mais au contraire de produire un travail cartographique original qui réponde précisément au sujet posé et appuie, nuance, complète votre dissertation.

A. Qu'attend-on dans un croquis de synthèse ?

Le croquis n'est pas un exercice cartographique de précision ou d'érudition. C'est une représentation spatiale schématique et sélective qui cherche avant tout à montrer comment un problème géopolitique et/ou historique est spatialisé, c'est-à-dire inscrit dans des dynamiques territoriales précises et différenciées.

C'est pourquoi le croquis apparaît comme un complément utile à votre dissertation dans la mesure où il sert à appuyer votre démonstration en montrant :

1. que vous maîtrisez les repères spatiaux du phénomène étudié (maîtrise des connaissances),
2. que vous êtes capables de nuancer et différencier les espaces concernés en fonction du problème (analyse),
3. que vous êtes capable de synthétiser les principaux éléments de réflexion par une légende et un dessin simple et précis (synthèse).

B. D'où partir pour construire le croquis de synthèse ?

Le croquis de synthèse est avant tout là pour vous permettre d'exposer une typologie, c'est-à-dire de distinguer différents types ou catégories d'espaces en fonction du sujet. On l'a dit, tout sujet (quel qu'il soit) vous invite toujours à répondre « ça dépend ». Et dans cette perspective, le croquis est justement là pour montrer que la réponse au sujet dépend de l'espace qu'on étudie et de l'échelle à laquelle on l'aborde.

Dès lors, posez-vous les questions suivantes avant de commencer la légende :

1. Que vais-je colorier ? Quels contrastes de couleurs (couleurs chaudes ou froides, dégradés) vais-je mettre en valeur ? Autrement dit, dans le sujet que l'on me pose quels espaces sont actifs, dynamiques, centraux (couleurs chaudes) ? Quels autres sont périphériques, en difficulté (couleurs froides) ? Pouvez-vous distinguer différents types de lieux ou de pays en fonction du problème ?
2. Quels lieux structurent votre sujet ? Et donc quels figurés ponctuels sont importants à faire apparaître (villes, littoraux, organisations, bases militaires, rassemblements…) ? Quels lieux sont au centre du sujet que l'on vous pose ?
3. Quelles dynamiques, quels flux et/ou quels changements spatiaux sont au cœur de mon sujet ? Et dès lors quels figurés linéaires (plus ou moins intenses) vais-je pouvoir tracer ?

Bref, il s'agit de réfléchir à ce que vous allez dessiner pour pouvoir ensuite organiser votre légende. À cet égard il existe trois types de figurés : 1. des surfaces colorées (chaud/froid/dégradés), 2. des figurés ponctuels (points, formes géométriques, lignes mais jamais de dessins), 3. des figurés linéaires, traits et/ou flèches (en cherchant toujours à les hiérarchiser)

C. Comment construire la légende du croquis de synthèse ?

Il est impératif de construire la légende du croquis avant de réaliser le dessin. D'autre part, il peut être utile de réfléchir à la légende (plan et figurés) en même temps que vous construisez votre plan de dissertation dans la mesure où les deux peuvent être corrélés. Pour autant, il est rare que votre plan de dissertation soit exactement celui de la légende. Une légende doit se présenter sous forme de plan détaillé (grandes parties et sous-parties) qui organise ensuite les figurés cartographiques que vous souhaitez représenter.

Tout plan de légende est comme un plan de dissertation : il répond exactement à la question posée et, pour ce faire, reprend les termes du sujet. Comme dans l'exercice de la dissertation, vous devez donc distinguer différentes idées cohérentes qui répondent au sujet et qui vous permettent de classer les figurés en fonction de ce que vous cherchez à démontrer.

Souvent le plan de la légende s'appuie sur les jeux d'échelle et la typologie que vous cherchez à mettre en valeur : la réponse au sujet dépend :

1. De l'échelle à laquelle on regarde le problème (à l'échelle du monde, des continents, des États, des régions…) ;
2. De l'espace concerné par le problème.

En définitive, dans votre légende vous devez avoir entre une douzaine et une vingtaine de figurés (jamais moins, sinon c'est trop lacunaire, jamais plus, sinon le croquis est illisible)

D. Comment réaliser le dessin du croquis de synthèse ?

Une fois la légende réalisée, passez au dessin sur le fond de carte. Tout ce qui est dans votre légende doit être sur la carte ; et tout ce qui est sur la carte doit être dans la légende. Et il est bien sûr inutile de colorer la mer en bleu…

Commencez par les figurés ponctuels et les flèches (qui doivent être visibles et donc peuvent très bien être faits au feutre) pour finir par les surfaces colorées (toujours au crayon de couleur).

Enfin et surtout, il est impératif de soigner la nomenclature, c'est-à-dire de faire figurer les noms des mers, des lieux, des pays, des organisations que vous avez représentés. Ces noms doivent toujours être horizontaux et vous pouvez jouer sur la façon de les écrire (majuscules/ minuscules, détaché/attaché, jeux de couleurs). Rien n'est pire qu'un croquis sans nomenclature.

Pour terminer, n'oubliez jamais de faire un titre problématisé (sur la légende comme sur le croquis) c'est-à-dire non le sujet tel quel, non un titre interrogatif, mais un titre qui résume ce que vous cherchez à démontrer.

E. Comment travailler le croquis de synthèse ?

D'un côté, comme chaque croquis est unique, au même titre que chaque sujet et donc que chaque dissertation, il est impossible de prévoir à l'avance le croquis que vous allez faire le jour de l'épreuve. Dès lors, la seule façon de maîtriser cet exercice, c'est d'en acquérir le savoir-faire par la répétition : plus vous ferez de croquis originaux, plus vous maîtriserez le vocabulaire cartographique (qui est finalement assez limité), plus vous aurez construit de plans de légende, et plus vous serez capable de réaliser un croquis de synthèse.

D'un autre côté, il peut être toutefois utile de préparer à la maison des croquis généraux (comme ceux faits en classes de Terminale) pour acquérir des éléments de réflexion et surtout les repères spatiaux indispensables. Rien n'est pire que de placer Tokyo à Manille ou le Brésil en Australie (et ce n'est pas une invention…). Alors prenez des fonds de carte (du monde, des continents et des pays étudiés) et placez-y (en vous référant aux manuels de terminales disponibles au CDI) les principaux repères (villes, littoraux, interfaces, pays, flux…).

CONCLUSION : QU'EST-CE QU'UN BON CROQUIS DE SYNTHÈSE ?

L'évaluation du croquis de synthèse (sur 5 points quand la dissertation est sur 15) repose alors sur :

- La pertinence du plan de la légende par rapport au sujet posé
- La diversité et l'à-propos des figurés
- La lisibilité et la propreté du croquis (un bon croquis est un croquis qui peut se lire de loin)
- La précision des connaissances et des repères spatiaux

Le croquis est donc un exercice particulièrement exigeant pour tous les candidats mais qui permet d'évaluer tout à la fois la maîtrise des connaissances, les capacités d'analyse et les qualités de synthèse d'un étudiant.

MODULE I

Les grandes mutations du monde au XXe siècle (de 1913 au début des années 1990)

Avec croquis couleurs (→ voir cahier central)

1 L'Europe en 1913 : une suprématie incontestable ?

Un tel sujet de début de première année (qui ne peut, en l'état, probablement pas tomber au concours) invite à prendre certains réflexes d'analyse pour ne pas s'égarer et/ou réciter son cours sans ordre, ni logique.

1. Il faut bien expliciter les termes du sujet, analyser avec précision leur sens et bien repérer leur polysémie, source de questionnements essentiels. Ainsi, parler de l'Europe en 1913 doit immédiatement conduire à poser la question de la pertinence de cette désignation géographique. En effet, le terme désigne aussi bien le continent européen pris comme un ensemble cohérent, mais également comme la somme des États hétérogènes et distincts qui le composent. Dès lors, le sujet porte-t-il sur la suprématie de l'Europe ou celle des États européens ? Bien évidemment les deux. Cela doit devenir un réflexe constant de l'analyse de toujours interroger la polysémie des désignations géographiques.
2. Il faut aussi bien faire attention aux mots du sujet et tenter, autant que faire se peut, de jouer avec ceux-ci. Le mot « incontestable » est en ce sens exemplaire : d'un côté, la suprématie peut être incontestable, si elle n'est pas contestée, c'est-à-dire si elle ne fait l'objet d'aucune contestation. D'un autre côté, on peut aussi l'interpréter comme une suprématie qui ne serait pas contestable, car absolue, sans rivale, écrasante… Autrement dit, voici un terme courant (qui n'est pas un mot du cours) et qui est pourtant essentiel à la problématisation comme à l'exploration de tous les sens que peut recouvrir un tel sujet. C'est aussi ce terme qui peut amener à jouer avec les mots pour mieux construire un plan pertinent.

Introduction

En 1896, à Adoua, les Italiens subissent une lourde défaite face aux armées éthiopiennes de Ménélik II. En cette fin de XIXe siècle, ce sont les premiers Européens à être vaincus par un peuple africain alors même que, sur le reste du continent, les autres nations européennes semblent exercer une indiscutable suprématie. En ce sens, à l'orée du XXe siècle, peut-on vraiment dire que la suprématie européenne est incontestable ?

De toute évidence, l'Europe de 1913 exerce une indéniable suprématie sur le monde dans la mesure où ce continent domine effectivement une majeure partie de l'espace mondial (2/3 des terres sont colonisées ou semi-colonisées) et où en même temps il occupe une position avérée de supériorité dans certains domaines (industriel, technologique, militaire). Pourtant, cette évidente suprématie semble contestable, c'est-à-dire aussi bien discutable que limitée. Car, d'un côté, l'Europe ne forme pas un ensemble unifié et cohérent. L'Europe, c'est la somme des États disparates qui la composent. On y trouve aussi bien de grandes nations industrielles et coloniales (Royaume-Uni, France, Allemagne) que de plus petites (Belgique, Pays Bas, États des Balkans), ou bien encore de grands Empires multi-ethniques hétérogènes et parfois fragiles (Autriche-Hongrie, Russie). D'ailleurs, cette Europe divisée est minée par des tensions internes (sociales et géopolitiques) dont le reste du monde n'est parfois que le champ d'expression. D'un autre côté, le monde ne reste guère passif face à la suprématie européenne : non seulement des peuples soumis s'y opposent de plus en plus (en Asie ou en Afrique), mais plus avant des États nouveaux (comme le Japon ou les États-Unis) parviennent même à rivaliser avec elle. Aussi, dans quelle mesure peut-on vraiment récuser l'idée que l'Europe exerce une suprématie incontestable en 1913 ?

De fait, la suprématie européenne sur le monde est, en maints domaines, indéniable **(1)**. Pourtant, elle demeure *contestable* dans la mesure où le continent européen est hétérogène et divisé et que sa supériorité en est limitée **(2)**. D'ailleurs, cette suprématie est, en ce début de XXe siècle, largement *contestée* par des peuples soumis comme par des nations non-européennes de plus en plus conquérantes **(3)**.

Problématique : Peut-on vraiment dire que la suprématie européenne sur le monde en 1913 est incontestable, c'est-à-dire qu'elle ne rencontre aucune critique et aucune opposition ? Ou bien cette suprématie avérée est-elle néanmoins contestable, c'est-à-dire limitée et discutable ?

Ou (plus simple) : Dans quelle mesure peut-on contester l'idée que l'Europe exerce une suprématie incontestable en 1913 ?

I. Une suprématie indéniable : *en 1913, l'Europe exerce sur le monde une indéniable suprématie économique et géopolitique*

A. Une indéniable suprématie industrielle et technologique (2/3 de la production industrielle mondiale, multiplicité des innovations européennes, domination technologique).

B. Une indéniable suprématie commerciale, monétaire et financière (85 % des investissements mondiaux, domination financière du Royaume Uni et de la livre sterling, investissements dans les dettes souveraines garantes d'une domination politique comme en Égypte en 1882).

C. Une indéniable suprématie militaire et coloniale (domination militaire sur les autres continents depuis les guerres de l'opium en 1842, fondement de la conquête coloniale, parfois violente, comme les Britanniques en Afrique du sud (guerre des Boers 1899-1902), les Allemands en Namibie (1904-1907) ou les Français à Madagascar (1895-1896).

II. Une suprématie contestable : *Néanmoins cette suprématie est pourtant contestable dans la mesure où l'Europe, continent divisé, affronte nombre de difficultés internes qui limitent sa domination*

A. Une suprématie économique contestable (1) : certains pays d'Europe sont économiquement et socialement fragiles (Russie, Europe pauvre du Sud et de l'Est encore très rurale).

B. Une suprématie géopolitique contestable (2) : la suprématie européenne est le fait uniquement de quelques pays européens (faiblesses extérieures de la Russie, de l'Italie, de l'Espagne, des Balkans en guerre, fragilités de l'Autriche-Hongrie dans ces provinces balkaniques).

C. Une suprématie générale contestable (3) : une Europe en proie à la concurrence et aux rivalités internes entre États qui la fragilisent.

III. Une suprématie contestée : *enfin, la suprématie européenne est de plus en plus contestée par le reste du monde*

A. Les contestations de la suprématie coloniale (naissance des nationalismes indigènes, Guerre des Boers-1899, Révolte des Boxers-1900, développement de colonies non européennes – Formose, Corée, Philippines, Cuba).

B. Les contestations de la suprématie industrielle et commerciale (affirmation économique du Japon et surtout des États-Unis).

C. Les contestations de la suprématie militaire et géopolitique (Adoua-1896, 1898-États-Unis, 1904-1905-Japon).

▶ Point méthode : Comment on rédige un paragraphe ?

Savoir rédiger un paragraphe est une compétence clé pour la réussite d'une dissertation. Comment faire ? D'abord, tout paragraphe doit s'organiser et commencer par une idée, c'est-à-dire une phrase qui réponde exactement et de façon logique à la problématique que vous avez vous-même posée. Ensuite, le reste du paragraphe doit être organisé dans le but de démontrer cette idée par des explications mais aussi et surtout par des faits, des chiffres, des exemples qui viennent démontrer votre idée. C'est alors que la précision de votre érudition peut faire la différence si, et seulement si, elle est mobilisée dans le but d'illustrer votre propos. Enfin, terminer votre paragraphe par une transition, c'est-à-dire par une ou plusieurs phrases qui montrent comment vous passez d'une idée à l'autre, d'un paragraphe à l'autre.

▶ Rédaction d'un paragraphe

Exemple : II. A. Une suprématie économique contestable

La suprématie économique de l'Europe est contestable d'abord parce qu'elle est loin d'être uniforme. En effet, si l'Europe dans son ensemble est le cœur de l'économie mondiale (52 % de la production industrielle mondiale en 1913), en revanche parmi les pays qui la composent, nombreux sont ceux qui affrontent des difficultés. D'un point de vue industriel, l'Europe du Sud et de l'Est est bien plus rurale et pauvre que celle de l'Ouest. C'est d'ailleurs ce qui explique l'immigration massive des Italiens, des Polonais, ou des Russes qui fuient la misère pour l'Amérique à compter des années 1890. À cet égard, même si elle connaît les taux de croissance les plus forts du début du XXe siècle (autour de 6 % par an entre 1900 et 1913), la Russie est encore loin d'apparaître comme une puissance industrielle dominante (moins de 6 % de la production industrielle mondiale en 1913). La société russe est composée de 82 % de moujiks pauvres, au faible niveau de vie. Sur le plan financier et commercial aussi, la suprématie de l'ensemble de l'Europe est contestable. La Russie, l'Italie, ou même les nouveaux États des Balkans, telle la Serbie, sont des pays déficitaires et donc dépendants de l'Europe de l'Ouest aussi bien sur le plan commercial que financier. Enfin, nombre de ces pays sont minés par des tensions sociales croissantes qui les fragilisent. En témoigne une Russie ébranlée par l'agitation sociale et politique (notamment du fait des anarchistes ou des groupes clandestins du POSDR, dont les bolcheviks de Lénine) et qui faillit basculer dans la révolution en 1905 (Dimanche Rouge) après sa lourde défaite contre le Japon. En ce sens, parler d'une suprématie économique de toute l'Europe est largement contestable. C'est également le cas sur le plan géopolitique.

2 1929-1939 : le monde industrialisé face aux crises

Voici un sujet qui exige de la précision dans l'analyse pour être bien compris.

1. D'abord, il faut bien saisir le sens de l'expression « face à », qui est assez courante dans les sujets de dissertation. En général, elle invite à réfléchir à la façon dont un acteur ou un espace réagit, s'adapte, se transforme, se recompose lorsqu'il est confronté à un ou des phénomènes. Ici, il s'agit non de raconter son cours sur la crise dans les pays industrialisés, mais de bien se focaliser sur la façon dont ils ont réagi, c'est-à-dire sur les actions menées pour faire face aux difficultés
2. Ensuite, comme toujours, il est essentiel de bien cerner la polysémie, la multiplicité des espaces et des sens des termes employés. D'un côté, « le monde industrialisé » est une expression qui recouvre des situations bien différentes et dont le seul point commun est qu'on en exclut les colonies et les espaces périphériques de la mondialisation. Lui appartient donc aussi bien les démocraties européennes et les États-Unis que les régimes totalitaires, URSS, Allemagne nazie, Japon, Italie fasciste. D'un autre côté, le pluriel de « crises » suggère de réfléchir aux réactions de ces différents États non seulement à la crise économique de 1929, mais aussi à ses effets sociaux, politiques ou géopolitiques, et donc aux autres crises qu'elle a induites.

En définitive, un tel sujet invite à réfléchir à la diversité des attitudes des États de ce monde industrialisé face aux crises des années 1930 ainsi qu'aux effets retours de ces réactions sur l'enchaînement des crises ayant conduit à la guerre.

Introduction (sans annonce de plan)

« Vous aviez à choisir entre la guerre et le déshonneur ; vous avez choisi le déshonneur et vous aurez la guerre. » C'est en ces termes que Winston Churchill fustigeait l'attitude de la France et de l'Angleterre face aux exigences hitlériennes au lendemain de la conférence de Munich de septembre 1938. Et un an plus tard, la guerre européenne éclatait effectivement. Or, cette attitude des démocraties face à la crise géopolitique qui les frappe s'explique largement par la réaction qu'elles ont eue face aux crises économiques, politiques et sociales qui les ont déstabilisées dans les années 1930. De fait, entre 1929 et 1939, comment le monde industrialisé, (c'est-à-dire celui constitué des puissances industrielles dominant l'économie-monde) a-t-il réagi face aux multiples crises enchevêtrées qui l'ont conduit à la guerre ?

Le monde industrialisé des années 1930 est un monde divisé. Entre démocraties et régimes autoritaires, entre nations vaincues et puissances coloniales victorieuses, entre libéralisme, communisme et fascisme, l'ensemble de ces pays, qui ont connu la seconde révolution industrielle, est traversé par de multiples fractures politiques et idéologiques. Tandis que les conflits interétatiques se multiplient et donnent déjà lieu à des guerres (notamment en Extrême-Orient dès 1931), les États sont déchirés par des guerres civiles larvées (en France) ou ouvertes (comme en Espagne). C'est par conséquent un monde ébranlé qui bascule dans la guerre à la fin de la décennie. Or, cet ébranlement résulte en grande partie des attitudes qu'ont adoptées les principales nations industrialisées d'Europe (Royaume-Uni, France, Allemagne, Italie, URSS), d'Amérique (États-Unis) ou d'Asie (Japon) face à l'enchaînement de crises qui les ont frappées depuis 1929. En effet, la crise économique américaine déclenchée par l'effondrement boursier de Wall Street s'est rapidement diffusée à l'ensemble de la planète (à l'exception de l'URSS) et s'est muée en une crise sociale, puis politique et enfin géopolitique. Et face à ces crises, ce sont les réactions contradictoires et non coopératives des différents États qui ont conduit, par un cheminement complexe, les tensions issues de la catastrophe économique à se résoudre par la guerre. À cet égard, l'opposition entre les politiques menées par les États démocratiques et totalitaires constitue une clé de lecture essentielle. Dès lors, en quoi la divergence des attitudes et des actions menées par les pays industrialisés face à la crise économique est-elle à la source de la crise géopolitique mondiale de 1939 ?

Pour ce sujet, comme d'ailleurs pour tous les sujets, plusieurs plans sont possibles. Ici, on peut soit construire une réflexion autour de la diversité des réactions (et notamment l'opposition entre démocraties et régimes autoritaires et/ou totalitaires), soit davantage axer la réflexion autour des réactions variables à l'enchaînement des crises induites par celle de 1929. D'où les deux suggestions de plans qui suivent. Au total, d'ailleurs, quel que soit le plan adopté, on finit pourtant par employer les mêmes arguments ou presque.

Plan 1

I. Les démocraties industrielles face à la crise économique et sociale

A. Des politiques déflationnistes facteurs d'aggravation de la crise.
B. L'invention du keynésianisme.
C. La crise sociale et les prémices de l'État-Providence.
D. Du protectionnisme au repli colonial : l'affirmation des égoïsmes nationaux.

II. Les régimes totalitaires face à la crise économique et sociale

A. L'économie de guerre en temps de paix : autarcie, réarmement et expansionnisme.
B. L'invention de la société totalitaire.
C. L'exception soviétique.

III. Démocraties et régimes autoritaires dans la crise internationale

A. Les régimes totalitaires face aux démocraties : le jeu des coups de force.
B. Les démocraties face aux régimes totalitaires : apaisement et isolationnisme.
C. 1939 : de la crise internationale à la guerre mondiale.

Plan 2

I. Le monde industrialisé face à la crise économique

A. Des politiques déflationnistes facteurs d'aggravation de la crise.
B. L'invention du keynésianisme.
C. L'économie de guerre en temps de paix : autarcie, réarmement et expansionnisme.
D. L'exception soviétique.

II. Le monde industrialisé face à la crise sociale

A. La crise sociale et les prémices de l'État-Providence.
B. Du protectionnisme au repli colonial : l'affirmation des égoïsmes nationaux.
C. L'invention de la société totalitaire.

III. Le monde industrialisé face à la crise internationale

A. Les régimes totalitaires face aux démocraties : le jeu des coups de force.
B. Les démocraties face aux régimes totalitaires : guerres civiles, apaisement et isolationnisme.
C. 1939 : de la crise internationale à la guerre mondiale.

Plan 1. Corrigé de la 1re partie

Les démocraties industrielles face à la crise économique et sociale

> Voici un exemple de partie entièrement corrigée. En la lisant, repérer ce qui est de l'ordre de l'argumentation (idées, transitions, conclusions) et ce qui relève de la démonstration par l'érudition (faits, chiffres, exemples).

La réaction des dirigeants des démocraties face à la crise a notablement divergé de celles des dictateurs qui leur ont succédé ou qui leur étaient contemporains. Elles ont également grandement évolué tout au long des années 1930 et se sont progressivement adaptées aux nouvelles conditions créées par l'effondrement économique. Bien sûr, entre la république présidentielle américaine, la monarchie constitutionnelle anglaise et les républiques parlementaires française ou allemande (Weimar jusqu'en 1933), les actions publiques n'ont été menées ni aux mêmes rythmes, ni surtout selon les mêmes principes. Néanmoins, elles ont été notablement convergentes.

Dès le déclenchement de la crise, les principaux gouvernements démocratiques ont presque tous réagi de la même façon par des politiques déflationnistes. Formées à l'aune du libéralisme walrassien du XIXe siècle selon lequel les marchés reviennent mécaniquement et naturellement à une position d'équilibre, les élites politiques ont adopté des attitudes de laisser-faire : une fois passée la nécessaire correction des déséquilibres, ils espéraient voir l'économie se rétablir d'elle-même. À l'image de Hoover, président des États-Unis en 1929, qui promettait que « la prospérité était au coin de la rue » à l'heure où les banques et les usines fermaient les unes après les autres. Même s'il prit certaines mesures pré-keynésiennes, Hoover n'en a pas moins défendu les principes de l'orthodoxie libérale en refusant de légiférer en matière bancaire ou en tentant de maintenir l'équilibre budgétaire par la réduction des dépenses publiques. Ce fut aussi l'attitude adoptée par les derniers gouvernements allemands de la république de Weimar (Brüning), comme par le gouvernement de Pierre Laval en France (1935). Ce dernier a augmenté les impôts et amputé les salaires des fonctionnaires de 10 %, tout en maintenant la politique du franc fort. Résultats : aussi bien en France, qu'en Allemagne ou aux États-Unis, la spirale déflationniste s'est aggravée au même titre d'ailleurs que le déficit budgétaire qu'il s'agissait justement de combattre (il passe en France de 2 % du PIB en 1935 à 4 % en 1936). De fait, ce sont bien l'incapacité à enrayer la crise et les maladresses des derniers gouvernements allemands de la république de Weimar qui expliquent en partie l'ascension électorale du NSDAP de 1930 à 1932.

Aussi, face à l'échec de ces politiques déflationnistes initiales, les dirigeants des régimes démocratiques ont essayé d'autres solutions : des politiques de relance par la consommation et la dépense publique (théorisées par Keynes en 1936). Dès novembre

1929, le gouvernement Tardieu en France avait misé sur le soutien à la consommation par l'augmentation des salaires des fonctionnaires, des retraites et des pensions des anciens combattants, tout en lançant son « programme d'outillage industriel » fait d'investissements publics en matière d'infrastructures. En 1936, le gouvernement de Front Populaire de Léon Blum en fit autant : 20 milliards de francs-or de grands travaux (construction du Bourget) et relèvement des salaires (+ 12 %). De même au Royaume Uni, le gouvernement d'union nationale du travailliste Mac Donald (1931) a soutenu les prix agricoles par un système de rachat public (Wheat Act de 1932). Mais c'est surtout Franklin D. Roosevelt élu en novembre 1932 qui développa une politique interventionniste en matière bancaire, agricole et industrielle. Contre la doctrine libérale non-interventionniste, Roosevelt a, de façon pragmatique, pris des mesures dirigistes visant à pallier les défaillances du marché par une action publique volontariste. En matière bancaire, l'État fédéral a imposé un contrôle des banques (Emergency Banking Act) et une séparation des activités de dépôts et de spéculation (Glass Steagall Act). En matière monétaire, à l'instar de l'initiative britannique de 1931, il a largement dévalué le dollar et tenté de résoudre la crise de liquidité par l'expansion monétaire. En matière agricole et industrielle, c'est par la régulation des productions agricoles (Agriculture Adjustement Act) et industrielles (National Industrial Recovery Act) que Roosevelt a voulu rétablir l'activité économique. Enfin, il a lancé des politiques de grands travaux (Tennessee Valley Authority). Toutes ces actions fondées sur la relance de l'activité par la dépense publique (le déficit budgétaire atteignant 9 % du PIB en 1934) ont conduit à accroître le pouvoir de l'État fédéral et à en faire un acteur central de la vie économique.

Parallèlement, l'intervention publique visait aussi à soulager la crise sociale engendrée par l'avènement d'un chômage de masse. 25 % de chômeurs parmi la population active américaine en 1932, plus de 33 % en Allemagne, 12 % en France en 1934 : ces taux particulièrement élevés traduisent l'état de désespérance sociale qui frappe les démocraties occidentales du fait de la crise économique. Jusqu'alors l'assistance aux plus démunis relevait en grande partie de l'initiative privée (œuvres de charité religieuses ou laïques comme l'Armée du Salut aux États-Unis). Mais face à l'ampleur du marasme, les soupes populaires ne suffisent plus. C'est pourquoi, en plus des mesures économiques, les États démocratiques ont tenté de mettre en place des politiques sociales à destination des victimes de la crise. Pour Roosevelt, la mise au travail des chômeurs visait aussi bien à maintenir leur pouvoir d'achat (allocations chômage, Social Security Act) et donc leur consommation qu'à leur permettre de survivre (emploi de 4 millions de personnes via la Civil Works Administration). En France, l'action sociale du Front Populaire avait pour but certes d'atteindre ce double objectif, mais également de satisfaire des revendications sociales anciennes que la SFIO portait depuis le début du siècle (congés payés, semaine de 40h, retraites des mineurs). Au final, ces différentes réformes sociales (initiées aussi au Royaume Uni mais à une moindre échelle) furent à l'origine des États-Providence européens d'après-guerre. Mais, ce traitement social de la crise ne put éviter le maintien de forts taux de chômage en France (10 % en 1939) comme aux États-Unis (encore 17 % en 1939). Ainsi est-ce la persistance de cette crise de longue durée qui favorisa le repli des nations sur leurs égoïsmes nationaux et l'émergence d'une crise politique.

Face à la crise, les États démocratiques ne parvinrent pas à mener des politiques coopératives. Au contraire, après l'échec de la conférence de Londres en 1931, on assista à une fragmentation de l'espace économique mondial en blocs concurrents ce qui constitua un facteur d'aggravation de la récession. En effet, la montée du protectionnisme dans tous les pays (Tarifs Hawley-Smoot aux États-Unis en 1930) amena un effondrement du commerce mondial d'un quart en volume et de 2/3 en valeur, ce qui amplifia la tendance à la baisse des productions, notamment dans les pays exportateurs. En retour, la guerre monétaire conduisit à un cloisonnement de l'économie mondiale entravant une possible reprise. À terme, la crise de 1929 mit fin à la première mondialisation et à la croissance continue du commerce mondial. En parallèle, les puissances démocratiques et impériales (France et Royaume Uni) pensèrent trouver leur salut dans le repli colonial. Tandis que les Anglais confortaient la préférence impériale via les Accords d'Ottawa de 1932, les Français renforçaient leurs relations économiques avec leurs colonies dans l'espoir de trouver de nouveaux débouchés à leurs industries en crise. Ce repli colonial traduisait plus largement la montée des égoïsmes nationaux et les tendances isolationnistes des opinions publiques qui se détournaient des affaires du monde. Car, face à la crise économique et sociale, les sociétés démocratiques furent pour une partie d'entre elles tentées par des solutions autoritaires et nationalistes. L'agitation des ligues d'extrême droite en France (comme lors de la manifestation du 6 février 1934), le développement dans une moindre mesure de mouvements racistes ou populistes aux États-Unis (Ku Klux Klan, père Coughlin, America First) ou au Royaume-Uni (le fasciste Oswald Mosley qui resta toujours largement minoritaire) traduisent les formes prises par la crise politique résultant de la crise économique. D'ailleurs, les opinions publiques même si elles ne basculèrent jamais majoritairement vers le fascisme ou le communisme (à l'exception bien sûr de la République de Weimar), furent souvent attirées par le modèle proposé par les régimes totalitaires qui au même moment inventaient d'autres solutions plus radicales à cette crise du capitalisme sans précédent.

3 Le Tiers-Monde dans la guerre froide

Ce sujet apparemment simple et classique ne l'est finalement pas tant que cela. En effet, il invite non à se focaliser sur le projet tiers-mondiste mais bien à réfléchir au positionnement du Tiers-Monde dans le conflit de guerre froide. Bref, à bien faire le lien entre deux chapitres : guerre froide et décolonisation. Aussi, il est essentiel :

1. Comme toujours de bien réfléchir et expliciter les termes du sujet. Si « guerre froide » n'a rien d'ambigu, en revanche celui de « Tiers-Monde » l'est davantage : car il renvoie aussi bien au projet unitaire né à Bandung en 1955 qu'à l'hétérogénéité des pays pauvres qui le composent. Évidemment, il faut aussi bien réfléchir à l'un et à l'autre dans leur rapport au conflit Est-Ouest.
2. Comme toujours aussi de bien saisir le sens du mot « dans ». Comme « et » ou « face à », « dans » est un terme courant des dissertations. Et il peut recouvrir plusieurs sens. En général, la question du sujet revient à s'interroger sur le rôle et/ou la place d'un espace ou d'un acteur dans un phénomène. Ici, il s'agit donc de réfléchir à la place et au rôle du Tiers-Monde dans la guerre froide. Autrement dit, il faut à la fois déterminer si le Tiers-Monde fut ou non au centre (et quand) de la guerre froide (la place), mais aussi s'il fut un acteur ou le jouet de cette guerre (le rôle). Cette distinction entre « place » et « rôle » dans ces sujets avec le mot « dans » est parfois essentielle pour problématiser avec pertinence : central/ marginal ? acteur/jouet ?

En ce sens, un tel sujet se doit d'être bien problématisé autour de ces questions pour éviter l'erreur très fréquente (surtout en début de première année) de vouloir réciter tout ce que l'on sait de son cours sur le Tiers-Monde, de raconter Bandung (1955) ou la guerre du Vietnam, sans vraiment chercher à argumenter, à réfléchir à ce rôle du Tiers-Monde dans la guerre froide.

Introduction

1971 : La Chine maoïste, pays à l'avant-garde de la révolution socialiste mondiale, crée la surprise en se rapprochant ouvertement de l'ennemi jusqu'alors exécré, les États-Unis. Rompant ouvertement avec la logique des blocs, le pays le plus peuplé, mais également l'un des plus pauvres du monde, renverse les rapports de forces de la guerre froide en Asie et ouvre une période de stabilité sur un continent jusqu'alors violemment secoué par la bipolarisation. Un pays du Tiers-Monde changeait en Asie le cours de la guerre froide. Pourtant, il était bien le seul, car au même moment nombre d'autres en subissaient plutôt les effets. Alors, quelle place le Tiers-Monde a-t-il réellement occupé durant la guerre froide ?

Le concept de Tiers-Monde (formulé par Alfred Sauvy en 1952) recouvre deux sens différents. D'un côté, il incarne le projet utopique d'un troisième monde qui regrouperait dans un seul et même ensemble solidaire et pacifique tous les pays émancipés du joug occidental. Son objectif serait alors de s'affranchir de la dynamique de bipolarisation qui affecte le monde autour de l'URSS et des États-Unis depuis 1947. En ce sens, le Tiers-Monde a pour objectif principal de se constituer comme un acteur suffisamment puissant pour peser sur une guerre froide dont il veut s'affranchir. Or, d'un autre côté, le Tiers-Monde n'est pas que ce projet d'union émancipatrice. C'est aussi et surtout la réalité d'États hétérogènes récemment décolonisés. Confrontés à d'immenses problèmes économiques et sociaux comme à la défense précaire d'une souveraineté récemment retrouvée, ces États deviennent rapidement la proie des deux Grands. Leur puissance, c'est-à-dire leur capacité à rester indépendant, apparaît de facto négligeable au regard des moyens disproportionnés dont disposent Américains et Soviétiques pour les contraindre. Les pays du Tiers-Monde apparaissent alors être moins des acteurs capables de peser dans la guerre froide que les jouets des intérêts des deux Grands qui marginalisent leurs rêves d'émancipation. Et pourtant, certains ont su résister (à l'image du Vietnam Nord vis-à-vis des États-Unis entre 1964 et 1973). Alors qu'en est-il ? Le Tiers-Monde, aussi bien en tant que projet géopolitique que comme ensemble d'États divergents, a-t-il réellement été un acteur de cette guerre ? Autrement dit, a-t-il été réduit à n'être que la victime plus ou moins passive et contrainte de la guerre froide ? Ou bien, malgré ses faiblesses, est-il néanmoins parvenu à s'émanciper de la logique des blocs à jouer un rôle d'acteur plein et entier ?

De fait, si le Tiers-Monde a cherché à devenir un acteur émancipé de la guerre froide (1), la plupart des États qui le composent ont échoué à s'affranchir et en sont devenus les jouets (2), tout autant que le terrain privilégié de l'affrontement Est-Ouest (3).

Problématique : Le Tiers-Monde a-t-il été la victime passive d'une guerre froide qui l'a condamnée à l'échec ? Ou bien, malgré sa fragilité et ses difficultés, est-il néanmoins parvenu à s'émanciper de la bipolarisation et à en être un acteur plein et entier ?

À partir de cette problématique axée sur le couple acteur/jouet de la guerre froide, on peut tout à fait répondre par deux plans différents. En effet, on peut aussi bien insister sur le fait que le Tiers-Monde, même s'il voulait être un acteur dans la guerre froide, n'en a principalement été que le jouet ou la victime (Plan 1). Ou bien, on peut davantage insister sur le fait que même si le Tiers-Monde a largement subi cet affrontement, certains pays ont pourtant aussi réussi à jouer leur propre jeu pour s'émanciper et défendre leur propre agenda (plan 2).

Quel est alors le bon plan ? Aucun n'est meilleur que l'autre dans la mesure où tous les plans possibles sont bons dans la mesure où ils répondent au sujet, c'est-à-dire aussi à la façon dont vous l'avez explicité et compris en le problématisant. Ceci est vrai pour ce sujet comme d'ailleurs pour tous les sujets comme d'autres exemples le montreront ultérieurement. Seule compte votre logique à partir du moment où elle se fonde sur une interprétation cohérente de la question posée.

Plan 1

Le Tiers-Monde est principalement le jouet de la guerre froide

I. Le Tiers-Monde a voulu être un acteur émancipé de la guerre froide

A. Bandung (1955) et le non-alignement : la volonté d'agir dans la guerre froide pour s'en libérer.

B. L'action de certains États du Tiers-Monde pour se libérer de la tutelle Est-Ouest (Chine, Inde, Iran après 1979).

C. Des États qui ont su être des acteurs capables de tirer profit de la guerre froide pour défendre leurs intérêts (Égypte 1956, Pays arabes, Israël, Inde, Pakistan…).

II. Mais les pays du Tiers-Monde ont échoué à sortir de la guerre froide en devenant les jouets de la rivalité Est-Ouest…

A. Le Tiers-Monde rattrapé par la logique des blocs.

B. Le Tiers-Monde victime d'ingérence des deux Grands (des coups d'États et des pressions économiques ou politiques).

C. Des pays du Tiers-Monde : acteurs de la confrontation Est-Ouest (Chine avant 1958, Vietnam Nord, Cuba…).

III. … tout autant que le lieu d'affrontement entre les intérêts des deux Grands

A. Le Tiers-Monde : un intérêt stratégique et économique pour les deux Grands qui justifient leurs interventions (ressources, stratégies géopolitiques).

B. Le Tiers-Monde : lieu de guerres civiles aux enjeux de guerre froide (Chine 1945-1949, Amérique latine années 1960, Angola ou Mozambique années 1970 et 1980).

C. Le Tiers-Monde : lieu d'intervention directe des deux Grands (Corée 1950-1953, Vietnam 1963-1973, Afghanistan 1979-1988).

Plan 2

Le Tiers-Monde a aussi parfois su s'émanciper de la guerre froide

I. Le Tiers-Monde, en tant que projet géopolitique, a tenté en vain d'être un acteur émancipé de la guerre froide

A. L'objectif du projet tiers-mondiste : devenir un acteur indépendant de la guerre froide.

B. La réalité du projet tiers-mondiste (1) : un acteur négligeable qui ne pèse guère dans l'affrontement est-ouest.

C. La réalité du projet tiers-mondiste (2) : le jouet d'une bipolarisation qui l'a fait échouer.

II. De même, nombre de pays du Tiers-Monde ont été les jouets de cette guerre froide qu'ils ont subie à leurs dépens

A. Des États intégrés à la logique des blocs (OTASE, Pacte de Rio, Pacte de Bagdad, Turquie après 1952, Afrique communiste des années 1970).

B. Des États victimes de multiples ingérences du bloc de l'Est comme de l'Ouest (Iran 1953, Cuba 1960, Chili 1973, Françafrique après 1960, Amérique latine tout au long de la guerre froide).

C. Des États victimes des guerres de la guerre froide (Corée, Vietnam sud, Afghanistan).

III. Pourtant, certains pays du Tiers-Monde ont su devenir des acteurs non négligeables et même parfois centraux de cette guerre froide

A. Des États qui ont su demeurer relativement indépendants de la guerre froide (Inde, Iran après 1979…).

B. Des États qui ont su être des acteurs capables de tirer profit de la guerre froide pour défendre leurs intérêts (Égypte 1956, Pays arabes, Israël, Inde, Pakistan…).

C. Des États qui ont su être des acteurs non négligeables de l'affrontement Est-Ouest (Arabie Saoudite, Vietnam nord, Cuba…).

D. La Chine : le seul État du Tiers-Monde qui a été un acteur central et décisif de la guerre froide (au moins en Asie après 1972) ?

4 L'Europe et les peuples colonisés (1913-1975)

Voilà encore un sujet qui nécessite une lecture attentive.

1. L'usage du « et » (fort courant dans les sujets de dissertation) est bien sûr essentiel et invite à réfléchir aux rapports que l'Europe a entretenu avec les peuples colonisés et réciproquement. La relation de l'un à l'autre doit être le seul objet de l'analyse ; l'erreur la plus fréquente dans ce type de sujet consiste à se focaliser sur l'un ou sur l'autre des acteurs en jeu, plutôt que sur leurs liens exclusifs.

   Il est souvent utile pour ces sujets avec « et » de réfléchir au sens double qu'il peut revêtir : par exemple, ici il s'agit aussi bien de penser la manière dont l'Europe soumet puis perd l'ascendant sur ces peuples colonisés que celle par laquelle ces peuples consentent ou résistent puis finalement s'émancipent de cette mainmise.

2. La notion de « peuples colonisés » plutôt que celui de « colonies » sous-tend implicitement que votre propos doit se focaliser sur la relation que les pays européens ont établi avec les populations qu'ils ont dominées. En ce sens, il faut s'intéresser à la façon dont à la fois ces nations, dans leur diversité, ont construit leur domination sur ces peuples (plus que sur les territoires), et ces peuples (eux aussi divers) ont réagi à cette emprise croissante.
3. L'ampleur chronologique d'un tel sujet historique implique également de prendre en compte sa dimension évolutive qui impose par conséquent un plan (entièrement ou partiellement) chronologique.

Introduction

Entre 1914 et 1918 ce sont près de 850 000 indigènes des colonies françaises (Maghrébins, Sénégalais, Indochinois) et plus d'1,3 millions de soldats des dominions britanniques qui ont été mobilisés par les deux plus grands empires du monde. L'Europe, et particulièrement la France et le Royaume-Uni, impliquaient ainsi les peuples colonisés dans cette guerre européenne pour satisfaire leurs intérêts. Pourtant, quelque trente ans plus tard, ce lien de subordination que l'Europe avait construit vis-à-vis des peuples colonisés s'effondrait jusqu'à se dissoudre définitivement en 1975 avec la fin de l'empire lusophone d'Afrique. Comment comprendre cette évolution ?

L'Europe colonisatrice en 1913 se réduit principalement aux grandes puissances occidentales : le Royaume-Uni et la France, mais aussi les Pays-Bas (Indonésie), la Belgique (Congo), ou bien encore le Portugal (Mozambique, Angola). Depuis les années 1880, toutes ces puissances ont progressivement développé un rapport de domination, d'exploitation et de soumission, avec des peuples colonisés dans le but de renforcer ce qu'elles estimaient être leur intérêt économique ou géopolitique. Or, dès le premier XXe siècle, ce lien colonial s'effrite. D'un côté, le rapport de force en faveur des puissances européennes s'érode sous le poids de facteurs internes, à savoir les crises (crise de 1929) et plus encore les deux guerres mondiales, qui pour certaines ont été synonymes de défaites humiliantes. De l'autre, le lien colonial se trouble sous l'effet des contestations, des résistances et finalement des rebellions (surtout après 1945) portées par les peuples colonisés d'Asie et d'Afrique. Car ces peuples sont loin d'être restés passifs face à cette domination européenne. Dès ses débuts, celle-ci a encouragé involontairement les peuples soumis à prendre conscience d'eux-mêmes et, finalement, à lutter contre ces puissances dominantes. Dès lors, la relation de l'Europe aux peuples colonisés a toujours été ambivalente, prise entre le désir de soumettre et celui de « civiliser ». Inversement, les peuples colonisés ont construit leur identité contre une Europe qu'ils jalousaient autant qu'ils la rejetaient. Alors, comment expliquer l'évolution des relations entre l'Europe et les peuples colonisés de 1913 à 1975 ? Peut-on les réduire à un long et perpétuel affrontement ? Ou bien furent-elles plus complexes, marquées par des interactions qui ne furent pas uniquement conflictuelles ?

Si, de 1913 à 1945, les peuples colonisés ont été largement soumis à l'Europe **(1)**, ce joug européen ne les a pas moins conduits à s'affirmer contre lui, comme parfois grâce à lui **(2)**. Aussi, après 1945, ce lien de domination s'est-il progressivement et parfois violemment rompu sans pour autant disparaitre totalement **(3)**.

Problématique : Les relations de l'Europe aux peuples colonisés se réduisent-elles à un rapport de domination conflictuelle ? Ou bien n'y a-t-il pas eu aussi des interactions plus pacifiques ?

I. Des peuples colonisés largement soumis à la domination écrasante de l'Europe (1913-1945)

A. Une soumission politique différenciée et variable (tutelle indirecte en Chine, protectorats en Inde ou au Maroc, administration directe en Afrique subsaharienne ou en Indonésie, colonie de peuplement algérienne).

B. Une soumission aux intérêts économiques de l'Europe (ressources, débouchés, travail forcé, inégalités juridiques, déstabilisation économique…).

C. Des peuples colonisés déstabilisés par l'Europe (racismes, bouleversements socio-spatiaux, ébranlement des sociétés traditionnelles).

II. Des peuples colonisés qui s'affirment contre l'Europe, grâce à l'Europe (1913-1945)

A. L'Europe : moteur de la conscience émancipatrice (« armes retournées », éveil de la conscience nationale par le contact avec les Européens en Asie comme en Afrique ou au Moyen-Orient).

B. La politisation des peuples colonisés contre comme avec l'Europe (formation des partis et des revendications indépendantistes avant comme pendant la Seconde Guerre mondiale : Moyen-Orient, Inde, Indochine, Afrique…).

C. Les luttes des peuples colonisés contre les Européens ou avec les Européens ? (Inde avant 1945, indépendances du Moyen-Orient, luttes asiatiques pendant la guerre, implication des peuples colonisés dans la Seconde Guerre mondiale…).

III. Des peuples colonisés définitivement émancipés de l'Europe ? (1945-1975)

A. Les peuples colonisés ont su tirer avantage d'un contexte défavorable à la mainmise européenne (ONU, Tiers-Monde, affaiblissement métropole, guerre froide).

B. Certains peuples colonisés ont combattu les Européens pour se libérer (les logiques de guerre en Indochine, en Malaisie, à Madagascar, au Kenya, ou bien sûr en Algérie ou en Angola et au Mozambique).

C. D'autres peuples colonisés ont négocié avec les Européens pour se libérer (les logiques politiques d'association : Commonwealth, Afrique noire française).

D. L'émancipation des peuples colonisés : est-ce bien la fin des liens avec l'Europe ? (mise en place de la Françafrique dès 1960 et de ses liens néocoloniaux troubles).

5 La décennie 1979-1989 : une décennie de ruptures ?

Voilà un sujet qui peut, si on n'est pas suffisamment rigoureux dans l'analyse, recéler un double piège.

1. Le pluriel de « ruptures » invite à bien penser les différents domaines qui « rompent » durant cette courte période. Ruptures géopolitiques de la fin de la guerre froide ou de l'éclatement définitif du Tiers-Monde ; rupture économique de la crise des économies développées, du néolibéralisme triomphant, des réformes chinoises ou de la crise de la dette des pays en développement. Autrement dit, un tel sujet impose de croiser plusieurs chapitres d'histoire de première année : la guerre froide, la naissance du Tiers-Monde, les évolutions économiques du monde depuis 1945 et même (éventuellement) la construction européenne. C'est un donc un sujet de synthèse difficile.
2. La courte période (à peine dix ans) nécessite une bonne maîtrise des connaissances et surtout de la chronologie. Avec un tel sujet, figure parfois une chronologie indicative, mais pas toujours. Aussi, est-ce un bon sujet pour mesurer la capacité des étudiants à jongler avec une chronologie fine, que souvent en début de première année, ils sont nombreux à avoir du mal à maîtriser.

C'est donc un sujet exigeant du point de vue des connaissances comme de l'effort de synthèse qu'il implique.

Introduction

Lorsqu'en 1989 Francis Fukuyama proclame la fin de l'Histoire, il émet l'hypothèse que l'histoire humaine touche à sa fin avec la disparition des grandes confrontations idéologiques et l'entrée dans une ère de prospérité et de stabilité universelles. La fin de la guerre froide et l'effondrement du communisme annoncent, pour lui, la diffusion généralisée de l'économie de marché et de la démocratie libérale. En ce sens, l'année 1989 et les années qui l'ont précédée apparaissent comme une rupture définitive de l'ordre mondial apparu en 1945.

De fait, en 1979, le monde est encore organisé par une bipolarité tout à la fois géopolitique et géoéconomique. D'un côté, la guerre froide atteint un nouveau paroxysme avec l'invasion soviétique de l'Afghanistan et l'aggravation de la crise des euros missiles. De l'autre, malgré le ralentissement induit par le deuxième choc pétrolier dans les pays industrialisés, un fossé apparemment infranchissable sépare toujours les pays développés de ceux en développement. Cette double division du monde procède directement de l'ordre né en 1945 : la cristallisation géopolitique de l'opposition idéologique entre les deux blocs, comme la fracture économique entre des économies industrialisés en forte croissance et d'autres en proie à un mal développement chronique est le fruit direct de la réorganisation consécutive à la Seconde Guerre mondiale. Or, dix ans plus tard, cette double dualité se dissipe progressivement. Et la guerre froide, et le Tiers-Monde, et même la croissance industrielle des pays riches ont disparu ou sont en voie de l'être. Le monde de 1989, comme le pensait Francis Fukuyama, tourne la page des années d'après-guerre et entre dans un temps nouveau. Mesurer l'ampleur et les modalités par lesquelles cette rupture est advenue, tel est l'enjeu. Ainsi, en quoi la décennie 1979-1989 constitue-t-elle effectivement le moment de rupture définitive de l'ordre géopolitique et géoéconomique né en 1945 ?

Ces dix années constituent effectivement une double rupture géopolitique du fait de la fin de la guerre froide (1) et de l'éclatement définitif du Tiers-Monde (2) au fondement d'un nouveau monde plus multipolaire et complexe. Mais elles le furent également par les mutations économiques globales à l'origine d'une mondialisation financière inédite (3).

> Autre exemple de sujet qui peut être traité (au moins) de deux façons différentes, en fonction cette fois-ci de la façon dont on le problématise. Ou bien on se focalise sur la multiplicité des ruptures, partant du principe qu'on souhaite insister sur l'ampleur des changements advenus (plan 1). Ou bien on interroge davantage la rupture induite par cette décennie et on essaye de la nuancer en en soulignant malgré tout les continuités (plan 2). Voilà un bon exemple qui montre qu'en fonction de l'analyse que l'on fait du sujet, et donc de la problématique que l'on finit par poser, on peut construire des réponses sensiblement différentes.

Plan 1

Problématique (1) : En quoi la décennie 1979-1989 constitue pour le monde le moment de rupture définitive de l'ordre géopolitique et géoéconomique né en 1945 ?

I. 1979-1989, une rupture géopolitique pour les pays développés : fin du monde bipolaire, naissance d'un monde complexe

A. La fin de l'affrontement américano-soviétique.

B. La fin du rideau de fer en Europe.

C. Vers un monde unipolaire ou multipolaire ? (Domination américaine, apogée japonais et renforcement de l'unité européenne).

II. 1979-1989, une rupture géopolitique pour les pays en développement : fin du Tiers-Monde, naissance des Suds

A. L'ascension asiatique (NPI et Chine).

B. Une décennie perdue pour l'Afrique et l'Amérique latine (la crise de la dette et ses effets).

C. Vers une complexification du monde ? (NPI, PMA, Pays pétroliers, révolution iranienne, guerre d'Afghanistan).

III. 1979-1989, une rupture économique globale : fin de l'économie duale, internationale et régulée, naissance d'une économie uniformisée, mondialisée et libéralisée

A. La fin du socialisme : vers un capitalisme triomphant ?

B. Un capitalisme de plus en plus mondialisé et libéralisé (début de la décomposition des processus productifs (DIPP), croissance des flux, victoire du néolibéralisme).

C. Vers un capitalisme post-industriel ? (3e Révolution industrielle, toyotisme, tertiarisation).

Plan 2

Problématique (2) : La décennie 1979-1989 : une période de ruptures ou de continuités ?

I. 1979-1989 : une période de ruptures économiques

A. La fin du socialisme (URSS, Chine, Démocraties populaires).

B. La fin du système fordo-keynésien et la victoire du néolibéralisme.

C. La naissance d'un capitalisme post-industriel.

II. 1979-1989 : une période de ruptures géopolitiques

A. La fin du monde bipolaire et de l'affrontement américano-soviétique.

B. La fin du rideau de fer en Europe.

C. La fin du Tiers-Monde.

III. 1979-1989 : une période de continuités et d'aboutissement de processus pluri-décennaux

A. La poursuite de la construction européenne.

B. L'approfondissement de la mondialisation.

C. L'achèvement de la complexification du monde et d'une multipolarité en devenir.

Conclusion

Pour un tel sujet historique, il est toujours tentant en conclusion d'essayer de mesurer l'écart mais aussi la proximité qui existe entre une période et notre monde. Car, dans les dissertations d'ECS, l'enjeu est toujours finalement de montrer qu'on est capable d'expliquer la situation présente au miroir des évolutions passées, de mettre en perspective historique, géographique et finalement géopolitique le présent. Le propre de l'exercice qui vous est demandé est de dénouer les fils de la complexité par une analyse aussi nuancée que précise. Aussi, il est important en conclusion de toujours bien faire ce lien entre le sujet et l'actualité pour bien montrer que vous savez ne pas rester focalisé sur le présent, mais que vous êtes en mesure de prendre du recul pour mieux le comprendre dans toutes ses dimensions mais aussi ses contradictions.

La décennie 1979-1989 a bel et bien marqué la fin de l'ordre mondial advenu à la suite de la Seconde Guerre mondiale. D'un ordre bipolaire, coupé en deux entre un socialisme planifié et un capitalisme régulé par la généralisation dans les pays développés des systèmes fordo-keynésiens et par les accords de Bretton Woods, on est lentement passé à un monde plus complexe. Le monde de 1989 est un monde qui se déprend lentement du communisme (en Europe comme en Chine), qui renonce à une forme nationale et régulée de capitalisme et qui voit l'ordre bipolaire comme l'idée de Tiers-Monde s'effondrer. Naît alors un autre monde encore en germe à l'orée de ces années 1990 et qui porte en lui notre monde actuel.

Même s'il faut se méfier de toute téléologie abusive, il est néanmoins tentant de souligner combien la révolution iranienne et ses effets, les réformes chinoises, l'effondrement soviétique, l'approfondissement comme l'élargissement de l'Europe, le retour de confiance d'une Amérique triomphante (« America is back »), l'ouverture dans la douleur des économies d'Amérique latine, d'Afrique et finalement de l'Inde (commencée dès les années 1980) sont les évènements génériques de l'actuel basculement du monde. À l'heure d'un Trump nostalgique des années Reagan, d'une Europe plus ou moins malade de ses dysfonctionnements structurels, d'une Chine sortie du « profil bas », d'une Inde sur la voie de l'émergence, ou d'un Iran en plein renouveau régional, on mesure combien cette dernière décennie de la guerre froide a été essentielle dans la formation de notre monde aussi compliqué que troublé.

6 Crises et construction européenne depuis les années 1950

Voici un sujet difficile pour plusieurs raisons :

1. Ce sujet ne repose pas exclusivement sur des connaissances de première année puisqu'il invite à réfléchir jusqu'à aujourd'hui aux crises de l'Europe. Il faut donc mobiliser des connaissances de première comme de deuxième année.
2. Le pluriel du terme « crises » suppose de bien élargir cette notion vague. En effet, de multiples dimensions peuvent être abordées : sociale, politique, économique, géopolitique, institutionnelle. En outre, l'ambiguïté réside également dans le double sens du mot crise : s'agit-il des crises intrinsèques à la construction européenne ou des chocs extérieurs qui entravent le processus ?
3. Surtout, il faut chercher à problématiser un tel sujet pour ne surtout pas raconter l'histoire de la construction européenne. Puisque le lien entre crises et construction européenne est questionné, on peut élaborer une problématique autour des effets des différentes crises, que l'Europe a dû affronter, et sur la construction elle-même.

Introduction

« *L'Europe se fera dans les crises et elle sera la somme des solutions apportées à ces crises* », écrivait Jean Monnet dans ses *Mémoires*. Il considérait ainsi *a posteriori* le projet de construction européenne comme une dynamique instable ne pouvant avancer que dans et par les crises ; ce qu'il résumait un plus loin dans le même ouvrage en expliquant que *« les hommes n'acceptent le changement que dans la nécessité et ne voient la nécessité que dans la crise »*. Et de fait, à son époque comme peut-être plus encore aujourd'hui, il apparaît évident que le projet européen entretient des liens étroits avec les crises qui ont scandé son histoire.

La construction européenne n'est pas un fait mais un processus discontinu qui vise à faire émerger une unité économique et politique des États européens. Cette dynamique inachevée et instable a vu se succéder des phases d'avancées et de stagnation qui toutes ont été corrélées à des évènements déstabilisateurs pour les États concernés, c'est-à-dire à des crises. Car la volonté de faire naître un ensemble unifié n'est pas née uniquement d'une foi désintéressée mais bien d'une convergence opportune d'intérêts, résultat d'un contexte donné. Pour les États européens concernés, cet élan institutionnel et politique a régulièrement été la réponse apportée aux risques et aux crises auxquelles ils ont dû faire face. Des crises de l'après Seconde Guerre mondiale à celles de l'après-guerre froide, se sont ainsi multipliés les évènements de nature tout à la fois économique, politique et géopolitique, qui ont ébranlé mais aussi façonné le projet européen. Or, aujourd'hui que de nouvelles crises affectent l'Europe (crise économique de 2008, crises géopolitiques du Moyen-Orient et des marches russes, crise des migrants, crise politique de la montée des populismes), la question de la capacité de l'Europe politique à s'adapter et à répondre à ses défis se pose plus que jamais. D'autant plus que pour une part, la construction européenne est parfois à l'origine même de ses déboires successifs, comme le souligne la crise de la zone euro depuis 2009. Alors, quel rôle les crises jouent-elles exactement dans l'histoire de la construction européenne ? En ont-elles été une « nécessité » comme l'affirmait Jean Monnet, c'est-à-dire des obstacles féconds et stimulant l'émergence d'un intérêt commun entre États européens ? Ou bien l'accumulation des difficultés et des crises n'a-t-elle pas également entravé le processus d'unification, jusqu'à peut-être aujourd'hui le remettre en cause ?

Si les crises de l'après-guerre ont créé l'impulsion amorçant le processus de construction européenne jusque dans les années 1970 **(1)**, ce sont également les crises économiques puis géopolitiques des années 1970 aux années 1990 qui ont très largement conduit à élargir et à approfondir l'intégration européenne **(2)**. Pourtant, si jusqu'à présent les crises auxquelles l'Europe a été confrontée lui ont permis de rebondir, l'accumulation, depuis les années 2000, de crises multiformes et interdépendantes (euro, migrants, populismes, Brexit, instabilités périphériques) met en danger le processus et pourrait même lui être fatal **(3)**.

Plan

> **Problématique** : Les crises, qui ont affecté l'Europe depuis les années 1950, ont-elles été des obstacles à la construction européenne ? Ou bien à l'inverse, est-ce la construction européenne qui a été un des moyens de surmonter ces crises ? Les crises : obstacles ou moteur de la construction européenne ?

I. Les crises de l'après-guerre (années 1950-années 1970) : l'impulsion initiale de la construction européenne

A. L'Europe : une réponse à la ruine et aux menaces de l'après-guerre

Dès le congrès de la Haye en 1948, l'idée naît que face à la crise majeure que traversait l'Europe à cette date, la solution passait par l'intégration des États européens dans un ensemble supranational et peut-être même fédéral. L'effondrement dramatique des économies du vieux continent, l'impérieuse nécessité de prévenir la naissance d'un nouveau conflit notamment entre une France affaiblie et une Allemagne renaissante (RFA – 1949), mais surtout la crainte des visées soviétiques, en particulier après le coup de Prague de février 1948, ont fortement pesé dans l'impulsion donnée en 1950 par Monnet, Schuman et Adenauer en vue de créer la CECA. Cette première marche de la construction européenne reposait sur l'idée non seulement qu'il fallait surmonter la crise industrielle et énergétique qui frappait l'Europe par la mutualisation des ressources allemandes de charbon et françaises de fer, mais également sur l'anticipation d'une possible crise future, celle d'un nouvel affrontement franco-allemand. Foncièrement libérale, cette idée d'une pacification par le « doux commerce » animait effectivement les fondateurs de l'Europe qui envisageaient même d'en tirer les conséquences politiques par la formation d'une armée européenne commune (la CED signée 1952). L'échec de ce projet a finalement orienté la construction européenne dans le sens d'une unification à but principalement économique, concrétisée par le traité de Rome de 1957.

B. Le traité de Rome (mars 1957) : une réaction face à l'affaiblissement européen ?

De fait, si l'intégration européenne et l'orientation exclusivement économique qu'elle prend apparaissent comme une réponse aux crises économiques et géopolitiques de l'après Seconde Guerre mondiale, elles sont aussi perçues, notamment par les dirigeants français, comme un moyen de surmonter la crise de la décolonisation et plus largement le déclin amorcé des puissances européennes. Une des raisons qui ont poussé la formation du marché commun en 1957 réside dans la volonté de substituer à l'expression impériale de la puissance celle d'une unité mutuellement bénéfique. De plus en plus remises en cause par la guerre froide, la décolonisation (Indochine, Algérie, Indonésie, Congo…) et l'émergence du Tiers-Monde, les vieilles nations coloniales qu'étaient la Belgique, les Pays-Bas et surtout la France envisageaient d'enrayer leur déclin par la mise en commun de leur potentiel économique et politique. En particulier pour la France, la défaite de Dien Bien Phû (1954) et plus encore l'humiliation de Suez (1956) ont clairement motivé les dirigeants de la IVe République finissante (Guy Mollet) à se tourner vers le projet européen. D'ailleurs, l'arrivée au pouvoir du général de Gaulle n'a guère modifié cette perspective d'amplifier les capacités d'action et d'influence de la France par l'insertion dans l'Europe communautaire. Le projet Fouchet de 1961, le refus de laisser le Royaume-Uni entrer dans la CEE, voire la politique de la « chaise vide » à partir de 1965 ont été autant de crises institutionnelles pour l'Europe procédant de cette volonté de faire naître une autre forme de puissance.

C. Le compromis de Luxembourg (1966) : première étape de résolution de la crise du projet européen

Même si les années 1960 sont celles d'une mise en place rapide du marché commun et des premières politiques communes dans un contexte de prospérité inédite, les ambiguïtés de la construction européenne persistent et sont source d'une nouvelle crise. Au contraire de ses cinq partenaires, la France gaulliste défend une certaine idée de l'Europe (Plan Fouché 1961) qui serait tout à la fois une Europe confédérale respectant la stricte souveraineté des États et une Europe autonome si ce n'est indépendante des Anglo-saxons (« l'Europe européenne »). Cette vision heurte les autres membres de la CEE qui souhaitent voir leur partenaire français accepter leur conception plus fédérale et surtout atlantiste et élargie (d'abord aux Britanniques) de l'Europe. L'opposition entre ces deux conceptions antagonistes aboutit en 1965 à la première crise institutionnelle où la France mène une « politique de la chaise vide » et bloque le processus institutionnel. Finalement, seul le compromis de Luxembourg (1966) qui sanctuarise l'unanimité au Conseil européen permet de la surmonter. Et c'est finalement le départ de général de Gaulle (1969) qui ouvre l'Europe à son premier élargissement.

II. De la crise économique à la crise géopolitique (années 1970-années 1990) : la construction européenne face aux défis de la crise, de la mondialisation naissante et de la chute du Mur

A. Les crises monétaires et économiques des années 1970 : entre fragilisation et relance du processus d'intégration

Face aux chocs monétaires et pétroliers, face à la stagflation et au ralentissement brutal de la croissance, certains réflexes protectionnistes apparaissent au début et les réactions sont discordantes (en matière énergétique notamment) et parfois non-coopératives. Mais, pour sauver le marché commun déstabilisé entre autres par le choc monétaire, lentement des solutions émergent en particulier via le serpent monétaire. Dès 1972, les Européens ouvrent des négociations en vue de stabiliser les taux de change afin d'éviter les distorsions monétaires entre États membres autant que les dévaluations non-coopératives. Plus avant, ils s'entendent aussi pour consolider les politiques communes en en créant de nouvelles, notamment celles régionales avec en 1975 la naissance du FEDER.

B. Les défis de la mondialisation des années 1980 : le moteur d'une nouvelle utopie européenne ?

L'accélération de la mondialisation et les pressions des concurrences extérieures, poussent les Européens à vouloir approfondir le marché commun (Acte Unique de 1986) afin tout à la fois d'élargir leur marché, renforcer l'assise et la compétitivité des entreprises européennes et consolider l'unité politique par intérêt commercial commun. L'idée est que le marché unique européen, par son importance et son attractivité, pourra devenir le premier mondial et renforcera la position de l'Europe dans un monde de plus en plus globalisé. Dans ces années 1980 d'optimisme européen, les problèmes posés par la mondialisation naissante trouveraient leurs réponses dans le renforcement de la puissance commerciale et la supériorité technologique de l'Europe.

C. La construction européenne et la chute du Mur (1989-2004) : l'intégration et l'élargissement comme solution aux possibles risques de déstabilisation

La chute du Mur et la fin de la guerre froide font peser de nombreux risques potentiels sur l'Europe de l'Ouest : potentiels effets (migrations, conflits, instabilités) d'un effondrement économique des pays est-européens en transition économique, déstabilisation des équilibres européens du fait de la réunification allemande, retour des revendications identitaires et des tensions frontalières jusqu'alors tues du fait de la guerre froide. Face à ces risques de crises, la CEE se transforme en Union et d'un même mouvement se lance dans l'approfondissement (Traité de Maastricht de 1992 et naissance de l'euro), conçu comme un moyen d'arrimer l'Allemagne réunifiée à l'Europe et l'élargissement, outil d'une transition apaisée et coordonnée pour les PECO.

III. Les crises multiformes et interdépendantes du XXIe siècle (depuis 2005) peuvent-elles mettre à bas la construction européenne ?

A. La crise institutionnelle (depuis le referendum de 2005) : élargissements, hétérogénéité des attentes européennes et paralysie des institutions

Les élargissements successifs (en particulier celui de 2004) créent une difficulté institutionnelle majeure : le principe de l'unanimité du Conseil européen n'a plus grand sens à 25 ou 27. Pourtant, les États peinent à trouver une solution adéquate et la multiplication des traités inaboutis (Amsterdam 1997, Nice 2001) ne résout rien. Finalement, le Traité de Rome II (2004) ou de la Constitution européenne, censée enfin créer des mécanismes adaptés, échoue du fait des référendums négatifs aux Pays-Bas comme en France (2005). Signes d'une défiance croissante des populations européennes vis-à-vis d'une Europe jugée tout à la fois bureaucratique, technocratique, plus soucieuses des lobbys que des citoyens, bref non-démocratique et pour certains trop libérale, ces échecs électoraux traduisent la désaffection croissante d'une partie des Européens vis-à-vis de la construction européenne. De surcroît, l'entrée de nouveaux États accroît les divergences politiques au sein de l'Europe (comme lors de la crise irakienne de 2003) et la paralyse plus encore. La crise politique d'une UE, impuissante et déconsidérée, s'amorce dans ces années 2000 et s'approfondit à mesure que l'Europe affronte de nouvelles difficultés.

B. La crise de l'euro (depuis 2009) : intégration monétaire et divergences croissantes des économies européennes

La crise de l'euro est-elle un facteur de désagrégation produit par les déséquilibres de la construction européenne elle-même ? D'un côté, cette crise résulte de la crise des subprimes américaines et des dysfonctionnements économiques et politiques de la Grèce, de l'Irlande ou de l'Espagne. Mais d'un autre côté, la crise a révélé les carences d'une monnaie unique qui, du fait de l'incomplétude de cette zone monétaire non-optimale, a aggravé les divergences au sein de la zone. Aujourd'hui, même si de nombreuses lacunes initiales ont été compensées et/ou complétées (TSCG 2012, modifications des politiques de la BCE, mécanisme de solidarité européen), il n'en demeure pas moins que l'euro reste un des facteurs de distorsions entre l'Europe qui exporte et qui gagne dans la mondialisation (Europe du Nord, Allemagne) et l'Europe fragile et surendettée (Europe du Sud). Les intérêts des uns et des autres s'éloignent de plus en plus et les rancœurs nationales s'accumulent (des Italiens ou des Grecs contre le rigorisme budgétaire allemand ; des Allemands et des Néerlandais face à l'inconséquence budgétaire de l'Europe du Sud).

C. La crise des migrants, la montée des populismes et le Brexit (depuis 2015) : vers une dissolution programmée du projet européen ?

Autre crise qui met en cause l'unité européenne : celle des migrants. Certes, la question migratoire n'est pas nouvelle. Mais la crise migratoire de l'année 2015 où près de 2 millions de réfugiés ont tenté de rejoindre l'Europe du fait des chaos syrien, libyen mais également afghan, érythréen ou soudanais, a fracturé et fracture encore l'unité européenne. Entre une Europe de l'Ouest plus ou moins accueillante (surtout l'Allemagne qui a ouvert les bras à près d'un million de réfugiés) et une Europe de l'Est plus que rétive (Groupe de Visegräd mené entre autres par V. Orban), l'Europe est apparue incapable de faire face à un problème pourtant commun. La gestion nationale d'un tel problème continental (d'une Allemagne négociant presque seule un accord avec la Turquie, au refus de réviser les accords de Dublin ou la fermeture unilatérale des frontières) a avivé les dissensions entre Européens et nourri la montée des populismes. Car même si celle-ci résulte aussi des effets socio-économiques d'une mondialisation inégalitaire, du discrédit de systèmes démocratiques parfois sclérosés et jugés impuissants, ou des peurs socio-culturelles vis-à-vis de sociétés toujours plus ouvertes, il n'en demeure pas moins que la question migratoire est le point commun de tous les discours populistes. Ainsi, un des principaux (si ce n'est le principal) slogan électoral en faveur du Brexit en 2016 était bien le refus de l'immigration. Aujourd'hui, de l'Italie à la France, des Pays-Bas à la Pologne, l'Autriche ou l'Allemagne, tous ces partis au pouvoir ou éventuellement proches d'y parvenir fondent leur ascension sur le refus de l'immigration. Or tous aussi partagent une vision nationaliste hostile au projet européen et à même, potentiellement, de le faire échouer.

D. La crise géopolitique (instabilités aux frontières méridionales et orientales de l'Europe, distance croissante avec les États-Unis de D. Trump) : une crise qui ressoude l'unité ?

Crise institutionnelle et de la gouvernance européenne, crise des migrants, crise politique de la montée des populismes et du discrédit du projet européen, crise sociale et économique de l'euro, la construction européenne est plus que jamais menacée. Pourtant, une dernière crise pourrait favoriser une convergence nouvelle et être la base d'un renouveau du projet européen : la crise géopolitique. L'instabilité grandissante de la rive sud de la Méditerranée (du Sahel au Moyen-Orient) qui affecte tous les pays européens via la question migratoire mais aussi le risque djihadiste, la renaissance de velléités impérialistes de la Russie, le tout dans un contexte de désengagement de l'allié américain, créent peut-être une fenêtre d'opportunité. Les menaces extérieures grandissantes de guerres aux portes de l'Europe et la politique foncièrement hostile de Donald Trump envers l'UE (et singulièrement l'Allemagne) sont deux facteurs jouant en faveur de l'unité européenne et d'une solidarité renouvelée. Les propositions françaises, soutenues par l'Allemagne, amorcent peut-être une nouvelle phase d'intégration pour une Europe à géométrie de plus en plus variable.

7 L'économie mondiale dans la crise (1973 - années 1980)

Voici un sujet avec le terme « dans », sans surprise ni piège, relativement classique à partir du moment où l'analyse du sujet est rigoureuse :

1. Évidemment, il ne s'agit pas ici de saisir le rôle ou la place de l'économie mondiale (ce qui n'aurait aucun sens), mais bien d'analyser la façon dont l'économie mondiale a subi autant que réagi à la crise. Autrement dit, le propre de ce type de sujet est de réfléchir aux adaptations et fatalement aux transformations provoquées par un bouleversement comme la crise de 1973.
2. Cela suppose une nouvelle fois de bien expliciter l'hétérogénéité comme l'ambiguïté du terme « économie mondiale ». S'il existe bien une économie mondiale, au sens où l'économie (la production et surtout le commerce) fonctionne déjà en partie dans un système d'interdépendance mondiale, il n'en demeure pas moins que cette économie mondiale est aussi la somme des économies nationales qui la composent. Dès lors, la question de l'impact et/ou de l'adaptation de ces économies à la crise varie d'un pays à l'autre, d'un système économique à l'autre.

Impacts, transformations, adaptations, évolutions globales aussi bien qu'hétérogènes, les paramètres de la question posée sont nombreux et offrent de nombreux arguments à développer.

Introduction

Dans les années 1970, à l'heure où les économies des pays industriels ralentissent (2 % de croissance par an en moyenne durant cette décennie), d'autres, notamment en Asie, décollent : la Corée du Sud, Taïwan, Singapour et Hong-Kong frôlent les 10 % de croissance par an durant cette même période. À croire que la crise qui se déclenche en 1973 ne touche pas uniformément l'économie mondiale. Alors, quel a été l'impact réel de la crise de 1973 sur l'économie mondiale jusqu'à la fin des années 1980 ?

L'économie mondiale, au début des années 1970, est (comme en 1913) une économie internationalisée dans laquelle les économies nationales restent encore largement fermées et échangent entre elles essentiellement des biens bruts ou finis. Ce système d'échanges internationalisés, régulé par les grandes instances internationales d'après-guerre (notamment le FMI garant de la stabilité du système de Bretton Woods), repose sur un monde dual. D'un côté, des économies industrielles (États-Unis, Europe de l'Ouest, Japon), en pleine croissance lors des Trente Glorieuses, tirent pleinement profit de cet ordre économique. De l'autre, les économies primarisées, plus pauvres, du Tiers-Monde (en Afrique, en Amérique ou en Asie) restent cantonnées au rôle de fournisseurs quasi-exclusifs de matières premières pour satisfaire la croissance des économies occidentales et japonaise. Entre les deux, des économies socialistes ou autocentrées (URSS, Europe de l'Est, la Chine, Cuba ou l'Inde), exclues des grands échanges mondiaux, tentent, tant que bien que mal, d'apparaître comme des contre-modèles. En ce sens, à la veille de la crise, l'économie mondiale repose sur une double coupure (pays pauvres/riches, pays capitalistes/socialistes) qui garantit une domination exclusive et presque sans partage aux grandes puissances capitalistes du bloc de l'Ouest (et singulièrement aux États-Unis qui à eux seuls représentent près de 30 % du PIB mondial). Or, la crise qui se déclenche en 1973, avec le choc monétaire puis pétrolier, remet en cause cet ordre économique mondial. À court terme, ce choc met fin aux Trente Glorieuses et enrichit les pays pauvres exportateurs de matières premières. Mais à plus long terme, il semble être le point de départ d'une transformation plus profonde de l'économie mondiale : son fonctionnement internationalisé et régulé comme la stricte dualité (entre pays industrialisés et Tiers-Monde) qu'il imposait sont lentement remis en cause. Dès lors, en quoi la crise de 1973 transforme-t-elle cette économie mondiale ? Autrement dit, les effets induits par la crise ont-ils conduit à une recomposition totale du fonctionnement et de la hiérarchie économique mondiale ? Ou bien, perpétuent-ils l'ordre économique antérieur (celui d'une domination occidentale) ?

De fait, la crise de 1973 déstabilise toutes les économies mondiales mais à des degrés différents (1). Cette déstabilisation amorce alors un profond bouleversement du système économique internationalisé qui bascule vers une économie désormais plus libéralisée et globalisée (2). En ce sens, les bouleversements initiés par le déclenchement de la crise en 1973 impulsent une recomposition de l'ordre économique mondial qui, sans faire disparaitre la domination de la Triade, consacre le début d'un basculement économique vers l'Asie et la fin du Tiers-Monde (3).

Plan

Pour ce type de sujet-tableau (il s'agit de dessiner l'impact de la crise sur l'économie mondiale à petite comme à grande échelle), un plan thématique, jouant sur les échelles d'analyse, est une solution pratique. En effet, dans ce type de sujet, la question est de prendre la mesure de l'impact d'un évènement (la crise de 1973) sur un objet hétérogène (l'économie mondiale) : qu'est-ce que l'un produit sur l'autre ? Trouver une série de verbes mettant en relation les deux termes du sujet est souvent commode et aide à organiser sa pensée : ici, on peut dire que la crise déstabilise, transforme puis finalement recompose l'économie mondiale.

Problématique : En quoi la crise de 1973 transforme-t-elle l'économie mondiale ? Autrement dit, les effets induits par la crise ont-ils conduit à une recomposition totale du fonctionnement et de la hiérarchie économique mondiale ? Ou bien, perpétuent-ils l'ordre économique antérieur (celui d'une domination occidentale) ?

I. La crise déstabilise les économies mondiales à des degrés différents

A. La crise provoque la fin des Trente Glorieuses pour les pays développés

Les chocs monétaires puis pétroliers provoquent une crise inflationniste qui augmentent les coûts de production, rognent les marges des entreprises au moment même où les gains de productivité, moteur de croissance fordo-keynésienne, s'essoufflent. C'est bien la crise qui fait entrer les économies développées dans une stagflation délétère.

B. La crise bouleverse les fondements (désindustrialisation) et les politiques (néolibéralisme) économiques des pays développés

La crise frappe en premier les grandes industries énergivores et motrices des Trente Glorieuses dont un des fondements était justement le bas coût de l'énergie. Dans un contexte où les progrès de la libéralisation des échanges (GATT) commence à se faire sentir, la sidérurgie, les mines, l'automobile mais également le textile sont les premiers secteurs touchés. Autre pilier des Trente Glorieuses fragilisé, l'État-Providence. Face à la déstabilisation du système fordo-keynésien et à l'échec des politiques de relance, l'orthodoxie libérale renouvelée sous l'égide du néolibéralisme d'Hayek et de Friedman s'impose dans nombre d'économies développées, à commencer par le Royaume-Uni de M. Thatcher et les États-Unis de R. Reagan.

C. La crise accroît, à moyen terme, la vulnérabilité et l'endettement des pays en développement

Pour nombre de pays du Tiers-Monde, la crise inflationniste est une aubaine. Même si la demande des pays du Nord ralentit, l'effet conjugué de l'abondance de liquidités (pétrodollars), l'abaissement des taux d'intérêts et la hausse des prix de l'énergie et des matières premières leur ouvrent un accès facilité au crédit. Pourtant, dès la fin des années 1980, la dynamique d'endettement s'emballe, surtout quand la crise et l'inflation incitent les États-Unis à réévaluer brutalement le dollar (Volcker 1979) et augmentent la dette des pays en développement. C'est le début de la crise de la dette pour ces pays d'Afrique et d'Amérique latine (Mexique 1982).

D. Mais la crise touche finalement peu les pays socialistes comme elle favorise les pays pétroliers

La crise affecte finalement assez peu les économies socialistes. En effet, par définition, les économies socialistes planifiées et collectivisées fonctionnent indépendamment des fluctuations des marchés et des prix mondiaux. De surcroit, les quelques liens qu'elles entretiennent avec eux sont constitués d'exportations de matières premières, en particulier énergétiques. C'est évidemment le cas pour une URSS qui, avec la Détente, a multiplié par 5 depuis les années 1960 ses exportations d'hydrocarbures à destination de l'Europe de l'Ouest et qui donc profite à plein de la hausse des prix de l'énergie. Pour les mêmes raisons d'ailleurs, les pays pétroliers, en particulier du Golfe Persique et du monde arabe, s'enrichissent considérablement et poursuivent la réappropriation de leurs ressources naturelles aux dépens des grandes compagnies occidentales qui jusqu'alors les dominaient.

II. La crise transforme le fonctionnement de l'économie mondiale

A. Du fait de la crise, l'économie mondiale s'est libéralisée

La crise de 1973 est le point de départ d'une accélération de la libéralisation des économies mondiales. Certes, la dynamique d'abaissement des barrières douanières a débuté dès 1947 avec la fondation du GATT. Mais, c'est véritablement après 1973 que l'ouverture économique et la réduction des régulations publiques deviennent significatives. D'une part, la crise a été le facteur initiateur, malgré quelques réflexes protectionnistes au départ, de la relance des négociations en vue de libéraliser les échanges à l'échelle mondiale (Tokyo Round 1973-1979) ou continentale (approfondissement du marché commun européen jusqu'à l'Acte Unique de 1986). D'autre part, le néolibéralisme s'est imposé au sein des pays comme la politique adaptée à la résolution de la crise et du chômage. Il l'a été soit parce que les électeurs l'ont voulu ainsi (aux États-Unis ou en Europe), soit parce qu'il a été imposé via les plans d'ajustement structurel du FMI aux États du Tiers-Monde à partir des années 1980.

B. Du fait de la crise, l'économie mondiale s'est globalisée

Cette libéralisation de l'économie, comme la crise en général, a été un des facteurs de la globalisation des économies. En effet, c'est face à une crise généralisée de leur rentabilité que les grandes entreprises occidentales et japonaises ont cherché à reconquérir leurs marges en externalisant certains segments de leur production à l'étranger. Profitant de la baisse des coûts de transport qui s'amorce, de la libéralisation commerciale et de l'ouverture des économies (en particulier asiatiques et chinoises après 1979), les grandes entreprises ont ainsi pu amorcer (surtout dans les années 1980) la décomposition internationale de leur processus productif en vue de diminuer leurs coûts. À l'image des grandes entreprises japonaises du textile ou d'électronique parties dès le début des années 1970 sous-traiter une partie de leur production en Corée du Sud ou à Taiwan.

C. Du fait de la crise, l'économie mondiale s'est financiarisée et tertiarisée

Libéralisation et globalisation de la production ont aussi modifié l'ensemble de l'économie mondiale. S'inspirant de la résilience du modèle toyotiste des entreprises japonaises, nombre de sociétés ont à leur tour cherché à reconquérir des gains de productivité en automatisant davantage leur production, en améliorant de façon constante l'efficacité de leur processus productif et en pariant sur une innovation permanente. Dans un cadre concurrentiel croissant, l'emploi manufacturier peu ou pas qualifié (cœur de la prospérité des Trente Glorieuses) a commencé à régresser au profit des activités plus qualifiées du secteur tertiaire. Cette tertiarisation, effet aussi de l'externalisation croissante, a répondu à une financiarisation nouvelle. En effet, la crise et la libéralisation financière qui en a en partie résultée, ont sensiblement modifié la gouvernance des entreprises. Des acteurs financiers de plus en plus mondiaux ont progressivement exigé davantage de rentabilité à court terme des parts d'entreprises en leur possession. Cette pression financière a modifié la gestion des grandes entreprises désormais plus soucieuses de leur profitabilité immédiate et de l'élévation du cours de bourse que de la rentabilité à long terme ou de l'accroissement des ventes et du chiffre d'affaires. C'est aussi cette nouvelle logique financière qui anime la tertiarisation comme la globalisation des entreprises.

III. La crise recompose en partie l'ordre économique mondial

A. La crise ne met pas fin à la domination des pays Occidentaux dans les années 1980

Ces bouleversements de l'économie mondiale (libéralisée, globalisée, tertiarisée et financiarisée) initiés par la crise ont-ils pour autant sapé la domination économique de l'Occident et du Japon ? Bien évidemment non. Au contraire, tous ces processus d'adaptation des politiques publiques et des entreprises à la crise ont permis, dans les années 1980, à la Triade (d'ailleurs nommée ainsi en 1985) de renforcer son hégémonie industrielle et technologique. Si en 1973, la Triade représentait 65 % du PIB mondial, en 1990 c'est désormais près de 75 %. Plus encore, c'est durant cette période dite de crise que les pays occidentaux et le Japon ont creusé l'écart avec le monde socialiste (en stagnation) comme avec les pays en développement (en récession).

B. La crise amorce cependant le basculement du monde vers l'Asie

Toutefois, même si la crise ne met pas fin à la domination des économies occidentales et japonaises, par ces effets directs et indirects (notamment la financiarisation et la globalisation), elle amorce le décollage de l'Asie orientale. La pacification de l'espace asiatique, qui progressivement sort de la guerre froide dans les années 1970 avec la fin de la guerre du Vietnam (1975) et l'entente sino-américaine (1972-1979), crée les conditions d'une expansion économique via le commerce et les investissements extérieurs. Il est évident que si pour l'Occident les années 1970 marquent la fin des Trente Glorieuses, inversement pour la Chine c'est le début des leurs.

C. La crise de la dette aggrave la situation de l'Affrique subsaharienne et de l'Amérique Latine et met fin au Tiers-Monde

En retour, la crise met fin à l'utopie Tiers mondiste. L'idée affirmée en 1955 à Bandung, qu'une solidarité entre les pays nouvellement indépendants devait naître de leurs situations et de leurs difficultés communes, se meurt lentement avec les divergences nées (entre autres) de la crise. Au moment même où l'Asie orientale décolle et une partie du Moyen-Orient s'enrichit facilement, l'Amérique Latine et plus encore l'Afrique Subsaharienne régressent. Pris à la gorge par les crises de la dette, effet indirect de la crise de 1973, nombre d'États de ces deux continents sont contraints de faire appel au FMI et de mener des politiques d'ajustement structurel particulièrement douloureuses pour leur société et leur économie. Quand l'Amérique latine connaît une « décennie perdue » avec une croissance moyenne d'à peine 1 % par an dans les années 1980, l'Afrique subsaharienne, déjà peu développée, affronte une récession de longue durée (en moyenne -1,4 % par an) aux effets socio-politiques catastrophiques.

8 L'Asie orientale dans l'économie mondiale (1945 - années 1990)

Ce sujet ne présente pas de difficultés particulières si on prend soin de définir précisément les termes. En effet, il faut faire attention à bien délimiter l'Asie Orientale et ne pas traiter de toute l'Asie. De même, un terme aussi général suppose, comme toujours, de définir le caractère hétérogène des pays à l'histoire comme à la géographie ou la démographie dissemblables. Pourtant, s'il faut tenir compte des différences entre les pays concernés, il faut aussi noter que ce sujet invite à traiter de l'Asie orientale dans son ensemble. Cela se justifie par la dynamique conjointe que ces économies ont connu durant cette période (le fameux développement en « vol d'oies sauvages »).

D'autre part et peut-être surtout, il ne s'agit pas de raconter l'histoire de l'Asie orientale mais bien se concentrer sur les aspects économiques et les rapports de ces pays à l'économie mondiale. En explicitant le sujet, on comprend vite qu'il s'agit d'expliquer la place de l'Asie orientale dans l'économie mondiale, c'est-à-dire la façon dont cette région s'est insérée dans la mondialisation qui se développe à partir des années 1970. Autrement dit, il ne faut surtout pas réciter son cours (il ne faut jamais réciter son cours) sur la croissance en Asie (et encore moins les détails du Grand Bond en Avant ou de la Révolution Culturelle) mais bien expliquer quand, comment et pourquoi ces pays d'Asie orientale gravissent les échelons de la hiérarchie économique mondiale et tirent profit des évolutions globales de l'économie.

Introduction

Alors qu'elle ne dépassait pas le revenu par habitant du Ghana à la fin des années 1950, la Corée du Sud a été en mesure de montrer au monde sa prospérité insolente lors des Jeux Olympiques de Séoul en 1988. Sa fulgurante ascension (véritable miracle après la guerre de 1950) n'aurait pourtant pas été possible sans l'ouverture et l'inscription croissante de ce petit pays d'Asie Orientale dans l'économie mondiale. Il fut à l'image de l'ensemble d'une région prise dans une dynamique sans précédent qui, au début des années 1990, en a fait le nouveau cœur de la croissance mondiale. Comment alors une telle ascension dans l'économie mondiale a-t-elle été possible ?

Les économies d'Asie Orientale avant 1945 étaient marginalisées. A l'exception d'un Japon industrialisé par sa révolution du Meiji (1868), les autres pays étaient tous dans une situation de dépendance coloniale ou semi-coloniale vis-à-vis des Européens (Hong Kong britannique, concessions territoriales en Chine continentale) ou des Japonais (Formose (1895) et Corée (1910)). Les combats et les destructions résultant de la politique expansionniste du Japon durant la Guerre du Pacifique (1937-1945) comme son écrasement final par la puissance américaine en 1945 ont encore accentué la marginalité de l'Asie orientale dans l'économie mondiale. Or, à compter des années 1950, cette région périphérique décolle. Progressivement et de façon différenciée, les pays d'Asie Orientale tirent profit des évolutions de l'économie mondiale. Avec l'ouverture graduelle des marchés négociée à partir de 1947 (GATT) comme avec la révolution des transports et des communications qui s'enclenche à partir des années 1960, l'économie mondiale se transforme sous l'effet de l'internationalisation des échanges durant les Trente Glorieuses et plus encore de la mondialisation naissante à la fin des années 1970. Et face à ces bouleversements, les économies d'Asie orientale semblent avoir été en mesure de s'adapter mieux qu'aucune autre : elles ont su tirer parti de ces transformations de telle sorte qu'à la fin des années 1990, toutes (Chine communiste comprise) occupent désormais une place majeure, pour ne pas dire centrale, dans le commerce comme la production mondiale. Dès lors, comment expliquer l'ascension fulgurante et conjointe de cet espace asiatique ?

Problématique : Comment expliquer l'ascension fulgurante et conjointe des pays d'Asie Orientale ?

I. De 1945 à la fin des années 1950, à l'exception du Japon, les économies d'Asie orientale sont marginalisées dans le monde des débuts de la guerre froide

A. Juste après-guerre (1945-1953), les pays d'Asie Orientale sont ruinés et leurs économies fragilisées et dépendantes

Les pays d'Asie Orientale ont tous souffert de la guerre (combats, bombardements, pillage…) qui s'est déroulée sur leur sol : Chine littorale, Philippines, Corée, et surtout Japon systématiquement bombardé à partir de 1944. Les destructions des infrastructures et des moyens de production paralysent ces économies déjà peu productives. Les pays d'Asie Orientale souffrent également de leur dépendance commerciale et financière antérieure à la guerre : économies coloniales ou semi-coloniales sous domination étrangère (surtout japonaise en Corée ou à Taïwan). Asymétrie commerciale préjudiciable.

B. Les économies d'Asie Orientale sont en outre entravées dans leur insertion dans l'économie mondiale par la guerre froide naissante

La Chine se tourne dès 1950 vers une économie de type soviétique (un millier de conseillers techniques soviétiques partent pour la Chine) qui, même si elle est facteur de croissance (7 % par an en 1952-1953), la coupe des circuits économiques mondiaux et surtout crée des déséquilibres déjà préjudiciables : dans un pays à 90 % rural, seulement 7 % des investissements vont à l'agriculture. La Corée plonge dans la guerre (1950-1953) ce qui conduit le pays à sa partition et à sa destruction quasi-totale : en 1953, Pyongyang a été détruit à plus de 80 %, Séoul à 65 %. Un rapport de la Banque Mondiale sur le développement de 1957 classe la Corée du Sud aux derniers rangs mondiaux, derrière le Ghana tout juste indépendant.

C. Une seule économie d'Asie Orientale fait exception à cette marginalisation : l'économie japonaise qui connaît une renaissance spectaculaire

L'économie japonaise enclenche un processus de haute croissance dès la fin de la guerre (en 1953, le Japon dépasse son PIB de 1941). Elle bénéficie de la présence miliaire et de l'aide américaine qui favorise la demande intérieure, l'investissement et la reconstruction (Plan Dodge de 1949) autant que les exportations (sous-évaluation du yen en accord avec les Américains). L'économie japonaise profite de la Guerre de Corée qui accentue la demande globale et l'investissement productif. La Guerre de Corée conduit également au traité de sécurité et de coopération mutuelle simultané à celui de San Francisco (septembre 1951). Cette renaissance économique ne repose pas uniquement sur l'aide américaine. Elle s'appuie aussi sur le renouveau des structures et des savoirs-faire de l'économie industrielle japonaise d'avant-guerre (Les Zaibatsu dissous se reconstituant en Keiretsu dès 1947-1948) ou la création de nouvelles entreprises (Nissan ou Toyota)

II. Du début des années 1960 à 1979, à l'heure où l'internationalisation des échanges s'accélère, les économies d'Asie Orientale s'intègrent de façon progressive mais toujours différenciée dans l'économie mondiale

A. Le Japon poursuit sa montée en puissance parce qu'il sait tirer profit de la croissance du commerce international (toyotisme, innovations, technologies, exportations…)

Le Japon enclenche un processus de croissance rapide (près de 11 % par an dans les années 1960) qui est autant le fait de l'investissement et de la consommation intérieure que des exportations. Les entreprises japonaises fondent leur développement sur des innovations nombreuses : Shinkansen dans les années 1960 ou les nombreux produits de Sony dans les années 1970 (cassette vidéo, magnétoscope, walkman…). La productivité et l'innovation des compagnies japonaises reposent sur un système organisationnel original qui diffère sensiblement du modèle keynésien à l'origine de la croissance dans le monde occidental. Le toyotisme qui se diffuse très progressivement dans les années 1960 permet à la fois d'adapter en temps réel la production à la demande du marché et de réduire les coûts de production. En outre, les grandes firmes japonaises profitent d'un tissu de PME et de TPE flexibles et innovantes qui fondent leur force et leur résistance. Tous ces éléments expliquent la productivité et la compétitivité japonaise durant les Trente Glorieuses comme sa résilience après le choc pétrolier (4,5 % de 1973 à 1979).

B. Cet élan japonais favorise alors le décollage des autres économies d'Asie orientale (Corée du Sud, Hong Kong, Taïwan) …

La croissance japonaise profite dès le début des années 1960 à ses voisins est-asiatiques (Corée du Sud, Taïwan et Hong-Kong) qui bénéficient de ce qu'Akamatsu avait appelé le « vol d'oies sauvages ». Tous trois ont connu une croissance de plus de 10 % par an dès le début des années 1960, croissance qui s'est pérennisée durant les années 1970. D'un côté, le Japon a constitué un modèle de développement pour ces petits États est-asiatiques : ils ont reproduit le savant dosage d'implication forte d'un État interventionniste, corrélé à des réformes agraires, à des investissements dans les infrastructures et l'éducation et à une stratégie de remontée de filière par un savant dosage de protectionnisme ciblé puis d'ouverture progressive pour promouvoir les exportations. D'un autre côté, ils ont aussi bénéficié de la hausse du niveau de vie et des salaires au Japon qui a conduit nombre d'entreprises japonaise à conserver leur compétitivité en délocalisant dans ces pays les tâches à moindre valeur ajoutée et coûteuses en main-d'œuvre. De même, ont-ils aussi tiré profit de l'aide financière et monétaire d'États-Unis, soucieux de contrer l'expansion du communisme en Asie.

C. … à l'exception d'une Chine dont l'économie est, au même moment, coupée du monde et ravagée par les impasses du maoïsme (Grand Bond en avant, Révolution culturelle)

Le géant chinois (comme son allié nord-coréen) reste jusqu'en 1979 à l'écart de la dynamique de croissance qui touche ses voisins est-asiatiques. En effet, la Chine connaît au même moment une période de troubles et d'anarchie qui déstabilise complètement son économie. Le Grand Bond en avant (1957-1960) instaure des milliers de communes populaires qui doivent fonctionner en stricte autarcie et dans lesquelles la division et la spécialisation du travail sont niées. Le résultat est un effondrement de la production industrielle (en quantité comme en qualité) et surtout agricole qui conduit à une famine gigantesque provoquant un nombre de morts estimé entre 15 et 35 millions. Malgré une courte période de rémission durant laquelle le trio de réformateurs (Liu Shaoqi, Zhou Enlai et Deng Xiao Ping) permet un rétablissement de la production, Mao relance l'instabilité politique et économique avec la Révolution Culturelle (1966-1969) dans le seul but de retrouver le pouvoir. Cette nouvelle période d'anarchie, si elle ne provoque pas une catastrophe économique comme le Grand Bond en avant, engendre néanmoins une stagnation économique préjudiciable. La RPC reste donc un pays marginalisé en Asie Orientale dans la mesure où elle reste rurale, régulièrement menacée de disettes et condamnée à un très faible niveau de vie pendant les 30 premières années de son existence.

III. De 1979 à la fin des années 1990, les économies d'Asie orientale tirent désormais toutes profit de la mondialisation naissante et deviennent ainsi de plus en plus centrales dans l'économie mondiale (sauf la Corée du Nord)

A. Les économies d'Asie orientale connaissent effectivement une insertion croissante dans l'économie mondiale

A partir des années 1980, les économies d'Asie orientale deviennent le moteur de l'économie mondiale. Le Japon poursuit sa dynamique de croissance jusqu'à l'éclatement de la bulle immobilière de 1990 et le début d'une longue période de stagnation déflationniste. Ses exportations innovantes et à haute valeur ajoutée progressent et surtout à partir des années 1980 (Accords du Plaza, 1985), le Japon devient une grande puissance financière. Les NPI poursuivent eux-aussi leur développement et leur croissance profitant largement de la mondialisation naissante pour bénéficier aussi bien d'IDE que de nouveaux marchés d'exportation et poursuivre la montée en gamme de leurs grandes entreprises (Chaebols coréens). Ils deviennent des pays-ateliers principaux sous-traitants des grands donneurs d'ordre mondiaux à l'image de Taïwan dont le dense réseau de PME-PMI représente près de la moitié de son PIB.

B. Si elles tirent un tel profit de la mondialisation, c'est aussi par leurs atouts propres et adaptés au contexte d'une économie globalisée (Les « quatre E » de Claude Meyer)

Le développement des pays d'Asie orientale à partir des années 1970 repose sur leur adaptation à la mondialisation où ils disposent d'avantages évidents, ceux que Claude Meyer appelle les « quatre E[1] ». Le Japon, la Corée, Hong Kong ou Taïwan ont tous disposé d'un État subtilement interventionniste développant une stratégie d'insertion dans la mondialisation par la promotion des exportations. Cet État a aussi beaucoup investi dans l'Éducation, clé de la croissance et de la montée en gamme de l'industrie exportatrice. Tous ont aussi disposé d'Entreprises souvent conglomérales (à l'exception de Taïwan) qui ont su jouer de leur capacité financière et de la diversité de leur activité comme d'un riche réseau de sous-traitance innovant pour améliorer constamment leur compétitivité coût et hors coût. Enfin, les sociétés est-asiatiques ont eu une propension à l'Epargne beaucoup plus forte qu'en Occident qui a favorisé l'endettement à moindre coûts des entreprises comme des États. Ce sont ces 4 facteurs (les quatre E) qui sont à l'origine du miracle économique est-asiatique qui repose avant tout sur les Exportations (un cinquième E).

C. Enfin, c'est aussi et surtout l'insertion de la Chine à partir de 1979, par ses réformes intérieures, qui crée le basculement de l'économie mondiale vers l'Asie orientale

Cette dynamique de croissance par l'intégration dans la mondialisation affecte finalement la Chine à partir de 1979 selon un processus en partie semblable. C'est bien un choix de l'État central et de Deng Xiao Ping d'ouvrir graduellement le pays à partir de 1979 qui a permis la croissance des investissements étrangers et des exportations chinoises. Cette stratégie économique est aussi passée par un rapprochement géopolitique avec les États-Unis (dès 1972) et une pacification des relations avec l'ensemble de ses voisins (traité de paix avec le Japon de 1978), condition d'une intégration économique régionale. C'est aussi le choix d'une réforme agraire qui a progressivement libéralisé la production agricole et permis de surmonter les disettes fréquentes, et par l'exode rural, de libérer une main-d'œuvre à très bas coûts pour les industries d'exportation naissante. Résultat : la Chine a bénéficié d'IDE (aux 2/3 en provenance des Chinois de l'étranger donc de Taïwan

1. Claude Meyer, *Chine ou Japon, quel leader pour l'Asie ?*, Presses de Sciences Po, 2010.

et Hong-Kong) et d'implantations d'usines étrangère en joint-ventures garantes de transfert de technologies et de savoirs-faire. La Chine a connu alors une croissance moyenne de 11 % par an entre 1979 et 1999, une croissance industrielle de près de 20 % par an et des exportations qui en dollars constants qui ont été multipliées par 25 en 20 ans.

Conclusion

La crise des économies asiatiques qui les frappe en 1997 est la conséquence directe de l'insertion et de la croissance globale de l'Asie Orientale depuis les années 1980. Ces économies ravagées par la Seconde Guerre mondiale ou même, comme la Corée, par la guerre froide naissante, ont su tirer parti du contexte extérieur (aide américaine) comme de leurs ressources intérieures (État, entreprises, comportement d'épargne) pour renaître et surtout s'adapter mieux qu'aucune autre à la mondialisation naissante. Certes, cette réussite a été graduelle et hétérogène en fonction des pays et des contextes. Certes, la Chine a dû attendre les années 1980 pour sortir du marasme et la Corée du Nord reste de nos jours totalement exclue de cette dynamique globale. Pourtant, ce sont bien ces transformations d'après-guerre qui expliquent le basculement économique du monde vers l'Asie, aujourd'hui manifeste.

De fait, la crise de 1997 n'a résulté que de l'ouverture croissante de ces économies, de leurs taux de croissance mirifique qui a favorisé les investissements hasardeux et finalement la diffusion depuis la Thaïlande d'une correction sévère des investissements. Cette crise a manifesté l'interdépendance croissante de ces économies entre elles comme avec le reste du monde. Et finalement, la vigoureuse croissance des années 2000 a montré les capacités de résilience de ces pays devenus aujourd'hui le cœur économique de la planète.

9 État et croissance dans les économies de marché (1945-années 1990)

C'est un sujet de première année assez complexe et ce pour plusieurs raisons :

1. Il impose de bien maîtriser le chapitre d'histoire économique ce que, des étudiants issus de Bac S, ont souvent du mal à faire. À cet égard, ce chapitre est essentiel pour réussir l'épreuve d'HGG au concours et doit inciter à travailler par soi-même les grands principes des sciences économiques, que ce soit via les cours ou via des lectures personnelles. Le plus important en voie S est moins de connaître dans le détail les théories économiques que de maîtriser le vocabulaire fondamental afin d'en faire un usage approprié.
2. Comme toujours, il s'agit aussi de bien expliciter les termes et le sens du sujet. Ce dernier n'invite ni à raconter l'évolution de l'économie mondiale, ni à se restreindre aux pays industrialisés. D'une part, la question porte sur le rôle de l'État dans l'évolution économique. Dès lors, ce sont moins les mutations économiques qui sont au cœur du sujet que celles de l'action publique en matière économique entre 1945 et les années 1990.
3. D'autre part, la notion (très large) d'économies de marché conduit à s'intéresser à tous les pays non-socialistes, c'est-à-dire aussi bien ceux du Bloc de l'Ouest que nombre de pays du Tiers-Monde. Ce qui signifie qu'en plus de traiter des transformations globales de la place de l'État dans l'économie, le sujet pousse à comparer les différentes évolutions.

Autrement dit, c'est un sujet qui suppose une analyse tout à la fois évolutive et comparative des situations.

Introduction

Face à la crise des années 1930, l'État libéral et minimal du XIXe siècle est définitivement discrédité. Déjà déstabilisés par l'implication publique dans l'économie durant la Première Guerre mondiale, les principes selon lesquels l'État ne doit pas intervenir pour ne pas entraver le libre jeu du marché sont fortement contestés. Avec la Seconde Guerre mondiale et les espoirs, portés par les Résistances, d'un monde nouveau dans lequel l'État régulerait davantage l'économie et assurerait plus de redistribution et de justice sociale, le rôle des États change définitivement : il se doit d'être l'initiateur et le régulateur de la prospérité comme du juste partage de ses fruits. Pourtant, ce qui était évident en 1945, ne l'est plus guère dans les années 1990. Alors comment expliquer ces évolutions du rôle de l'État dans la promotion de la croissance économique dans les économies de marché entre 1945 et les années 1990 ?

Les économies de marché, c'est-à-dire les économies dans lesquels l'ajustement de l'offre et de la demande par les prix est laissé à la liberté des agents économiques qui forment le marché (par opposition aux économies socialistes planifiées et entièrement nationalisées), sont néanmoins fort hétérogènes. Entre 1945 et les années 1990, on peut considérer que les États du bloc de l'Ouest en général mais également nombre de pays du Tiers-Monde qui n'ont pas adopté une économie socialiste, sont, à des degrés divers, des économies de marché. Dès lors, la place et l'action de l'État dans la promotion de la croissance varie évidemment grandement en fonction de niveau d'industrialisation et de développement de chacune de ces économies. Or, par-delà ces dissemblances, il faut aussi tenir compte des évolutions profondes du fonctionnement de ces économies de l'amorce des Trente Glorieuses à la naissance (après la crise de 1973) d'une économie globalisée. Face à ces transformations multiformes de l'économie mondiale, les États (acteurs souverains qui contrôlent et aménagent leur territoire) ont vu leur place et leur rôle dans l'économie être redéfinis. En particulier, le tournant néolibéral des années 1970-1980 a profondément changé la perception comme la réalité de l'intervention publique au sein des économies de marché. Est-ce alors à dire que les États dans les économies de marché n'ont jamais fait que subir les transformations des régimes de croissance (des Trente Glorieuses à la mondialisation) ? Ou bien, au contraire, n'en ont-ils pas été l'acteur principal, accompagnant ces mutations et parfois même les créant ?

Problématique : Les mutations du rôle des États dans les économies de marché : facteur ou effet des évolutions des régimes de croissance ?

I. L'État : moteur des croissances des Trente Glorieuses (1945-1973)

A. L'État keynésien : un entrepreneur, un régulateur, un planificateur

En 1945, les États s'investissent dans le domaine économique : héritage de la crise de 1929, du New Deal et plus encore de l'économie de guerre, les États mettent en place des politiques de reconstruction et de planification (inspirées du modèle socialiste parfois). En France, c'est la création du Commissariat général au plan (1946) qui marque cette orientation nouvelle. L'idée que l'État doit jouer un rôle central dans la régulation et l'organisation de la vie économique repose sur un paradigme keynésien d'après-guerre qui marginalise les principes de l'orthodoxie libérale jugés responsables de la crise et finalement de la guerre. L'État devient alors aussi entrepreneur à partir du moment où des pans entiers de l'économie sont nationalisés : énergies, transports, banques et même industries automobiles (Renault) deviennent des monopoles ou des secteurs dominés par l'action publique, en particulier en France et au Royaume Uni. Ce rôle de l'État se complète d'une politique de *stop and go* où la monnaie et le budget sont mis au service de la croissance, à l'image des États-Unis où la demande publique soutient largement l'investissement et l'innovation, en particulier dans les domaines spatial et militaire.

B. L'État-Providence : redistribution et services publics

En plus de son rôle économique, l'investissement des États dans le domaine social contribue largement à la croissance dans le cadre du système fordo-keynésien. Par la redistribution qu'il assure (impôts progressifs, allocations) comme par les services publics qu'il rend (sécurité sociale, assurance chômage et retraites, santé, éducation, transports), l'État favorise la consommation et le crédit. Préservés du risque, les ménages consomment et s'endettent tirant la demande globale, l'investissement intérieur mais aussi la productivité.

C. L'État dans les économies de marché des Pays en Développement (PED) : un État défaillant ?

Dans les pays en développement, nouvellement décolonisés, les États jouent des rôles divers en fonction de leur solidité. En effet, nombre d'entre eux sont, par définition, récents puisque nés au moment de la décolonisation. Tiraillés par la guerre froide, beaucoup basculent d'ailleurs vers des régimes autoritaires, corrompus et/ou instables, à l'image des soubresauts politiques des pays latino-américains ou africains. Sans moyens, ces États sont en outre parfois dépourvus des infrastructures et des compétences nécessaires à la gestion publique. Contraints de s'endetter, ils restent dépendants des grandes instances internationales, des pays occidentaux et plus particulièrement du pays colonisateur dont ils ne parviennent pas toujours à se déprendre (début de la Françafrique sous le général de Gaulle). Aussi, s'ils ne basculent pas vers un modèle socialiste (comme l'Algérie ou le

Vietnam Nord) et conservent les règles d'une économie de marché, ces pays tentent-ils de mener des stratégies de développement sous l'impulsion de l'État. Que ce soit par la promotion des exportations de matières premières ou de produits agricoles (renouant avec l'économie coloniale) ou bien par l'industrialisation via la substitution aux importations (ISI de Raul Prebisch en Amérique Latine), tous ces États cherchent à produire les conditions d'une croissance économique avec plus ou moins de réussite. L'État développeur s'investit dans l'économie à l'image du Brésil où dès les années 1950 l'État nationalise de grands secteurs stratégiques et joue de ses politiques commerciales et budgétaires pour industrialiser le pays. La croissance est plutôt au rendez-vous avec 7 % par an en moyenne entre 1950 et 1974 et même plus de 10 % par an entre 1967 et 1974.

II. L'État : facteur ou victime de la crise des années 1970 ?

A. Des États occidentaux ébranlés face à la crise

La crise de 1973 et la stagflation qu'elle engendre dans les pays développés ébranlent les fondements de l'État keynésien des Trente Glorieuses. Face à la crise, l'échec des politiques de relance par la dépense publique et des politiques monétaires laxistes qui favorisent l'inflation sans réduire le chômage, donnent le sentiment d'une impuissance publique. En outre, les réponses divergentes et non coopératives des grandes puissances occidentales (entre les États-Unis et l'Europe) comme au sein même du marché commun déstabilisent la puissance publique. S'il n'est pas à l'origine de la crise, puisque celle-ci résulte bien davantage du choc pétrolier et du ralentissement des gains de productivité, l'État keynésien fait pourtant l'objet de critiques de plus en plus nombreuses qui l'accusent d'en être pourtant responsable.

B. Des États redéfinis par le néolibéralisme

Cette crise économique est progressivement définie comme une crise de l'État par les néolibéraux. Parce qu'il prélève trop d'impôts et désincite l'investissement (A. Laffer), parce qu'il gère toujours mal les secteurs qu'il contrôle (théories du *Public Choice*), parce qu'il mène des politiques monétaires brouillonnes qui déstabilisent les agents économiques (monétaristes), bref, parce qu'il perturbe le libre jeu du marché et freine son efficience naturelle, « l'État est le problème » pour Milton Friedman comme Ronald Reagan. La réduction du rôle économique mais aussi social de l'État devient alors la solution à la crise, conçue dès lors comme un simple dérèglement du marché par les interventions intempestives et perturbatrices d'un État omnipotent. À partir de 1979 au Royaume-Uni avec M. Thatcher, de 1980 avec R. Reagan (avec des nuances), les économies occidentales se libéralisent en privatisant, en dérégulant, en déréglementant, en ouvrant à la concurrence. En parallèle, la promotion du libre-échange s'accélère via le GATT (Tokyo Round 1973-1979).

C. Des États fragilisés dans les pays en développement

Avec la crise de 1973, la mécanique d'endettement des PED s'accroit. D'un côté, le recyclage des pétrodollars par les banques occidentales, qui fait baisser drastiquement les taux d'intérêt, leur donne un accès facilité au crédit. De l'autre, la hausse des prix des matières premières tire pour certains leurs revenus (leur permettant alors d'emprunter davantage) ou augmente leur déficit (les obligeant à emprunter toujours plus pour satisfaire leurs besoins de développement). Leur dette s'envole dans ces années 1970 (passant de 66 milliards de $ en 1970 à 650 milliards de $ en 1980), sans pour autant produire les conditions d'une croissance pérenne. Avec le retournement de conjoncture et plus encore la politique américaine de P. Volcker en 1979 de hausse brutale des taux directeurs, ces États d'Amérique ou d'Afrique sont ruinés et contraints à demander l'aide du FMI pour ne pas sombrer, à l'image du Mexique dès 1982.

III. L'État : nouveau régulateur des économies mondialisées (années 1980-années 1990)

A. Les nouveaux rôles de l'État dans une économie de plus en plus globalisée

Dans le cadre d'une mondialisation en plein développement, où les agents économiques (FTN, riches particuliers, investisseurs) se globalisent et mettent de plus en plus en concurrence les territoires mondiaux, les politiques publiques traditionnelles des États industrialisés perdent de leur efficience. D'un côté, la mondialisation croissante favorise le moins disant fiscal et/ou social contraignant les États à réduire les impôts ou, à défaut, voir leur attractivité diminuer. En parallèle, ces États industrialisés s'endettent toujours plus. C'est à partir de ces années 1970 que l'endettement public s'envole passant par exemple pour les États-Unis de 30 % du PIB en 1973 à 62 % en 1996, ou pour l'Italie de 25 % en 1973 à 100 % du PIB en 1992. D'un autre côté, les États centralisés, dirigistes et interventionnistes du système fordo-keynésien peinent à s'adapter à ce nouveau contexte de concurrence mondiale. Désormais, dans une économie globalisée où s'accélèrent les cycles d'innovations, les États cherchent moins à diriger l'économie nationale qu'à créer les conditions d'une attractivité et d'une compétitivité nouvelles à l'échelle mondiale : la naissance de technopoles (qui se développent en France ou aux États-Unis dans les années 1980 et 1990), l'aide à la recherche (à l'image de l'action croissante du JETRO, le ministère du commerce extérieur japonais) l'investissement dans les infrastructures performantes, des politiques fiscales ciblées sont autant de nouvelles stratégies pour l'action publique. L'élargissement des marchés nationaux est aussi une façon pour les États, dans une perspective libérale, d'accroître leur compétitivité et leurs exportations. C'est à la fin des années 1980 et au début des années 1990 que les grandes zones de libre-échange se forment après de longues négociations : marché unique européen (1986), ALENA (1992), MERCOSUR (1991), ASEAN free trade area (1993), Union Européenne (1992). L'État dirigiste et protecteur des Trente Glorieuses laisse progressivement la place à un État stratège qui cherche à favoriser l'initiative et la créativité privées.

B. Des États réduits aux États faillis dans les PED

Pour nombre d'États en développement d'Afrique ou d'Amérique Latine, les années 1980 et 1990 sont celles d'une crise et d'une remise en cause sans précédent. Contraints de faire appel au FMI face à leur impossibilité de stabiliser leurs dettes croissantes, ces États obtiennent une aide financière conditionnée. Le Ghana ou la Côte d'Ivoire dès 1981, le Mexique et le Brésil à partir de 1982 sont contraints de mettre en œuvre les Plans d'Ajustement Structurel (PAS) des grandes organisations financières mondiales (FMI, Banque Mondiale). Ces politiques de désendettement des États par la réduction des dépenses publiques, en particulier sociales, l'augmentation de la pression fiscale, les privatisations des principales entreprises publiques et des ressources naturelles, et l'ouverture commerciale conduisent nombre de ces États à perdre les moyens de contrôler l'économie de leur pays. La crise de la dette devient rapidement une crise économique et sociale (1 % de croissance par an en moyenne en Amérique Latine dans les années 1980, -1,4 % par an en Afrique subsaharienne) qui non seulement conduit nombre d'États à l'impuissance et au discrédit mais en outre peut déstabiliser ces sociétés et conduire à la violence et à des émeutes comme en Côte d'Ivoire, au Nigéria, en Tunisie ou au Venezuela.

C. Les États néomercantilistes de l'espace asiatique

La crise des États africains ou latino-américains a épargné certains États d'Asie (pas tous puisque l'Inde par exemple doit appliquer un PAS en 1991) qui, loin de faillir, ont au contraire largement investi le champ économique et se sont renforcés. Largement inspiré du modèle étatique japonais, des États asiatiques [à Taiwan, en Corée du Sud (1961), à Singapour (1965), puis en Chine (1979), au Vietnam (1988)] ont mené des stratégies néomercantilistes interventionnistes. Protégeant dans un premier leur marché intérieur, ils ont soutenu leurs entreprises nationales (privées ou publiques) tout en favorisant néanmoins un contexte de concurrence incitant à investir. Dans le même temps, l'ouverture progressive et contrôlée aux capitaux et aux savoirs-faire des grandes entreprises étrangères leur ont permis de monter en gamme. Soutenant la recherche privée par celle publique, facilitant l'accès au crédit pour les entreprises, créant pour elles une législation favorable (loi de

1979 en Chine sur les ZES et les joint-ventures), conservant aussi des entreprises nationales et/ou publiques (à l'image des centaines de SOE chinoises), ces États asiatiques firent tout leur possible pour promouvoir les exportations, accroitre leurs parts de marchés à l'international et favoriser l'investissement intérieur. Ces politiques de croissance extravertie, profitant pleinement de la mondialisation et de l'ouverture des marchés américains, européens et japonais, avaient pour but certes d'améliorer le niveau de vie des populations, mais plus encore de renforcer la puissance publique. Du volontarisme de Park Chung-Hee (1961-1979) dont l'objectif final était d'accroître la puissance de l'État sud-coréen face à la menace du Nord, aux réformes de Deng Xiao Ping (1979-1992-1997) dont le but a toujours été la consolidation intérieure du pouvoir du PCC et la renaissance extérieure de la Chine, tous les États asiatiques visaient par ces politiques de croissance adaptées à se renforcer par tous les moyens. Préservés de la crise de la dette par l'importance de l'épargne intérieure, ces États interventionnistes ont pris le contre-pied des politiques d'ajustement structurel : ils ont inventé une nouvelle forme d'action publique à l'origine de croissance économique exceptionnelle (de près de 10 % par an pendant 30 ans comme en Chine).

10 La France pendant les Trente Glorieuses : une puissance renaissante ?

Voici un sujet d'histoire plutôt classique mais qui impose néanmoins de bien travailler sur la notion de « puissance renaissante ». Si le terme de « puissance », très courant dans les dissertations de géopolitique, suggère une réflexion autour des moyens d'action et du potentiel d'influence de la France sur le monde, celui de « renaissante » peut apparaître plus ambigu.

1. Renaître, c'est naître à nouveau après avoir disparu. Et par conséquent, il faut impérativement se référer ici à la débâcle de 1940 et à ses conséquences géopolitiques : l'occupation, la collaboration et plus globalement l'effacement de la puissance française rapidement sortie de la Seconde Guerre mondiale malgré le retour d'une France combattante gaulliste à partir de 1943-1944. C'est aussi la capacité de rebond de la France qui est interrogée après ces années noires et les multiples destructions qui accablent la France en 1945.
2. Mais au-delà du redressement français, ce sont également ses modalités qui sont en jeu. « Renaître », c'est revenir à l'identique, faire naître ce qui avait disparu. Or, Les Trente Glorieuses sont pour la France une période de transformations profondes du pays autant que des formes de sa puissance et qui donc ne se réduit pas à un simple retour de la puissance française telle qu'elle existait avant-guerre.

Apparemment anodine, la formulation ne l'est, comme toujours, pas tant que cela et oriente une réflexion autant sur le redressement d'une puissance française amoindrie que sur sa recomposition.

Introduction

En juin 1940, la France, défaite en six semaines, sort de la guerre. Par-delà le geste héroïque et solitaire du général de Gaulle, le régime de Vichy instaure une politique de collaboration et de neutralité bienveillante vis-à-vis de l'occupant nazi qui retire à la France tout rôle dans le conflit mondial. En 1942, le rêve d'une France restée en partie souveraine pouvant peut-être jouer un rôle dans une nouvelle Europe allemande s'effondre avec la fin de l'empire colonial, l'invasion de la zone sud et finalement le sabordage de la flotte. À cette date, ce qu'il restait de puissance française sur le territoire national semble avoir disparu. Pourtant après-guerre, durant les Trente Glorieuses, la puissance française semble avoir réussi à renaître.

De fait, en 1945, la France est un pays aussi bien détruit que déclassé. Marginalisée sur la scène internationale, détruite économiquement par la guerre, l'occupation et les combats de la Libération, la puissance française sort de l'épreuve considérablement amoindrie. Or, la période des Trente Glorieuses offre l'opportunité à cette puissance française de renaître aussi bien d'un point de vue économique que géopolitique. La dynamique de croissance dont elle bénéficie autant que la reconstitution progressive de son potentiel diplomatique et militaire invitent ses dirigeants à vouloir renouveler et conserver la présence et l'influence de la France dans le monde. Que ce soit sous la IVe République (1946-1958) et plus encore avec les débuts de la Ve (1958-1973), la puissance française s'est de toute évidence réaffirmée et renouvelée. Pourtant, le contexte des Trente Glorieuses ne lui a pas été aussi favorable qu'il y paraît. La guerre froide naissante et plus encore la décolonisation ont été autant d'entraves à la possibilité pour la France de voir sa puissance impériale d'avant-guerre renaître. En ce sens, la période des Trente Glorieuses a-t-elle permis à la France de redevenir la grande puissance qu'elle estimait être avant-guerre ? Ou bien, malgré la croissance retrouvée, le contexte de décolonisation et de guerre froide l'a-t-il irrémédiablement affaiblie ?

Si la puissance française n'a pu renaître telle qu'elle était avant-guerre, si elle a dû faire le deuil de sa forme impériale (1), il n'en demeure pas moins que les Trente Glorieuses ont permis à la France d'inventer une nouvelle forme de puissance et d'influence aussi bien d'un point de vue économique (2) que géopolitique (3).

Problématique : La période des Trente Glorieuses a-t-elle permis à la France de redevenir la grande puissance qu'elle estimait être avant-guerre ? Ou bien, malgré la croissance retrouvée, le contexte de décolonisation et de guerre froide l'a-t-il irrémédiablement affaiblie ?

I. Le deuil de la puissance impériale (1945-1962)

A. 1945 : la France une puissance meurtrie et déclassée.
B. La Décolonisation : une puissance française exclue et déconsidérée.
C. La guerre froide : facteur de marginalisation de la puissance française.

II. La naissance d'une nouvelle puissance européenne et industrielle

A. La reconstruction et les réformes de la Libération : une renaissance économique et sociale.
B. L'invention d'une puissance industrielle innovante et moderne (industrialisation de la France, innovation technologique, modernisation agricole).
C. Le jeu d'influence autour de nouveaux atouts (Construction européenne, Conseil de sécurité, Allemagne).

III. L'invention d'une nouvelle forme de puissance mondiale (1962-1973)

A. La redéfinition gaulliste des objectifs et des moyens de la puissance française (la grandeur, l'armée et la dissuasion).
B. L'inclusion européenne : la quête inaboutie d'un prolongement de la puissance française (la CEE sous de Gaulle et Pompidou et l'entente franco-allemande).
C. De la puissance à l'influence : la construction d'une nouvelle forme de puissance mondiale (l'influence par le non-alignement et la présence dans le Tiers-Monde, en particulier dans le monde arabe et l'Afrique noire).

Rédaction de la première partie

Jusqu'en 1962, la renaissance de la puissance française est passée par l'espoir d'un retour aux signes de la puissance tels qu'elle en disposait avant 1940 (empire colonial, puissance militaire). Pourtant, l'ère de la guerre froide, de l'arme nucléaire et surtout l'émancipation des peuples colonisés ont ruiné cet espoir. La France a alors dû faire le deuil de sa puissance impériale.

Après-guerre, la France est une puissance meurtrie et déclassée. Si en 1939, la France était considérée comme une grande puissance européenne et mondiale, ce n'est alors plus le cas en 1945. La défaite de 1940 constitue un traumatisme à l'origine d'un déclassement sans précédent contre lequel de Gaulle et la Résistance n'ont eu de cesse de lutter. Malgré leur action, la France est, au sortir de la guerre, une puissance déchue : elle a été occupée pendant quatre ans, a subi de lourdes destructions sur son sol, son économie est en ruine (50 % du PIB de 1939) et les trois Grands n'ont pas daigné la convier aux grandes conférences de l'après-guerre (Yalta et Potsdam). Si elle figure parmi les vainqueurs, c'est grâce à l'appui logistique et politique des alliés anglo-saxons qui ont jugé qu'il était de leur intérêt de l'y associer. Aussi, est-ce ce décalage entre la grandeur passée et l'affaiblissement présent qui explique l'aspiration de nombre de dirigeants de la Résistance (parmi lesquels de Gaulle et Bidault) à vouloir à tout prix conserver l'Empire pour pérenniser cette influence précaire. Cette obsession motive le refus de la France de céder aux pressions indépendantistes.

La France des Trente Glorieuses fut durant près de vingt ans (1945-1962) un pays en guerre, qui a inutilement usé ses forces et son crédit à lutter contre la dynamique de la décolonisation. En s'accrochant à son rêve impérial, les dirigeants français, notamment ceux de la IVe République, espéraient conserver le rang de la France et son influence mondiale. Tel fut la principale raison de l'engagement du corps expéditionnaire en Indochine (1945-1954) comme du contingent en Algérie après 1956. Pourtant, le résultat fut l'inverse de celui qui était recherché : loin de faire renaître sa puissance, ces guerres coloniales ont contribué au contraire à dégrader aux yeux du monde son image de grande puissance militaire (Dien Bien Phû) et diplomatique (Guerre d'Algérie). La crise de Suez en 1956 fut, à cet égard, l'évènement le plus emblématique de cet amoindrissement. En montant avec les Anglais et les Israéliens cette expédition militaire contre l'Égypte, la France espérait à la fois affaiblir un allié du FLN et défendre par la force ses intérêts menacés vis-à-vis du canal de Suez. La réaction conjointe et vive des Soviétiques et des Américains qui l'ont contrainte à reculer signe l'échec de sa stratégie conservatrice. La France n'avait plus les moyens de poursuivre une telle politique de la canonnière à l'heure du Tiers-Monde naissant et de la guerre froide.

Ainsi, la puissance française après 1945 n'a pu renaître à l'identique avant tout parce que le monde de l'après-guerre ne le lui permettait pas. La bipolarisation idéologique et stratégique l'obligeait à choisir son camp. Pays démocratique et libéral libéré par les Américains, la France n'eut guère le choix que de faire appel à la solidarité de ses voisins (Pacte de Bruxelles de 1948) et plus encore des États-Unis pour assurer sa protection face à la menace soviétique de plus en plus pressante. En devenant un des membres fondateurs de l'OTAN en avril 1949, la France sacrifiait une part de son autonomie au maintien de sa sécurité que son affaiblissement géopolitique ne lui permettait plus d'assurer seule. Par nécessité stratégique et idéologique, la IVe République fit le choix d'intégrer le bloc de l'Ouest et de prendre sa part dans la stratégie d'endiguement définie par Truman, que ce soit à Berlin en 1948, pendant la guerre de Corée (1950-1953) ou même en Indochine.

Ainsi, le monde des Trente Glorieuses, ce monde organisé par la logique bipolaire et l'émergence du Tiers-Monde, ne correspondait plus à l'exercice d'une puissance de type impérial. Dans ce contexte, l'espoir de faire renaître sa puissance telle qu'elle existait avant-guerre était vain pour la France, pour autant qu'il se soit agi de reconquérir son statut d'avant 1940. Or, les Trente Glorieuses, plus que de lui permettre de renaître, lui ont surtout permis de se transformer et d'apparaître bien plus qu'avant comme une grande puissance européenne et industrielle.

11 La France en Afrique depuis 1945

Voici un sujet d'histoire très classique qui touche à de nombreux chapitres des programmes de première et deuxième année : géopolitique de la décolonisation et de la guerre froide, France dans le monde, ou bien sûr le chapitre de 2e année sur l'Afrique. Toute la difficulté réside dans la précision de l'argumentation qui impose, comme toujours, de ne pas raconter, mais de bien chercher à construire un raisonnement cohérent fondé sur une problématique pertinente. En l'état, la question de l'évolution de la place et du rôle de la France en Afrique depuis 1945 (question du sujet) invite à réfléchir sur les conditions du changement de positionnement de la France en Afrique. De l'époque coloniale à la Françafrique, puis de la Françafrique à l'AfricaFrance, le poids de la France semble s'amoindrir depuis plus de 70 ans. De telle sorte que le problème est justement de questionner cet amoindrissement apparent : la France perd-t-elle sa place en Afrique ou parvient-elle, en la renouvelant, à la conserver ?

Notez alors comment on passe de la question du sujet (Comment la place de la France en Afrique évolue ?) à la problématique (La France perd-t-telle irrémédiablement sa place ?) : par la reformulation et l'explicitation de la réponse qu'on peut donner de façon synthétique à la question du sujet.

Problématique : Depuis 1945 et sa position de grande puissance coloniale en Afrique, la France perd-t-elle progressivement de son influence sur le continent ? Ou bien au contraire parvient-elle à la maintenir par une recomposition de ces politiques vis-à-vis du continent africain ?

I. La France : puissance coloniale en Afrique (1945-1962)

A. La domination coloniale : ampleur et enjeux pour la France

En 1945, une grande partie de l'Afrique appartient au domaine colonial français et constitue un des fondements essentiels de son rayonnement mondial. Le Maghreb, l'Afrique occidentale, l'Afrique équatoriale et Madagascar, tous conquis (à l'exception de l'Algérie conquise à partir de 1830) à la fin du XIXe ou au début du XXe siècle, sont sous domination française. Or, cet espace colonisé a été essentiel dans la reconquête de son influence dans le monde après la défaite de 1940. Objet d'attention du régime vichyste qui y voyait le symbole du maintien d'une souveraineté (pourtant amputée), l'Afrique a été la base de la reconquête pour la France Libre gaulliste que ce soit par le précoce ralliement du Tchad et du Gabon (dès 1940), l'installation du CFLN à Alger en 1943 ou l'engagement des troupes coloniales dans l'armée française reconstituées aux cotés des Alliés. Aussi, le maintien de l'influence française en Afrique apparaît aux yeux des dirigeants de la France libérée comme un des piliers de sa puissance recouvrée ; c'est bien le sens du discours de Brazzaville du général de Gaulle en 1944 qui, loin de promettre une quelconque autonomie, s'engage dans une politique coloniale visant à garantir plus d'équité et une vraie représentation aux indigènes.

B. L'échec de la préservation du lien colonial

Cet attachement aux colonies africaines où s'entremêlent des intérêts économiques (ressources, marchés) et géopolitiques expliquent le refus de la IVe République de voir ces territoires s'éloigner de la métropole. Cela se traduit d'abord par la création de l'Union Française (1946) dont la raison d'être est d'affirmer l'appartenance de l'Afrique à la sphère d'influence française via une représentation de ses élites au sein de la République. Mais ce sont aussi les répressions des mouvements indépendantistes qui marquent cette volonté de maintenir l'Empire. La répression de l'insurrection malgache en 1947-1948, la guerre au Cameroun de 1955 à 1962 ou plus encore les événements au Maroc (1952-1956), en Tunisie (1952-1956) et bien sûr la guerre menée en Algérie (1954-1962) témoignent de ce refus français d'abandonner ses colonies africaines. Pourtant, cette politique hostile à la décolonisation aboutit à un échec. En Algérie, la guerre a conduit à un déchirement aussi violent que douloureux avec la puissance coloniale. Mais d'autres États naissants ont également divorcé d'avec cette influence française comme la Guinée de Sékou Touré qui dès 1958 proclame et obtient son indépendance.

C. La recomposition du lien colonial en Afrique noire française (1956-1960)

Pourtant, avec une partie de ses colonies africaines, la France a su conserver son influence par une transformation de son lien colonial en une relation nouvelle, néocoloniale. Préparant les indépendances à venir tout en organisant une présence renouvelée, la loi-cadre Deferre (1956) amorce le processus conduisant à des indépendances sous influence. Plus encore, la naissance de la Ve République et le référendum de 1958 permettent à la France du général de Gaulle de tisser des liens étroits avec les dirigeants africains (sous la supervision de Jacques Foccart) avant que ceux-ci ne proclament leur indépendance en 1960. La préservation de l'influence française repose alors sur des accords de défense et de coopération militaire (qui autorisent l'armée française à maintenir des bases et à intervenir en cas de déstabilisation du pays), des financements généreux et des aides au développement exclusives. Elle ouvre une ère de développement des relations avec l'Afrique francophone tout à la fois d'un point de vue humain (les expatriés sont plus nombreux après qu'avant les indépendances), économique (les entreprises françaises obtiennent nombre de contrats exclusifs pour l'exploitation des ressources ou l'obtention des marchés publics) mais également politique et militaire. Les interventions françaises pour défendre ou démettre tel ou tel dirigeant africain deviennent monnaie courante et augure de la naissance de la Françafrique.

II. La France : puissance tutélaire de l'Afrique (1962-1990)

A. Les intérêts français en Afrique et pour l'Afrique

La persistance de la présence française en Afrique via une politique de coopération repose sur plusieurs intérêts français à y défendre. L'exploitation des ressources stratégiques est loin d'être négligeable pour une France dépendante de ses importations, et plus encore après 1973 et le premier choc pétrolier. Les liens avec le Gabon, petit émirat pétrolier du Golfe de Guinée, où la France impose en 1964 le maintien du président M'Ba puis règle la succession au profit de la dynastie des Bongo en 1967 (encore au pouvoir aujourd'hui), marque cette interdépendance entre les réseaux de la Françafrique et la défense des intérêts économiques. À un moindre degré on peut aussi parler de l'exploitation de la banane ivoirienne par une compagnie française (la Société de la Culture Bananière rachetée en 1997 par une autre entreprise française La Compagnie Fruitière). Cet intérêt économique se double d'une importante présence humaine de la France en Afrique. D'une centaine de milliers au moment de l'indépendance, le nombre des expatriés fançais en Afrique varie depuis entre 200 et 300 000. Ces intérêts économiques et humains justifient autant qu'ils légitiment la présence militaire française. Au moment des indépendances, la France prend en charge la formation et l'encadrement des nouvelles armées africaines (qui rapidement deviennent le pilier des pouvoirs africains). Plus encore, le dispositif de bases permanentes (à Dakar, Libreville,

Ndjamena, Djibouti ou Abidjan) lui permet de mener nombre d'interventions pour protéger ses ressortissants comme ses ressources. D'ailleurs cet interventionnisme français, centré sur l'Afrique francophone, déborde parfois vers l'Afrique lusophone ou anglophone comme en 1967 lorsque la France gaulliste soutient, en vain, les sécessionnistes du Biafra contre le gouvernement de Lagos en vue d'affaiblir l'influence anglo-saxonne et tirer possiblement profit des riches réserves pétrolières de cette province du Nigéria.

B. L'action française en Afrique (1) : lutter contre l'influence soviétique

Mais, cette présence française répond aussi à une logique de guerre froide. Après les indépendances et plus encore dans les années 1970 (comme le démontre Odd Arne Westad[1]), l'Afrique se constitue en nouveau terrain d'affrontement entre Est et Ouest dans lequel la France devient le soldat de la lutte contre l'influence soviétique. L'intervention à Kolwezi au Zaïre en 1978 répond (en partie) à cette menace puisque les parachutistes français partent défendre les ressortissants occidentaux dans cette région riche en cobalt contre des rebelles katangais soutenus par des agents soviétiques, cubains et est-allemands. De même, les atermoiements face aux rêves impériaux de Bokassa en Centrafrique, où la France acquiesce au couronnement baroque de 1977 pour finalement le renverser en 1979, correspond à cet enjeu. En 1977 il s'agissait de tout faire pour maintenir la Centrafrique, riche de ses diamants et de son uranium, dans la sphère d'influence française face à la poussée soviétique. En 1979, l'objectif était de mettre fin à la proximité grandissante de Bokassa avec Kadhafi et les Soviétiques.

C. L'action française en Afrique (2) : maintenir son influence

Enfin, si la France œuvre tant pour conserver une forte présence en Afrique, c'est également pour perpétuer son influence globale. Comme l'exprime le ministre des affaires étrangères de 1976 à 1978, Louis de Guiringaud, « *l'Afrique est le seul continent qui soit encore à la mesure de la France, à la portée de ses moyens. Le seul où elle peut encore, avec cinq cents hommes, changer le cours de l'Histoire.* » Pour la France, l'Afrique constitue un outil de légitimation de sa prétention à la puissance mondiale comme de sa présence au Conseil de sécurité de l'ONU. D'un côté, l'Afrique apparaît, dans la stratégie gaullo-mitterandienne de défense d'une singularité française au sein du bloc occidental, comme un relai de son aspiration internationaliste, aux accents tiers-mondistes. Elle assure d'ailleurs à la France un soutien de nombre de pays africains au sein de l'Assemblée générale. De l'autre, c'est en Afrique et donc par l'Afrique que la France peut encore apparaître comme une puissance militaire qui compte. La multiplicité de ses interventions

1. Odd Arne Westad, *La guerre froide globale : le Tiers-Monde, les États-Unis et l'URSS 1945-1991*, Payot, 2009.

sur le continent lui donne un rôle central vis-à-vis des autres puissances, à l'instar des États-Unis alors peu présents en Afrique au moins jusqu'aux années 2000. En ce sens, la période de la guerre froide se caractérise par une forme d'apogée de la présence française en Afrique. Les années 1990 et la fin de l'affrontement Est-Ouest en marquent-elles pour autant la fin ?

III. La France : une puissance en déclin en Afrique (1990-2015) ?

A. Depuis la fin de la guerre froide, la France est une puissance de plus en plus concurrencée et contestée

Avec la mondialisation grandissante et la fin de la guerre froide, la position de la France en Afrique se dégrade. D'un point de vue économique, la part de la France dans le commerce extérieur africain a presque été divisée par deux des années 1970 à aujourd'hui (de 9 % à 5 %). Même si les IDE français en Afrique ont quadruplé dans les années 2000, la France n'est plus en 2017 que le 6e investisseur en Afrique, devancé par les États-Unis, le Maroc et même l'Italie et très loin derrière la Chine (premier investisseur africain avec cinq fois plus d'IDE investis que la France). Car, avec la mondialisation et le décollage de nombre d'émergents, l'Afrique, avec ses riches réserves énergétiques, minières et foncières, est de plus en plus convoitée. Dans ce contexte de concurrence acharnée pour l'accès aux matières premières, l'attitude unilatérale et paternaliste de la Françafrique n'est plus tenable. Ces nouveaux intervenants extérieurs riches, puissants et souvent peu regardants (en particulier la Chine) peuvent jouer de la francophobie ambiante pour s'imposer et contraindre la France à un changement de sa politique africaine. D'autant plus que certaines puissances africaines ou d'autres continents contestent la primauté française en Afrique francophone. Le Maroc, Le Nigéria ou l'Afrique du Sud, mais également les Émirats Arabes Unis, la Turquie ou le Brésil multiplient les investissements dans nombre de secteurs (téléphonies, mines, logistique, BTP…) damant le pion aux entreprises françaises. Bref, le rapport de forces entre la France et les pays africains semblent s'être inversé. Le temps de la Françafrique tend à muter en une nouvelle ère, celle de l'AfricaFrance comme l'explique Antoine Glaser[1].

B. Après 1995 : les transformations de la présence et de l'action française en Afrique

Même si François Mitterrand (1981-1995) a cherché au départ à rompre avec la Françafrique avec Jean-Pierre Cot, la démission de ce dernier en 1982 marque un retour aux pratiques précédentes (celles d'une cellule africaine de l'Élysée dirigée par Jean-Christophe Mitterrand que le Canard Enchaîné surnomma

1. Antoine Glaser, *AfricaFrance. Quand les dirigeants africains deviennent les maitres du jeu*, Fayard, 2014.

« Papamadit »). Ce n'est finalement qu'avec Jacques Chirac en 1995 que l'attitude française change progressivement. Depuis, tous ses successeurs, jusqu'à récemment Emmanuel Macron, ont affiché leur volonté de transformer la politique africaine de la France : réforme de la politique de coopération et d'aide au développement pour lutter contre la corruption et les détournements, réduction des bases et du nombre d'hommes stationnées en Afrique. Il n'y a, depuis les années 2000, plus que deux bases opérationnelles importantes (Djibouti et Abidjan) et deux présences permanentes réduites (Dakar et Libreville). En parallèle, la France a cessé, au nom des accords de défense, d'intervenir de façon unilatérale. Depuis les années 1990, l'objectif est désormais d'obtenir une implication des Africains eux-mêmes tout autant que d'agir dans un cadre multilatéral et conforme au droit international. Dorénavant, la France, n'intervient plus que légitimée par une résolution du Conseil de Sécurité de l'ONU. Ainsi, en 2002, l'opération Licorne qui visait à stopper la guerre civile ivoirienne se fit certes dans un premier temps uniquement grâce aux forces françaises prépositionnées. Mais, dans un second temps, des troupes marocaines, sénégalaises, nigériennes ou ghanéennes sous bannière onusienne (ONUCI) furent impliquées le long de la zone de confiance séparant le Nord du Sud.

C. La France compte pourtant encore en Afrique

Pour autant, la France a-t-elle perdu sa place en Afrique ? Le dire ainsi serait exagéré. Tout d'abord, si la France est concurrencée, si elle perd des parts de marché, sa présence économique reste importante. Du poids majeur d'un groupe comme Bolloré sur la logistique portuaire (17 ports en Afrique de l'Ouest sont gérés par le groupe), ferroviaires ou dans les médias, à l'importance de Total dont l'activité repose pour un tiers sur l'Afrique, sans compter Areva, Vinci ou Veolia, les intérêts français ne sont pas encore marginalisés. En outre, la Francophonie, fondement de l'influence culturelle et diplomatique de la France, repose très largement sur les pays africains francophones qui constituent de loin la majorité des États composant l'organisation. Mais c'est surtout en termes militaires et stratégiques que la France pèse encore en Afrique. Face aux menaces djihadistes croissantes (du Sahel avec AQMI au Nigéria et Boko Haram), la France a substitué à son rôle de soldat du bloc de l'Ouest dans la guerre froide celui d'acteur militaire de la lutte anti-terroriste. Son intervention au Mali en 2013 (opération Serval) pour éviter que Bamako ne tombe aux mains des djihadistes a démontré une capacité opérationnelle dans cet espace désertique qu'aucune autre puissance n'aurait pu mener de façon aussi rapide. Sa volonté actuelle via l'opération Barkhane et le G5 Sahel de poursuivre la lutte en y impliquant (avec plus ou moins de réussite) les pays de la région, l'Union Européenne et les alliés occidentaux, témoignent de la persistance d'une influence inégalée autant que d'un rôle renouvelé. La France reste donc une grande puissance militaire africaine sur laquelle les autres puissances comptent. C'est aussi ce qui expliquent les autres interventions (à but plus humanitaire) que la France à mener depuis les années 1990 que ce soit au Rwanda (opération Turquoise en 1994) ou en Centrafrique (Opération Sangaris 2013-2016).

Conclusion

« Sans l'Afrique, la France n'aura pas d'Histoire au XXIe siècle » écrivait François Mitterrand en 1957. Cinquante ans plus tard, Jacques Chirac ne disait pas autre chose lorsqu'il affirmait que « sans l'Afrique, la France descendra au rang de puissance du Tiers-Monde ». De 1945 à nos jours, la France a donc toujours cherché à maintenir son influence et sa capacité d'action en Afrique (principalement mais pas seulement francophone) au nom de la défense de ses intérêts comme peut-être surtout de sa prétention à jouer un rôle dans le monde. Certes, la puissance coloniale a dû faire le deuil de l'Empire. Certes les contestations et la concurrence sont de plus en plus vives. Mais la politique africaine de la France demeure une constante car elle est considérée comme un des piliers de son rayonnement mondial.

Pour autant, cette présence, même transformée, peut-elle perdurer ? Car les Africains eux-mêmes se détournent progressivement de la France. Même si le lien reste encore fort, des signes latents illustrent les changements de perception des Africains désormais tournés de plus en plus vers Londres, New York, Shanghai mais aussi Sao Paulo, Istanbul ou Mumbai. « L'esprit Tour Eiffel » se délite, et si la France souhaite maintenir son aura en Afrique, il n'est pas sûr qu'un continent en pleine croissance économique, qui connaît un boom démographique sans précédent et qui est courtisé par le monde entier, soit encore séduit par un pays européen qui a de plus en plus de mal à rivaliser avec les grandes puissances continentales en devenir.

12 La puissance française et la construction européenne depuis 1945

Une nouvelle fois, il s'agit d'un sujet plutôt classique mais qui n'en comporte pas moins certaines difficultés.

1. Comme le sujet invite à penser le rapport entre l'évolution de la puissance française et la construction européenne, il faut axer la réflexion sur ce que cette dernière apporte ou non aux capacités d'action et à l'influence de la France. En bref, problématiser l'apport plus ou moins important que l'Europe peut donner à la recomposition de la puissance française depuis la fin de la Seconde Guerre mondiale.
2. Un tel sujet historique mais aussi géopolitique permet de croiser plusieurs chapitres : en première année, le chapitre sur l'histoire de la construction européenne et celui sur la France ; en deuxième année, le chapitre sur les évolutions de l'Europe depuis 1990 et la géopolitique de l'Europe.
3. Il faut finalement réussir à bien concilier les aspects économiques du sujet (dans la mesure où la construction européenne est d'abord un enjeu économique pour la France) tout autant que géopolitique. Jouer de ces deux aspects pour bien mesurer la façon dont l'Europe a pu ou non être un atout pour l'affirmation de la puissance française.
4. Se prémunir des avis péremptoires dans un sujet historique mais aussi très actuel et fort polémique. En schématisant, on peut dire que la question est de savoir si la construction européenne a été et est encore un atout pour la France. Dès lors, même si évidemment la neutralité n'est ni possible ni même souhaitable, il est préférable de rester relativement nuancé et modéré dans ses conclusions.

Pour un Européen convaincu comme François Mitterrand, « l'avenir de la France se joue dans l'Europe et par l'Europe » (Lettre aux Français pour la campagne présidentielle de 1988). Cette idée que la construction européenne serait un moyen d'amplifier l'influence de la France en Europe comme dans le monde a été *de facto* une certitude partagée par tous ses prédécesseurs (des dirigeants de la IVe République dont il faisait partie comme, à sa manière, par le général de Gaulle) comme ses successeurs (les récentes professions de foi pro-européenne d'Emmanuel Macron en témoignent). Mais ce qui est affirmé comme une évidence partagée par tous ces dirigeants est-il si sûr ? L'action de la France en faveur de la construction européenne produit-elle effectivement un surcroît d'influence pour cette « grande puissance moyenne » (V. Giscard d'Estaing) ?

La construction européenne, c'est-à-dire ce processus amorcé par la CECA en 1950 et qui vise à créer une unité économique mais aussi politique entre les États européens, a bien été au départ une idée française. Robert Schuman et Jean Monnet (aux côtés de Spaak, de De Gasperi et d'Adenauer) ont lancé cette dynamique dans l'espoir de pacifier une Europe jusqu'alors belliqueuse. Mais ils l'ont aussi fait dans le but de créer un rapprochement renforçant d'une part les capacités de l'Europe de l'Ouest à résister à la menace soviétique et d'autre part en vue d'arrimer l'Allemagne vaincue au destin d'une France amoindrie par la guerre. Dès le départ, la vision française de l'Europe a été de promouvoir un projet de puissance ou tout du moins de construire un outil permettant à la France de pérenniser son influence si ce n'est de l'accroître. Dans une perspective moins fédéraliste que celle des pères fondateurs, le général de Gaulle, par la défense d'une « Europe européenne » autonome de la sphère anglo-saxonne, a poursuivi ce rêve français d'une Europe plus ou moins sous influence française. Or, dès cette époque et plus encore aujourd'hui, ce rêve tend davantage à devenir plus une douce illusion qu'une réalité. La méfiance si ce n'est l'hostilité de ses partenaires vis-à-vis de ce projet solitaire, la réalité de rapports de forces de moins en moins favorables à la France à mesure que les élargissements se multipliaient, le miracle économique d'une Allemagne de l'Ouest surpassant rapidement les capacités françaises et de surcroît réunifiée et quasi-prépondérante une fois le Mur tombé, tous ces facteurs ont joué en faveur d'une Europe libérale, résolument atlantiste, guère solidaire politiquement. La conception française (d'ailleurs plutôt contradictoire) d'une Europe politique, solidaire, stratégiquement autonome et intégrée, tout en défendant la souveraineté des États-Nations semble effectivement marginalisée. Alors qu'en est-il vraiment ? La construction européenne a-t-elle été un réel atout pour l'affirmation de la puissance française, comme l'ont affirmé les présidents de la République successifs ? Ou bien apparaît-elle finalement plus comme une dynamique d'amoindrissement de cette puissance et de ses ambitions ?

Si la construction européenne a plutôt été pour la France jusqu'à la chute du Mur un outil de transformation économique et d'affirmation géopolitique (1), en revanche, depuis les années 1990, depuis la naissance de l'euro, l'élargissement à l'Est et la concurrence croissante en Europe comme dans le monde, la France semble moins tirer profit de cette construction européenne, du moins aux yeux d'une partie croissante des Français (2). Pourtant, les crises actuelles de la construction européenne (crise de l'euro, crise des migrants, montée du populisme, tensions croissantes aux portes de l'Europe, Brexit, désengagement américain accéléré par Donald Trump) pourraient peut-être modifier ce rapport de forces défavorable et offrir à la France une opportunité pour se réaffirmer en Europe (3).

Problématique : La construction européenne : un atout pour l'affirmation de la puissance française ? Ou bien une dynamique d'amoindrissement de cette puissance et de ses ambitions ?

I. La construction européenne pendant la guerre froide (1945-1989) : une opportunité pour une redéfinition de la puissance française

A. La construction européenne : une opportunité pour une puissance coloniale amoindrie

Face à la décolonisation et l'effondrement de son influence impériale (Dien Bien Phû en 1954 et plus encore la crise de Suez en 1956), la construction européenne apparaît comme un nouveau projet de renouvellement de l'influence française en Europe comme dans le monde.

B. Une construction européenne dominée stratégiquement par la France

La construction européenne est alors perçue comme un moyen d'accroître la puissance économique et politique de la France par la constitution autour d'elle d'un noyau européen, allié des États-Unis, constitué de deux puissances vaincues (RFA, Italie) et faibles (Pays-Bas, Belgique, Luxembourg). Dans cette perspective, elle en devient mécaniquement le pôle géopolitique central, puisque demeurant la seule puissance membre du Conseil de sécurité, doté d'une armée conséquente et occupant une partie de l'Allemagne. Pour la France, il s'agit de bâtir une Europe française où l'impuissance structurelle ou conjoncturelle de ses voisins s'agglomérerait à elle pour donner corps à ses ambitions. Même dans les années 1970 et 1980, la France conserve son leadership grâce à une relation bilatérale avec l'Allemagne qui reste centrale. Les perspectives de politiques communes en matière de défense et de diplomatie du traité de Maastricht (1992) semblent correspondre aussi à ces préoccupations françaises.

C. La Construction européenne : un atout pour la modernisation de l'économie française

La création de la CECA et plus encore la naissance du marché commun en 1957 et la mise en place de la Politique Agricole Commune (PAC) ont indéniablement permis à la France de moderniser son agriculture comme son industrie. C'est durant cette période que le commerce extérieur français connaît une de ses plus fortes croissances grâce à ses exportations vers ses partenaires de la CEE (ils représentaient 25 % de son commerce extérieur en 1957, 50 % en 1973). Après la crise, si le contexte économique en Europe lui est moins favorable, l'économie française tire tout de même profit de l'approfondissement européen qu'il soit politique [réforme de la PAC, naissance du FEDER, naissance d'Airbus (1970) ou d'Ariane Espace (1980)], monétaire (serpent monétaire) ou commercial (marché unique).

D. Une vision française de la construction européenne pas toujours partagée

Durant cette période initiale, il ne faut pourtant pas négliger les obstacles à la vision française de l'Europe : échec de la CED et intégration de la RFA dans l'OTAN, échec du Plan Fouchet (1961) et politique de la « chaise vide », obstructionnisme britannique, difficultés de réformes de la PAC…

II. La construction européenne depuis la chute du mur (1989-2009) : un facteur d'amoindrissement pour la France ?

A. La fin de la guerre froide et la réunification : une nouvelle asymétrie franco-allemande

La réunification allemande fait peser une menace sur le projet français de renaissance diplomatique autour d'un couple franco-allemand asymétrique. Car la prépondérance retrouvée de l'Allemagne sur le plan économique, monétaire, territorial et désormais démographique (80 millions d'habitants contre 57 millions de Français en 1992), déplace le centre de gravité de l'Europe vers l'Est. Avant la réunification, l'Allemagne avait besoin d'une France autonome stratégiquement parce qu'elle constituait une forme de réassurance face aux menaces soviétiques et la soulageait d'une dépendance trop exclusive aux États-Unis. Désormais, c'est la France qui a besoin de conserver son lien avec une Allemagne qui ne dépend plus de son voisin français pour obtenir des marges de manœuvre diplomatique avec l'allié américain comme avec ses voisins.

B. Les élargissements : une relégation économique et stratégique pour la France ?

L'élargissement à l'est, concrétisé en 2004, relègue la centralité française en Europe. Il profite bien plus à l'Allemagne ou au Royaume-Uni qu'à la France. D'un point de vue économique, ce sont surtout les grandes firmes allemandes qui tirent profit des marchés et de la main-d'œuvre compétitive des PECO pour construire une base industrielle intégrée à l'origine de ses fabuleux excédents commerciaux. D'un point de vue politique, l'idée française d'une « Europe européenne », d'une « Europe puissance » est diluée et marginalisée avec l'entrée de pays neutres (Suède, Autriche, Finlande en 1995) et plus encore avec celle des PECO foncièrement pro-américains, comme l'illustre l'affaire irakienne en 2002-2003 qui donne le beau rôle à la « nouvelle Europe » de Donald Rumsfeld aux dépens de la « vieille Europe ».

C. L'euro puis la crise de l'euro (2009) marginalisent-ils la France ?

Pour la France, l'euro a pu représenter un handicap relatif. Dans la mesure où l'économie française a souffert à partir des années 2000 d'un déficit de compétitivité qui s'est traduit par un creusement des déficits commerciaux mais aussi budgétaires, l'euro est apparu comme plus favorable aux économies exportatrices du nord de l'Europe (en premier lieu l'Allemagne). Les dirigeants politiques français, au diapason d'une opinion publique de plus en plus hostile à l'Europe après le référendum de 2005, estimaient être pénalisés par une monnaie unique, jugée surévaluée parce qu'accusée d'aggraver les difficultés internes et la désindustrialisation du pays. En même temps, elle a aussi pourtant permis à l'État français d'emprunter à moindre coût. Plus encore, au moment du déclenchement de la crise de l'euro, les déficits français ont nuit à son crédit auprès de ses partenaires et conduit à ce que la résolution de la crise relève bien davantage d'une stratégie allemande (préoccupée avant tout par le respect des équilibres budgétaires) que des propositions françaises (de relance par l'investissement public ou de mutualisation des dettes via des eurobonds). En ce sens, discréditée auprès de ses partenaires, la position française fut relativement marginalisée durant la crise.

III. Aujourd'hui (depuis les années 2010) les multiples crises de la construction européenne peuvent-elles permettre à la France de réaffirmer sa puissance en Europe ?

A. Le retrait américain : une opportunité pour la vision française de la construction européenne

L'essentiel du refus des partenaires européens de la vision française de l'Europe-puissance se fondait sur l'existence du parapluie sécuritaire et nucléaire américain. L'Europe renonçait à assumer le coût de sa propre défense en se reposant exclusivement sur les États-Unis dont ils estimaient partager les valeurs et les intérêts. Or, l'action de Georges W. Bush et de Barack Obama (qui souhaitait pivoter vers l'Asie par un désengagement progressif d'une Europe désormais autonome d'un point de vue stratégique) et plus encore l'élection de Donald Trump bouleverse cette perception. Le souhait américain de se retirer de l'Europe inquiète nombre de pays européens (PECO en tête mais pas seulement). D'un côté, Trump ne semble plus vouloir vraiment défendre les valeurs libérales et du libre-échange communes jusqu'alors aux deux côtés de l'Atlantique. Trump trouve toutes les qualités aux autocrates réels ou potentiels qui déstabilisent et divisent l'Europe (Erdogan, Poutine, Orban…). En retour, il ne cesse de critiquer l'Allemagne et Angela Merkel. D'un autre côté, Trump a aussi mis en cause l'engagement américain dans l'OTAN laissant entendre que les États-Unis ne respecteraient plus forcément l'article 5 du Traité de l'Atlantique Nord. Résultat, les PECO ont peur de ne plus être protégés et l'Europe se retrouve sans défense face à des défis sécuritaires grandissants (Russie, Moyen-Orient, Sahel, djihadisme). Évidemment, cela donne aux positions françaises d'une nécessaire Europe de la défense une actualité croissante.

B. Le Brexit : une opportunité stratégique pour la France ?

Deuxième contexte plutôt favorable à la position française en Europe : le Brexit. Le retrait annoncé du Royaume-Uni de l'UE modifie son équilibre géopolitique interne. Depuis 1973, la RFA (au cœur du processus) avait bénéfice de la présence du Royaume-Uni pour se placer au centre du jeu en Europe alternant entre un positionnement pro-britannique (libéralisme, faible intégration politique, élargissement maximal) et pro-français (approfondissement, règles européennes plus poussées, petite Europe). D'une certaine manière l'Allemagne (plus encore depuis 1990) était le pays qui possédait les plus grandes marges de manœuvres du fait de son poids économique mais aussi de son positionnement stratégique entre Britanniques et Français. Évidemment, le Brexit modifie ce rapport de forces et place l'Allemagne en tête à tête forcé avec la France, donnant donc mécaniquement plus de poids aux préférences françaises.

C. Les menaces extérieures et la volonté française de remodeler l'Europe

Le possible désengagement américain et le Brexit se doublent enfin d'un contexte économique et géopolitique opportun pour les positions françaises. Le rétablissement de la conjoncture économique dans un contexte de crise sociale persistante et de division entre Nord et Sud de l'Europe, place la France en position médiatrice. Pour concilier les exigences budgétaires du nord de la zone euro et les demandes de relance de l'investissement d'un Sud toujours en grande difficulté, la France peut jouer les intermédiaires conciliateurs de ces positions contradictoires. Plus avant, la question djihadiste qui touche désormais toutes l'Europe (attentats en Allemagne, en Espagne, en Belgique, en Finlande, en Suède et pas simplement en France) et les menaces que fait peser de nouveau la Russie poussent nombre de partenaires européens à être favorables aux idées françaises de défense, de politique étrangère commune, de renforcement des projets industriels d'armement intereuropéens. Longtemps perçu comme une défense exclusive du pré carré français, l'engagement de la France, en particulier au Sahel, obtient non seulement l'assentiment grandissant de ses partenaires mais aussi, chose nouvelle, des formes d'implication croissante à ses côtés. L'idée actuellement défendue par la France d'une souveraineté européenne fait son chemin. Elle induit implicitement que l'Europe doit désormais protéger et se protéger et non plus seulement et uniquement prospérer.

Module I

MODULE II

La mondialisation contemporaine : rapports de forces et enjeux

13 La mondialisation condamne-t-elle les États à l'impuissance ?

Une erreur courante vis-à-vis de ce type de sujet est de croire, à tort, qu'il s'agit d'une question de cours. En effet, le rôle des États dans la mondialisation est un passage obligé du chapitre sur les acteurs de la mondialisation et la tentation de reprendre in extenso son cours est une maladresse à ne surtout pas commettre. Car la probabilité de tomber deux fois sur deux sujets strictement identiques est plus que faible. Même proches, deux questions diffèrent toujours dans leur formulation et ces microscopiques différences peuvent tout changer. Aussi, souvenez-vous que chaque sujet est unique et toujours différent d'un autre même ressemblant. Donc ne négligez jamais l'analyse précise des termes du sujet.

1. Ici, la question ne porte tant sur le rôle des États dans la mondialisation que sur l'impact de la mondialisation sur leurs capacités d'action, leurs marges de manœuvre. La mondialisation est-elle un processus qui affaiblit les États ? Résistent-ils et comment ? Peuvent-ils peut-être aussi en tirer parti ?
2. En outre, il est une nouvelle fois fondamental de prendre en compte la variabilité géographique d'une telle question. La puissance des États (qui n'existe que dans le rapport des uns aux autres) diffère grandement d'un pays à l'autre, des États-Unis ou de la Chine au Vanuatu.

Pays le mieux doté en ressources pétrolières de l'Amérique Latine, le Venezuela, est pourtant pris dans des cycles de crises récurrentes, dont le dernier en date a été provoqué par le contre-choc pétrolier de 2014. De fait, la mondialisation accroît les fluctuations des cours pétroliers et l'État vénézuélien semble impuissant face à ce type de crise économique exogène. Aussi, la mondialisation condamne-t-elle les États à l'impuissance ?

La puissance des États repose sur leur capacité à mettre en valeur leur territoire et la population dont ils ont la charge, pour accroître leurs moyens (économiques, politiques, militaires, technologiques, etc.) d'influencer et de contraindre les autres États. Autrement dit, l'État fonde sa puissance sur la maîtrise et l'accroissement potentiel des ressources humaines et/ou naturelles de son territoire. Or, la mondialisation actuelle tend à réduire cette aptitude étatique. Le développement d'acteurs globalisés et déterritorialisés (FTN, ONG…) parfois plus riches et puissants que des États, la multiplication des flux transfrontaliers de toute nature, l'universalisation de l'idéologie néolibérale, etc., sont autant de facteurs qui tendent à réduire la puissance publique. Est-ce à dire pour autant que les États sont condamnés à l'impuissance ? Si oui, cela voudrait dire que les États, du fait de la mondialisation, n'auraient plus les moyens d'agir par eux-mêmes, qu'ils ne seraient plus maîtres de leur destin. Évidemment, les situations varient grandement en fonction des États, car la puissance ou l'impuissance dépend de ressources publiques elles-mêmes variables : les États américain, chinois, zimbabwéen ou du Vanuatu n'agissent ou ne subissent pas la mondialisation de la même façon. En ce sens, la mondialisation sape-t-elle vraiment la puissance des États, c'est-à-dire leur capacité à agir et décider par et pour eux-mêmes ? Ou bien, loin de les réduire à l'impuissance, la mondialisation n'est-elle pas inversement une opportunité (au moins pour certains États) de renforcer et/ou d'accroître leur puissance ?

Si la mondialisation peut en partie réduire certains aspects de la puissance des États (1), en revanche la mondialisation ne condamne pas tous les États à l'impuissance (2) et peut même, au contraire, permettre à certains d'entre eux de la développer (3).

Problématique : La mondialisation sape-t-elle la puissance des États ? Ou bien, au contraire, leur permet-elle de la développer ?

I. Si la mondialisation peut en partie réduire certains aspects de la puissance des États…

A. La puissance des États peut être remise en cause par la puissance croissante des FTN ou des ONG

Le lobbying, les moyens de pression financiers, juridiques ou politiques donnent aux FTN des capacités pour contraindre les États à aller dans leur sens. C'est bien sûr le cas dans les pays en développement où la faiblesse des finances publiques place certains États dans les mains des multinationales. L'exemple de Total (étudié par Alain Deneault[1]) qui n'a pas hésité, par exemple, à s'investir dans la guerre du Biafra dans les années 1960 ou à forcer la Bolivie à modifier son droit foncier illustre cette puissance des multinationales face aux États plus fragiles. Mais c'est aussi parfois le cas dans les pays développés. De Samsung qui en 2013 a su obliger la nouvelle présidente sud-coréenne Park Geun-hye à abandonner l'augmentation de la fiscalité sur les entreprises, à Monsanto qui a utilisé tous les moyens légaux et parfois illégaux (comme d'acheter des scientifiques pour qu'ils publient de fausses expertises) afin de sauver un de ses produits phares, le Roundup (ce que les « Monsanto Papers » ont révélé en 2017), les exemples abondent. Par des moyens plus indirects (ceux de la publicité négative et de la mobilisation des opinions publiques), les ONG aussi réussissent parfois à contraindre les États à aller dans leur sens : après une longue campagne de mobilisation, Greenpeace a ainsi poussé l'état de Colombie britannique à cesser l'exploitation de 2 millions d'hectares de forêts.

B. Les moyens de la puissance publique sont parfois réduits par les effets de l'ouverture économique

La dynamique néolibérale qui structure la mondialisation depuis les années 1980 réduit la puissance des États. La défense idéologique de la réduction des dépenses publiques et plus encore de la pression fiscale encourage une concurrence interétatique qui réduit les marges de manœuvre des finances publiques. Ou bien ils conservent des impôts ou des taxes importantes au risque de voir les FTN faire du chantage à la délocalisation et finalement partir ; ou bien, ils cèdent et voient leurs marges budgétaires se réduire. Le tout dans un contexte où de toute façon, compte tenu de la pression exercée par les paradis fiscaux, les riches particuliers ou les FTN ont la possibilité de pratiquer une optimisation fiscale agressive. Selon Gabriel Zucman[2], les États perdent ainsi près de 155 milliards d'euros chaque année du fait de l'évasion fiscale des particuliers. Quant à l'État américain, ce sont près de 120 milliards d'euros qui lui échappe du seul fait de l'optimisation fiscale des multinationales présentes sur son sol. De surcroît, obligés de s'endetter (à défaut de réduire drastiquement les dépenses publiques) les États subissent la pression de la mondialisation financière. Devant lever leurs emprunts sur le marché obligataire, ils se retrouvent soumis aux jugements des analystes financiers et des agences de notation. Leurs jugements sur les politiques économiques menées ou non par tel ou tel État a un impact sur les taux d'intérêt et la soutenabilité de leur dette, pouvant même, du seul fait de ces anticipations, provoquer des crises financières. C'est bien ainsi que plusieurs pays de la zone euro (Portugal, Espagne, Irlande,

1. Alain Deneault, *De quoi Total est-elle la somme ?*, Rue de l'échiquier/écosociété, 2017.
2. Gabriel Zucman, *La richesse cachée des nations, enquête sur les paradis fiscaux*, Seuil, 2017.

Italie…) ont dû s'engager dans des politiques d'austérité en 2010-2011 pour éviter la hausse de leurs taux d'intérêt, un possible défaut et finalement l'éclatement de la zone euro.

C. Certains États sont même condamnés à l'impuissance par l'ouverture forcée et la concurrence mondiale

Cette pression financière sur les États peut même conduire certains d'entre eux, pris dans d'insurmontables crises, à abdiquer une part de leur souveraineté. C'est évidemment le cas depuis les années 1980 et la crise de la dette qui a frappé une grande partie des pays d'Amérique Latine ou d'Afrique soumis à des Plans d'Ajustement Structurel. Ils ont dû (souvent contre leur gré et contre l'avis et l'intérêt immédiat des populations concernées) subir des coupes drastiques dans les dépenses publiques (allocations sociales, protection douanière, éducation, santé…). La Grèce a aussi dû faire face à ce qu'elle a perçu comme un « diktat » de la Troïka (UE, FMI, BCE) à partir de 2009 face à l'ampleur de la crise qu'elle a traversée. Quoi qu'on pense de sa responsabilité dans la catastrophe, l'État grec y a indéniablement perdu une part de son indépendance, ce qui explique la victoire électorale de Syriza puis le referendum grec de 2015 (sans d'ailleurs que cela ne change grand-chose à la politique budgétaire grecque).

II. …en revanche, la mondialisation ne condamne pas tous les États à l'impuissance…

A. Les États restent le seul acteur politique suffisamment puissant pour organiser la mondialisation

S'ils peuvent être déstabilisés par la mondialisation, les États n'en sont pas pour autant réduits à l'impuissance. D'ailleurs, ce sont les seuls acteurs disposant de façon exclusive de certains attributs de la puissance (armée, diplomatie, justice, police) qui leur confèrent un rôle primordial dans la mondialisation. Les organisations internationales qui aspirent à réguler la mondialisation sont avant tout des organisations interétatiques, qui ne peuvent agir par-delà la souveraineté intangible des États. C'est bien le drame actuel de la guerre civile syrienne où faute d'accords entre les États membres du Conseil de sécurité, l'ONU demeure impuissante. De même, la dynamique de libéralisation des échanges et de croissance du commerce mondial répond à des choix étatiques délibérés et donc réversibles. L'actuelle politique commerciale protectionniste de l'administration Trump et les rétorsions chinoises, canadiennes ou européennes montrent que les États conservent des moyens d'action et de pression. Enfin, face à des acteurs infra-étatiques déstabilisateurs de la mondialisation (pirates, terroristes, trafiquants, crime organisé) les États peuvent résister : la réduction de la piraterie dans le Golfe d'Aden résulte bien de l'action coordonnée des États impliqués dans l'opération Atalante depuis 2009.

B. Les États conservent des marges de manœuvre pour agir dans la compétition mondiale (fiscalité, aménagement du territoire, dépenses et investissements publics…)

Dans la compétition mondiale qui résulte de la mondialisation, les États conservent de multiples leviers d'action pour rendre leur territoire attractif. Ils peuvent jouer de leur fiscalité : ZES chinoises créées en 1979 ou technopoles indiennes comme les STPI (Software Technology Park of India nés en 1991). Ils usent également de subventions (importance des politiques agricoles dans l'UE comme au Japon ou aux États-Unis), de règles juridiques (interdiction de l'exploitation du gaz de schistes ou des OGM en Europe), de barrières non-tarifaires (strictes normes européennes sur les jouets pour enfants), ou d'investissements publics. À cet égard, la construction d'infrastructures et la mise en place de services publics performants sont l'un des principaux leviers pour rendre un État attractif. La réussite de la Chine dans la mondialisation s'est en partie fondée sur l'immense effort public d'investissement dans les infrastructures énergétiques et de transport autant que dans les services d'éducation et de santé.

C. Les États via les grandes entreprises publiques ou proches des cercles dirigeants renforcent leur puissance

Enfin, si les FTN semblent régenter la mondialisation aux dépens des États, il faut néanmoins tenir compte du fait que nombre de ces FTN sont soit publiques, soit privées mais dans une relation de proximité avec les autorités publiques. On ne peut nier que la puissance des FTN chinoises, les fameuses 117 SOE (State Owned Enterprises), représente en réalité un atout dans la main de l'État-parti que constitue la RPC. Contrôlées par la commission de gestion et de contrôle des biens publics (SAAC), ces SOE répondent aux ordres des principaux dirigeants du parti qui les administrent. Fu Chengyu, PDG de Sinopec, est membre suppléant du Comité central du PCC. Ces dirigeants des SOE ont rang de ministre et décident des stratégies d'investissement en Chine comme à l'étranger parfois en suivant des intérêts autres qu'économiques. Les frénétiques acquisitions de mines en Afrique australe de la SOE China Minmetals relèvent certes d'une stratégie économique de développement de l'activité d'extraction mais également géopolitique de sécurisation des approvisionnements miniers de l'État chinois. En 2016, ces SOE représentaient 30 % des entreprises chinoises, 55 % de leurs actifs et 45 % de leurs revenus. L'exemple fort singulier du capitalisme d'État chinois existe dans d'autres pays à un moindre degré. L'importance du groupe privé Dassault pour l'État français justifie les liens de proximité entre l'avionneur (dont le PDG récemment disparu était sénateur et proche de nombre de dirigeants français) et l'État. Autrement dit, la frontière entre des FTN omnipotentes et des États fragilisés est à grandement relativiser dans la mesure où, dans les faits, souvent, les deux acteurs s'interpénètrent. Aussi, on peut se demander parfois si ce sont vraiment les FTN qui déstabilisent les États ou bien si ce ne sont pas des États, sous couverts de FTN, qui poursuivent leur stratégie de puissance par d'autres moyens.

III. ...et peut même, au contraire, permettre à certains d'entre eux de la développer

A. L'insertion dans la mondialisation comme stratégie de développement de la puissance des États

Loin de les réduire à l'impuissance, la mondialisation a été pour certains États une opportunité d'affirmation de leur influence dans le monde. Les stratégies néomercantilistes d'insertion dans la mondialisation développées par les États asiatiques dans les années 1970 correspondent à des logiques de renouvellement et/ou de renforcement de leur puissance. Le choix de l'industrialisation rapide et de promotion des exportations qu'impulse Park Chung-hee en Corée du Sud à partir de 1965 résulte directement d'une volonté d'affirmation de la puissance sud-coréenne face à la menace persistante que fait peser la Corée du Nord. Les quatre modernisations de Deng Xiao Ping à partir de 1979 relève d'une même résolution de renaissance de la puissance chinoise. C'est bien le sens de la fameuse maxime du « petit timonier » : « peu importe que le chat soit noir ou gris pourvu qu'il attrape les souris », c'est-à-dire qu'il permette à la Chine de retrouver son rang de grande puissance mondiale. Et la réussite spectaculaire de cette ouverture contrôlée et progressive démontre qu'effectivement la mondialisation peut aussi être pour certains États, un moyen de (ré)affirmation de leur puissance. La façon dont les États-Unis parviennent également à jouer du rôle mondial du dollar dans les échanges internationaux pour imposer l'extraterritorialité de leur droit national prouve, s'il en était besoin, la possibilité pour un État de tirer profit de la mondialisation pour développer son soft comme son hard power.

B. Certains États possèdent des moyens d'action dans la « guerre économique » globale, ce qui peut accroitre leur puissance

Loin d'une vision libérale et irénique, la mondialisation, considérée sous l'angle d'une guerre économique globale (à l'image de ce qu'en dit Ali Laïdi dans le dernier chapitre de son livre[1]), offre à nombre d'États des moyens d'action et de coercition nouveaux qui peuvent leur permettre d'accroître leur puissance. Faire usage de fonds souverains, alimentés par des excédents ou des recettes publiques

1. Ali Laïdi, *Histoire de la guerre économique*, Perrin, 2016.

abondantes est un de ses outils : le tout petit, riche et pourtant fragile Qatar a su mobiliser ce type d'instrument pour se construire une image internationale et tenter de séduire nombre de nouveaux alliés à mêmes de le protéger de ses deux redoutables voisins (l'Arabie Saoudite et l'Iran). Le recours aux services spéciaux et à l'espionnage (fonction régalienne par excellence) dans le but d'acquérir des technologies étrangères et renforcer ses entreprises nationales est également courant. Souvent dénoncée, la Chine est loin d'être la seule à pratiquer de telles manipulations illégales. Enfin, dans un contexte de décomposition internationale des processus productifs et de compétition pour les ressources, la mainmise étatique sur certaines matières premières peut s'avérer une arme. Comme le démontre Guillaume Pitron[1], l'actuel monopole de la Chine sur les terres rares constitue un moyen de pression stratégique inédit dont le Japon fit les frais lors des tensions survenus en 2012.

C. La mondialisation : une opportunité d'affirmation des capacités d'influence de certains États, de leur soft power

Enfin, au-delà des seuls moyens de coercition, la mondialisation, qu'elle soit marchande ou culturelle, ouvre de nouvelles perspectives pour développer l'influence des États, leur soft power (Joseph Nye). La stratégie qatarie d'investissement dans les médias (Al-Jazzera, Bein Media Group) et l'organisation de compétitions sportives (dont le Mondial de Football 2022) a bien pour but de tirer parti de la mondialisation culturelle pour peser sur la scène internationale. De même, l'État américain jouit de l'influence que ses médias, sa production cinématographique, son avance technologique produit sur les autres. Sans que ce soit véritablement délibéré, l'image qu'Hollywood donne de l'armée américaine dans le monde et de la définition de ses ennemis participent grandement de la politique étrangère des États-Unis comme l'explique Pierre Conesa dans *Hollywar*[2].

1. Guillaume Pitron, *La guerre des métaux rares. La face cachée de la transition énergétique*, Les Liens qui libèrent, 2017.
2. Pierre Conesa, *Hollywar : Hollywood, arme de propagande massive*, Robert Laffont, 2018.

14 La Mondialisation : une dissolution des États-Nations ?

La proximité trompeuse entre deux sujets est toujours un risque. Ce sujet-ci ressemble beaucoup au précédent et pourtant, il ne s'agit pas du tout du même.

1. Si la question porte également sur l'impact de la mondialisation sur les États, le terme de « dissolution », de disparition possible de cette entité diffère de celle d'impuissance, de réduction de l'influence et des capacités d'action.
2. Plus encore l'État ce n'est pas l'État-Nation. Ce concept élargit la question précédente, focalisée uniquement sur l'État et sa puissance, vers des enjeux socio-culturels relatifs à l'unité et à la cohésion nationale possiblement mises en cause par la mondialisation économique, culturelle ou migratoire.
3. Il est essentiel enfin, face à des sujets aussi brûlants, de toujours chercher à interroger leur portée, c'est-à-dire leur sens actuel : pourquoi vous pose-t-on un tel sujet ? Quels enjeux, quels faits présents légitiment le fait qu'une telle question vous soit posée ? Bien évidemment ici, la montée des populismes et des (néo-)nationalismes plus ou moins agressifs (de Poutine à Trump, d'Erdogan à Duterte, des Brexiters à Orban…) constitue le sous-bassement implicite d'un tel sujet. Comment expliquer ce paradoxe d'un monde toujours plus ouvert politiquement et culturellement et qui pourtant tend, apparemment, à se recroqueviller toujours plus dans une conception restrictive et fermée de l'État-Nation ?

Introduction

La vague populiste et europhobe qui déferle sur l'Europe depuis une dizaine d'années prospère sur les peurs que la mondialisation suscite au sein des États-Nations qui composent l'Union. Stigmatisant l'ouverture économique et culturelle comme l'unique facteur de toutes les difficultés, ces mouvements radicaux accusent la mondialisation d'être le principal ferment de désagrégation des nations. Ils préconisent en retour un renfermement comme la solution à tous les problèmes. Mais ont-ils raison ? La Mondialisation conduit-elle réellement à la dissolution des États-Nations ?

L'État-Nation est un concept politique multiforme, à l'histoire séculaire, qui a définitivement pris le pas sur les Empires à partir des révolutions atlantiques du XVIIIe siècle (américaine, française ou batave) et des guerres napoléoniennes. Il s'agit d'une conception singulière de l'organisation politique qui suppose que la souveraineté de chaque État repose sur une Nation auquel il s'identifie. En d'autres termes, ce concept repose sur l'idée qu'à chaque Nation (chaque peuple ayant le désir de vivre ensemble parce qu'il partage les mêmes valeurs, la même culture, souvent la même langue et toujours la même Histoire) doit correspondre un État et un territoire propre. Né en Europe, cet idéal du « droit des peuples à disposer d'eux-mêmes » s'est diffusé au reste du monde et correspond actuellement à la forme politique la plus courante. Même si certains perpétuent des vestiges d'organisations impériales (telles la Chine ou la Russie) ou se révèlent être des États-Nations complexes et/ou multinationaux (tels la Belgique ou l'Inde), le découpage en États-Nations modèle bien l'ordre du monde. Depuis la Charte de San Francisco (1945), il repose en droit sur le respect réciproque de frontières et de souverainetés intangibles autant que de légitimités nationales reconnues. Or, la mondialisation semble déstabiliser, si ce n'est dissoudre, cet ordonnancement du monde. En effet, l'interdépendance croissante et la multiplication des acteurs transnationaux sapent l'inaliénable souveraineté des États puisqu'ils ne semblent plus totalement en mesure d'exercer le monopole du contrôle de leur territoire et de leurs frontières. Plus avant, la globalisation des échanges ébranle la définition figée des identités nationales comme de la légitimité populaire (surtout si elle est démocratique). Est-ce à dire qu'avec la mondialisation l'État-Nation est alors voué à disparaître ? Les faits semblent démontrer le contraire : dans la mondialisation, les États demeurent les acteurs indépassables des relations internationales comme de la structuration des territoires et s'avèrent d'évidence indispensables à la Mondialisation. Plus encore, les Nations, loin de se dissoudre, paraissent paradoxalement se maintenir, voire se renforcer sous l'effet des contacts et des échanges multipliés. En ce sens, la mondialisation est-elle réellement un processus qui conduit à terme à la dissolution des États-Nations dans un espace globalisé et unifié ? Ou bien n'est-elle pas plutôt (et paradoxalement) le facteur principal d'une (ré-)affirmation du rôle et de la place de l'État comme de la Nation dans la vie économique et politique mondiale ?

Si la mondialisation déstabilise profondément le rôle et les fonctions des États-Nations (1), ces États-Nations sont pourtant bien loin d'être dissous (2) et même paradoxalement, la mondialisation peut apparaître directement ou indirectement comme un facteur de renforcement et/ou d'affirmation de ces États-Nations (3).

Plan

Problématique : La mondialisation, est-ce réellement un processus qui conduit à terme à la dissolution des États-Nations dans un espace globalisé et unifié ? Ou bien n'est-elle pas plutôt (et paradoxalement) le facteur principal d'une (ré-)affirmation du rôle et de la place de l'État comme de la Nation dans la vie économique et politique mondiale ?

I. Si la mondialisation déstabilise profondément le rôle et les fonctions des États-Nations...

A. La mondialisation produit des flux qui amoindrissent les capacités des États à contrôler et maîtriser leur territoire

L'intensité des flux financiers, commerciaux, d'informations, migratoires, illégaux dépossèdent en partie les États de leur capacité à totalement maîtriser leur territoire.

B. La mondialisation produit des acteurs qui contestent et déstabilisent l'autorité et la souveraineté des États

Des FTN aux ONG, des groupes criminels transnationaux aux organisations djihadistes et terroristes, de certaines instances internationales (comme le FMI) aux paradis fiscaux, les acteurs de l'interdépendance croissante et du dépassement du cadre national sont fort nombreux.

C. La mondialisation produit des effets territoriaux, sociaux et culturels qui fragilisent l'unité et la cohésion des Nations

De façon schématique, on peut dire que la mondialisation actuelle accroit les inégalités sociales et territoriales au sein des Nations. Les auteurs ayant étudié cette dynamique sont nombreux : de Thomas Piketty[1] à François Bourguignon[2],

1. Thomas Piketty, *La Capital au XXIe siècle*, Seuil, 2013 et (sous la dir.), *Rapport sur les inégalités mondiales*, Seuil, 2018.
2. François Bourguignon, *La mondialisation de l'inégalité*, Seuil, 2012.

de Christophe Guilly[1] à Anthony Atkinson[2] ou Joseph Stiglitz[3]. L'important à retenir est le fait que la mondialisation crée des fractures territoriales, sociales et culturelles qui accroissent les divisions au sein des nations, les mettent sous tensions. Mis en lumière, entre autres, par Christophe Deroubaix[4], Éric Branna[5] ou Sylvain Cypel[6], le cas exemplaire de la désunion des États-Unis de Donald Trump, bouleversés par l'ouverture croissante du pays et les transformations socio-démographiques et économiques qu'elle implique, en témoigne.

II. ... ces États-Nations sont pourtant bien loin d'être dissous par la mondialisation...

A. Les États sont incontournables et indispensables dans la mondialisation

Les politiques économiques et commerciales, les stratégies industrielles, les investissements publics, les services rendus, la fiscalité, la monnaie, la garantie de la sécurité et du respect de l'état de droit, les multiples formes d'interventionnisme étatique, en particulier via les entreprises directement ou indirectement publiques, tous ces éléments démontrent (s'il en était besoin) le caractère incontournable et même indispensable de l'État dans la mondialisation.

B. La Nation reste un cadre et un repère indépassables

Les hommes vivent, pour la plupart, au sein de Nations, d'ensembles culturels et linguistiques cohérents, qui demeurent le cadre indépassable de leur vie quotidienne. La vie politique et culturelle, les médias, la langue restent déterminés par ces cadres nationaux.

C. L'État-Nation demeure l'acteur principal des relations internationales qui organisent la mondialisation

Même s'il n'est plus désormais exclusif, l'État-Nation reste l'acteur central des relations internationales, celui qui structure les relations mondiales sous de multiples plans.

---

1. Christophe Guilly, *La France périphériques. Comment on a sacrifié les classes populaires*, Champs Flammarion, 2017.
2. Anthony Atkinson, *Inégalités*, Points économie, 2017.
3. Joseph Stiglitz, *Le prix de l'inégalité*, Babel, 2014.
4. Christophe Deroubaix, *L'Amérique qui vient*, Éditions de l'Atelier, 2016.
5. Éric Branaa, *Trumpland, portrait d'une Amérique divisée*, Privat, 2017.
6. Sylvain Cypel, *Un nouveau rêve américain*, Livre de poche, 2016.

III. ... et même paradoxalement, la mondialisation peut apparaître directement ou indirectement comme un facteur de renforcement et/ou d'affirmation des États-Nations

A. La mondialisation représente une opportunité pour la réaffirmation de certains États-Nations qui savent en tirer parti (Chine, Corée du sud...)

Se reporter à la dissertation précédente.

B. La mondialisation produit un renfermement frontalier (plus ou moins affirmé) marquant la persistance des États-Nations à exercer leur contrôle territorial

La mondialisation a pour effet de créer et d'amplifier l'intensité des flux comme la puissance des acteurs transnationaux : pêle-mêle, les terroristes, les migrants ou les organisations criminelles tirent avantage de la mondialisation pour agir par-delà le cadre des États-nations définis par leurs frontières. Résultat, les États soucieux de préserver leur autorité et leur souveraineté, comme les Nations de plus en plus inquiètes (à tort ou à raison) pour leur sécurité politique et même culturelle réclament et organisent un renforcement frontalier général. Pour des raisons tout à la fois économiques, sociales, politiques et géopolitiques, le monde est comme pris par une frénésie de murs : aujourd'hui ce sont près de 20.000 km de frontières qui sont devenus des murs (plus ou moins infranchissables) ou des barrières, soit près de 8 % des frontières dans le monde.

C. Les inégalités sociales et l'instabilité économique produits par la mondialisation créent en réaction une dynamique croissante de crispation nationale et de retour des jeux de puissance étatique partout dans le monde

Culturelle, migratoire ou économique, la mondialisation alimente la peur d'un appauvrissement culturel et identitaire. Pour certains États-nations, elle prend le visage d'une nouvelle forme agressive d'américanisation ou d'occidentalisation masquée et destructrice. Cette tentation du repli identitaire comme un effet de la mondialisation commerciale et culturelle, Régis Debray l'a formalisée dès 1981 en expliquant qu'à « la mondialisation des objets, [répondait] la tribalisation des sujets[1] ». Pour qualifier cette nouvelle ère globalisée du nationalisme (et pour la différencier de sa prédécessrice révolutionnaire au XIXe siècle ou décolonisatrice au XXe), Bertrand Badie emploie, quant à lui, le concept de néo-nationalisme[2]. Animé à la fois par une tentation du repli national et un refus de solidarité vis-à-vis de tout ce qui est considérée comme étranger à la Nation, ce néonationalisme prend

---

1. Régis Debray, *Critique de la raison politique*, Gallimard, 1981.
2. Bertrand Badie et Michel Foucher, *Vers un monde néo-national ?*, CNRS éditions, 2017.

de multiples visages dans le monde actuel : du séparatisme catalan, écossais ou corse à « l'America First » de Trump ou aux rêves révisionnistes de la Hongrie d'Orban, les configurations sont multiples. Mais cette dynamique concerne tout autant le monde émergent où on aspire (au contraire d'un monde occidental apeuré et tenté par le repli sur soi) à s'affirmer pour définitivement s'émanciper. Face à des nations qui se perçoivent comme blessées ou humiliées par un Occident honni, Poutine, Erdogan, Modi, Dutertre, ou Xi Jinping professent un néo-nationalisme militant et parfois agressif. Tous ont en commun de présenter, à l'heure où les sociétés et les économies sont de plus en plus ouvertes et interdépendantes, l'État-Nation comme une entité englobante et finalement indépassable.

Conclusion

La mondialisation produit donc sur les États-nations un double effet dialectique. D'un côté, elle remet en grande partie en cause l'inaliénable souveraineté des États tout autant qu'elle transforme et donc perturbe l'identité et la cohésion des Nations. Mais d'un autre côté, par ces mêmes processus déstabilisateurs, elle nourrit des peurs et des craintes qui alimentent mais aussi donnent l'opportunité à ces États-Nations de se réaffirmer de façon exclusive.

Toute la question est alors de savoir si, à terme, ce double mouvement contradictoire va donner naissance à des États-Nations toujours plus ouverts et multiculturels, ou bien si, au contraire, la balance penche en faveur d'États-Nations toujours plus fermés, intolérants et finalement agressifs. Or, sous des formes et à des degrés divers, ces deux tentations coexistent au sein de chaque société, à l'instar de l'État-Nation américain incarné à tour de rôle par Barack Obama (icône de la société ouverte, multiculturelle et mondialisée) puis par Donald Trump (image d'une mythique Amérique blanche, masculine et repliée sur elle-même).

15 La multiplication des flux migratoires : un effet de la mondialisation ?

Pour ce sujet, il est intéressant de noter qu'il peut être compris (et donc traité) de plusieurs façons.

1. Ou bien vous axez la réflexion sur le fait de savoir si la multiplication des flux migratoires (posée comme un fait) procède ou non de la mondialisation. En ce cas, il faut s'interroger sur les liens existants entre les deux phénomènes mais aussi déterminer quels sont les facteurs non-mondialisés qui alimentent les flux migratoires.
2. Ou bien vous interrogez le rapport de la mondialisation aux flux migratoires et si l'un favorise ou non l'autre, et réciproquement.

Dans les deux cas, il faut bien sûr adapter l'argumentation à la façon dont vous appréhendez le sujet.

Plan 1

Problématique : La multiplication des flux migratoires : un effet exclusif de la mondialisation ? Ou bien un frein à cette même mondialisation ?

I. La mondialisation favorise la multiplication des flux migratoires...

A. La mondialisation : un *pull et push factor.*

B. Les acteurs globalisés qui favorisent les migrations (diasporas, réseaux criminels, États).

C. La mondialisation culturelle et criminelle : un facteur de croissance des flux migratoires.

II. ... mais, la mondialisation n'est pas un facteur exclusif de multiplication des flux migratoires...

A. Des facteurs politiques prédominants.

B. Des facteurs environnementaux croissants.

C. Des facteurs sociaux et nationaux essentiels.

III. ... et finalement ces mêmes flux contribuent aussi à freiner le processus de mondialisation

A. Effets du Brain Drain sur les difficultés croissantes de certains pays du Sud.

B. Migrations et crispations identitaires.

C. Migrations et renfermement des États.

Plan 2

Problématique : La multiplication des flux migratoires : un effet de la mondialisation ? Ou bien le fruit d'autres facteurs ?

I. La multiplication des flux migratoires est un effet direct de la mondialisation…

A. La mondialisation économique : un pull factor

Le développement économique de certains territoires grâce à la mondialisation accroît les besoins de main-d'œuvre et donc l'immigration. Cette dynamique favorise les déplacements intraétatiques à l'image de ces centaines de milliers de mingongs chinois, partis de leurs campagnes de l'arrière-pays, qui se sont pressés dans les provinces côtières pour travailler illégalement. Mais ce sont aussi les migrations internationales qui sont concernées : Doha, Dubaï, Abou Dabi, Ryad ou Koweit City ne seraient pas ce qu'elles sont aujourd'hui sans la masse de travailleurs étrangers du Népal, d'Inde, du Pakistan, d'Égypte ou du Bangladesh qui ont construit les infrastructures et les buildings de ces métropoles globalisées et modernes.

B. La mondialisation économique : un push factor

De même que la mondialisation favorise l'arrivée dans les espaces en croissance, de même elle joue aussi en faveur du départ des territoires qui en sont exclus. Les pays enclavés et instables où la mondialisation ne produit pas d'effet économique sont des pays de départ. Le Zimbabwe aux mains pendant 30 ans de Robert Mugabe (1987-2017) en est le parfait exemple. Cumulant un enclavement géographique et un régime autoritaire, démagogique et prédateur, ce pays d'Afrique australe exclue de la mondialisation est un pays de départ massif. Depuis 1990, ce sont près d'1,3 millions de Zimbabwéens qui ont fui leur pays sur une population totale de 13.8 millions (2017), soit près de 10 % de la population.

C. Mondialisation culturelle et criminelle : facteur de croissance des flux migratoires

Nombre de jeunes qui migrent ne le font pas parce qu'ils savent qu'ils vont avoir une vie meilleure, mais parce qu'ils la rêvent. En effet, avec la mondialisation culturelle, la jeunesse de plus en plus nombreuse des pays du Sud est abreuvée d'images (par les médias et les réseaux sociaux) leur montrant un Occident riche, à la vie facile et libérée. De surcroît, le retour régulier des proches qui reviennent dans leurs terres natales chargés de présents et de discours idéalisés sur leur pays d'accueil alimente le mythe d'un Eldorado migratoire. C'est ce que Catherine Withol de Wenden[1] nomme « l'imaginaire migratoire », produit de la

---

1. Catherine Withol de Wenden, *La question migratoire au XXIe siècle*, Presses de Sciences Po, 2017. À consulter aussi du même auteur : *L'immigration, découvrir l'histoire, les évolutions et les tendances des phénomènes migratoires*, Eyrolles, 2017 et *L'Atlas des migrations. Un équilibre mondial à inventer*, Autrement, 2018.

globalisation culturelle. Mais c'est aussi la mondialisation criminelle qui prospère grâce à cette mondialisation migratoire. Troisième secteur le plus lucratif pour le crime organisé après les trafics de drogues et d'armes (autour de 35 milliards de $ par an), l'activité des réseaux criminels internationaux constitue un facteur essentiel de multiplication des flux migratoires. Révélée en 2017, l'existence de marchés d'esclaves en Libye pour les migrants d'Afrique de l'Ouest a mis au jour ce rôle central et violent des passeurs dans la multiplication des flux migratoires.

II. ... du fait de nombreux acteurs globaux qui stimulent ces flux migratoires...

A. Le rôle majeur des diasporas

Les diasporas, qui gardent toujours des liens sociaux et familiaux avec leur région de départ, favorisent comme elles encouragent l'accueil des nouveaux arrivants. D'ailleurs l'une des motivations les plus fréquentes d'émigration réside dans la présence de relations familiales et/ou clientélaires pouvant exister dans le pays récepteur. Pour la diaspora chinoise (la plus nombreuse et structurée du monde, qui concerne près de 50 millions de personnes), le *guanxi*, le réseau familial et interpersonnel, joue un rôle majeur dans l'arrivée de nouveaux venus.

B. Les stratégies migratoires et mondialisées des États de départ

L'émigration peut parfois, pour certains États, s'apparenter à une stratégie d'insertion dans la mondialisation. Certains pays organisent le départ de leurs ressortissants afin de soulager un marché du travail saturé, encourager leurs populations à accroitre leur qualification et surtout à développer les transferts financiers (les remises) des émigrés, source de devises parfois essentielles. Pour le Mexique, l'émigration vers les États-Unis constitue tout à la fois une source de revenus forts importante (27 milliards de $ en 2016) et une échappatoire pour un marché du travail parfois saturé. Aux Philippines, en Indonésie ou au Sri Lanka, l'exportation de main-d'œuvre a été institutionnalisée par la création de bureaux ministériels spécialisés. L'AKAN indonésien, le POEA philippin (Agence gouvernementale philippine pour l'emploi Outre-Mer), le SLBFE srilankais (Sri Lanka Bureau of Foreign Employment) se chargent de promouvoir, de contrôler et d'organiser le recrutement et l'envoi de travailleurs à l'étranger. Face à un sous-emploi de la main-d'œuvre (8 % de chômage aux Philippines), mais aussi pour bénéficier de remises importantes (8,2 % du PIB Philippin en 2016), 8 millions de Philippins (7,8 % de la population), 3 millions d'Indonésiens (1 %) et 1,8 millions de srilankais (9 % de la population) travaillent à l'étranger.

C. Les stratégies migratoires et mondialisées de certains pays d'accueil

Mais ce sont aussi certains pays d'accueil, qui, du fait de la mondialisation, encouragent l'immigration. Les politiques d'ouverture du Canada, des États-Unis ou (jusqu'à récemment) de l'Allemagne ou de la Suède reposent certes sur des héritages et des histoires nationales singulières mais aussi sur la stratégie délibérée de faire venir de la main-d'œuvre peu ou très qualifiée pour renforcer leur potentiel économique et leur compétitivité. Jusqu'à Donald Trump, les États-Unis ont sciemment ouvert leurs portes à l'immigration pour asseoir leur domination dans certains secteurs clés. Que serait la Silicon Valley, cœur mondial de l'innovation technologique, sans ses étrangers, qui constituent près de 40 % de la population et même 75 % des informaticiens et mathématiciens employés dans la technopole ?

III. ... même si nombre de ces flux migratoires ne résultent pas exclusivement de la mondialisation

A. Des facteurs politiques prédominants

La multiplication des flux migratoires ne résulte pas exclusivement de la mondialisation économique et culturelle. L'explosion actuelle du nombre de réfugiés procède bien davantage de facteurs politiques (guerre et dictature) que de motivations économiques ou psychologique. Car les conditions politiques sont le premier facteur de mal-vivre dans nombre de pays (plus encore que la pauvreté au sens strict comme le montre a contrario le cas de pays pauvres mais qui ne sont pas des pôles d'émigration comme le Bhoutan). Les guerres et/ou la dictature sont un des facteurs principaux d'émigration. En 2017, ce ne sont pas moins de 68,5 millions de personnes qui ont dû partir de leur pays et se réfugier dans un autre. Comment ne pas alors penser à ces 5 millions de Syriens (sans compter les 7.8 millions de déplacés en Syrie même sur une population de 21 millions d'habitants avant-guerre) ? Ou à ces 400.000 Erythréens (6,5 % de la population) qui ont tout fait pour fuir l'impitoyable régime militaire, quasi-totalitaire d'Issayas Afeworki ?

B. Des facteurs environnementaux croissants

Le changement climatique constitue également un des facteurs aggravants de l'augmentation des flux migratoires : désertification croissante, stress hydrique, montée des eaux, salinisation des terres, inondations… En 2012, on a recensé près de 35 millions de personnes contraintes de migrer à cause d'évènements climatiques. À moyen et long terme, les impacts causés par les changements climatiques sur les zones les plus sensibles (terres dégradées, deltas, espaces côtiers…) pourraient accélérer les déplacements des populations avec en filigrane la menace de graves crises humanitaires. D'ici à 2050, selon le GIEC, ce sont près d'un milliard de personnes qui risquent de devenir des réfugiés climatiques accentuant les problèmes migratoires.

C. Des facteurs sociaux, locaux et/ou nationaux essentiels

D'une façon générale, au-delà de la mondialisation, ce sont les conditions de vie et la gouvernance des pays de départ qui déterminent la migration. Car, la principale motivation pour partir réside moins dans la pauvreté que dans la désespérance. Si une personne a le sentiment que par ses efforts elle peut améliorer sa situation dans son pays, elle ne partira pas. On le voit bien dans le cas de la Chine qui compte encore près de 200 millions de personnes en dessous du seuil d'extrême pauvreté, mais qui pourtant n'est pas un pôle majeur d'émigration internationale. En ce sens, les migrants viennent le plus souvent de pays bloqués, verrouillés, où aucune perspective de transformation n'est concevable, où toute initiative se heurte à l'inertie, à la corruption, à l'oppression, et où aucune action collective n'est possible pour changer la donne. C'est pourquoi la plupart des migrants ne sont pas les plus pauvres ou les moins qualifiés. Au contraire, ils appartiennent souvent à la classe moyenne inférieure. Et s'ils partent ce n'est pas pour devenir des assistés dans les pays d'arrivée, mais au contraire pour réussir à s'insérer sur le marché du travail, à tirer profit de leurs qualifications et/ou pour réaliser leurs rêves puis en faire profiter leur famille et leurs proches restés au pays. Les 67 millions d'émigrés issus des pays du Nord (1/4 des migrations internationales) en témoignent. Ce sont donc bien ceux qui disposent des revenus, de l'information et de la formation qui quittent les pays où ils ont le sentiment de ne pouvoir obtenir un avenir à la hauteur de leurs espérances.

Avec croquis couleurs (→ voir cahier central)

16 La mondialisation : une unification du monde ?

Ce sujet avec croquis est particulièrement vaste et suppose de bien manier l'art de la synthèse compte tenu des multiples aspects qu'on peut aborder.

1. D'abord explicitions et problématisons-le. Il peut toujours être intéressant dans ce type de question fermée de penser à son inverse. Ici, donc il s'agit donc de savoir si la mondialisation unifie le monde (c'est-à-dire l'homogéné se, l'uniformise, le rassemble...) ou bien ne l'unifie pas, donc le d vise, le fragmente, l'hétérogénéise. Bien évidemment la réponse est éminemment dialectique puisque le propre de mondialisation est de générer en même temps de l'homogénéité et de l'hétérogénéité ; elle recompose le monde par son action. Il faut donc jouer de cette dialectique pour problématiser le sujet, c'est-à-dire montrer que la mondialisation a pour effet ces deux tendances.
2. À partir de là, les thèmes qu'on peut aborder pour mener l'argumentation sont fort nombreux et nécessitent de bien faire appel à tous les aspects du cours sur la mondialisation. La question porte tout à la fois sur les enjeux spatiaux, sociaux, économiques, politiques, culturels, identitaires, géopolitiques de la mondialisation et ce à plusieurs échelles : parle-t-on d'une unification mondiale, régionale, nationale, locale, urbaine... l'ampleur des thèmes à traiter invite donc à faire des choix. Non qu'on puisse oublier un aspect essentiel, mais, ne pouvant tout dire en 3h15 (puisqu'il y a un croquis à faire), il faut déterminer des points et des exemples que vous jugez les plus essentiels (ou que vous maîtrisez mieux).
3. Enfin, le croquis a pour objectif de vous permettre de donner à voir cette dialectique unification/division à l'échelle mondiale. Pensez donc à bien jouer à la fois de ce qui unifie (les flux) et de ce qui divise ou fragmente (les figurés ponctuels et la typologie des États).

Introduction

Pour Thomas Friedman, en 2006, l'éditorialiste vedette du New York Times, *La Terre est plate*[1] dans la mesure où l'ouverture des frontières et la révolution numérique ont définitivement rompu la distance qui séparait les pays les uns des autres. Il prophétise qu'au XXIe siècle, un espace planétaire unifié par la révolution des communications conduira (et conduit déjà) à une concurrence globale et généralisée mais aussi à des formes collaboratives qui se joueront des frontières. Aux yeux de ce libéral convaincu, la mondialisation produit bien une unification compétitive du monde en définitive plutôt bénéfique (surtout pour les pays en développement). Mais est-ce vraiment le cas ? La mondialisation accouche-t-elle vraiment d'un monde unifié ?

L'interdépendance croissante des différents espaces de la planète qui multiplie et intensifie les flux de toute nature est le produit direct d'acteurs transnationaux. Les FTN, les acteurs financiers, les ONG, les réseaux criminels, les diasporas, les organisations internationales, tous participent de ce processus de mondialisation par lequel les frontières nationales deviennent de plus en plus poreuses. Fruit de la libéralisation des échanges et surtout des révolutions des transports et des communications, cette interdépendance est d'abord un processus économique d'unification du marché mondial : le monde devient un vaste espace de consommation de produits mondiaux de plus en plus standardisés, eux-mêmes fabriqués par des chaînes de production dispersées sur l'ensemble de la planète. Au bout du compte, ce sont des capitaux du monde entier qui financent, contrôlent et tirent profit de ce fonctionnement global. Cette unification économique s'accompagne en retour de multiples effets sociaux, politiques et culturels : les écarts semblent se réduire, les pratiques et les goûts s'universaliser, les États se rapprocher et s'entendre. Pourtant, cette unification apparente du monde masque d'autres processus tout aussi visibles et contraires. Car, l'unification du monde supposerait que la Terre s'homogénéise, que les différences s'estompent, qu'une unité du monde se construise. Or, la mondialisation a également pour résultat de faire des gagnants et des perdants aussi bien d'un point de vue social que politique ou territorial. Les inégalités s'aggravent, les fractures territoriales s'amplifient, les identités se réaffirment, les tensions se multiplient. Bref, selon l'expression de François Heisbourg, « l'épaisseur du monde[2] » se maintient voire s'intensifie. Alors, la mondialisation aplatit-elle la Terre ou l'épaissit-elle ? Autrement dit, fait-elle naître un seul et même monde unifié tant d'un point de vue économique, politique et culturelle ? Ou bien conduit-elle au contraire à l'émergence de nouvelles divisions, de nouvelles fractures à l'origine d'une fragmentation du monde ?

1. Thomas L. Friedman, *La Terre est plate, Brève histoire du XXIe siècle*, Perrin, Texto, 2010.
2. François Heisbourg, *L'épaisseur du monde*, Stock, 2007.

Si la mondialisation est indéniablement un processus d'unification économique et culturelle du monde (1), en retour, elle produit aussi des dynamiques globales de différenciation, de polarisation et d'inégalités croissantes (2) à l'origine de divisions et d'une fragmentation multiforme du monde (3).

Problématique : La mondialisation fait-elle naître un seul et même monde unifié tant d'un point de vue économique, politique et culturelle ? Ou bien conduit-elle au contraire à l'émergence de nouvelles divisions, de nouvelles fractures mondiales ?

I. Si la mondialisation est indéniablement un processus d'unification économique et culturelle du monde…

A. La mondialisation est un processus d'unification par l'accroissement des interdépendances économiques : interdépendances commerciales, productives (DIPP et éclatement de la chaîne de valeurs) et financières (unification véritablement aboutie de la finance globale).

B. La mondialisation : une dynamique de multiplication des échanges culturels et humains qui unifie le « village global » (Naissance d'une culture mondialisée de plus en plus universelle et partagée de l'alimentation, du cinéma, de la mode, du sport,…etc., via les diasporas, les médias, les réseaux sociaux, les transports performants, les FTN, le tourisme…)

C. La mondialisation : la lente émergence d'une unification politique (naissance d'une opinion publique mondiale et d'évènements planétaires, développement de formes de gouvernances mondiales via les organisations internationales, les ONG, les FTN, et les États).

II. … en retour, elle produit aussi des dynamiques globales de différenciation, de polarisation et d'inégalités croissantes…

A. Une dynamique qui favorise la polarisation des activités et des fonctions de commandement dans les métropoles ou sur les littoraux.

B. Une dynamique qui produit aussi de la différenciation culturelle sans véritablement produire un marché ou des produits véritablement mondiaux (acculturation).

C. Un processus qui pousse à des formes de réaffirmation identitaire qui divise le monde.

D. La mondialisation : un facteur d'accroissement et d'aggravation des inégalités sociales.

III. ... à l'origine de divisions et d'une fragmentation multiforme du monde

A. La mondialisation crée des fractures territoriales à l'échelle mondiale entre les États, entre les littoraux et les hinterlands, comme entre l'archipel mégalopolitain mondial et les arrière-pays.

B. Un processus de discrimination territoriale à l'échelle nationale : fractures socio-spatiales au sein des territoires nationaux et urbains.

C. Un processus de concurrences économiques (agriculture, industries, ressources naturelles, terres) qui peut attiser les divisions géopolitiques et encourager une régionalisation du monde.

Dissertation rédigée intégralement

Avec croquis couleurs (→ voir cahier central)

17 La mondialisation fait-elle naître un nouvel ordre mondial ?

Voici un sujet qui impose de croiser deux chapitres de première année : celui sur la mondialisation et celui sur l'architecture du monde au XXIe siècle. Dans ce type de question fermée, il peut être utile de renverser la question pour mieux en saisir les différents paramètres.

1. La mondialisation fait-elle naître un nouvel ordre mondial ? Ou inversement la mondialisation perpétue-t-elle l'ancien ordre ? Dans ce cas, il faut s'interroger aussi bien sur la nature de l'ancien ordre, celui d'une hégémonie occidentale, que sur l'émergence possible d'un nouvel ordre, l'ordre multipolaire créé par les émergents.
2. Ou bien encore la mondialisation fait-elle naître un nouvel ordre mondial ? Ou accentue-t-elle une forme de désordre ? Car la question est aussi de savoir si le monde actuel est véritablement ordonné compte tenu des nombreux conflits et des formes de violences globales que la mondialisation attise.

Donc ce sujet comporte trois variables : perpétuation de l'ancien ordre occidental ? émergence d'un nouvel ordre multipolaire ? transition conflictuelle facteur d'un désordre généralisé ? Ces questionnements doivent être au cœur du croquis qui doit permettre de mettre en valeur cette triple dimension du sujet.

Alors qu'en 1979, la Chine figurait parmi les États les plus pauvres du monde, ce pays est devenu aujourd'hui le premier exportateur mondial et même le premier PIB mondial en parité de pouvoir d'achat en 2014. Cette ascension fulgurante, la Chine la doit à son insertion dans la mondialisation qui lui a permis de s'imposer dans l'ordre économique mondial et de peser toujours davantage dans l'ordre politique. Est-ce à dire alors que la mondialisation est en train de faire naître un nouvel ordre mondial ?

Depuis le XVIe siècle, et plus encore après les révolutions industrielles du XIXe siècle, l'ordre mondial, c'est-à-dire la hiérarchie des puissances autant que l'organisation de leurs rapports de forces, a été créé et dominé par les puissances occidentales, européennes jusqu'en 1918, américaine depuis. Cet ordre occidental établi, auquel s'est joint économiquement le Japon après 1945, s'est fondé sur des dynamiques de mondialisation : mondialisation marchande des XVIe-XIXe siècles, mondialisation impériale et internationalisée fin XIXe-milieu du XXe siècles. Or, la phase actuelle de la mondialisation, qui a pris de l'ampleur à partir des années 1980 et qui, grâce aux nouvelles technologies de communication comme de transports, a créé une interdépendance croissante, bouleverse ces rapports de forces établis. En s'insérant dans ce processus de globalisation productive et financière, de nouvelles puissances, autrefois dominées et soumises à l'ordre occidental à l'instar de la Chine, connaissent des décollages économiques aux effets géopolitiques spectaculaires. À l'inverse, les puissances dominantes, pourtant à l'origine du processus, semblent désormais à la peine. Alors, va-t-on vers un nouvel ordre mondial dans lequel les puissances émergentes créeraient une nouvelle architecture multipolaire, remettant définitivement en cause la domination occidentale ? Ou bien, n'est-ce encore aujourd'hui qu'une apparence trompeuse qui masque la perpétuation des capacités persistantes des puissances occidentales ?

De fait, si la mondialisation ne sape pas tous les fondements de la domination des puissances établies (1), il n'en demeure pas moins qu'elle permet à de nouvelles puissances émergentes de remettre en cause l'ancien ordre mondial (2). Pour autant, le potentiel nouvel ordre plus multipolaire qui pourrait être produit par cette dynamique, semble encore loin, ce qui crée aujourd'hui une situation mondiale plus instable que véritablement ordonnée (3).

Problématique : La mondialisation remet-elle en cause l'ordre occidental établi ? Ou bien favorise-t-elle au contraire son maintien ?

I. Si la mondialisation ne sape pas tous les fondements de la domination des puissances établies (Occident et Japon), ...

A. La persistante domination économique et technologiques des Nord

Les États-Unis, le Japon et l'Union Européenne concentrent encore 43 % du PIB, 60 % du commerce, 60 % de la consommation, 75 % des dépenses de R&D, 7 des 10 premières bourses mondiales. En 2016, 83 des 100 premières FTN du monde étaient soit américaines (54), soit européennes (24), soit japonaises (5). Le PIB par habitant des États-Unis (59.000 $/an/habitant), de l'Union Européenne (40.000 $ en moyenne) et du Japon (43.000 $) est encore près de 4 fois supérieur à ceux de la Chine (16.000 $) ou du Brésil (15.500$). D'un point de vue monétaire, 93 % des réserves de change dans le monde sont soit en dollar (64 %), soit en euro (20 %), soit en yen ou en livre sterling (4,5 % chacun). Autrement dit, les Nord restent encore bien plus riches et développés, pour ne pas dire dominants dans la mondialisation actuelle. Pêle-mêle la Silicon Valley et le Kansas City Science, Toyota et Volkswagen, la NASA et l'Agence spatiale européenne, Boeing et Airbus, les GAFA, Nintendo et Sony, etc., tous ces atouts américains, japonais ou européens dans la globalisation restent donc, pour partie, encore prépondérants. D'ailleurs, si Singapour est considérée comme la première ville globale des émergents, elle ne figure qu'à la 11e place mondiale, Pékin étant 14e et Sao Paulo 33e.

B. Une prépondérance politique et militaire largement conservée (surtout de la part des États-Unis)

En termes de hard power, les nations européennes et américaines possèdent une très large avance. Le budget militaire américain (683 milliards de $ en 2017) et celui de ses alliés de l'OTAN (242 milliards de $) pèsent encore pour plus de 55 % de l'ensemble des dépenses militaires mondiales. Cette domination budgétaire se double évidemment d'une avance matérielle sans égale : l'armée américaine reste aujourd'hui et de très loin celle qui dispose de capacités stratégiques et tactiques qui surclassent tous ses potentiels rivaux. Que valent les deux porte-avions chinois à propulsion diesel face aux 10 porte-avions nucléaires américains ?

C. Un ordre institutionnel mondial encore largement structuré autour des grandes puissances occidentales

Les Occidentaux, qui ont jeté les bases dès les années 1920 des grandes organisations internationales, les dominent encore en partie. Certes, au Conseil de Sécurité de l'ONU, seuls 3 des 5 sièges permanents sont occupés par des nations occidentales. Mais au FMI ou à la Banque Mondiale, les Occidentaux conservent un poids écrasant avec près de 62 % des quotes-parts. Les seuls États-Unis avec

17,05 % disposent *de facto* d'un droit de veto. Et même s'il a perdu de sa superbe, le G7 reste pourtant encore un forum de discussion important qui symbolise la persistante puissance des Occidentaux et du Japon dans l'ordre mondial.

II. ... la mondialisation n'en permet pas moins à de nouvelles puissances de déstabiliser l'ordre ancien (pays émergents)...

A. La mondialisation déstabilise les puissances économiques du Nord...

La mondialisation pose néanmoins des problèmes aux économies du Nord. Face à une concurrence sur les prix et sur la qualité de plus en plus rude de la part des pays émergents, l'ex-Triade perd des parts de marché. Alors que dans les années 1990, ils représentaient près de 85 % du commerce mondial, aujourd'hui ils en constituent un peu moins de 60 % et dans une quinzaine d'années tout juste 45 %. Cet affaiblissement relatif se traduit par des taux de croissance relativement faibles, surtout si on les compare aux émergents. Entre 2000 et 2015, les États-Unis ont connu une croissance moyenne de 2,8 % par an, l'Union Européenne de 2 % et le Japon de 1,2 %. Plus avant, les sociétés sont de plus en plus fragilisées par la mondialisation : la montée des inégalités, la désindustrialisation, les difficultés croissantes d'une partie des populations de ces pays riches déstabilisent les pays du Nord.

B. ... au moment même où elle favorise l'émergence de nouvelles puissances économiques au Sud...

En parallèle, les pays du Sud et surtout ceux qu'on qualifie d'émergents décollent. Ils tirent profit de la mondialisation pour s'enrichir et renforcer leur puissance. Sur les 12 nouveaux pays entrés au G20 en 2008, tous ont connu, depuis 2000, des croissances annuelles supérieures à 5 % par an (à l'exception du Mexique) et parfois supérieures à 10 % par an, comme en Chine. Cette ascension économique est le fruit de l'insertion de ces pays de l'ex-Tiers-Monde dans la mondialisation. Elle leur a permis d'accroître leurs exportations (de matières premières et/ou de biens manufacturés), les investissements extérieurs et domestiques, autant que la consommation croissante de nouvelles classes moyennes. Résultat mécanique : le poids des pays émergents a augmenté aux dépens de ceux du Nord. Si dans les années 1990, les pays du Nord, dit de la Triade, représentaient près de 70 % du PIB mondial, ils n'en représentent plus aujourd'hui que 40 % et d'ici 15 ans encore moins. La mondialisation a donc bien pour effet de faire disparaître l'hégémonie occidentale.

C. … ce qui contribue à faire naître un nouvel ordre géopolitique

Cette nouvelle donne économique bouleverse l'ordre géopolitique. Tous ces pays émergents ont largement augmenté leurs dépenses militaires et cherchent à moderniser leur armée. C'est bien sûr le cas de la Chine qui entre 2005 et 2014 a augmenté (officiellement) son budget militaire de 250 % pour atteindre les 150 milliards de $ et la 2e place mondiale. Mais c'est aussi vrai de la Russie (+85 %), du Brésil (+20 %), ou de l'Inde (+150 %). Au même moment, Européens et Japonais baissaient le leur de 5 %. En termes diplomatiques, les émergents revendiquent un nouveau statut : Inde, Brésil, Afrique du Sud, Mexique, Égypte ou Indonésie souhaitent un jour obtenir un siège de membre permanent au Conseil de Sécurité. Quant à la Chine de Xi Jinping, elle a abandonné la stratégie du « profil bas » de Deng Xiaoping et ambitionne ouvertement de détrôner la puissance américaine d'ici à 2049. Renouant avec leur héritage tiers-mondiste, tous ces pays envisagent donc de construire un nouvel ordre mondial. Prenant leur revanche sur l'Histoire, ils aspirent à devenir à jamais les égaux des Occidentaux dans le cadre d'une architecture plus ou moins multipolaire qui respecteraient leur souveraineté comme leurs valeurs. D'ailleurs, ils tentent déjà de créer des organisations internationales du Sud dans le but affiché de renverser l'ordre occidental établi : le forum annuel des BRICS (depuis 2009), le lancement de la Nouvelle Banque de Développement des BRICS en 2014 (présentée comme une alternative à la Banque Mondiale et au FMI), la montée en puissance de l'OCS (Organisation de Coopération de Shanghai) qui associe dans une même organisation de sécurité et de coopération la Chine, la Russie, les pays d'Asie Centrale et désormais l'Inde et le Pakistan, les manifestations de ce nouvel ordre géopolitique sont nombreuses.

III. … Sans pour autant faire encore naître un nouvel ordre mondial

A. Un monde plus chaotique qu'ordonné

Le monde actuel est-il alors devenu multipolaire ? Loin d'une gouvernance multipolaire dans laquelle les anciennes et les nouvelles grandes puissances parviendraient à gouverner le monde par un dialogue permanent, le monde actuel se caractérise bien davantage par un désordre et des déstabilisations multiformes. D'une part, les puissances ne parviennent pas du tout à s'entendre et les tensions interétatiques s'accroissent. Entre pays du Nord et du Sud, les mésententes se multiplient et aboutissent à des impasses (voire parfois à des formes de confrontations indirectes) comme en Syrie ou en mer de Chine du Sud. Entre pays du Sud, les tensions sont de plus en plus vives entre la Chine et la Russie d'un côté (portés par une stratégie anti-occidentale) et l'Inde ou l'Indonésie de l'autre (inquiètes de la montée en puissance chinoise). Mais c'est même entre pays du Nord que des discordances se font jour : l'actuel politique de Donald Trump qui s'en prend davantage à ses alliés qu'à ses rivaux est en train de creuser un fossé entre les

États-Unis et l'Europe. D'autre part, c'est la mondialisation elle-même qui remet en cause le principe d'ordre mondial oligarchique tel que les Occidentaux l'ont créé à partir du XVIIe siècle. Comme l'explique Bertrand Badie, la « diplomatie de connivence[1] » est progressivement débordée d'un côté par des acteurs infra-étatiques de plus en plus puissants et nombreux (FTN, ONG, groupes armés…) et de l'autre par des puissances de second rang qui renversent le rapport de forces avec leurs protecteurs. Les petits s'émancipent de la tutelle des grands dans la mesure où ils suivent leur propre agenda sans vraiment tenir compte de quelqu'autre puissance. Dans la relation entre la Russie et la Syrie, est-ce Poutine qui tire les ficelles ou bien Bachar qui n'en fait finalement qu'à sa tête ? Autrement dit, on assiste aujourd'hui à un émiettement des stratégies géopolitiques qui donne naissance à un chaos mondial davantage qu'à un ordre véritable.

B. Un processus d'émergence des Sud qui crée de vives tensions géopolitiques

La multiplicité des tensions dans le monde est le symptôme d'un désordre mondial qui résulte du basculement du monde, de l'émergence des Sud et de l'affaiblissement relatif des Nord. Le passage d'un ordre occidental établi (que la guerre froide avait d'une certaine manière renforcée) à un nouvel ordre encore aujourd'hui en devenir pose notre époque comme une ère de transition où les périls s'accroissent. C'est ce que l'historien américain Graham Allison a qualifié (en se centrant sur la relation sino-américaine) de « piège de Thucydide[2] » : comme, au Ve siècle av. J.-C., l'ascension d'Athènes a ébranlé l'hégémonie spartiate et conduit à la guerre du Péloponnèse, comme, au début du XXe siècle, l'Allemagne wilhelmienne a tout fait pour obtenir sa « place au soleil » aux dépens de la domination britannique et finalement provoquer la Première Guerre mondiale, aujourd'hui la montée en puissance chinoise pourrait être porteuse d'un affrontement mondial avec les États-Unis. Ainsi s'expliqueraient les tensions croissantes entre les alliés asiatiques des États-Unis (Japon, Corée, mais aussi Inde ou Vietnam) et la Chine.

C. Un monde à la violence globale

Selon la thèse de l'anthropologue Arjun Appadurai[3], la globalisation, loin de pacifier le monde, pousse au contraire au développement de la colère et de la violence. À ses yeux, la mondialisation, par la fluidité des circulations humaines, matérielles et immatérielles qu'elle engendre, insécurise les sociétés nationales et déstabilise

1. Bertrand Badie, *La diplomatie de connivence*, La Découverte, 2013.
2. Graham Allison, *Destined for war. Can America and china escape Thucydide's trap ?,* Houghton Mifflin Harcourt, Boston, 2017.
3. Arjun Appadurai, *Géographie de la colère. La violence à l'âge de la globalisation*, Payot, 2007.

le fondement des États-Nations. Une incertitude culturelle, identitaire et sociale naît à la rencontre des déchirures parfois lointaines et des craintes proches. C'est ce qui expliquerait la multiplicité des conflits et des violences du monde actuel qui prennent souvent naissance dans les interstices de la mondialisation. Dans les zones qui en sont exclues, la misère, l'humiliation et la colère s'interpénètrent et alimentent des violences, qui du fait même de la mondialisation, deviennent parfois planétaires. Afghans, Tchétchènes, Kurdes, Sunnites d'Irak ou de Syrie, Chiites du Pakistan, Musulmans du Nigeria, Indiens du Chiapas mexicain, Aborigènes naxalites de l'Union indienne, les exemples de cette violence identitaire et sociale abondent. Tous ces foyers d'instabilité ne restent pour autant pas circonscrits aux régions concernées. Car, avec la mondialisation, on assiste à une dissémination globale de la violence via notamment le terrorisme. L'instabilité du Sahel et du Moyen-Orient par exemple accroît les risques terroristes en Europe autant qu'elle intensifie la crise migratoire. Bref, l'interdépendance du monde fait que le chaos dans une partie de celui-ci affecte toutes les autres.

Avec croquis couleurs (→ voir cahier central)

18 Les pays en développement profitent-ils de la mondialisation ?

Voici encore un sujet fermé qui invite à immédiatement à s'interroger sur la variabilité de la réponse. Les pays en développement profitent-ils de la mondialisation ? Ça dépend. Oui, mais de quoi ?

1. Cela dépend d'abord de ce qu'on peut entendre par « profiter ». Est-ce s'enrichir ? Est-ce voir le PIB et les exportations croître ? Ou bien n'est-ce pas surtout se développer, voir les niveaux de vie de la population s'améliorer ? Évidemment, il faut traiter des deux aspects qui, même s'ils sont proches, ne peuvent être équivalents.
2. Cela dépend du moment, donc de l'histoire. On ne peut nier que la situation actuelle des PED (et donc le fait de savoir s'ils en tirent profit ou pas) n'est pas la même que dans les années 2000 (années de l'euphorie mondialisée pour nombre de PED) ou encore avant, durant les années 1980 et 1990 où nombre d'entre eux souffraient de la crise de la dette.
3. Cela dépend enfin de la géographie, c'est-à-dire des pays. Vouloir de façon trop générale répondre à une telle question est finalement impossible. Il peut donc être souhaitable de distinguer différents types de PED en fonction de leur plus ou moins grande réussite dans et par la mondialisation. Évidemment, à une telle réflexion typologique doit correspondre un croquis adapté pour mettre en valeur ces différences.

Voici donc un sujet qui suppose une analyse classique et qui invite à faire varier les paramètres de l'argumentation autour de l'économie, de la société, de la géopolitique mais aussi de l'histoire et de la géographie. Exactement ce qu'on vous demande dans une dissertation d'ECS.

Depuis les années 1980, la part de la Chine dans le commerce mondial a explosé. En 30 ans, de négligeable et marginale (0,8 % en 1980, soit 18 milliards de $), la Chine est aujourd'hui devenue le premier exportateur mondial depuis 2007 (12,2 % du commerce mondial pour un total d'exportation de 2300 milliards de $ en 2016). Résultat, l'écart de richesse entre la Chine et les États-Unis s'est considérablement réduit : en 1980, le PIB/habitant chinois était 35 fois plus faible que celui des Américains. En 2017, il n'était plus que 5 fois inférieur. En ce sens, ce pays encore en développement semble de toute évidence avoir su tirer profit de la mondialisation. Mais est-ce le cas de tous les autres ?

Une majorité de pays dans le monde appartiennent à ces pays dits en développement. Presque tous les pays autrefois sous-développés du Tiers-Monde, à l'exception peut-être d'un pays comme la Corée du Sud, relèvent de cette vaste catégorie fort hétérogène. Pourtant, par-delà leurs multiples différences, tous partagent un certain nombre de traits communs : un niveau de revenu (PIB/habitant) encore bien moindre par rapport à celui des populations dites développées, des taux d'alphabétisation, d'accès aux soins ou à la nourriture, bref un IDH encore bien inférieurs à ceux du Nord. Or, de toute évidence, la mondialisation qui s'accélère depuis les années 1980 leur profite grandement, à tel point d'ailleurs que certains d'entre eux, par leur insertion dans la mondialisation, sont en train de rattraper les niveaux de vie du Nord. La réduction généralisée des inégalités internationales (les écarts de richesses entre les États, entre les PIB/Habitant) en témoigne. Comme le démontre François Bourguignon, si les écarts entre pays en développement et pays développés ont constamment augmenté des années 1870 aux années 1990, depuis au contraire ils n'ont cessé de se réduire. Est-ce à dire alors que la mondialisation est en train de permettre le développement des PED ? La réponse n'est pas simple. D'un côté, les PED constituent une catégorie extrêmement diverse et variée qui regroupe des pays au poids démographique, économiques et aux atouts très hétérogènes. De telle sorte que l'impact de la mondialisation sur ces pays varie notablement d'un pays à l'autre. D'un autre côté, si la mondialisation peut ouvrir de nouvelles opportunités de développement économique, elle peut dans le même mouvement créer des inégalités, de nouvelles vulnérabilités, voire bloquer certains PED dans le « piège des pays à revenu intermédiaire ». Le risque pour nombre d'entre eux aujourd'hui serait d'être devenus trop riches pour jouer d'un avantage comparatif en termes de coût de main-d'œuvre, mais encore trop pauvres pour vraiment instaurer une économie de la connaissance et une société de consommation. Dans ces conditions, les PED profitent-ils réellement de la mondialisation ? Est-elle un facteur de réel développement, d'amélioration continue des conditions de vie de leur population ? Ou bien au contraire ne peut-elle également apparaître comme une nouvelle entrave à ce développement ?

De toute évidence, la mondialisation a permis le développement économique et social de nombre de PED (1), mais aujourd'hui elle leur pose aussi de nouveaux problèmes (2), et finalement, l'impact de la mondialisation sur les PED varie fortement en fonction des stratégies d'insertion qu'ils ont adoptées depuis les années 1980-1990 (3).

Problématique : La mondialisation est-elle un facteur de développement des PED ? Ou au contraire l'entrave-t-elle ?

I. La mondialisation a permis le développement économique et social de nombre de PED...

A. La Décomposition Internationale du Processus Productif et ses effets (croissance des IDE, exportations, industrialisation, hausse de la consommation intérieure) : une source de développement économique pour nombre de PED.

B. La hausse de la demande en matières premières et en produits agricoles : une seconde source d'enrichissement pour nombre de PED.

C. L'enrichissement par la mondialisation : un facteur de nouvelle politique sociale de redistribution (Bolsa Familia au Brésil), de réduction de la pauvreté, du mal-développement et des inégalités mondiales par l'investissement dans de nouveaux services et dans des infrastructures performantes.

II. ... mais cette mondialisation leur pose aussi de nouveaux problèmes...

A. De nouvelles dépendances qui peuvent être source de nouvelles crises (commerciales, financières, politiques).

B. Une vulnérabilité économique et sociale croissante (fluctuation des prix, impact sur l'accessibilité à l'alimentation, sur l'agriculture vivrière, sur les espaces urbains).

C. Des sociétés fragilisées par la montée des inégalités socio-spatiales.

D. La possible « trappe des pays à revenus intermédiaires ».

III. ... Finalement, l'impact de la mondialisation sur les PED varie en fonction des stratégies adoptées

A. Des PED ayant connu un développement industriel et commercial spectaculaire grâce à la mondialisation (notamment la Chine), ce qui n'est pas sans poser de nouveaux problèmes (pollutions, inégalités, vieillissement précoce, marché intérieur...).

B. La croissance vulnérable des exportateurs de matières premières (la malédiction des matières premières et ses rares exceptions).

C. Les PMA : des victimes persistantes de la mondialisation ? (PMA, des pays fragilisés par les Plans d'Ajustements Structurel à répétition, une instabilité structurelle, une ouverture économique trop brutale, et parfois les effets de la mondialisation criminelle.

Avec croquis couleurs (→ voir cahier central)

19 La mondialisation en France

Ce sujet ne porte pas sur la place de la France dans la mondialisation, mais sur le problème inverse, la place de la mondialisation en France.

1. La question invite donc à réfléchir exclusivement aux effets de la mondialisation sur la France, c'est-à-dire tout à la fois sur le territoire, la société, l'économie ou l'État français. Ce qui revient à poser comme problématique : la mondialisation, conduit-elle à un affaiblissement de la France ? Ou notre pays parvient à s'adapter à ses effets ?
2. La réponse à un tel sujet implique de nombreuses variables notamment sociales et géographiques. L'impact de la mondialisation n'est pas le même sur tous les territoires ou toutes les catégories sociales. Et c'est bien cette variabilité qui invite à construire une réponse nuancée et qui joue des angles comme des échelles d'analyse.
3. En définitive, cette complexité de la réponse (qui justifie la dissertation, c'est-à-dire la discussion) donne lieu à un croquis dont le but est justement de donner à voir cette variabilité.

Introduction

La dernière élection présidentielle française a mis au cœur du débat la question des effets de la mondialisation en France. La fermeture annoncée de l'usine Whirlpool d'Amiens, cette multinationale américaine implantée en France qui souhaitait délocaliser son activité en Pologne, devenait le symbole de la défiance assez grande des Français vis-à-vis de la mondialisation[1]. Pourtant, en 2017, la France a aussi été classée parmi les trois pays d'Europe les plus attractifs aux IDE à l'origine de près de 30 000 nouveaux emplois directs. Dès lors, quel est le réel impact de mondialisation en France ?

La France est devenue un grand pays industriel avec les Trente Glorieuses. C'est durant cette période que l'industrie a constitué le cœur de l'économie nationale et que les grandes entreprises françaises soumises à une concurrence maitrisée par le marché commun (CEE) ont su s'imposer. Pourtant, à partir de la crise de 1973 et avec les effets croissants de l'ouverture, l'économie française a été grandement déstabilisée : ses taux de croissance se sont régulièrement réduits (jusqu'à même devenir quasiment nuls avec la crise de 2008), le chômage est toujours resté relativement élevé oscillant depuis les années 1980 entre 7 % et 12 %, des pans entiers de son industrie ont disparu ou presque (mines, sidérurgie, constructions navales...). Si les raisons de telles difficultés économiques sont multiples et de surcroît guère spécifiques à ce vieux pays industriel, il n'en demeure pas moins que la mondialisation y a joué un rôle notable. L'ouverture économique aux marchandises comme aux capitaux, portée par une révolution technologique des communications et des transports dans un contexte de libéralisation mondiale attise la concurrence et met incontestablement en difficulté une certaine France. Certains pans de la société, certains territoires périphériques, certains secteurs fragiles souffrent sans conteste des effets de la mondialisation comme l'ont, entre autres, montré Laurent Davezies[2] ou Christophe Guilluy[3]. Est-ce à dire pour autant que la mondialisation produit des effets exclusivement déstabilisateurs ? La France serait-elle alors une perdante de la mondialisation ? Ou bien la mondialisation produit-elle en France des dynamiques bénéfiques à sa société comme à son économie ? Au bilan la France n'est-elle pas plutôt une gagnante de la mondialisation ?

Problématique : Quels sont les effets de la mondialisation en France ? La France, c'est-à-dire son économie, sa société, son territoire, est-elle déstabilisée par les transformations induites par la mondialisation ? Ou bien, au contraire, est-elle une nation gagnante de la mondialisation ?

1. Un sondage Odoxa de février 2017 révélait que 74 % des personnes interrogées est plutôt ou très hostile à la mondialisation.
2. Laurent Davezies, *Le Nouvel égoïsme territorial*, Seuil, 2015.
3. Christophe Guilluy, *La France périphérique. Comment on a sacrifié les classes populaires,* Champs Flammarion, 2015.

Quand on aborde une question aussi sensible, il est bien difficile (même si cela doit rester un idéal) de rester neutre et impartial. D'une certaine manière, si vous posez la question des effets de la mondialisation sous l'angle du plus ou moins grand bénéfice qu'elle apporte la France, votre réponse ne peut qu'être orientée en partie. Mais en partie seulement. Car, une dissertation n'est pas un tract politique. La pire des erreurs serait de construire une démonstration univoque, sans nuances. Le propre de ce type d'exercice est justement d'être capable à la fois de tenir un certain de point de vue et à la fois de savoir nuancer et tenir compte de l'immense complexité des sujets abordés. Pour autant, vous pouvez tout à fait exposer un point de vue si, et seulement si, vous le faîtes avec suffisamment de finesse, de distance et de précision.

Plan pro-mondialisation

I. Si la mondialisation a bien sûr fragilisé certains pans de l'économie, du territoire et de la société française…

A. **La mondialisation, facteur de crise**, pour nombre de secteurs économiques (mines, industries lourdes, textiles, même de façon plus relative l'automobile ou l'électroménager) et de déficit commercial (avec l'Allemagne et la Chine entre autres).

B. **La mondialisation : facteur de chômage ?** : Poids de la mondialisation dans la destruction d'emplois industriels et « nomades » selon la classification de Pierre-Noël Giraud[1].

C. **La mondialisation : une remise en cause du modèle social et politique français** : la concurrence internationale pèse sur le système fiscal et de cotisation sociale qui alourdit le coût du travail et déstabilise le « modèle social français ». C'est également un facteur de polarisation politique entre les pro- et les anti-mondialisation.

D. **La mondialisation : facteur d'accroissement des inégalités socio-spatiales** : reprendre les travaux précédemment cités.

II. … la France dispose néanmoins d'importants atouts qui lui ont permis non seulement de s'adapter mais également de tirer profit de la mondialisation…

A. **Des atouts économiques dans la mondialisation** : agriculture, aéronautique, luxe, nouvelles technologies, tourisme.

B. **Des atouts humains** : services, qualifications, savoirs-faire, qualité de vie, image.

C. **Des atouts territoriaux et politiques** : infrastructures, gouvernance, intégration européenne.

1. Pierre Noël Giraud, *Les Globalisations. Émergence et fragmentations*, Sciences Humaines Éditions, 2018.

III. ... si bien que finalement la France est plutôt un pays gagnant de la mondialisation

A. **De grandes métropoles dynamiques et bien insérées dans la mondialisation** : centralité parisienne, importance des 12 aires métropolitaines dynamiques et insérées dans les réseaux européens, dynamismes du Grand Ouest et du Sud.

B. **De grandes entreprises mondialisées, exportatrices et performantes** : de Airbus à Ariane Espace, de Total à l'Oréal ou Vinci ou Veolia, ou Carrefour et Casino… etc.

C. **Une société et un territoire ouverts et enrichis par la mondialisation** : IDE, tourisme, hausse du pouvoir d'achat.

Plan anti-mondialisation

I. Même si certains pans de l'économie, du territoire ou de la société française peuvent tirer quelque profit de la mondialisation...

A. La mondialisation en France : un bénéfice pour les grandes villes.

B. La mondialisation en France : un bénéfice pour les grandes entreprises.

C. La mondialisation en France : un bénéfice pour quelques secteurs.

D. La mondialisation en France : un bénéfice pour les classes déjà favorisées.

II. ... dans l'ensemble la mondialisation tend à fracturer le territoire comme la société française...

A. La mondialisation : facteur de désindustrialisation et de crise.

B. La mondialisation : facteur de chômage de masse.

C. La mondialisation : une remise en cause du modèle social et politique français.

D. La mondialisation : facteur d'accroissement des inégalités socio-spatiales.

III. ... si bien que du fait de la mondialisation, la France semble fragilisée

A. Une économie en stagnation et déficitaire dans une Europe en crise.

B. Des entreprises du XXe siècle, mal positionnées dans la nouvelle économie mondialisée.

C. Une société en crise.

Plan (plus) neutre

I. La France : un pays recomposé par la mondialisation

A. Une France désindustrialisée et tertiarisée.

B. Une France métropolisée.

C. Une France polarisée socialement et territorialement (voire politiquement).

II. La France : un pays dynamisé par la mondialisation

A. Un pays attractif aux investissements et à la main-d'œuvre qualifiée grâce à ses atouts.

B. Des secteurs en croissance grâce à la mondialisation.

C. De grandes entreprises compétitives grâce à la mondialisation.

III. La France : un pays déstabilisé et fracturé par la mondialisation

A. La mondialisation : facteur de crise économique et de déficit commercial pour la France.

B. La mondialisation : facteur d'un malaise identitaire, social et politique à l'échelle nationale.

C. La France qui gagne, la France qui perd à l'échelle régionale.

D. La France qui gagne, la France qui perd à l'échelle locale.

20 La France peut-elle encore prétendre à la puissance ?

Cette question fermée n'est pas trop compliquée à saisir si on la décrypte convenablement. Car il ne s'agit pas uniquement d'un sujet sur la nature de la puissance française. Il s'agit aussi de réfléchir à sa prétention à la puissance, autrement dit à son désir de puissance, à ses ambitions.

1. La question est donc de mesurer les capacités de la France à l'aune de ses ambitions. Savoir si elle peut ou non prétendre à la puissance suppose d'abord de définir ses prétentions avant que de dire si elle a les moyens de les satisfaire.
2. Mais la question est aussi de savoir si elle le peut « encore », c'est-à-dire par rapport à son passé. Car le sujet induit implicitement l'idée que la France pouvait avant (mais quel avant ?) y prétendre, mais que, peut-être, aujourd'hui elle ne le peut plus. Autrement dit, il s'agit aussi de mettre en perspective historique aussi bien ses ambitions que ses moyens, d'y réfléchir dans le contexte actuel de la mondialisation et du basculement du monde.

Introduction

« L'Afrique est le seul continent qui soit encore à la mesure de la France, à la portée de ses moyens. Le seul où elle peut encore, avec cinq cents hommes, changer le cours de l'Histoire », expliquait l'ancien ministre des affaires étrangères, Louis de Guiringaud en 1976, soulignant ainsi l'ambivalence du rapport de la France à la puissance. Car d'un côté, elle prétend compter dans le monde et être en mesure de pouvoir encore « changer le cours de l'Histoire ». Mais d'un autre côté, cette prétention semble dépasser les moyens réels dont elle dispose (à part donc en Afrique). Ainsi, la France peut-elle encore prétendre à la puissance ?

Au-delà de savoir si elle le peut encore, il apparaît évident que la France veut toujours faire partie du club des puissances de rang mondial. Cette prétention repose avant tout sur son passé qui a fait d'elle, depuis le Moyen Âge, une grande puissance européenne, et par voie de conséquence mondiale à l'heure de l'hégémonie européenne sur le monde (XVIe-XXe). Puissance conquérante, militaire et coloniale, à la pointe de l'industrialisation et des technologies modernes au début du XXe siècle, mais également nation messianique qui désire porter et défendre un modèle politique universel (héritage de la Révolution), la France a bien été une grande puissance. Or, cette aspiration à la puissance, qui reposait au moins jusqu'à la Première guerre mondiale sur des moyens indéniables et conséquents, semble depuis s'effriter face à la réalité de son affaiblissement relatif. Au XXe siècle, la défaite de 1940, les guerres coloniales et la guerre froide ont relégué la France dans la catégorie des puissances de second rang, loin derrière l'URSS ou les États-Unis. Et plus encore, en ce début du XXIe siècle, l'affirmation de nouvelles puissances continentales (Chine, Inde, Brésil, Russie) qui semblent tirer pleinement profit de la mondialisation, au même titre d'ailleurs que la persistance de la prépondérance américaine, semblent confirmer ce déclassement français. Pourtant, la France ne semble guère vouloir faire le deuil de sa puissance passée : elle prétend toujours « n'être elle-même qu'au premier rang » comme le rêvait déjà le général de Gaulle dans les années 1950. Les interventions récentes en Libye, au Mali, en Syrie, le rôle actuel joué par Emmanuel Macron qui tente de placer la France au cœur des grands enjeux mondiaux en témoignent : la France prétend encore à la puissance, c'est-à-dire à une certaine capacité d'influencer et d'agir sur le monde pour y défendre ses intérêts, ses valeurs et sa vision. Mais en a-t-elle encore les moyens ? Autrement dit, cette prétention de la France à la puissance repose-t-elle sur des capacités tangibles d'affirmation et d'influence dans le monde ? Ou bien cette prétention n'est-elle qu'une illusion trompeuse qui masque les fragilités d'un État devenu impuissant ?

De fait, si la France prétend encore à la puissance du fait de son positionnement singulier au sein des puissances européennes et occidentales (1), c'est parce qu'elle conserve des moyens et des atouts lui permettant de peser encore sur le devenir du monde actuel (2). Néanmoins, cette prétention persistante bute de plus en plus sur des difficultés d'adaptation aux évolutions du monde qui sont autant de freins à la réalisation pleine et entière de ses ambitions (3).

Problématique : La prétention de la France à la puissance repose-t-elle sur des moyens réels d'affirmation et d'influence dans le monde actuel ? Ou bien cette prétention n'est-elle qu'un rêve qui masque les fragilités d'un État devenu impuissant ?

I. La France prétend encore à la puissance (ou les ambitions d'une « grande puissance moyenne »)

A. La volonté d'être une puissance occidentale singulière

Pour le Général de Gaulle, après la défaite de 1940, l'émergence de deux superpuissances et la fin de l'Empire, la seule façon pour la France de rester une grande puissance, c'est-à-dire de peser dans le monde post-colonial, c'était de jouer la carte de l'indépendance stratégique tout en restant dans le camp occidental. Ce positionnement de la France comme une puissance occidentale, certes, mais différente, singulière, de Gaulle l'a cultivée notamment en se rapprochant du Tiers-Monde (dans une commune défense des souverainetés nationales) ou en dialoguant avec l'est (l'URSS comme les démocraties populaires et même la Chine reconnue en 1964). Pourtant, il n'a jamais manqué de marquer son attachement au camp occidental dans les moments de crise comme dès 1958 avec la seconde crise de Berlin ou en 1962 lors de celle des missiles de Cuba. Cette voix atypique, ses successeurs l'ont poursuivie (avec plus ou moins de constance), notamment François Mitterrand à tel point qu'on a ensuite forgé le concept de « gaullo-mitterandisme » pour qualifier cette stratégie française. Aujourd'hui, dans le monde globalisé de l'après-guerre froide, où de multiples puissances régionales continentales émergent, Emmanuel Macron, par sa volonté de parler à tous les interlocuteurs, semble poursuivre cette stratégie d'indépendance sur la scène mondiale. Elle permet à la France, malgré son affaiblissement relatif, de se poser comme un intermédiaire entre le monde occidental et les autres, de jouer les médiateurs mécaniquement au centre des relations internationales.

B. La défense de la multipolarité critique et médiatrice

Cette prétention française à l'indépendance stratégique, fondement de son aspiration à la puissance, explique le multilatéralisme critique de la France. Multilatérale, la France l'est par raison et par nécessité. Compte tenu de ses moyens, elle ne pourrait se permettre d'être unilatérale ; elle a d'ailleurs cessé, face à la concurrence croissante des autres puissances, de l'être en Afrique. Mais cette défense du multilatéralisme est aussi une façon de promouvoir les institutions internationales (notamment l'ONU où elle occupe une place majeure) comme de jouer un rôle diplomatique de rang mondial malgré sa relative petitesse (surtout démographique). Son action durant la COP 21 ou les négociations ayant abouti en juillet 2015 à l'accord sur le nucléaire iranien, ou bien encore son rôle de médiateur engagé entre le G5 Sahel, l'Union Européenne et les Américains illustrent ce rôle mondial de la France. D'ailleurs, pour que ce positionnement de puissance occidentale différente soit efficient, la France, depuis de Gaulle, a régulièrement pris ses distances avec la puissance dominante de ce camp : les États-Unis. Depuis le discours de Phnom Penh (1964) et la sortie de l'OTAN en 1966 (et malgré sa réintégration en 2009) jusqu'au discours de Dominique de Villepin à l'ONU en 2003 ou l'actuel relation de désaccord plus ou moins amical entre Donald Trump et Emmanuel Macron, la France a cultivé sa relation aux États-Unis en tant « qu'ami, allié mais non aligné ». Cette relation critique aux États-Unis permet à la France d'apparaître comme un partenaire occidental (certes moins puisant) de substitution à un allié américain parfois encombrant. La RFA durant la guerre froide comme l'Arabie Saoudite ou les émirats du Golfe aujourd'hui se sont rapprochés de la puissance militaire et nucléaire française pour obtenir une forme de réassurance peu coûteuse pour leur sécurité. Cette position médiane permet ainsi à la France de compenser ses relatives faiblesses stratégiques par un surcroît d'influence.

C. Une prétention à demeurer une puissance interventionniste et responsable

Mais la prétention française à la puissance ne repose pas uniquement sur un positionnement diplomatique. Il s'incarne aussi dans des interventions qui perpétuent cette vocation mondiale de la France. Depuis la fin de la guerre froide, la France a multiplié ses interventions militaires dans le monde. Des années 1990 aux années 2010, elle s'est impliquée dans les Balkans, au Liban, en Côte d'Ivoire ou au Rwanda. Depuis, elle poursuit cette politique interventionniste en Afrique et au Moyen-Orient : contre Kadhafi en 2011, contre AQMI au Mali (opération Serval) en 2013, en Centrafrique en 2014, dans tout le Sahel depuis 2014 (opération Barkhane), en Irak et en Syrie depuis 2015 (opération Chammal). Sollicitée au maximum de ses capacités, l'armée française en se déployant massivement à l'extérieur des frontières nationales constitue l'outil de prédilection d'affirmation du rôle mondial de la France. Cet interventionnisme repose sur la volonté française d'apparaître comme une puissance responsable et exemplaire. Prendre sa part dans la lutte contre le terrorisme (Mali, Syrie), protéger les populations civiles (Libye, Centrafrique), soutenir les États en difficulté (G5 Sahel), le tout dans le respect du droit international défini par le cadre onusien, telles sont les maximes de cet interventionnisme français.

II. La France possède des moyens qui soutiennent encore cette prétention (ou les atouts d'une « grande puissance moyenne »)

A. Une puissance économique et technologique indéniable

Cinquième puissance économique mondiale, la France dispose encore d'atouts économiques indéniables. Elle dispose de nombreuses FTN mondialisées : en 2015, sur les 500 premières FTN du monde, la France se classaient 4e mondiale en nombre de FTN devant le Royaume-Uni et l'Allemagne avec 31 classées. Celle-ci sont très puissantes dans certains secteurs clés et en expansion : l'agroalimentaire, l'énergie, le luxe, la distribution, la banque et l'assurance. Dans ces secteurs, la France dispose de savoir-faire qui explique sa capacité à exporter : la recherche aéronautique et aérospatiale (Airbus, Ariane Group, Safran), la qualité et la diversité de son industrie agroalimentaire, son savoir-faire technologique en matière énergétique (Total, Orano, ancien nom d'Areva), logistique ou d'équipement urbain (Veolia). Dans un monde où les nouvelles classes moyennes urbaines des pays émergents ont toujours plus besoin d'infrastructures urbaines, énergétiques et de transports, qu'elles consomment toujours plus de biens alimentaires complexes et de qualités comme de produits de luxe, le monde offre de formidables opportunités à la puissance économique française. Mais c'est aussi le territoire français qui est attractif. La qualité des infrastructures, la qualité de vie et le niveau de qualification d'une population toujours en croissance, le niveau de protection sociale, l'importance de sa R&D, sa productivité et même parfois son système fiscal (crédit-impôt-recherche) font de la France une des premières destinations mondiales des IDE (3e européen en 2017).

B. Des atouts diplomatiques et militaires qui comptent encore

La prétention française à la puissance s'appuie aussi sur des moyens militaires et diplomatiques conséquents. Membre permanent de Conseil de Sécurité, la France est une des cinq puissances incontournables du système international. C'est cette place qui légitime son rôle mondial autant qu'en retour son activisme diplomatique justifie sa place. Plus encore, 2e réseau diplomatique mondial, la France a aussi tenté de bâtir son influence sur la Francophonie, en cultivant des liens de proximité avec plusieurs de ses anciennes colonies, en particulier d'Afrique de l'Ouest. C'est d'ailleurs dans cet espace que son potentiel militaire compte le plus. Avec 57,8 milliards de $ de dépenses militaires en 2017, la France est le 6e budget de la défense au monde et le 1er en Europe. De ce fait, la France est un des rares pays ayant développé toute la gamme des outils militaires : une marine complète dont la pièce maitresse est le porte-avion nucléaire Charles de Gaulle, 300 appareils de combat Rafale, des hélicoptères (Tigre, NH90), des chars et véhicules blindés modernes ainsi qu'une capacité de projection de près de 10.000 hommes. De surcroît, ces capacités militaires s'appuient sur une industrie militaire exportatrice, autre pilier de la stratégie d'autonomie stratégique française

(Nexter, Airbus Group, Dassault aviation, Naval Group). De même, puissance nucléaire reconnue, la France possède une dissuasion autonome grâce à ses 4 SNLE (Sous-marin Nucléaire Lanceur d'Engins) et à ses forces aériennes stratégiques. Enfin, ce potentiel miliaire s'appuie sur un dispositif de bases mondiales via ses territoires outre-mer (Antilles, Guyane, Réunion, Nouvelle Calédonie et Polynésie française) et à l'étranger (Dakar, Abidjan, Libreville, Djibouti et Doha). Il faut y ajouter les forces présentes à l'étranger en opération au Sahel, au Liban, en Syrie et en Irak. Par ces moyens diplomatiques et militaires, la France peut encore incontestablement prétendre à la puissance.

C. Un soft power cultivé

Mais par-delà ce « hard power », c'est aussi par le soft power, par l'image que la France a dans le monde, que son influence peut s'exercer. Car aussi petite soit-elle, la France représente un acteur majeur pour nombre de pays du monde. Sa culture, son histoire, son patrimoine sont connus du monde entier (même si parfois de façon caricaturale) et alimente la prospérité de son tourisme (Paris est la 1re destination touristique mondiale en 2017). Plus avant, elle met en œuvre une diplomatie culturelle (via les Instituts et les Alliances françaises) autant qu'elle tente de promouvoir les médias français et/ou francophones : RFI, France 24, TV5 Monde, AFP… L'industrie culturelle française s'exporte bien : 3e producteur et 2e exportateur mondial de cinéma, 3e producteur mondial de jeux vidéo (avec notamment Ubisoft), 4e marché de l'art au monde, Paris est une des capitales mondiales tout à la fois de la mode, de l'art, du luxe et de la gastronomie. Dans un monde dominé par la culture anglo-saxonne, ce rayonnement français constitue un subtil moyen d'influence qui permet à la France de porter ses valeurs. Car, le France joue aussi de son image de « pays des droits de l'Homme », de la Révolution qui souhaite défendre la liberté et la démocratie dans le monde, qui est porteuse d'un message universel.

III. Mais, la France est pourtant confrontée à de nombreuses difficultés qui limitent et fragilisent ces prétentions (ou les limites d'une « grande puissance moyenne »)

A. La difficile adaptation à la mondialisation : désindustrialisation, dépendance et fragilités économiques

Il est indéniable cependant que la France depuis les années 1980 subit de multiples difficultés qui affaiblissent ses moyens comme son influence dans le monde. Son potentiel industriel est en difficulté dans la mondialisation. La désindustrialisation, que tous les pays industriels ont connue, a pourtant été plus prononcée en France qu'ailleurs. Alors qu'en 1980 l'industrie représentait 29 % du PIB et elle ne produit plus que 12 % des richesses en 2014. Entre ces deux dates, la

France a perdu près de 4 millions d'emplois industriels. En outre, dans un pays encore en croissance démographique, on peine à créer suffisamment d'emplois pour les nouvelles générations. En moyenne depuis les années 1980, le chômage oscille entre 7 % et 12 % et celui des jeunes reste constamment élevé (entre 15 % et 25 %). La société française est de ce fait de plus en plus fracturée entre les nombreux gagnants de la mondialisation (individus qualifiés, classes urbaines aisées, secteurs et entreprises en croissance) et ceux qui ont plus de mal à s'y adapter (les moins qualifiés, les zones sensibles de certaines périphéries urbaines, les zones rurales, les villes moyennes). En outre, avec la mondialisation, la France est devenue de plus en plus dépendante de ses importations en énergie comme en biens manufacturés. Aucune entreprise française ou étrangère ne produit sur le sol national des biens électroniques et les géants du numérique ne sont pas français (ni européens d'ailleurs). Depuis les années 2000, le déficit commercial s'accroît aussi bien vis-à-vis du reste du monde (et en particulier avec la Chine, près de 35 milliards d'euros en 2017) que de ses voisins (Allemagne en tête). La compétitivité française stagne voire régresse et la qualité comme le prix de nombreux produits français posent problème.

B. Des moyens étatiques amoindris par la crise et la mondialisation

En outre, les difficultés budgétaires de la France font peser un lourd fardeau à sa prétention à maintenir son rang. En effet, dans le cadre de la mondialisation, les finances publiques se dégradent : d'un côté la pression fiscale et les cotisations sociales, propres au modèle social français, ont tendance à être réduites au nom de la compétitivité des entreprises et de la lourdeur du coût du travail. De l'autre, les dépenses publiques importantes fondent une partie de l'attractivité française (qualité de vie, infrastructures, recherches, universités, protection sociale mais aussi dépenses militaires, diplomatie culturelle…). Entre les deux, la dette publique s'accroît (98 % du PIB en 2017 contre 58 % en 2000) à mesure que la France a du mal à sortir de la crise de 2008 et d'une croissance longtemps atone. Ces difficultés budgétaires, conséquences de difficultés économiques en partie liées à la mondialisation, expliquent les faiblesses de la France sur le plan extérieur. D'une part, vis-à-vis de ses partenaires européens qui exigent le respect des équilibres budgétaires, la France peut apparaître comme arrogante et peu crédible (reproche fréquent pour un pays qui prétend jouer un rôle parfois au-dessus de ses moyens réels). De l'autre, la contrainte budgétaire l'oblige à revoir à la baisse ses prétentions notamment militaires : l'absence de 2e porte-avion nucléaire limite ses capacités de projection alors que par ailleurs son armée est aujourd'hui tellement mobilisée qu'elle vit au-dessus de ses moyens.

C. Un petit pays d'Europe qui peut de moins en moins rivaliser avec les grandes puissances continentales installées ou émergentes

Donc la prétention de la France à la puissance semble de plus en plus limitée par l'évolution de son économie comme de ses capacités militaires. Or, dans le même temps d'autres puissances, au potentiel démographique et économique bien plus important que le sien, s'affirment sur la scène mondiale, la concurrencent de plus en plus et limitent par conséquent son ambition. Rien qu'en Europe, depuis la fin de la guerre froide, le centre de gravité a basculé vers une Allemagne réunifiée devenue, avec l'entrée des PECO, le principal pôle d'influence en Europe. Mais c'est aussi le cas dans le monde. Les États-Unis de Bush à Trump en passant par Obama délaissent de plus en plus le vieux continent pour se focaliser sur le Moyen-Orient et plus encore l'Asie. Face à ce basculement américain, la France est en partie marginalisée compte tenu de la faiblesse de son influence vis-à-vis du nouveau cœur du monde centré sur le Pacifique. De fait pour l'Inde et plus encore pour la Chine, la France est un petit pays européen lointain dont l'influence est jugée parfois moindre que celle du Royaume-Uni ou de l'Allemagne. Plus encore, ces nouvelles puissances émergentes concurrencent l'influence française. C'est particulièrement le cas dans le pré carré africain où désormais, les Chinois, les Indiens, mais aussi les Turcs, les Marocains ou les Brésiliens deviennent des partenaires commerciaux plus importants que la France.

Conclusion

Finalement, si la France peut encore prétendre à la puissance dans la mesure où elle souhaite toujours jouer un rôle mondial, c'est parce qu'elle dispose encore d'atouts et de moyens qui le lui permettent. Pour autant, face au basculement actuel du monde, ces mêmes moyens se réduisent et son influence décline si on la compare à celles d'autres puissances ascendantes et dotées d'un tout autre potentiel démographique (qui se comptent en centaines de millions d'habitants et non en dizaines) et surtout économique (du fait de forts taux de croissance). À terme, la France, nation industrielle vieillissante, aura inévitablement plus de mal à toujours prétendre à la puissance.

C'est pourquoi deux avenirs s'offrent peut-être à elle. Ou bien, elle fait son deuil de la puissance comme l'y invite Guillaume Duval dans son livre *La France ne sera jamais plus une grande puissance ? Tant mieux !*[1]. Il y estime que si la France peut rester un pays riche et attractif, elle n'a pas forcément besoin pour bien vivre de toujours chercher à s'imposer face au monde. Ou bien, elle tente de conserver son influence en la transformant dans un cadre européen (ce qui est d'ailleurs l'autre idée défendue par Guillaume Duval) où en associant sa puissance à celle de ses voisins et partenaires, elle peut constituer un puissant pôle européen. N'est-ce pas d'ailleurs ce que la France a toujours cherché à faire depuis la fin de la Seconde Guerre mondiale ?

1. Guillaume Duval, *La France ne sera jamais plus une grande puissance ? Tant mieux !*, La Découverte, 2015.

Avec croquis couleurs (→ voir cahier central)

21 Le monde face aux évolutions démographiques des dernières décennies

Le propre de ce type de sujet est de parvenir à traiter des enjeux dans leur globalité, par rapport à une dynamique effectivement mondiale, alors que la question invite inévitablement à procéder de façon typologique.

1. Car, pour ce qui concerne cette question démographique, les évolutions comme les défis qui en résultent sont tellement différenciés en fonction des pays que la tentation d'un plan exclusivement typologique ou casuel est grande. Pourtant, il faut néanmoins essayer de la traiter aussi dans son ensemble pour donner sens à une réflexion qui impose cette globalité.
2. Évidemment, un tel sujet ne prend de relief que par le croquis qui y est joint et qui invite à souligner aussi bien les évolutions que les enjeux qui s'y rapportent en fonction des régions. Pour bien le réaliser, il est impératif de penser à la légende en parallèle de la construction du plan de la dissertation pour bien coordonner l'un avec l'autre et donner sens à l'exercice.

Longtemps la population mondiale est restée relativement stable. Oscillant entre 400 et 700 millions d'habitants pendant un millénaire, elle a commencé à croître de façon importante à la fin du XVIIIe siècle, pour finalement exploser dans la seconde moitié du XXe siècle. À tel point que dans les années 1960, on craignait qu'à l'orée des années 2000, le monde compte plus de 10 milliards d'habitants (majoritairement dans les pays pauvres) et que le Terre soit irrémédiablement surpeuplée. Or, ce scenario catastrophe n'est pas advenu même si en 2017, on compte tout de même 7,4 milliards d'habitants dans le monde. Pour autant, cette croissance démographique constitue-t-elle un problème pour le monde ?

Depuis les années 1980, le monde est confronté à différentes évolutions démographiques. D'un côté, certains pays (principalement les pays développés mais pas seulement) subissent un ralentissement démographique, voire commencent déjà à décliner à l'image du Japon, de l'Allemagne ou de la Russie. Pour eux, la baisse de la natalité, le vieillissement généralisé et la baisse de la population active constituent des difficultés nouvelles à affronter. De l'autre, nombre de pays principalement du Sud (surtout en Afrique subsaharienne et dans le sous-continent indien) vont poursuivre leur croissance démographique, même s'ils vont le faire à un rythme moindre que ce que l'on imaginait il y a encore 30 ans. Gérer l'augmentation de populations jeunes et actives, parvenir à tous les nourrir, les loger (surtout en ville), leur fournir une formation et un emploi apparaissent comme de gigantesques défis. Aussi, comme les évolutions démographiques sont différenciées en fonction des situations nationales, immanquablement les enjeux le sont aussi. D'ailleurs, dans l'ensemble, ces évolutions (croissance ou stagnation) semblent de facto constituer un risque majeur pour le monde globalisé, d'autant plus que les différentiels de populations et d'âge dans le monde favorisent les dynamiques migratoires, elles-mêmes problématiques. Dans ces conditions, ces évolutions démographiques différenciées sont-elles un risque pour le monde actuel ? Ou bien ne peuvent-elles aussi être considérées parfois comme des opportunités économiques et politiques ?

Si le monde est confronté à de multiples risques produits par les évolutions démographiques récentes **(1)**, ces défis ne sont pourtant pas uniquement source de difficultés **(2)**. En définitive, le risque ou l'opportunité que constituent ces évolutions dépendent grandement des régions concernées **(3)**.

Problématique : Les évolutions démographiques différenciées sont-elles un risque pour le monde actuel ? Ou bien ne peuvent-elles aussi être considérées parfois comme des opportunités économiques et politiques ?

I. Le monde est confronté à de multiples risques produits par les évolutions démographiques récentes

A. **Les risques produits par la croissance démographique et l'urbanisation** : coût de la croissance démographique rapide, impact sociaux et économiques d'une urbanisation rapide et anarchique.

B. **Les risques produits par le vieillissement** : baisse de la population active, coût croissant des dépenses de santé et de retraites, baisse de la productivité.

C. **Les risques issus des migrations** : effets du Brain drain sur les pays en développement et peurs suscitées en retour par l'immigration dans les pays d'accueil du Nord comme du Sud.

II. Mais ces défis ne sont pas source uniquement de difficultés et de risques

A. **Le ralentissement et la transition démographique** : des fenêtres d'opportunité pour le développement (« dividende démographique » dont peuvent profiter les pays qui voit leur natalité baisser au moment où la population reste encore jeune).

B. **Le vieillissement, une source d'enrichissement par la Silver Economy ?** : le vieillissement est aussi source de création de nombreux emplois qualifiés comme peu qualifiés mais aussi d'innovations nombreuses comme le développement rapide des robots au Japon.

C. **Les migrations, une opportunité pour nombre de pays riches** : les migrations peuvent à la fois être perçues comme un risque mais aussi comme une chance pour des pays développés en manque de main-d'œuvre qualifiée et jeune pour faire face à la baisse de la population active.

III. En définitive, le risque ou l'opportunité dépendent grandement des régions du monde concernées

A. **Les difficultés des pays développés face à « l'hiver démographique »** : pour l'Europe et le Japon, tout le problème réside dans la gestion des retraites, l'augmentation de la dépendance et du 4e âge et du financement adéquat de dépenses de santé croissantes dans un contexte où mécaniquement la croissance stagne.

B. **Les problèmes des pays en développement face au vieillissement et au ralentissement démographique** : pour la Chine, la Russie, ou à terme l'Iran c'est de « devenir vieux avant d'être riche ».

C. **Les difficultés à surmonter pour la croissance à venir pour nombre de pays du Sud** : cas en particulier des deux grandes régions en forte croissance démographique et déjà confrontées à des problèmes de développement majeurs, l'Afrique subsaharienne et le sous-continent indien.

Conclusion

La question de savoir si la croissance démographique favorise ou non le développement et la stabilité est donc particulièrement ambivalente. D'un côté, l'ascension démographique des uns et l'hiver démographique des autres créent des risques multiples dont celui des flux migratoires n'est pas des moindres. Mais d'un autre côté, pour les uns comme pour les autres, ces deux dynamiques peuvent être source de nouvelles opportunités pour le développement économique et social des pays pauvres comme des pays riches. Toute la question réside dans les types de politiques qui seront adoptés pour faire face à ces défis.

C'est ce qui pousse l'économiste Pierre Noël Giraud, dans *l'Homme inutile*, à considérer finalement qu'au XXIe siècle on va assister d'abord à un nécessaire rééquilibrage démographique (l'Afrique et le subcontinent indien retrouvant l'étiage que proportionnellement ils avaient avant la rupture des révolutions industrielles) et qu'ensuite (après 2060 probablement) nous entrerons dans l'ère de la décroissance. Cette « révolution anthropologique » qu'il appelle « l'adieu à Malthus » changera alors complètement notre rapport à la nature et aux ressources : il estime qu'au début du XXIIe siècle, la planète de moins en moins peuplée et vieillie aura complètement changé de paradigme économique aussi bien qu'écologique. D'ici là, pourtant, les défis des évolutions démographiques, dans un contexte de changement climatique et de pression sur les ressources, continueront de se poser.

22 Mondialisation et inégalités depuis les années 1960

L'incroyable succès de librairie du livre *Le Capital au XXI*e *siècle* de Thomas Piketty en 2014, aussi bien aux États-Unis qu'en Europe et même en Chine, illustre une réalité globale : la préoccupation grandissante des intellectuels comme des politiques vis-à-vis de la croissance des inégalités dans le monde globalisé. Loin d'être le seul chercheur préoccupé par cette question (mentionnons parmi beaucoup d'autres Anthony Atkinson[1] ou Joseph Stiglitz[2]), Thomas Piketty souligne combien la mondialisation actuelle tend, partout dans le monde mais à des degrés divers, à accroître les inégalités de revenus et de patrimoines. Mais a-t-il raison ? Et pourquoi la mondialisation serait-elle la principale cause de croissance des inégalités ?

L'inégalité est une notion relative et qui varie fortement en fonction de l'échelle à laquelle on l'observe. En longue durée, comme l'a démontré Angus Maddison, ce sont surtout les inégalités internationales, entre pays du monde, qui ont été croissantes. En effet, avec les révolutions industrielles du XIXe siècle, les Européens puis les Américains et les Japonais ont creusé l'écart avec les autres continents, surtout l'Asie, qu'ils se sont mis à dominer. Selon ses calculs, alors que l'écart de revenu moyen entre l'Afrique et l'Europe était de 1 à 4 en 1820, il était de 1 à 35 en 1980. Depuis, tous les chercheurs s'accordent à dire que cette inégalité mondiale tend à se réduire. Autrement dit, la situation change depuis que la mondialisation produit pleinement ses effets. Et si l'ouverture progressive des années 1960 aggravait les inégalités entre Nord et Sud, depuis les années 1990, la croissance et le développement (tant désirés tout au long du XXe siècle) des pays du Sud comblent le différentiel de niveau de vie avec le Nord. Pourtant, au sein des pays, les inégalités sociales (entre riches et pauvres) mais également spatiales (entre territoires) explosent, engendrant des phénomènes de concentration des richesses dans tous les pays, elle-même à l'origine d'inquiétudes croissantes. En particulier dans les pays du Nord, on craint la disparition des classes moyennes, ces

1. Anthony Atkinson, *Inégalités*, Points économie, 2017.
2. Joseph Stiglitz, *Le prix de l'inégalité*, Babel, 2014.

classes majoritaires devenues, au cours des Trente Glorieuses, le cœur économique et politique du fonctionnement des démocraties libérales. À tel point, que les équilibres socio-politiques semblent se rompre sous le poids des fractures croissantes : la montée actuelle des populismes (du Brexit à Trump en passant par les néo-nationalismes européens) peut, en partie, être interprétée comme un symptôme de cette angoisse du lendemain qui frappe les catégories intermédiaires et populaires face aux effets de la mondialisation. Alors qu'en est-il vraiment ? Les inégalités mondiales sont-elles enfin en train de se réduire grâce à la mondialisation (mettant fin à une coupure Nord-Sud devenue obsolète) ? Ou bien, la mondialisation est-elle un processus d'accroissement des inégalités, de fragmentation croissante des sociétés ? Tout dépend de l'échelle et de l'époque à laquelle on observe la dynamique des inégalités.

Si des années 1960 jusqu'aux années 1990, la mondialisation naissante a plutôt eu tendance à renforcer les inégalités à l'échelle mondiale comme nationale (1), en revanche depuis les années 2000, parce qu'elle favorise l'enrichissement de nombre de pays du Sud, les écarts mondiaux se réduisent (2). Pour autant, ce sont désormais les inégalités socio-spatiales (évaluées à l'échelle globale comme nationale ou locale) qui tendent à se creuser de façon importante (3).

Problématique : Les inégalités mondiales ont-elles été réduites par l'ouverture économique croissante depuis les 1960 ? Ou bien au contraire ce processus d'interdépendance accroît-il les inégalités sociales autant que spatiales ?

I. L'internationalisation (des années 1960 aux années 1990) a été un facteur d'accroissement des inégalités entre États mais de plus grande égalité intra-étatique

A. L'internationalisation : un échange commercial inégal, poursuite des liens coloniaux, qui accroît les écarts entre pays développés et Tiers-Monde

Une fois les décolonisations achevées, nombre de pays du Tiers-Monde ont adopté des stratégies de développement par promotion des exportations de matières premières ou de produits agricoles, à l'instar de nombreux pays arabes, d'Amérique latine ou d'Afrique. Cette orientation les a conduits à poursuivre les relations inégalitaires du commerce colonial avec les pays industrialisés, où les termes de l'échange tournent largement en faveur des pays développés. Dès lors, au moment même où les pays riches connaissent les Trente Glorieuses et accélèrent leur avance industrielle et technologique, les pays du Sud s'enrichissent certes mais moins vite et sans pouvoir rattraper leur retard de niveau de vie vis-à-vis des Nord. Un pays comme la Côte d'Ivoire, pourtant entré dans « un miracle » à partir des années

1960, a vu son PIB/habitant être multiplié par 4 entre 1963 et 1979. Durant la même période, la France pourtant déjà dix fois plus riche, voyait son PIB/habitant être multiplié par 6. L'écart entre la Côte d'Ivoire et la France s'est donc largement creusé des années 1960 aux années 1980. Dans les années 1980, face à la crise de la dette, les inégalités internationales se sont encore davantage aggravées.

B. L'internationalisation : un échange financier inégal qui profite aux pays riches aux dépens de pays pauvres qui ne sortent alors guère de la pauvreté

Des années 1960 aux années 1990, un système financier international s'est développé au profit des Nord et, finalement, au désavantage des Sud. Ayant besoin de financement important pour développer leurs infrastructures lacunaires, nombre de pays du Tiers-Monde se sont endettés auprès des acteurs financiers du Nord. Profitant de leurs revenus d'exportations de matières premières ou agricoles brutes, ils ont accru leur dette obligataire vis-à-vis de banques du Nord confiantes dans leur capacité de remboursement. Plus encore, après 1973 leur endettement s'est emballé sous l'effet d'une part du recyclage par les banques occidentales des pétrodollars qui ont fait augmenter la masse de liquidités disponible et baisser les taux d'intérêts et de l'autre de la hausse des prix des exportations de matières premières qui leur ont permis d'emprunter davantage. L'internationalisation croissante du système financier a donc favorisé la croissance des dettes publiques de très nombreux pays du Sud durant les années 1970 et 1980. Avec le retournement de la conjoncture et l'envol des taux d'intérêts résultant de la politique monétaire de la réserve fédérale à partir de 1979, de très nombreux pays pauvres, en défaut de paiement, ont dû appliquer des plans d'ajustement structurel. Par ces politiques d'austérité budgétaire et d'ouverture forcée, l'Afrique subsaharienne (-1,2 % par an dans les années 1980 et 1990) comme l'Amérique Latine (+1 % seulement par an en moyenne dans les années 1980) sont entrés en stagnation ou en récession. Résultat : l'écart entre Nord et Sud s'est encore davantage creusé durant cette période où les pays pauvres ont dû faire des efforts budgétaires pour rembourser les pays riches des emprunts contractés.

C. L'internationalisation : le système des Trente Glorieuses à l'origine d'une réduction des inégalités sociales au sein des pays développés (le système fordo-keynésien)

Le creusement des inégalités Nord-Sud entre 1960 et 1990 s'est accompagné pourtant d'une réduction des inégalités internes durant cette même période, principalement dans les pays du Nord. La mise en place de régimes socialistes en Europe de l'Est mais aussi parfois dans certains pays du Tiers-Monde (comme la Chine) et plus encore la mise en place d'État-Providence dans nombre de pays riches a permis de réduire les écarts internes entre riches et pauvres. Les transferts sociaux, les systèmes fiscaux progressifs (le taux marginal d'imposition a été de 75 % aux États-Unis jusqu'en 1980) et redistributifs, mais aussi les gains de productivité qui se sont transformés en gains de pouvoir d'achat. Bref, le système fordo-keynésien a fait naître en Europe, aux États-Unis, au Japon des sociétés aux moindre inégalités. La distribution des revenus comme le partage de la valeur ajoutée ont été favorables aux classes moyennes. Cette moyennisation des sociétés a réduit les taux de pauvreté autant qu'elle a limité la croissance des patrimoines et des revenus des plus riches. Les sociétés occidentales sont donc devenues plus égalitaires, y compris la société américaine où l'indice de Gini est passé de 0.42 en 1950 à 0.37 (son point le plus bas) en 1979.

II. Inversement la mondialisation, qui s'accélère depuis les années 1990, a permis de fortement réduire les inégalités internationales...

A. La mondialisation, un processus qui réduit les écarts entre Nord et Sud (1) : la croissance forte des pays du Sud

Si à partir des années 1990, les inégalités internationales se réduisent, c'est d'abord que le différentiel de croissance entre Nord et Sud se creuse au profit des pays émergents. À partir des années 1990, la décomposition internationale du processus productif corrélée à l'envol des exportations des Nouveaux Pays Industriels (NPI) accélère la croissance de nombreux du Sud, surtout d'Asie : après les 4 dragons, l'entrées des Tigres (Malaisie, Vietnam, Indonésie, Philippines) et surtout de la Chine puis de l'Inde dans une période de croissance de longue durée (supérieures à 5 % par an et même 10 % pour la Chine) a pour corollaire une forte croissance des revenus par habitant de ces pays. Ce sont aussi les PECO, le Mexique ou la Turquie qui profitent de leur proximité avec les pays riches pour s'industrialiser et s'enrichir. Plus encore, la sortie progressive de l'endettement de nombre de pays pauvres simultanée avec le super-cycle des matières premières des années 2000 permet à d'autres pays exportateurs de produits bruts d'entrer aussi dans une période de forte croissance (Brésil, Chili, Angola, Ghana...). À partir de ce moment, les taux de croissance des pays du Sud sont en moyenne deux à trois fois supérieurs à ceux du Nord. Mécaniquement les écarts se réduisent et ces pays émergents à leur tour connaissent une émergence de classes moyennes consommatrices. Rien qu'entre 2000 et 2015 (et malgré les approximations statistiques) les classes moyennes des pays du Sud ont été multipliés par 4. D'ici dix ans, la Banque mondiale estime que le nombre des consommateurs à pouvoir d'achat moyen ou élevé sera équivalent au Nord et au Sud.

B. La mondialisation, un processus qui réduit les écarts entre Nord et Sud (2) : la réduction globale de la pauvreté

Cette réduction des inégalités internationales est aussi le produit d'une réduction substantielle de la grande pauvreté des pays les plus pauvres. Alors qu'en 1980, 48 % de la population mondiale (soit 2,2 milliards de personnes) était en situation de grande pauvreté (moins de 1,25$ par jour), ils ne sont plus que 11,4 % (850 millions) aujourd'hui. Cette réduction spectaculaire de la grande pauvreté a touché tous les continents, même l'Afrique subsaharienne (de 57 % en 1990 à 42 % aujourd'hui). Mais ce sont bien sûr les croissances spectaculaires de l'espace asiatique qui ont numériquement réduit cette grande pauvreté. D'ailleurs, au-delà des effets de la croissance qui ont permis à des centaines de millions de ruraux pauvres d'obtenir des emplois urbains mieux rémunérés (à l'image des Mingongs chinois), ce sont aussi les politiques de redistribution qui ont conduit à mieux répartir les fruits de la croissance. Dans un pays comme le Brésil, la politique de la Bolsa Familia de Lula (qui octroie des aides sociales à la condition de scolariser les enfants et de leur assurer un suivi sanitaire) a sorti près de 25 millions de Brésiliens de l'extrême pauvreté et permis de faire baisser le taux de pauvreté de 35 % à 20 % entre 2003 et 2013.

C. La mondialisation, un processus qui réduit les écarts entre Nord et Sud (3) : le ralentissement du Nord

Au même moment où la mondialisation accélère l'enrichissement d'une partie du Sud et y réduit la grande pauvreté, les pays du Nord sont eux frappés d'une stagnation, résultat d'une mutation de longue durée. Si elle fait naître des classes consommatrices dans les pays du Sud, la mondialisation crée en revanche une crise sociale au Nord. La mondialisation y provoque une désindustrialisation qui fragilise les revenus des classes populaires et intermédiaires. La pression salariale exercée par la concurrence extérieure des pays émergents et la DIPP conjuguée à l'accélération du progrès technique et la tertiarisation croissante des activités sapent les fondements égalisateurs de l'ancien système fordo-keynésien. D'un côté, les États soumis à une concurrence fiscale et soucieux de préserver leur compétitivité ont tendance à réduire les mécanismes redistributifs. De l'autre, les emplois peu ou pas qualifiés mais protégés et jusqu'alors bien rémunérés dans l'industrie disparaissent au profit d'emplois plus précaires et moins rémunérateurs. Au bout du compte, une partie des classes moyennes des pays riches ne s'enrichit plus et peine à s'adapter à la mondialisation. Rien qu'aux États-Unis, les 50 % des Américains les plus pauvres qui détenaient 22 % des revenus nationaux en 1980 n'en touchaient plus que 13 % en 2016. Depuis 2000, le revenu médian aux États-Unis a baissé de 2 %. Dans ces conditions, la montée des revenus des pays du Sud et la stagnation de ceux du Nord produisent cette réduction apparente des inégalités internationales.

III. … tout en augmentant en revanche les inégalités sociales et spatiales à l'intérieur des pays

A. La mondialisation économique : un processus qui accroît les inégalités spatiales

La mondialisation constitue un processus de sélection et de discrimination socio-spatiale à diverses échelles qui favorisent les inégalités territoriales. La globalisation de l'économie (qu'elle soit commerciale, productive ou financière) a tendance à polariser les activités dans les territoires, les métropoles et les littoraux, déjà les plus dynamiques. Ce sont les zones qui disposent d'infrastructures performantes, de services complexes et diversifiés, d'une main-d'œuvre abondante et qualifiée, de savoirs-faire qui sont naturellement les plus attractifs pour les activités mondialisées. Ils forment des écosystèmes (Pierre Veltz[1]) dynamiques qui attirent alors toujours davantage de fonctions productives ou de commandement d'échelle globale et par là-même deviennent toujours plus attractifs. Racine de la métropolisation comme de la littoralisation, cette polarisation engendre des déséquilibres croissants avec le reste des territoires nationaux et crée de véritables fractures socio-spatiales à l'échelle des nations. Le cas de la Chine est exemplaire. Alors que les écarts de revenus entre ville et campagne sont de 1 à 4, le niveau de vie sur le littoral équivaut à celui des pays du Nord (comme dans la municipalité de Shanghai où l'IDH dépasse les 0,9) alors que celui de l'arrière-pays reste encore au niveau de certains PMA (comme dans le Guizhou ou le Yunnan avec un IDH autour de 0,6). Ces disparités croissantes territoriales entre littoral et arrière-pays, villes et campagnes se retrouvent aussi au cœur des villes où la ségrégation socio-spatiale fragmente de plus en plus les grandes métropoles. La gentrification des centres-villes ou le développement des gated communities d'un côté, le développement de quartiers en difficulté voire de bidonvilles de l'autre est caractéristique de la métropolisation. Ces contrastes urbains renforcés par la mondialisation sont particulièrement sensibles dans les grandes métropoles du Sud où la rapidité de l'urbanisation et les héritages de ségrégation choisie ou subie (comme en Afrique du Sud) se conjuguent. En ce sens, la mondialisation est bien un processus de concentration, de polarisation et de discrimination socio-spatiales et ce à toutes les échelles.

B. La mondialisation (et le néolibéralisme) : l'enrichissement des plus riches et des plus qualifiés

La mondialisation tend également à polariser les écarts de richesse individuelle à l'échelle globale. L'ONG Oxfam ne manque jamais de souligner chaque année combien la mondialisation enrichit les très riches et combien la répartition des richesses est de plus en plus inégale sur la planète. Ainsi, si en 1980 le 1 % le plus

1. Pierre Veltz, *Mondialisation, villes, territoires. L'économie d'archipel*, PUF, 2014.

riche du monde détenait 40.7 % des richesses mondiales, en 2016, il possède désormais 50,1 % de ces mêmes richesses, les 99 % restant n'en détenant que 49,9 %. En 2017, l'ONG britannique illustrait cette hyperconcentration croissante en soulignant le fait que les 85 personnes les plus riches du monde possédaient autant que les 3,5 milliards les plus pauvres. Mais quels liens existent entre cette hyperconcentration des richesses et la mondialisation ? Plusieurs facteurs jouent. Tout d'abord, la globalisation financière accroît les revenus des patrimoines financiers. Plus on possède de capital financier, plus les possibilités de l'augmenter sont importantes, comme en a profité Warren Buffet et son fond d'investissement Berkshire Hathaway. En outre, la mondialisation démultiplie les possibilités d'accumuler des fortunes colossales pour des entrepreneurs innovants capables dès lors de tirer profit de marchés désormais mondiaux. D'ailleurs les nouveaux milliardaires se comptent parmi ces fondateurs d'entreprises devenues des géants mondiaux à l'image de l'homme considéré comme le plus riche du monde, le fondateur d'Amazon, Jeff Bezos et ses 112 milliards de $. Plus avant, ces riches et ces très riches bénéficient des effets de la mondialisation sur la fiscalité : avec la concurrence fiscale et la diffusion de l'idéologie néolibérale et des théories d'Arthur Laffer sur le « ruissellement », les États n'ont eu de cesse de réduire les taux marginaux d'imposition. Rien qu'aux États-Unis, il est passé de 75 % en 1980 à 25 % avec la dernière réforme de Donald Trump. Et s'ils souhaitent échapper à l'impôt, les riches particuliers peuvent également compter sur les paradis fiscaux pour optimiser leurs revenus, voire pratiquer l'évasion fiscale à grande échelle. Enfin, au-delà du renforcement des patrimoines des plus riches, la mondialisation accroît aussi les revenus des plus qualifiés. La concurrence salariale mondiale en faveur des plus qualifiés crée un phénomène de starification qui fait flamber les revenus de ceux qui ont une qualification à faire valoir sur le marché mondial : puisqu'ils sont rares et donc très recherchés à l'échelle mondiale, les meilleurs dirigeants, ingénieurs, banquiers, patrons, chercheurs ou sportifs ont vu leurs salaires flamber. Neymar, Lebron James ou Ronaldo mais également Carlos Gohn en France ou David Zaslav (PDG de Discovery Communications) ont ainsi touché plusieurs dizaines de millions d'euros de revenus en 2017. Et même si évidemment leurs salaires n'ont rien à voir avec ces revenus de milliardaires, le phénomène favorise aussi la croissance des salaires des plus qualifiés partout dans le monde. Rien qu'aux États-Unis, le revenu réel d'un ingénieur a doublé entre 1980 et 2015. Or de l'autre côté de l'échelle sociale, la mondialisation réduit les ressources des plus fragiles, renforçant mécaniquement les inégalités.

C. La mondialisation (et le néolibéralisme) : la stagnation des revenus des classes moyennes et des classes les plus pauvres

À l'inverse d'un enrichissement des plus riches, la mondialisation tire vers le bas les revenus des plus nombreux et des moins qualifiés, de tous ceux qui occupent un emploi nomade facilement substituable. L'existence d'un marché mondial de l'emploi les affecte de plein fouet, en particulier ceux qui vivent dans les pays développés. En effet, les ouvriers anciennement protégés par le système fordo-keynésien ont vu leurs revenus au mieux stagner et au pire leur niveau de vie baisser. Sous la pression de la concurrence mondiale mais aussi du progrès technique et de la poursuite des gains de productivité, leurs salaires ont stagné ou ils ont perdu leur emploi. À défaut de rester au chômage, nombre d'entre eux ont dû accepter des emplois de service plus précaires et moins bien rémunérés, souvent à temps partiel, ce qui a réduit leur niveau de vie. C'est particulièrement sensible dans les pays où cette mutation a été accompagnée par des politiques de flexibilisation du marché du travail qui ont créé une nouvelle catégorie, celle des travailleurs pauvres. Au Royaume-Uni, où existe le contrat « zéro-heure », près de 5 millions de personnes sont devenus des « *working poors* » devant parfois cumuler plusieurs emplois. En 2016 aux États-Unis, un Américain sur quatre cumule deux emplois ou plus et un retraité sur trois doit travailler pour avoir un revenu suffisant. De surcroît, ces travailleurs pauvres bénéficient de moins en moins de revenus de transfert du fait des réformes d'États endettés et en concurrence fiscale et sociale les uns avec les autres. Tous ces facteurs se cumulent et expliquent la stagnation ou la réduction des revenus des catégories populaires et intermédiaires depuis les années 1980. Aux États-Unis par exemple, les sans diplômes ont vu leur revenu réel baisser de 10 % entre 1980 et 2015. De leur côté, dans les pays émergents, les catégories inférieures ont certes vu leurs revenus augmenter mais faiblement. Car dans ces pays, où on a joué sur le bas coût de main-d'œuvre pour attirer les capitaux et se développer, tout a été fait pour maintenir les salaires des peu qualifiés très bas, et ne pas redistribuer trop vite les fruits de la croissance. En Chine, les 200 millions de Mingongs, ces paysans devenus des travailleurs urbains illégaux dans leur propre pays, ont certes été attirés par des salaires plus élevés que dans leur village natal, mais en 25 ans ceux-ci sont restés très bas et toujours inférieurs à ceux des travailleurs légaux. Ce n'est que récemment, sous l'effet du basculement démographique, que les salaires commencent à augmenter rapidement en Chine. Mais cette dynamique provoque désormais un chômage croissant face aux délocalisations vers d'autres pays à bas coûts (en Birmanie ou au Bangladesh). Autrement dit, la mondialisation accroît de façon exceptionnelle les revenus et les patrimoines des plus riches et des plus qualifiés à l'heure où elle fait pression sur les salaires des pauvres du Sud mais surtout du Nord. Bref, la mondialisation est donc bien un facteur d'inégalités, globales comme nationales, croissantes, ce que traduit la montée constante des indices de Gini. Alors qu'en 1980, il était respectivement de 0,32 et 0,38 en Chine et aux États-Unis, il est aujourd'hui dans ces deux pays de 0,48 et 0,47.

Conclusion

De toute évidence, si la mondialisation a permis de réduire la pauvreté et de faire converger une partie des niveaux de vie des pays pauvres vers ceux des pays riches, elle a également tendance à concentrer les richesses dans certains lieux, comme au profit d'une minorité sociale. Or, cette réalité a de nombreux effets délétères. L'inégalité lorsqu'elle est trop importante et flagrante réduit le potentiel de consommation et de croissance des pays autant qu'elle attise les tensions sociales et peut avoir de nombreuses conséquences politiques et géopolitiques.

En Chine, cette question des inégalités est cœur des préoccupations du pouvoir communiste qui craint une déstabilisation globale (les grèves se sont multipliées ces dernières années) tout autant qu'il espère mieux redistribuer les fruits de la croissance pour accroitre la consommation intérieure et moins dépendre de ses exportations. En Occident, ces inégalités alimentent la désespérance sociale de milieux populaires fragilisés qui sont séduits par des discours populistes et réactionnaires leur faisant espérer le retour d'un âge d'or perdu. Pensons aux « *white angry men* » électeurs de D. Trump, ces hommes blancs non-diplômés qui ont pour la première fois depuis 40 ans vu leur espérance de vie baisser, d'après l'étude récente d'Anne Case et d'Angus Deaton. Ces « morts du désespoir » sont le symptôme de ces inégalités croissantes résultant de la mondialisation qui font craindre à terme la fin du rêve américain.

23 Les matières premières et les produits agricoles : un atout pour les pays émergents ?

« Le Brésil, un pays d'avenir qui le restera » aurait dit Georges Clemenceau. Et de fait, ce pays qui émerge vigoureusement dans les années 2000, ce jaguar en plein boom économique aux ambitions mondiales nouvelles, replonge dans les années 2010 dans les affres du marasme économique et politique qu'il croyait avoir dépassé. Géant agricole et minier, le Brésil a fondé sa dynamique d'émergence sur ses exportations de matières premières et de produits agricoles à destination de l'Asie orientale. Aussi, l'actuel ralentissement chinois combiné au contre-choc pétrolier semblent avoir enrayé le moteur de l'affirmation brésilienne, à l'image de nombreux autres pays émergents. Dès lors, les matières premières et agricoles peuvent-elles vraiment être considérées comme un atout pour les pays émergents ?

La notion de « pays émergent » est ambiguë. D'un côté, elle désigne ceux que la banque Goldman Sachs qualifiait ainsi en 2001, à savoir des économies du Sud appelées dans les prochaines décennies à connaître de croissances économiques à la fois fortes et de longue durée. Portées par une dynamique de rattrapage vis-à-vis du Nord comme par leur puissance démographique et leur insertion dans la mondialisation, ces nations seraient les gagnantes de la globalisation économique. Elles pourraient alors connaître aussi bien un réel développement interne (réduction de la pauvreté, ascension des classes moyennes, industrialisation…) qu'un poids croissant dans le nouvel ordre mondial en formation. D'un autre côté, ce concept forgé par des analystes anglo-saxons a été largement réapproprié par les émergents eux-mêmes, qui y ont vu l'occasion non seulement de stimuler les investissements extérieurs par leurs promesses de croissance, mais plus encore de renverser l'ordre occidental établi et de peser davantage sur la scène mondiale. Or, les anticipations de Goldman Sachs et les ambitions des États concernés semblent s'être réalisées durant les années 2000. Portés par une hausse spectaculaire de la production, des échanges comme des prix des matières premières et agricoles dont ils étaient les principaux fournisseurs, nombre de pays ont revendiqué de nouvelles ambitions géopolitiques à la hauteur de leur ascension économique. Bien sûr la Chine figure en tête de ces émergents. Mais d'autres pays d'Asie (Turquie, Indonésie, Inde), d'Afrique (Nigéria, Afrique du Sud), ou d'Amérique Latine (Brésil, Mexique, Venezuela) sont également sur la voie de cette émergence géopolitique, dont rêvait les Tiers-Mondistes un demi-siècle plus tôt. Pourtant le précédent des années 1970, qui avait débouché sur les crises de la dette des années 1980 et 1990, laisse augurer des fragilités dans cette stratégie d'émergence reposant sur l'exploitation des matières premières et des produits agricoles. Alors qu'en est-il vraiment ? Les matières premières et les produits agricoles sont-ils l'atout essentiel qui a permis et permettra à l'avenir aux pays émergents d'émerger ? Ou bien, au contraire, sont-ils une entrave à la dynamique d'émergence, de telle sorte que seuls les émergents capables de s'en détacher s'affirment réellement ?

Problématique : Les matières premières et les produits agricoles sont-ils l'atout essentiel qui permet aux pays émergents d'émerger ? Ou bien, au contraire, sont-ils une entrave à la dynamique d'émergence, de telle sorte que seuls les émergents capables de s'en détacher s'affirment réellement ?

I. Les matières premières et les produits agricoles devraient être un atout économique pour les pays émergents exportateurs dans le cadre actuel de la mondialisation

A. L'agriculture exportatrice, fondement de l'émergence de certains pays dans le cadre de la mondialisation des années 2000

Quelques pays ont pu connaître, grâce à leur développement agricole, de fortes croissances dans les années 2000. Ce sont les pays bien dotés en terres et en eau qui ont pu exploiter leur potentiel et satisfaire la demande croissante notamment des autres émergents ou des pays du Nord : le Brésil, l'Argentine, la Thaïlande, ou le Maroc et la Turquie.

B. L'exportation de matières premières, source de la forte croissance d'autres émergents

D'autres émergents ont connu de fortes croissances économiques grâce à la production et l'exportation d'hydrocarbures comme les pays du Golfe, l'Algérie, le Venezuela, la Russie, ou des produits miniers pour l'Afrique du Sud (diamants, argent, or, platine), le Chili (cuivre), la Mongolie (cuivre, molybdène) ou le Botswana (diamants).

C. Des croissances tirées par les produits primaires parfois à l'origine de réel développement :

Certains pays ont su utiliser les revenus d'exportation pour mener des politiques sociales de redistribution, améliorer donc le niveau de vie et/ou investir dans d'autres secteurs pour diversifier à terme leur économie et rendre leur croissance pérenne. C'est le cas de la Bolsa Familia au Brésil, des politiques de protection sociale et d'éducation au Botswana, ou de la stratégie médiatico-sportive, touristique, financière et logistique du Qatar.

II. Pourtant, loin de constituer un atout en faveur de leur développement, les matières premières et les produits agricoles se révèlent être un problème, voire une malédiction

A. Le mal-développement structurel des pays producteurs de matières premières et de produits agricoles :

Lorsqu'elle devient une rente, l'exportation de produits primaires devient fréquemment une malédiction (Dutch Disease). L'appréciation monétaire, l'augmentation des prix relatifs des services dans le pays, l'investissement préférentiel dans la ressource favorisent les produits importés, réduit la compétitivité des entreprises locales et accélèrent la désindustrialisation. De surcroît, l'appropriation de la rente par un clan au pouvoir nourrit la corruption et l'autoritarisme des régimes en place. Cette malédiction économique, sociale et politique se retrouve sous des formes différentes dans le Venezuela de Chavez et Maduro, dans la Russie de Poutine, dans l'Algérie du FLN et des militaires, dans l'Arabie Saoudite sous la férule du clan Al-Saoud.

B. Dépendance et vulnérabilité des pays exportateurs de matières premières et de produits agricoles :

Les pays exportateurs sont très dépendants des fluctuations de prix qu'ils ne peuvent fixer. C'est ce qui les rend très vulnérables aux retournements de conjoncture à l'image des pays pétroliers comme le Venezuela ou l'Algérie depuis 2014.

C. Instabilité et fragilités des pays émergents importateurs de matières premières et de produits agricoles :

Même les pays émergents importateurs souffrent de leur dépendance aux importations, que ce soit aux produits agricoles, avec de fréquentes émeutes de la faim lorsque les prix s'envolent (comme au Nigéria, en Égypte ou au Mexique en 2008), ou que ce soit aux produits miniers, à l'instar de l'Inde dont la dépendance pèse fortement sur son déficit commercial et l'instabilité monétaire.

III. Aussi, est-ce davantage d'un point de vue géopolitique que les matières premières et les produits agricoles peuvent apparaître comme un atout en faveur de l'émergence

A. Les Matières premières : un outil de pression diplomatique.

De l'OPEP en 1973 qui voulait réagir au soutien occidental à Israël après la guerre du Kippour, à l'Arabie Saoudite espérant gêner le retour de l'Iran (mais aussi des États-Unis) sur le marché pétrolier en 2014, à la Russie n'hésitant jamais à mener une guerre du gaz (comme contre l'Ukraine en 2007) ou à la Chine qui mène une politique volontariste d'accaparement du marché des terres rares pour faire pression sur ses potentiels rivaux, les exemples prouvant que les matières premières peuvent devenir un atout d'affirmation géopolitique ne manquent pas.

B. L'exportation de produits agricoles : un Green Power croissant ?

Être un important exportateur de produits agricoles, en particulier de céréales, peut se révéler aussi un atout géopolitique. L'exemple des États-Unis qui n'hésitent pas à pratiquer une diplomatie céréalière pour conforter ses alliés et avoir des moyens de pression sur eux l'illustre, à l'image des accords de Camp David en 1979 qui était assortis de livraisons de blé pour soutenir la volte-face d'une Égypte très dépendante.

C. Les matières premières et les produits agricoles : un atout en faveur de la solidarité des émergents ? Ou un facteur de tensions entre émergents ?

Les grands pays émergents, qu'ils soient importateurs ou exportateurs, profitent-ils des matières premières des produits agricoles pour développer le dialogue Sud-Sud ? D'un côté, on voit la Chine (très gourmande en produits miniers, en énergie et en biens alimentaires) se tourner vers la Russie (en quête de nouveaux débouchés pour se déprendre du marché européen) comme avec l'immense projet gazier Force de Sibérie engagé en 2014 pour 30 ans et la somme record de 400 milliards de $. De l'autre, pourtant, la concurrence croissante entre pays importateurs et exportateurs de produits agricoles et de matières premières attise les tensions entre émergents. La compétition pour l'exploitation des matières premières africaines entre la Chine, l'Inde et d'autres illustre ces rivalités croissantes.

Dissertation rédigée intégralement

Avec croquis couleurs (→ voir cahier central)

24 Les hydrocarbures : un problème pour le monde ?

Le propre d'un tel sujet est évidemment de jouer sur la variation des types et des échelles de problèmes que posent les hydrocarbures. Car les hydrocarbures sont-ils un problème pour le monde ? Oui évidemment. Ce sont donc la nature des problèmes qui varient.

1. Ils varient en fonction de l'angle sous lequel on les regarde : ils peuvent être commerciaux, stratégiques, économiques, géopolitiques ou environnementaux
2. Ils varient aussi en fonction des pays concernés : les problèmes ne sont évidemment pas les mêmes pour un pays producteur et un pays importateur.
3. Ils varient enfin en fonction des moyens et des stratégies que chaque État peut mobiliser pour y faire face.

C'est donc de nouveau un sujet qui invite à distinguer différentes configurations problématiques en fonction de la nature des problèmes et de leur différenciation géographique.

Introduction

En 1976, l'ancien ministre du pétrole du Venezuela et fondateur de l'OPEP, Juan Pablo Perez Alfonso, face au gaspillage issu de la rente pétrolière dans son pays qualifie le pétrole « d'excrément du diable » tant les effets délétères de cette ressource incroyable sont nombreux. Et de fait, partout dans le monde, qu'on en importe et (parfois pire) qu'on en exporte, les hydrocarbures semblent paradoxalement constituer un problème multiforme.

Les hydrocarbures, c'est-à-dire le pétrole et le gaz, sont devenus, depuis l'invention des moteurs électrique et à explosion à la fin du XIXe siècle, des ressources indispensables à toute économie moderne. Richesses précieuses, les hydrocarbures ont donc été exploités un peu partout dans le monde, là où les gisements étaient les plus abondants et accessibles. Extrait de façon industrielle dès le début du XXe siècle aux États-Unis puis en Russie et au Moyen-Orient, le pétrole a ensuite été extrait dans bien d'autres régions du monde à mesure que la demande s'est fait croissante. Car c'est surtout avec le premier choc pétrolier et le pic pétrolier aux États-Unis en 1972-1973 que les lieux de production se sont diversifiés et que le gaz naturel a été à son tour de plus en plus employé. Ce dernier, difficile à stocker et à faire circuler compte tenu de sa nature volatile, a néanmoins pris une place croissante dans le mix énergétique mondial. Aujourd'hui, ces hydrocarbures représentent plus de 56 % de la consommation énergétique mondiale (32 % pour le pétrole et 24 % pour le gaz). Ils sont donc bien au cœur des enjeux économiques du monde globalisé. Or, cette consommation d'hydrocarbures devient de plus en plus problématique. D'une part, du fait de la mondialisation, de la croissance démographique et plus encore de l'enrichissement des pays en développement, la consommation tend à augmenter : toujours plus de Chinois, d'Indiens, de Brésiliens et toujours autant d'Américains et d'Européens réclament de pétrole et de gaz pour se déplacer, se chauffer, avoir accès à l'électricité et plus largement à un mode de vie moderne selon les critères occidentaux. Ces besoins croissants attisent alors les convoitises et la concurrence entre des États qui ont tous pour objectif de les satisfaire au mieux de leur capacité. De l'autre, la production a les moyens de croître mais au prix d'investissements de plus en plus coûteux et technologiquement complexes autant que d'importants dommages environnementaux : pensons à l'actuel impact que les pétroles et gaz de schistes font peser sur les ressources en eau et les paysages de l'Amérique du Nord. De surcroît, la combustion croissante d'hydrocarbures menace aussi l'avenir de l'humanité car elle contribue au réchauffement climatique. En ce sens, les hydrocarbures sont à l'évidence un problème pour le monde. Mais quels types de problèmes posent-ils ? Ces problèmes sont-ils exclusivement locaux et discordants ? Ou bien peuvent-ils aussi être appréhendés de façon globale ?

On peut aborder un tel sujet de deux façons différentes, en fonction de la problématique posée. Dans le Plan 1, il s'agit d'axer la réflexion autour des échelles auxquels les problèmes se posent problème avant tout global ou local ? Dans le Plan 2, on se focalise davantage sur la nature des problèmes posés, d'où un plan plus thématique. En définitive, le Plan 1 semble davantage problématisé que le plan 2. Et le Plan 2 est peut-être plus complet que le 1. Notez toutefois les différences d'approches et donc également d'argumentation entre les deux plans. Certes, nombre d'éléments leur sont naturellement communs. Mais de notables différences existent. Ainsi, le plan 2 insiste davantage sur les modifications à venir des coûts de production et de la complexité de l'ajuster à la demande que le 1.

Plan 1

Problématique : Les hydrocarbures constituent-ils un problème global et donc gérable par tous les pays du monde ? Ou bien ne représentent-ils qu'un problème différencié en fonction des pays et de leur situation, qui n'admet donc pas de réponse coordonnée ?

I. Les hydrocarbures : une ressource de plus en plus problématique pour le monde...

A. Mondialisation et pressions croissantes sur la production d'hydrocarbures

La croissance démographique (3 à 4 milliards d'humains supplémentaires d'ici 2050), la montée des émergents, la modification des modes de vie dans ces pays où de nouvelles classes moyennes apparaissent pèsent sur la croissance de la demande mondiale en énergie et donc en hydrocarbures qui restent essentiels pour la production d'électricité et les transports (automobiles). Or, dans le même temps les réserves d'hydrocarbures restent encore importantes (autour d'une soixante d'années de consommation) mais les coûts de production ne peuvent qu'augmenter compte tenu de la nécessité désormais d'exploiter les hydrocarbures en off-shore profond, dans les zones arctiques ou non conventionnels.

B. La volatilité des prix : un problème structurel aggravé par la mondialisation

La volatilité des prix des hydrocarbures est structurelle. Elle résulte de l'effet King, de l'oscillation régulière des prix du fait de la difficulté à ajuster en temps la demande très fluctuante à une offre rigide : il faut compter plusieurs années entre la décision d'ouvrir un nouveau puit (surtout offshore) et le moment où ce dernier produit ses premiers barils. Mais ces variations mécaniques sont accentuées dans le cas des hydrocarbures à la fois par les aléas géopolitiques et les anticipations qu'en font les marchés. Nombre d'acteurs financiers jouent à la hausse ou la baisse sur les marchés pétroliers et accentuent, par leurs anticipations parfois auto-réalisatrices, les hausses comme les baisses.

C. Réchauffement climatique et catastrophes pétrolières : un problème de plus en plus global

Les hydrocarbures présentent deux risques environnementaux pour le monde. Un risque accidentel d'abord : il n'est pas rare que la production d'hydrocarbures (explosion de la plate-forme Deep Water Horizon en 2010) ou son transit (marées noires à l'image du Sanchi, pétrolier iranien ayant coulé et provoqué une catastrophe en mer de Chine en janvier 2018) dégrade l'environnement. Plus encore, avec l'exploitation des hydrocarbures non-conventionnels (pétrole et gaz de schiste ou de roche-mère, sables bitumineux du Canada) les dégâts écologiques sont permanents : l'usage massif d'eau et de produits chimiques pour la fracturation hydraulique ou l'extraction et la purification des sables polluent la terre comme les nappes phréatiques. De surcroît, les paysages naturels ou humains sont irrémédiablement abimés. Mais, les hydrocarbures présentent surtout un risque à moyen terme : ils sont le principal facteur de renforcement de l'effet de serre et donc du dérèglement climatique. L'AIE estime que les consommations de pétrole et de gaz sont à eux seuls responsables de la moitié des gaz à effet de serre aujourd'hui.

D. Les hydrocarbures : un des facteurs d'accroissement des tensions mondiales

Pour le monde entier, les hydrocarbures constituent un facteur d'accroissement des tensions partout dans le monde. Entre producteurs, la concurrence s'accroît et les intérêts divergent parfois. Au-delà des tensions géopolitiques pouvant exister entre producteurs pour des raisons stratégiques (comme entre l'Iran et l'Arabie Saoudite), les rivalités économiques sont aussi partie prenante de l'équation. Ainsi, l'Arabie Saoudite a-t-elle décidé en 2014 d'augmenter sa production dans l'espoir de faire baisser fortement les prix et de stopper la révolution des pétroles et gaz de schistes au États-Unis. Mais les tensions sont aussi fortes entre pays consommateurs. Face à des besoins croissants, ils sont en concurrence pour parvenir à sécuriser leurs approvisionnements, d'où les tensions croissantes entre la Chine, par exemple, et nombre de ses voisins asiatiques (dont l'Inde) qui sont alimentées par cette quête énergétique.

II. … mais qui n'implique pas les mêmes enjeux pour un pays producteur…

A. Le pétrole est un problème pour le développement de la plupart des pays producteurs : la malédiction des matières premières et ses effets

Premier problème pour les pays producteurs : être capable de gérer leur rente et de se développer. Or, nombre d'entre eux subissent la malédiction des matières premières et souffrent plus qu'ils ne tirent profit de leurs ressources abondantes pour se développer. D'ailleurs, souvent les pays producteurs sont soit des pays instables, soit des pays dictatoriaux et claniques dans lesquels la corruption et la mauvaise gestion des ressources est une constante. De l'Algérie au Venezuela, du Nigeria aux récents scandales Petrobras au Brésil, du Mexique (pays exportateur de brut qui importe de l'essence) à l'Iran les exemples sont nombreux.

B. Le pétrole : un facteur de vulnérabilité géopolitique pour les pays producteurs

Riches de leurs ressources abondantes, les pays producteurs se perçoivent souvent comme vulnérables. Dès lors, ils utilisent les revenus de leur rente pour des armées et des services de sécurité hypertrophiés, à l'image d'une Arabie Saoudite, 4e budget militaire au monde (sans compter les dépenses en armement fait pour le compte de l'Égypte d'Al-Sissi) qui y consacre plus de 10 % de son PIB alors qu'elle n'est que le 20e PIB au monde et la 42e population. Mais ce n'est pas qu'une question de perception. C'est aussi une réalité puisque les pays producteurs peuvent faire l'objet de la convoitise des puissances régionales ou mondiales. Là encore, de l'invasion du Koweit par Saddam Hussein en 1990 aux jeux complexes de la Chine, des Européens et des Américains au Soudan, les exemples sont abondants.

C. Des problèmes résolus de façon différenciée

Face à ces problèmes économiques et géopolitiques, les pays producteurs développent des stratégies très différentes et plus ou moins efficientes. La plupart ne parviennent pas à sortir de la malédiction des matières premières, gaspillant leurs ressources en période d'euphorie, et se retrouvant en grande difficulté lors des contre-chocs pétroliers (Venezuela, Algérie, Nigeria, Angola…). Pourtant, il existe tout de même de rares cas de bonne gestion, à l'image d'une Norvège qui a su utiliser la manne des hydrocarbures pour renforcer à long terme son État-Providence ou les émirats du Golfe (tel celui gazier du Qatar) qui l'utilisent pour anticiper l'ère de l'après-pétrole. Mais ces cas sont rares et concernent des États à la fois peu peuplés et déjà stables.

III. ... que pour un pays consommateur et importateur

A. Le pétrole, un problème économique pour les pays importateurs : la question des prix et de leur fluctuation

Pour les pays importateurs, la fluctuation des prix est un problème économique majeur. D'un côté, quand les prix sont relativement bas, cela accroît la consommation et donc la dépendance. Aux États-Unis, l'effondrement des prix de l'énergie sensible à partir de 2014 a conduit à une hausse spectaculaire de la consommation qui a atteint un record en 2016 et 2017. Moins le prix du pétrole est important, plus les Américains achètent (à nouveau) des voitures qui consomment beaucoup et plus ils roulent avec sur de longues distances. Inversement, lorsque la conjoncture se retourne, la facture énergétique s'envole et peut créer des difficultés économiques majeures : elle pèse alors sur le pouvoir d'achat des ménages autant que sur la compétitivité des entreprises. Tous les chocs pétroliers sont là pour le démontrer. Et des pays très fortement dépendants (comme le Japon ou la Corée du Sud) sont immédiatement les plus fragilisées par ces retournements.

B. Le pétrole, un problème géopolitique pour les pays importateurs : la question de la sécurisation du transit et des risques de dépendance économique et/ou géopolitique

La dépendance économique et géopolitique est un facteur de vulnérabilité pour les pays importateurs. Économiquement, le coût des importations pèse sur les balances commerciales et peut être fort conséquent. En France, le déficit résultant des importations énergétiques a représenté entre 60 % et 92 % de la totalité du déficit commercial entre 2010 et 2016. Géopolitiquement, la vulnérabilité stratégique des routes d'approvisionnement fait peser de nombreuses inquiétudes et conduit nombre de pays à développer des stratégies concurrentes de contournement et/ou de sécurisation. La stratégie du collier de perles chinois dans l'Océan Indien (qui inquiète l'Union Indienne) et la mise en place de couloirs de transit au Pakistan comme en Birmanie reposent sur cette préoccupation stratégique liée aux hydrocarbures.

C. Des stratégies différenciées entre Occidentaux et émergents afin de surmonter ces problèmes

Face à ces enjeux (la fluctuation des prix, la dépendance, le coût des importations, les risques stratégiques), les États importateurs développent nombre de stratégies diplomatiques et militaires antagoniques et possiblement belligènes. Du déploiement militaire américain dans le monde et en particulier au Moyen-Orient (protecteur en dernier ressort du détroit d'Ormuz) en passant par les routes de la soie chinoises en direction des richesses en hydrocarbures de l'Asie Centrale comme de l'Afrique en passant par la volonté des Européens de se déprendre en partie de la Russie en se tournant vers le Maghreb et l'Asie Centrale, les expressions de ses rivalités sont multiples.

Plan 2

Problématique : En quoi les hydrocarbures sont-ils à l'origine de problèmes et de tensions multiples dans le monde actuel ?

I. Les hydrocarbures : un problème économique croissant

A. Une demande de plus en plus forte, une production de plus en plus coûteuse.

B. Un marché de plus en plus complexe et instable.

C. Une malédiction pour les pays exportateurs.

II. Les hydrocarbures : un problème géopolitique local et global

A. Les tensions globales autour des lieux de production.

B. La sécurisation des approvisionnements, un enjeu croissant.

C. Des concurrences de plus en plus fortes entre pays producteurs comme entre pays consommateurs.

III. Les hydrocarbures : un problème environnemental prégnant

A. Les hydrocarbures : des modes d'extraction dangereux et fort polluants.

B. Les hydrocarbures : un transit parfois risqué.

C. Les hydrocarbures : source principale du dérèglement climatique.

Croquis de synthèse dans les conditions du concours

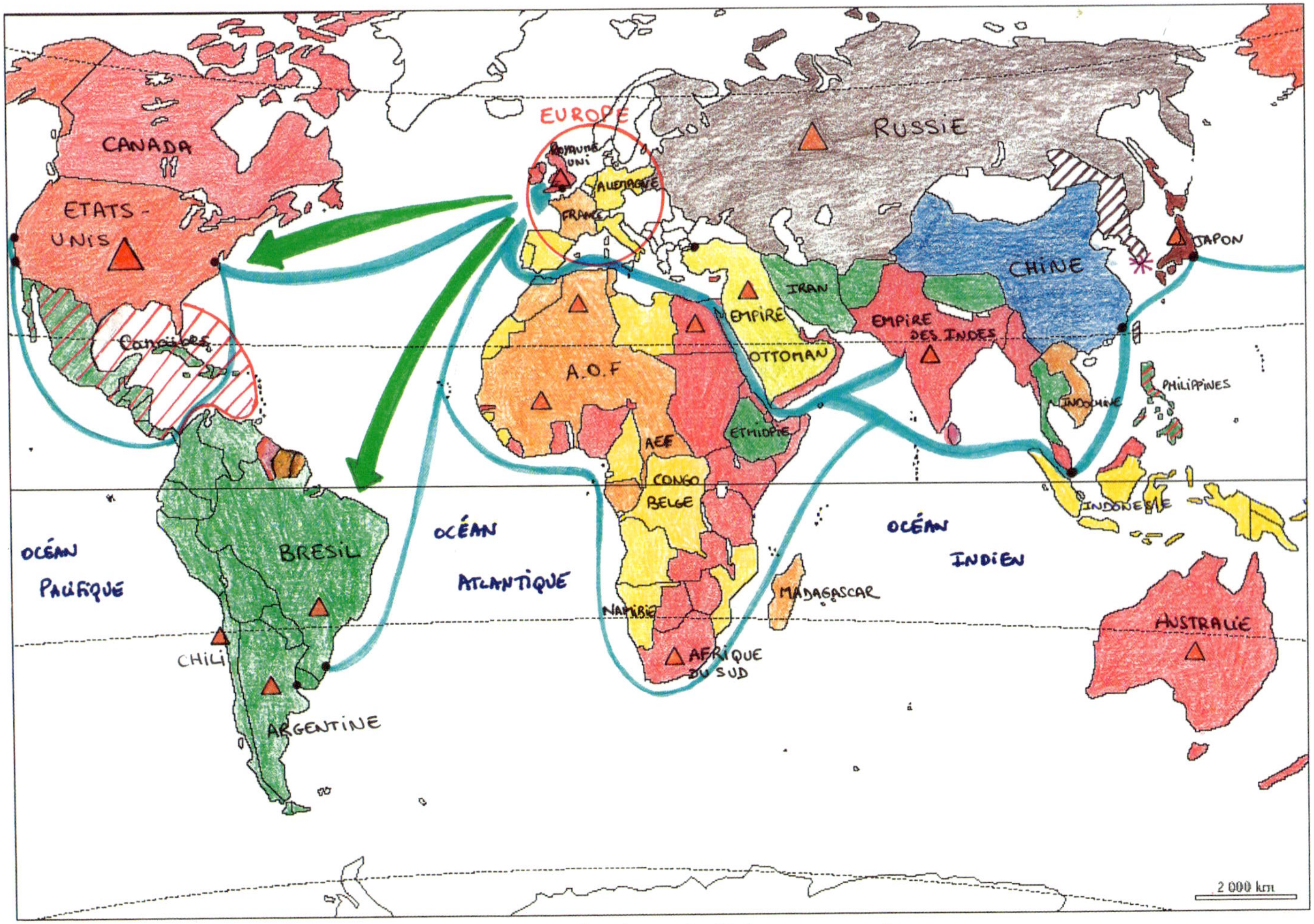

L'EUROPE EN 1913 : UNE SUPRÉMATIE CONTESTABLE ET CONTESTÉE

TITRE : L'EUROPE EN 1913 : UNE SUPRÉMATIE CONTESTABLE ET CONTESTÉE

I. UNE PREMIERE MONDIALISATION SOUS EGIDE EUROPEENNE

A. Au cœur du commerce mondial

- Cœur européen du commerce mondial (80% des exportations de produits manufacturés, 85% des importations mondiales de produits bruts)
- Principales routes commerciales maritimes

B. Au cœur de la finance mondiale

- La City : centre financier mondial
- Principales zones d'investissements européens

C. Un pôle majeur d'émigration

- Flux d'émigration européens majeurs

II. DES TERRITOIRES EXTRA-EUROPEENS DOMINES

A. Des espaces extra-européens colonisés

- L'Empire britannique
- L'Empire français
- Autres Empires

B. Des Etats dépendants ou soumis

- Etats d'Amérique latine ou d'Asie indépendants mais sous dépendance commerciale, financière et géopolitique vis-à-vis des grandes puissances

C. Des Empires fragilisés proies des puissances étrangères

- L'Empire Ottoman : « l'Homme malade de l'Europe »
- L'Empire chinois en décomposition

III. DES PUISSANCES EXTRA-EUROPEENNES ASCENDANTES ET CONCURRENTES

A. L'essor spectaculaire des Etats-Unis

- La première puissance industrielle du monde (32% du PIB mondial)
- Territoires outre-mers sous contrôle américains
- L'espace Caraïbes : arrière-cour des Etats-Unis

B. L'Empire russe : « colosse aux pieds d'argile » ?

- L'Empire russe : une puissance eurasiatique à la fois en croissance et fragilisée
- Défaite face au Japon en 1905

C. L'ascension du Japon du Meiji

- Une nouvelle puissance industrielle
- Un empire colonial en formation

Titre : LA MONDIALISATION : UN MONDE ENTRE UNIFICATION ET FRAGMENTATION

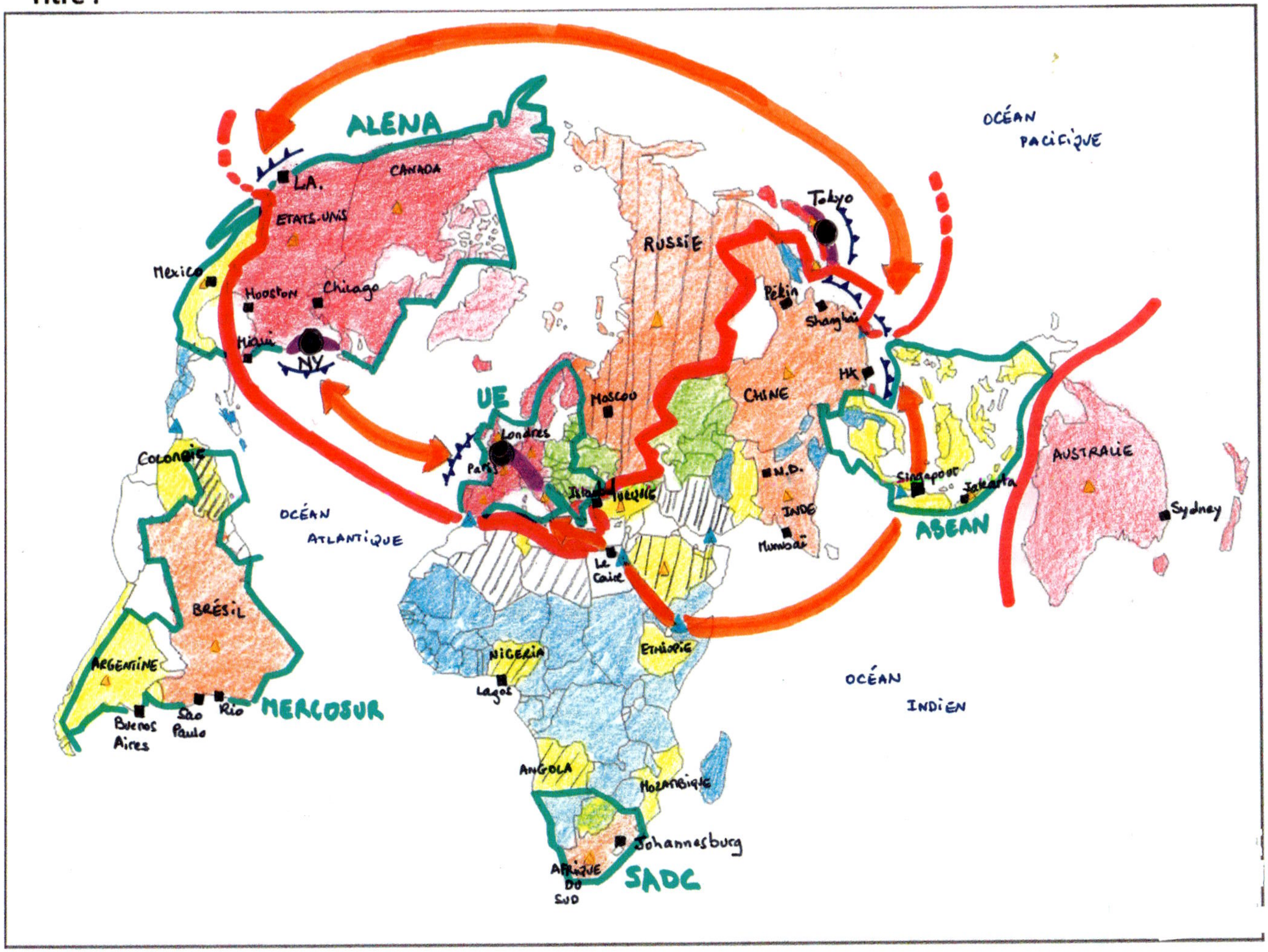

LA MONDIALISATION : ENTRE UNIFICATION ET FRAGMENTATION DU MONDE

I. UN MONDE DE PLUS EN PLUS GLOBALISE ET POLARISE

A. Un monde unifié par des flux et des réseaux mondiaux

- Principaux flux du commerce mondial (3/4 marchandises-1/4 matières premières)
- Principaux flux migratoires

B. L'archipel mégapolitain : cœur d'une interdépendance croissante

- Villes mondiales
- Métropoles continentales
- Mégalopoles

C. La littoralisation : une polarisation risquée ?

- Interfaces maritimes
- Détroits stratégiques

II. UN MONDE RECOMPOSE, UN MONDE FRAGMENTE

A. L'ancienne Triade : des moteurs en déclin ?

- Pays anciennement industrialisés et plus ou moins affaiblis par la crise mondiale et celle des dettes souveraines
- La limite Nord/Sud : une fracture persistante ?

B. Les émergents : nouveaux pôle de la puissance mondiale ?

- Les BRICS : l'avenir du monde ?
- Pays en transition (ex-pays socialistes)
- Nouvelles économies émergentes

C. Les exportateurs de matières premières : un statut à part ?

- Principaux pays exportateurs d'hydrocarbures

D. La persistance de zones marginalisées ?

- Des PED en situation intermédiaires
- Des PMA encore nombreux

III. VERS UNE REGIONALISATION DU MONDE ?

A. Des dynamiques diversifiées d'intégration régionale

- L'UE : une union politique et économique unique
- Autres marchés communs ou zones de libre échange

B. Un embryon de gouvernance mondiale

- Siège des grands organismes internationaux
- Pays participants au G20

UN ORDRE MONDIAL À LA FOIS RECOMPOSÉ ET DESTABILISÉ

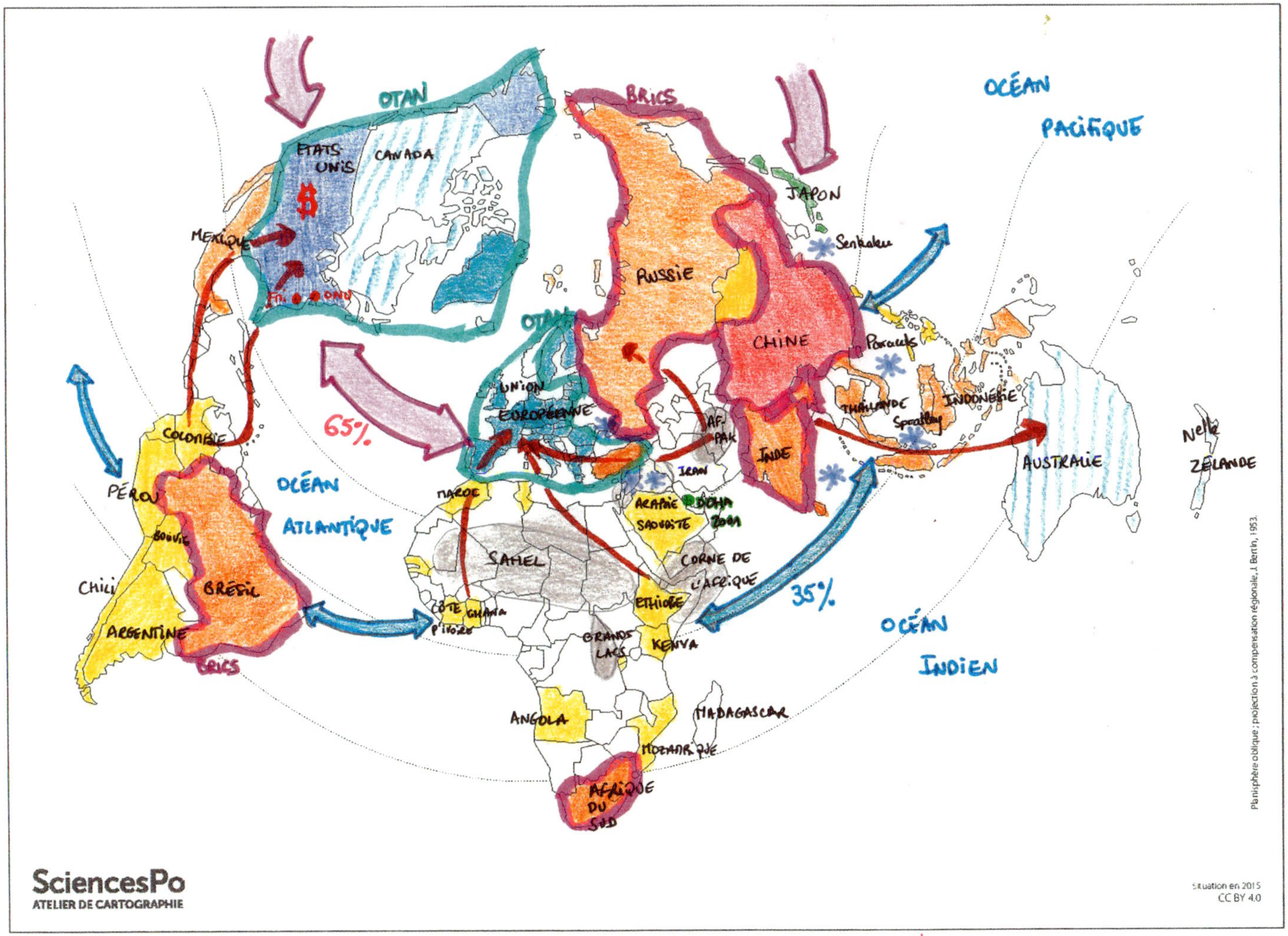

Croquis : La mondialisation fait-elle naitre un nouvel ordre mondial ?

Titre : Un ordre mondial à la fois recomposé et déstabilisé

I. La persistance de l'ancien ordre occidental

A. La résiliente domination américaine

Les Etats-Unis : première puissance économique et militaire mondiale mais non-hégémonique

$ Le dollar : le privilège exorbitant de l'unique monnaie internationale

B. Une Triade encore au cœur de l'économie globalisé

L'Union Européenne : une puissance commerciale, financière et industrielle majeure qui tire largement profit de la mondialisation, malgré ses crises

Le Japon : le 3e économie du monde, puissance technologique et financière en crise

Des flux mondiaux (commerce 65%, finance 85%) encore largement polarisés par les trois mégalopoles mondiales

C. Un cadre institutionnel mondial d'après-guerre qui favorise l'Occident

ONU Institutions internationales où les pays de la Triade sont encore dominants ou surreprésentés

L'OTAN : première alliance militaire du monde

II. L'affirmation d'un nouvel ordre multipolaire

A. La Chine : nouvelle puissance majeure du fait de la mondialisation

La Chine : puissance économique (1er exportateur mondial, 2e PIB mondial) et géopolitique en expansion depuis 1979 par son insertion dans la mondialisation

B. L'affirmation économique et géopolitique des autres émergents

Les grands pays émergents qui ont bénéficié de leur insertion dans la mondialisation (surtout depuis les années 2000) et qui cherchent aujourd'hui à obtenir un nouveau statut

Autres pays du Sud en croissance

C. Le développement d'un axe des Sud ?

La croissance des flux Sud-Sud (commerce 35%, IDE 30%)

Les BRICS : une dénomination économique devenu une institution politique

III. Un monde chaotique et en transition générateur d'un relatif désordre

A. Les lacunes de la gouvernance mondiale

Doha Des grandes négociations mondiales qui ont donné lieu à un échec total ou relatif

B. Les tensions générées par le basculement du monde

Zones de tensions majeures entre puissances du fait des ressources et des enjeux stratégiques

C. Des zones grises ou de chaos persistant

La multiplication des foyers de conflits dans « l'arc des crises »

Des flux illégaux en croissance (migrations, commerce illégaux, piraterie…)

LES EFFETS DE LA MONDIALISATION SUR LES PAYS EN DÉVELOPPEMENT : UN IMPACT DIFFÉRENCIÉ

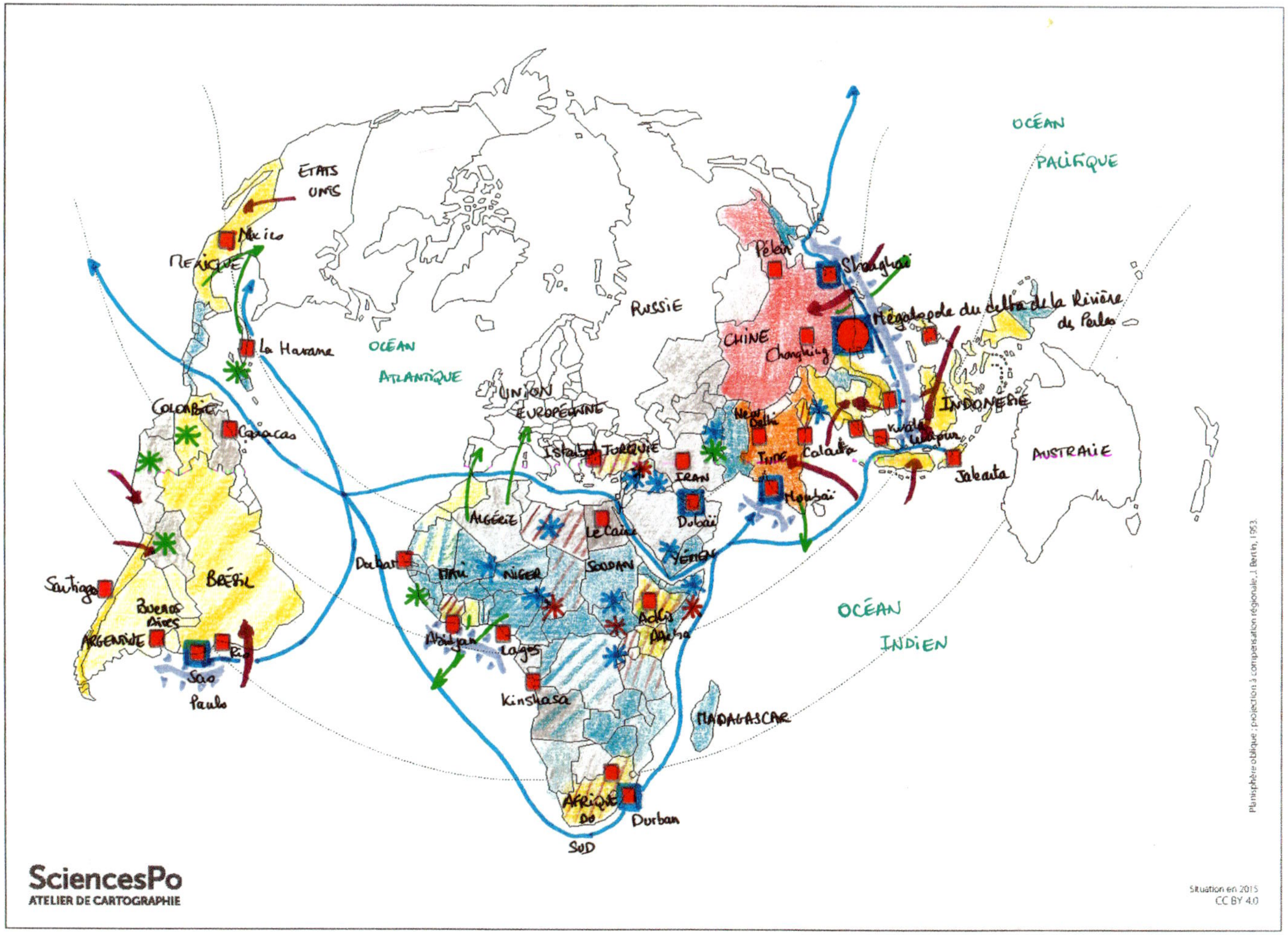

CROQUIS : LES PAYS EN DEVELOPPEMENT PROFITENT-IL DE LA MONDIALISATION ?

Les effets de la mondialisation sur les pays en développement : un impact différencié

I. L'insertion dans la mondialisation est une opportunité pour nombre de PED

A. Une intégration croissante dans l'archipel mégalopolitain…

- Mégalopole en formation (Delta de la rivière des Perles)
- Métropoles mondiales des pays du Sud

B. … comme dans les flux mondiaux (commerce, IDE)

- Les principaux flux maritimes du commerce mondial
- Les principaux récepteurs d'IDE

C. Des territoires désormais au cœur du système-monde

- Hubs mondiaux
- Interfaces en croissance

II. Car les PED disposent de nombreux atouts pour tirer parti de la mondialisation

A. Des pays riches de leurs ressources naturelles

- Principaux pays pétroliers et/ou miniers

B. Des pays bénéficiant de leur agriculture exportatrice

- Pays exportateurs nets de produits agricoles

C. Des pays émergents qui s'industrialisent par la valorisation des avantages comparatifs de leur territoire et de leur population

- La Chine : une puissance au développement multiforme (industries, finances, technologie, commerce…)
- Inde : une émergence par les services ?
- Autres pays qui s'industrialisent et tendent à être considérés comme des émergents

III. Pour autant, la mondialisation n'est pas sans leur poser encore de nombreux porblèmes.

A. Des pays encore fragilisés et vulnérables

- Des PMA toujours en grande difficulté

B. Des situations de conflits et/ou de mal-développement persistantes

- Zone de conflits
- Narco-Etat
- Zone de graves difficultés alimentaires et sanitaires

C. Des flux migratoires déstabilisant

- Pays déstabilisés par l'immigration régionale
- Brain drain

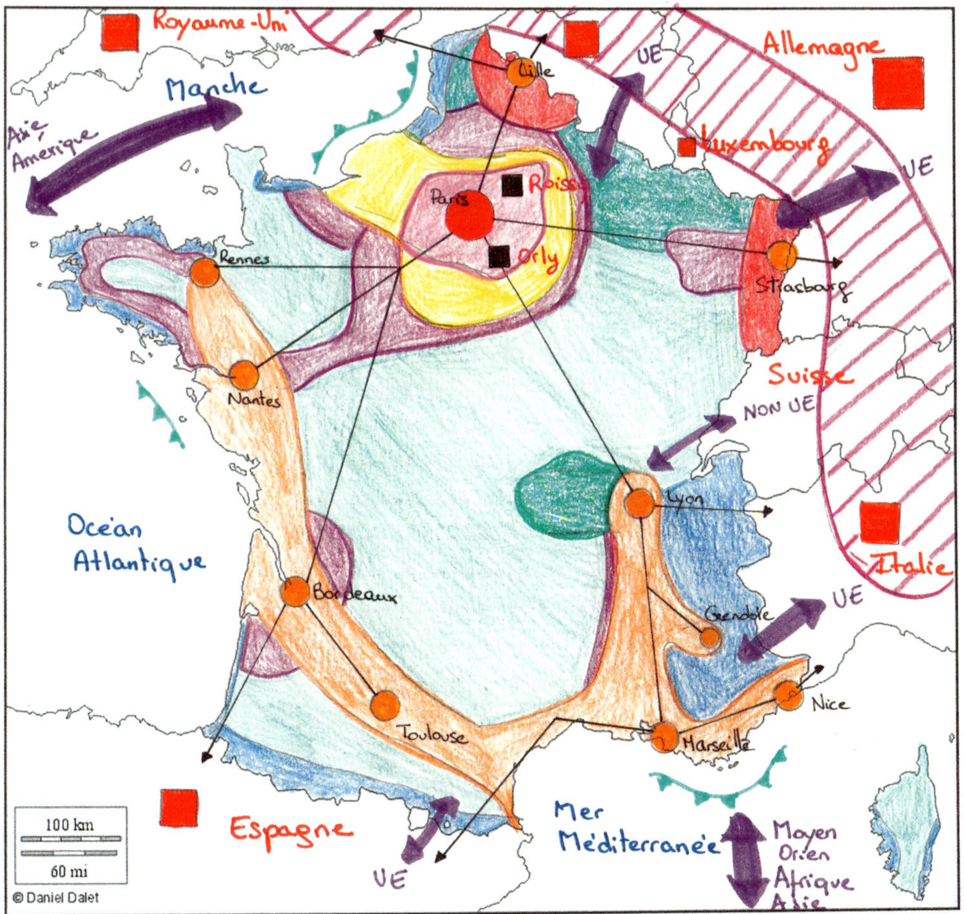

LES EFFETS DIFFÉRENCIÉS DE LA MONDIALISATION EN FRANCE

Croquis : La mondialisation en France

Titre : Les effets différenciés de la mondialisation en France

I. Une France de plus en plus ouverte et intégrée à la mondialisation

A. Un territoire de plus en plus métropolisé

- Paris : ville mondiale
- Les grandes métropoles françaises en croissance

B. Des interfaces littorales en croissance

- Des interfaces littorales au cœur des échanges mondiaux

C. Un pays au cœur des flux européens et mondiaux

- Principaux partenaires commerciaux de la France : ses voisins de l'UE
- Des échanges croissants avec le reste du monde (commerce et IDE)
- Des relations intenses avec la Dorsale européenne

II. Une France dynamisée par la mondialisation

A. Une agglomération parisienne au cœur de l'archipel mégalopolitain mondial

- La région Ile-de-France : presque 1/3 du PIB français pour 1/6e de la population
- Les régions dynamisées par leur proximité avec l'agglomération parisienne

B. Des territoires ouverts et en croissance

- La « Sun Belt » française
- Les territoires profitant de l'ouverture européenne
- Les territoires touristiques
- Les territoires agricoles dynamiques et mondialisées

C. Un système de transports performants et attractif

- Le 1er réseau de LGV d'Europe avec 2500 km de voies TGV
- Grands aéroports de rangs internationaux

III. Une France recomposée et fracturée par la mondialisation

A. Une France qui subit de plein fouet la désindustrialisation

- Région en crise du fait d'une reconversion industrielle difficile

B. Une France rurale en voie désertification ?

- Une France rurale en déprise démographique et économique

DES ÉVOLUTIONS DÉMOGRAPHIQUES AUX EFFETS DIFFÉRENCIÉS.

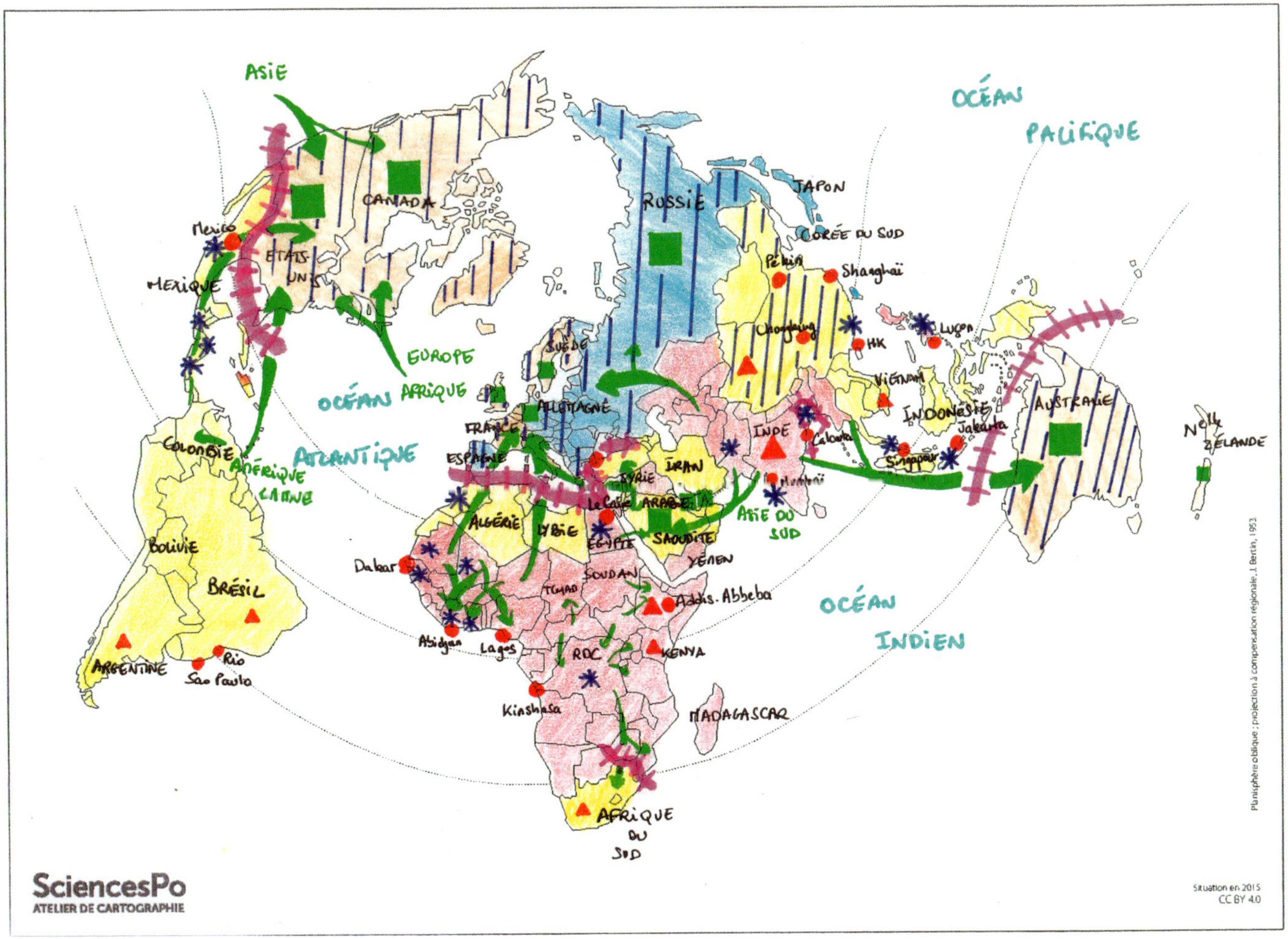

<u>Titre</u> : Des evolutions demographiques mondiales aux effets differencies

I. *Des dynamiques démographiques très différenciées…*

A. <u>Des pays toujours en forte croissance démographique</u>

- Pays dont la croissance reste et restera forte ces prochaines années du fait d'une natalité encore élevée

B. <u>Des pays dont la croissance ralentit</u>

- Pays développés encore en croissance démographique
- Pays en développement où la croissance ralentit
- Pays menant des politiques antinatalistes

C. <u>Des pays en « hiver démographique »</u>

- Pays dont la population a déjà commencé à décroître du fait d'une très faible natalité

II. *… qui engendrent des difficultés multiples et hétérogènes…*

A. <u>Une croissance urbaine parfois difficile à maitriser</u>

- Mégapoles en forte croissance du fait de l'exode rural et d'une croissance endogène

B. <u>Des migrations problématiques</u>

- Principaux flux migratoires
- Principaux « murs » ou barrières anti-migratoires

C. <u>Un vieillissement complexe à gérer</u>

- Pays touchés par le vieillissement accéléré de la population

III. *… mais qui peuvent aussi être source de nouvelles opportunités*

A. <u>L'opportunité migratoire</u>

- Pays bénéficiant du Brain Gain et/ou des remises
- Pays pratiquant des politiques d'ouverture à l'immigration

B. <u>L'opportunité économique</u>

- Pays favorisés économiquement par des fenêtres d'opportunité démographique

C. <u>L'opportunité géopolitique</u>

- Pays dont le poids démographique croissant renforce le poids géopolitique

LES HYDROCARBURES, UN PROBLÈME MONDIAL AUX ENJEUX VARIABLES

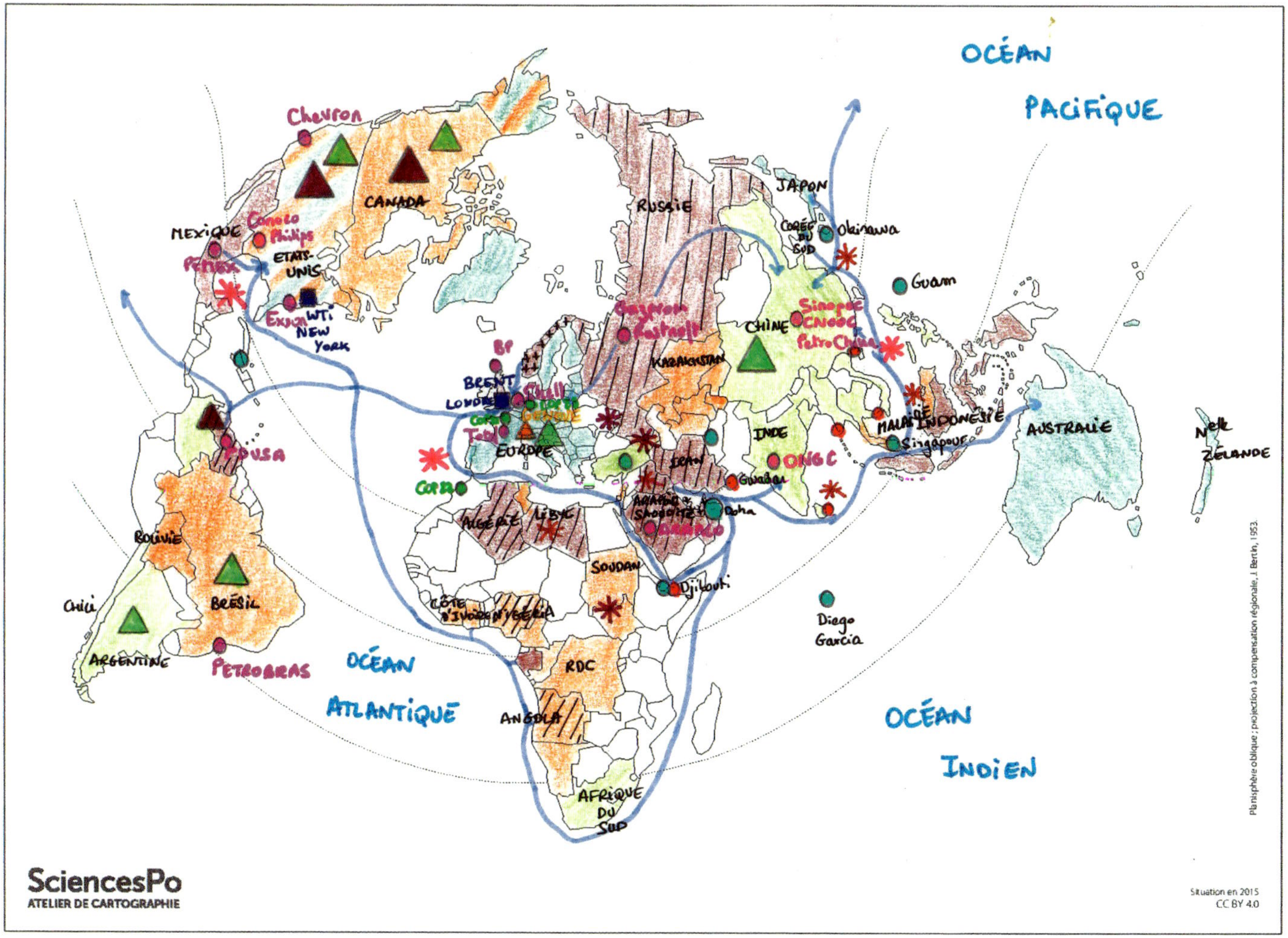

Titre : Les hydrocarbures, un problème mondial aux enjeux variables

I. Les hydrocarbures sont est un problème d'échelle mondiale…

A. Des marchés pétroliers mondialisés

- Principales places boursières des hydrocarbures
- Zones d'implantation des grandes firmes du négoce pétrolier et gazier
- TOTAL Principales firmes pétrolières mondiales

B. Des routes pétrolières mondialisées

- Routes du pétrole et du gaz mondiales
- Les zones stratégiques du commerce pétrolier et gazier

C. Des problèmes environnementaux mondialisés

- Principales catastrophes pétrolières des dernières années
- COP 21 Les COP : la recherche d'une solution au réchauffement climatique, conséquence de l'économie pétrolière

II. … mais dont les enjeux et les effets sont différenciés entre les pays producteurs et exportateurs…

A. Anciens et nouveaux pays producteurs

- Les anciens pays producteurs d'hydrocarbures
- Les nouveaux pays pétroliers et gaziers (depuis les 30 dernières années)

B. Des pays vulnérables aux fluctuations (en particulier depuis le contre-choc pétrolier de 2014)

- Pays souffrant de la malédiction des matières premières et, notamment, en crise depuis 2014
- Pays épargnés du fait d'une bonne gestion de leurs ressources

C. Des conflits et des tensions plus ou moins liés au pétrole

- Des conflits dont les hydrocarbures est un des enjeux
- Des tensions frontalières liés (entre autres) à la question de la production et/ou de l'acheminement des hydrocarbures

III. … et les principaux importateurs et consommateurs.

A. Anciens et nouveaux consommateurs

- Les principaux consommateurs traditionnels : l'ex-Triade
- Les nouveaux consommateurs : les grands émergents industriels

B. La sécurisation des approvisionnements

- Les grandes bases américaines de sécurisation de la production et de l'approvisionnement pétrolier mondial
- Le collier de perles chinois : une stratégie de sécurisation de la route du pétrole chinois

C. Des stratégies de réduction de la dépendance

- Pays ayant opté pour le développement des pétroles non-conventionnels (pétrole et gaz de schiste ou sable bitumineux)
- Pays qui cherche à développer les énergies alternatives renouvelables

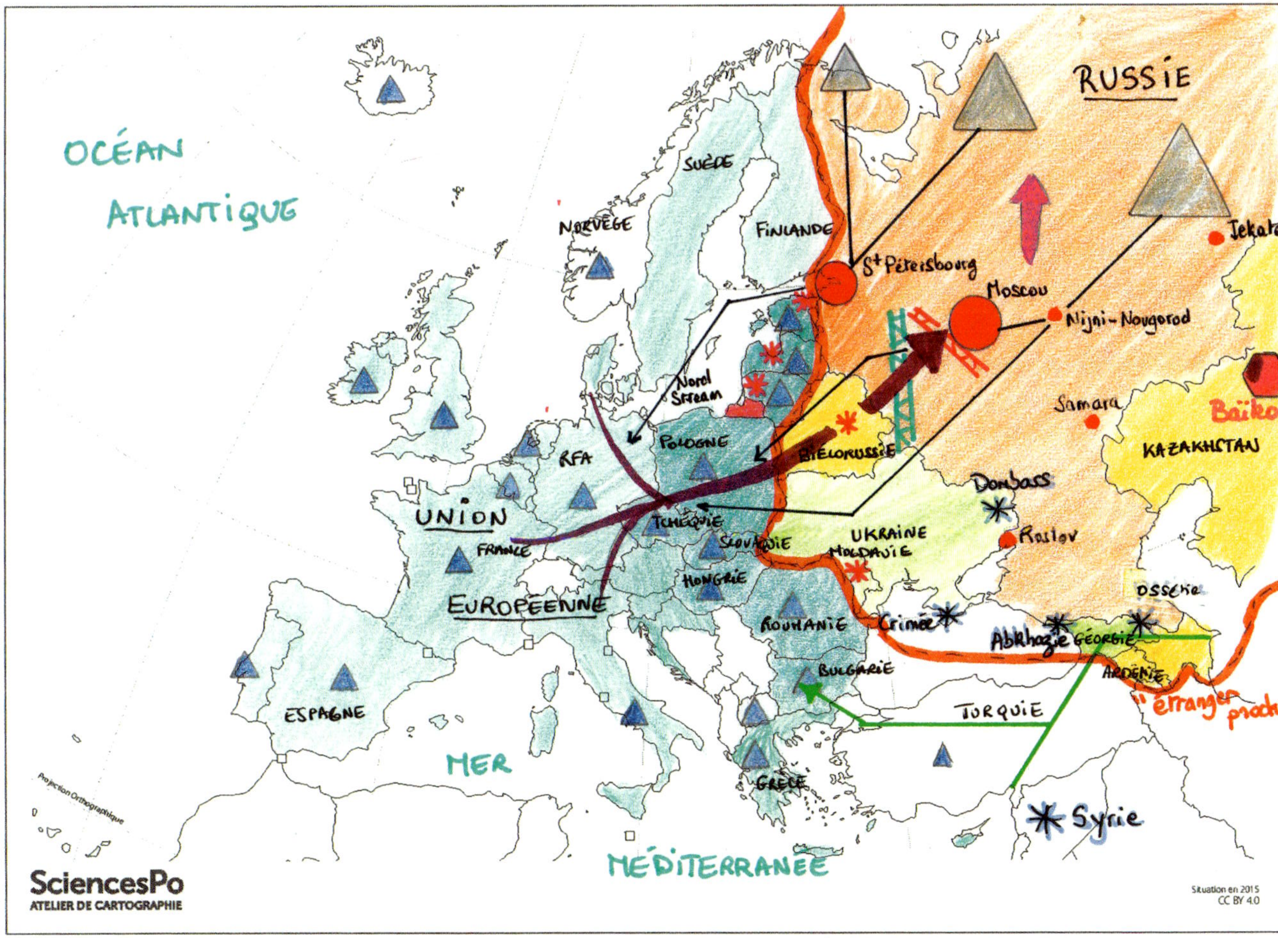

UNE EUROPE DE PLUS EN PLUS DÉFIANTE VIS-À-VIS DU PARTENAIRE RUSSE

Croquis : L'Europe doit-elle craindre la Russie ?

Titre : Une Europe de plus en plus défiante vis-à-vis du partenaire russe

I. La Russie pourrait être un partenaire de confiance de l'Europe…

A. La Russie : un réservoir de matières premières pour l'Europe

- Principaux gisements d'hydrocarbures
- Principaux oléoducs ou gazoducs transeuropéens

B. La Russie : un marché potentiel pour les exportations et les investissements européens

- Grandes métropoles russes : lieux d'investissements potentiels pour les firmes européennes
- La Russie : un lieu d'exportation pour les productions agricoles et industrielles de l'Europe

C. La Russie et l'Europe savent négocier et coopérer

- Baïkonour et la coopération avec l'Agence Spatiale Européenne
- L'enclave de Kaliningrad : un problème réglé

II. …mais la Russie semble plutôt vouloir affirmer sa puissance contre les Européens ce qui alimente leur crainte…

A. Le développement militaire et économique de la Russie

- Russie : le plus vaste territoire du monde qui a su se développer dans les années 2000
- La croissance des dépenses militaires russes (budget multiplié par 5 en 10 ans)

B. Des pays européens plus ou moins hostiles de la Russie

- Anciennes républiques soviétiques hostiles à la Russie
- Anciens satellites de l'URSS désormais intégrés à l'UE hostiles à la Russie
- Une Union Européenne qui tente de trouver des compromis et qui prend des sanctions pour répondre à ce qu'elle perçoit comme un « danger russe »

C. Présences russes dans l'espace européen

- Minorités russes importantes
- Etats européens complaisants ou alliés avec la Russie

III. … et explique la multiplication des tensions autant qu'une hostilité croissante.

A. De multiples zones de conflits plus ou moins gelés dans « l'étranger proche »

- Anciennes républiques soviétiques d'Europe non intégrées à l'UE et considérées comme appartenant à la zone d'influence russe (l'étranger proche)
- Zones de tensions du fait de la présence et d'intérêts russes

B. Des interventions hostiles aux intérêts européens

- Interventions militaires directes de la Russie contre ce qu'elle a perçu comme une déstabilisation occidentale
- Embargos contre les exportations européennes (2014)

C. La réaction européenne : le renforcement de l'alliance atlantique

- Pays membres de l'OTAN
- Sanctions européennes et américaines (2014)
- Stratégie pétrolière et gazière de contournement via le projet Nabucco et la Turquie

Entre implication grandissante et marginalisation : le paradoxe des relations entre l'Europe & le monde arabo-musulman

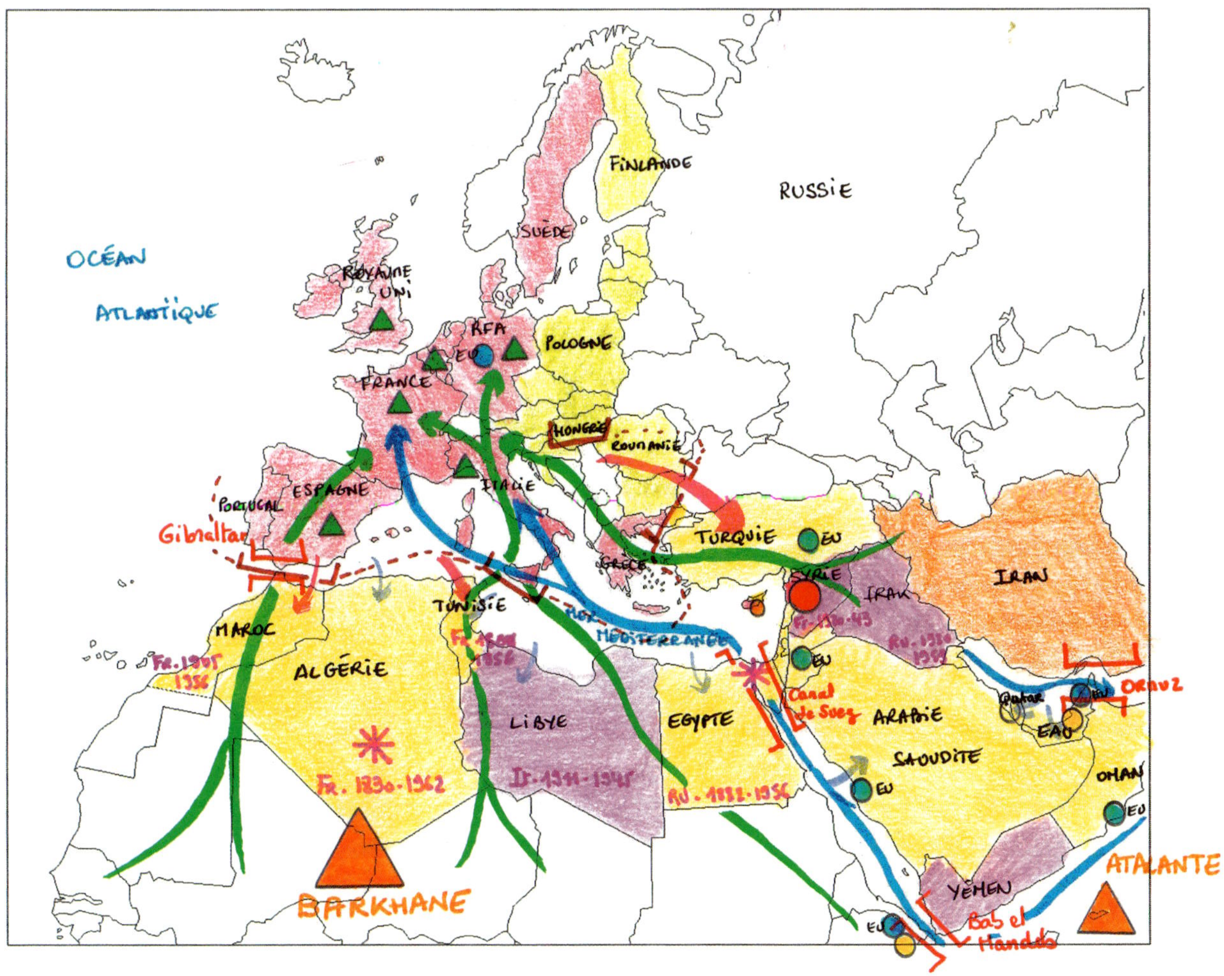

CROQUIS : L'EUROPE ET LE MONDE ARABO-MUSULMAN

Titre : *Entre implication grandissante et marginalisation, le paradoxe des relations entre l'Europe et le monde arabo-musulman*

I. L'Europe et le monde arabo-musulman : une imbrication historique autant que socio-économique

A. Le poids de l'histoire et des mémoires coloniales

Fr. 1830-1962 Dates de la colonisation et de la décolonisation européennes

Conflits de décolonisation

B. Des diasporas nombreuses

Importantes diasporas arabo-musulmanes en Europe, sources de remises pour les pays concernées

C. La dépendance économique des pays arabo-musulmans vis-à-vis de l'Europe

IDE européens importants

Importations de denrées alimentaires européennes vitales pour certains pays arabo-musulmans

II. Une Europe confrontée à des défis multiples en provenance du monde arabo-musulman

A. La question sécuritaire

Pays stables et plus ou moins proches de certains pays européens

Pays stables mais hostiles aux pays occidentaux

Pays instables ou en guerre qui déstabilise l'Europe notamment via lo djihadisme et la crise migratoire

B. L'enjeu énergétique

Exportations d'hydrocarbures en direction de l'Europe

Passages stratégiques pour le commerce européen

C. Le défi migratoire

Principaux flux migratoires

Nouveaux murs européens

III. Et pourtant, l'Europe semble de plus en plus marginalisée dans l'espace arabo-musulman

A. Une Europe divisée et impuissante

Pays européens impliqués et/ou impactés par l'instabilité du monde arabo-musulman

Pays européens moins concernés et plus focalisés sur le « danger russe »

B. Une Europe marginalisée malgré les présences française et britannique

Bases françaises

Bases britanniques

Opérations militaires européennes

C. Une Europe concurrencée par d'autres puissances plus importantes

EU L'omniprésence américaine

Le retour de la Russie dans le monde arabo-musulman

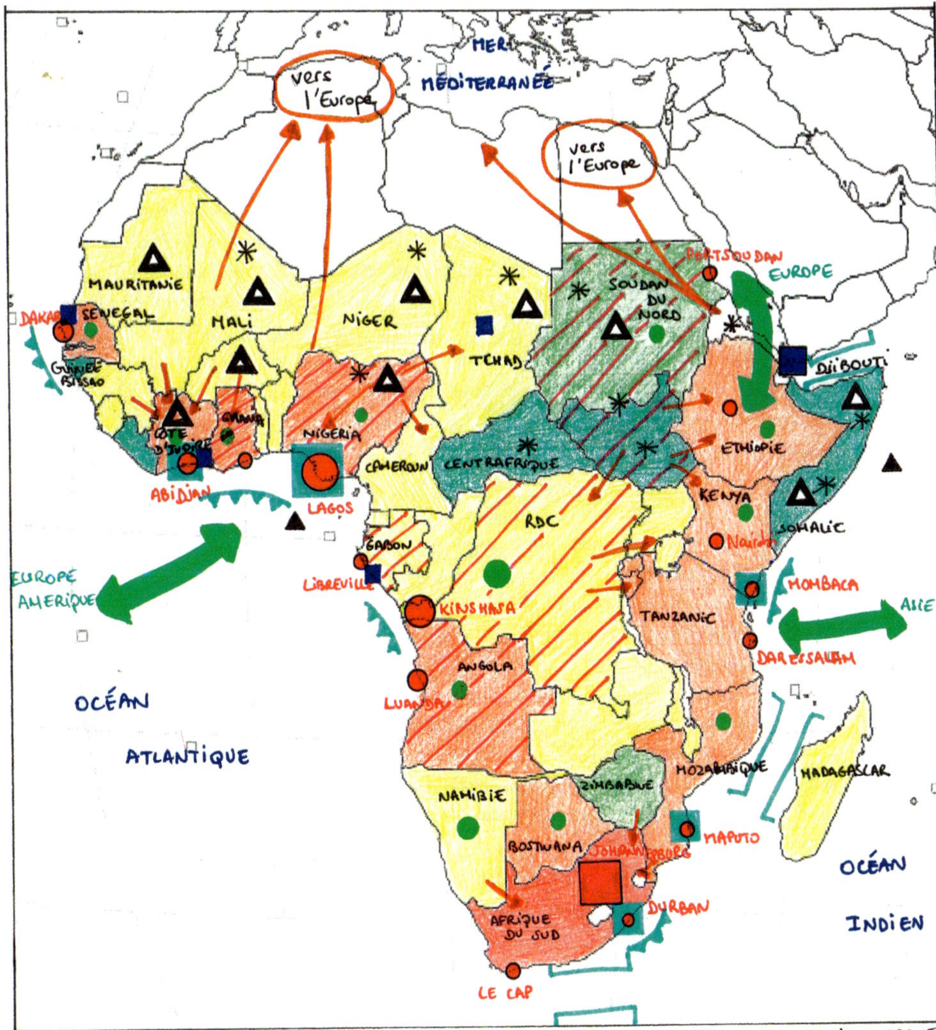

L'AFRIQUE SUBSAHARIENNE : UN CONTINENT À L'ÉMERGENCE DIFFÉRENCIÉE ET POUR PARTIE ENTRAVÉE

CROQUIS : L'AFRIQUE SUBSAHARIENNE, UN CONTINENT EMERGENT ?

Titre : *L'Afrique subsaharienne : un continent à l'émergence différenciée et pour partie encore entravée*

I. Une Afrique de plus en plus insérée dans la mondialisation…

A. Des métropoles en croissance et de plus en plus intégrées à l'archipel mégalopolitain mondial

- Johannesburg et la province du Gauteng : cœur économique de l'Afrique subsaharienne
- Des métropoles continentales ou nationales en croissance

B. Des flux mondialisés croissants

- Flux commerciaux en croissance (3% du commerce mondial en 2015 - 560 milliards de $ - contre 2.4% en 2003)
- Des flux migratoires continentaux et internationaux multiples

C. Des acteurs étrangers de plus en plus présents et intéressés par l'Afrique

- Bases étrangères en terres africaines
- Présence croissante des investissements chinois en relation avec la stratégie du « win-win »

II. … ce qui favorise l'émergence de certains territoires africains…

A. La domination sud-africaine

- L'Afrique du Sud : géant africain (presque 20% du PIB de l'Afrique subsaharienne) ?

B. Les autres économies émergentes d'Afrique

- Economies africaines en forte croissance (+ de 6% par an) depuis les années 2000 (Nigeria, Angola, Kenya, Mozambique, Côte d'Ivoire, Ghana)
- Pays riches de leurs hydrocarbures

C. Le dynamisme de certains littoraux riches et/ou stratégiques

- Passages stratégiques de la mondialisation africaine
- Littoral dynamique
- Hubs portuaires de l'Afrique subsaharienne

III. … aux dépens de beaucoup d'autres encore marginalisés, voire exclus.

A. De multiples espaces conflictuels et encore délaissés

- Lieux de conflits majeurs (guerres civiles ou guerres interétatiques)
- Zones de pirateries
- Espaces de développement du djihadisme africain

B. La multiplicité des Etats faillis et/ou prédateurs

- Des Etats prédateurs et refermés sur eux-mêmes
- Etats faillis, narco-Etats

C. Des PMA toujours exclus de la mondialisation

- PMA marginalisés et qui restent dans une situation difficile

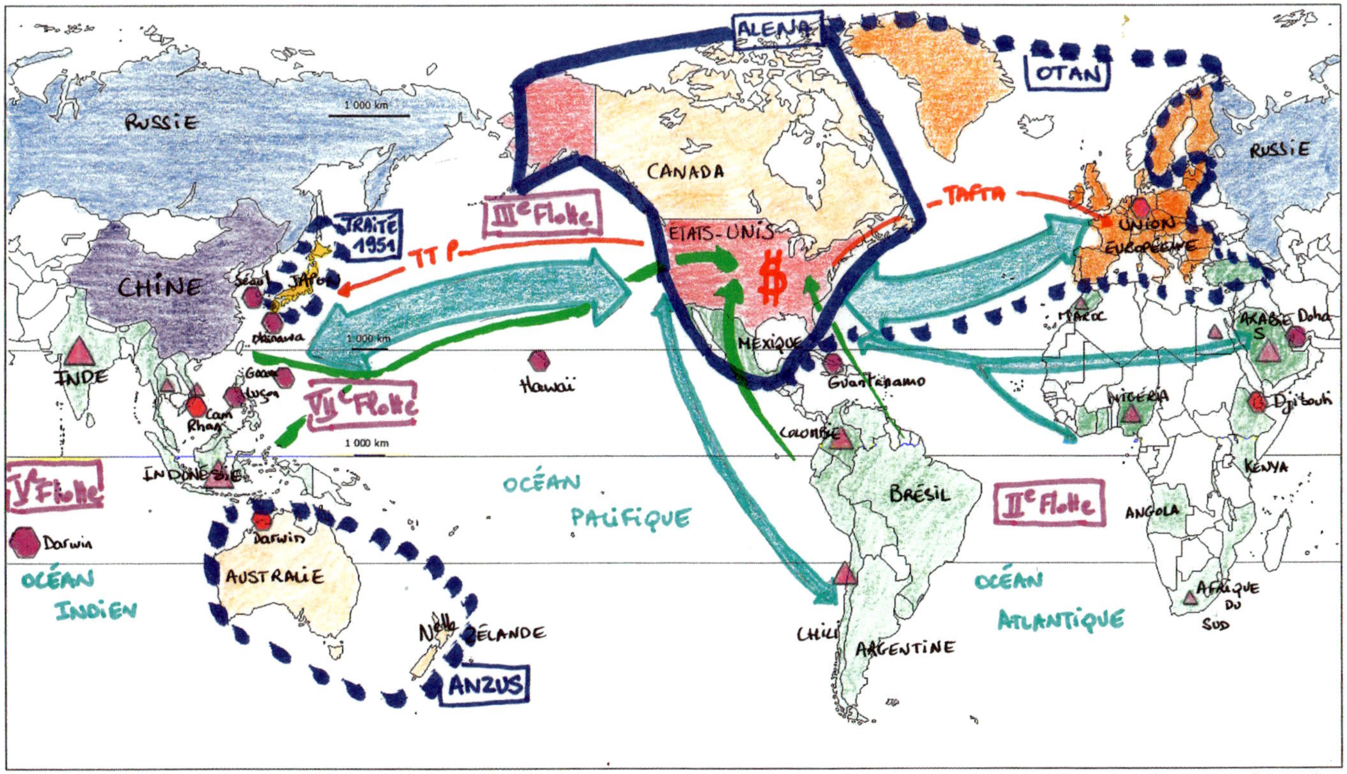

Les États-Unis : une puissance déstabilisée par le basculement du monde, mais qui a les moyens de résister.

Titre : Les Etats-Unis : une puissance déstabilisée par le basculement du monde, mais qui a les moyens de résister

I. *Le basculement du monde : une concurrence croissante pour les Etats-Unis…*

A. La Chine : le principal rival ?

La Chine : 1ère économie en PPA qui rêve par son « ascension pacifique » de rivaliser avec les Etats-Unis dans tous les domaines

B. L'émergence des Sud

Principaux émergents par leur croissance économique, leurs ressources humaines et naturelles

La Russie : vers une nouvelle guerre froide ?

C. Des Nord rivaux économiques, alliés géopolitiques

L'UE : un partenaire divisé mais aux FTN performantes

Le Japon : un partenaire riche et innovant mais fragilisé

Autres alliés

II. *… mais qui n'affecte pas encore totalement les capacités d'action américaines…*

A. Toujours la première puissance économique et financière

$ Le dollar, « privilège exorbitant » : 62% des réserves de changes mondiaux

1er PIB mondial en taux de change fixe (22% du PIB mondial)

B. Un territoire métropolisé au cœur des flux mondiaux

Villes globales ou mondiales des Etats-Unis

8% des exportations et 13% des importations mondiales ; 1er émetteur et 3e récepteur d'IDE

Migrations internationales et Brain Drain

C. Une puissance militaire et diplomatique inégalée

Alliances américaines

Bases militaires hors du territoire américain

IIe Flotte Principales flottes

III. *… et qui les pousse même à développer de nouvelles stratégies.*

A. La quête de nouvelles alliances : émergents contre émergents

Alliance et/ou coopération des Etats-Unis avec certaines puissances du Sud

B. Le développement de partenariats commerciaux stratégiques

TTP Projet de Traité Trans-Pacifique suspendu par Donald Trump

TAFTA Projet de Traité Transatlantique en cours de négociation

C. La stratégie du Pivot : une volonté d'endiguer la montée en puissance chinoise ?

Nouvelles bases américaines en Asie

LA MONDIALISATION : FACTEUR ET CATALYSEUR D'UNE RECOMPOSITION DU TERRITOIRE DES ETATS-UNIS

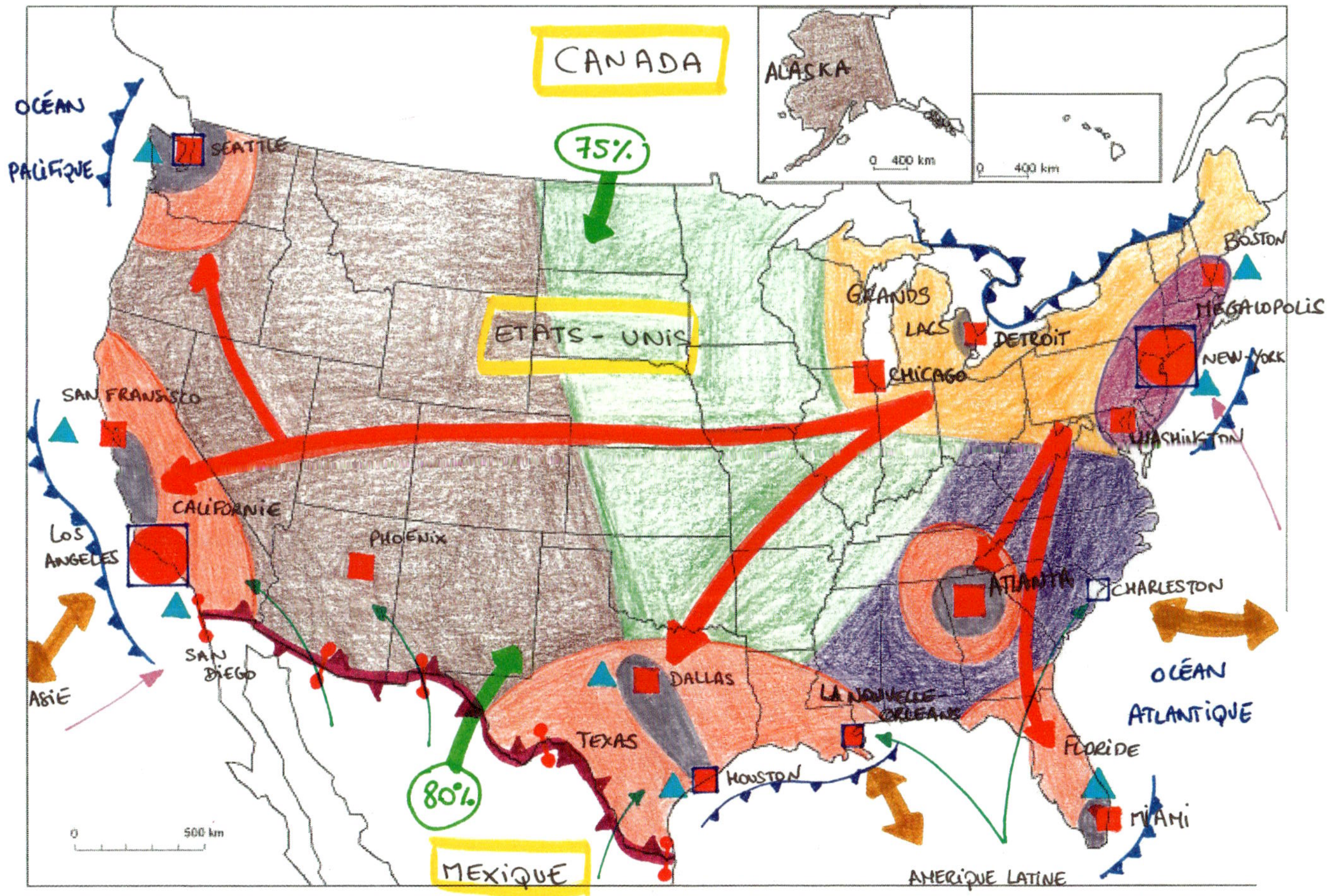

39 - Mondialisation et transformation des Etats-Unis (Croquis)

Titre : La mondialisation : facteur et catalyseur d'une recomposition du territoire des Etats-Unis

I. La mondialisation accélère l'ouverture du territoire américain …

A. Des échanges croissants avec le monde

- Les Etats-Unis : cœur des flux commerciaux et financiers mondiaux
- Brain Drain

B. Des échanges croissants avec ses voisins

- Pays appartenant à l'ALENA
- Parts des Etats-Unis dans le commerce avec ses voisins
- Des flux migratoires importants

C. De multiples interfaces de plus en plus dynamiques

- Twins cities et maquiladoras de la frontière américano-mexicaine : interface la plus prospère du monde
- Interfaces maritimes et terrestres en croissance
- Principaux hubs portuaires

II. … comme elle favorise sa polarisation

A. Une métropolisation multiforme

- Megalopolis (70 millions d'habitants) : le cœur des fonctions de commandement de l'espace américain
- Villes globales : têtes de pont de l'archipel mégalopolitain mondial
- Relais continentaux de la puissance métropolitaine américaine

B. Des corridors industriels et technologiques en croissance

- Principaux cluster et technopôles mondiaux
- Localisation des activités industrielles cruciales pour l'économie américaine

C. Des flux internes dynamisés

- Transfert massif de population et d'activités depuis les années 1970

III. … ce qui transforme l'organisation de ce même territoire

A. Le Nord-Est : entre Rust-Belt et centralité recomposée

- Zone en déprise industrielle mais qui conserve néanmoins des fonctions de commandement majeures

B. La Sun Belt : nouvel eldorado ?

- Régions connaissant les plus fortes croissances économiques depuis les années 1980 du fait de leur spécialisation dans les activités technologiques (aéronautique, industrie militaire, NTIC) et/ou de services (Silver Economy, tourisme, médias)

C. Du Centre au Sud-Est : diversification des périphéries

- Des zones montagneuses relativement vides d'hommes mais riches en ressources naturelles
- Un Green-Belt toujours florissante et dynamisée par le développement des hydrocarbures de schiste
- Un Angle Sud-Est longtemps en crise qui bénéficie aujourd'hui de forme de réindustrialisation

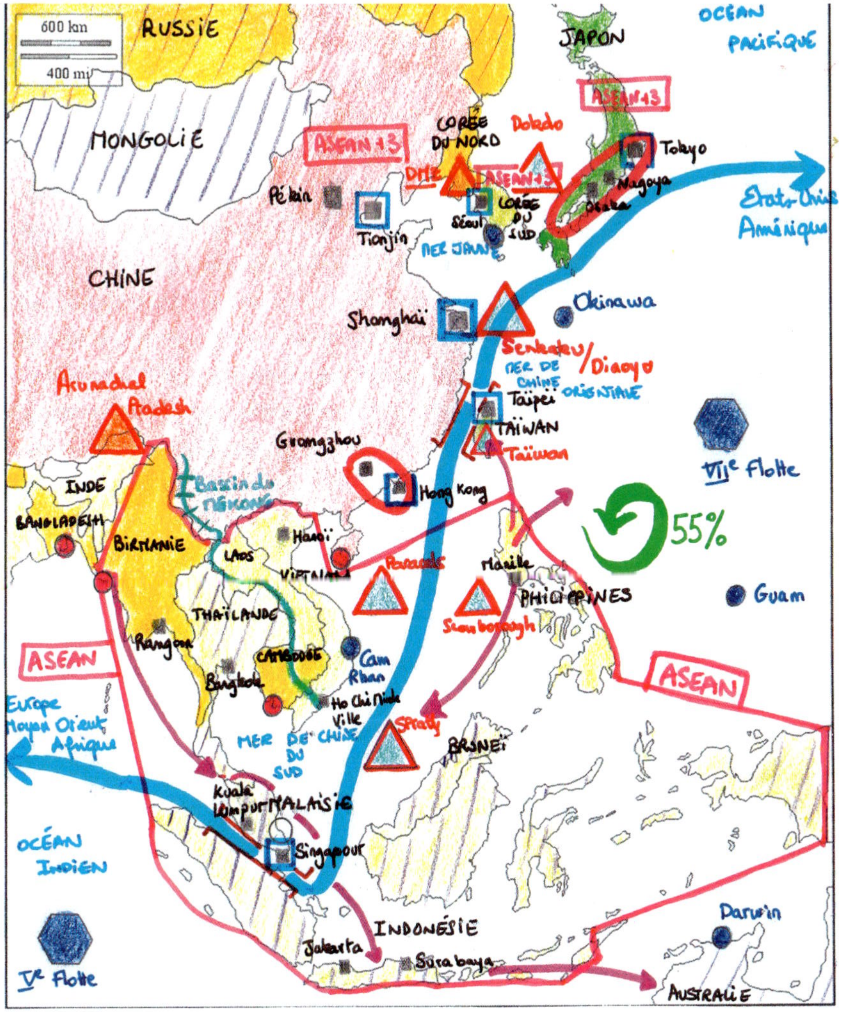

LE PARADOXE DE LA CROISSANCE DE L'ASIE PACIFIQUE DEPUIS 1980 : ENTRE INTERDÉPENDANCES PACIFIANTES ET TENSIONS RAVIVÉES

La croissance économique en Asie Orientale et du Sud-Est : un facteur de paix ?

Le paradoxe de la croissance de l'Asie Pacifique depuis les années 1980 : entre interdépendances pacificatrices et tensions ravivées

I. La croissance en Asie depuis les années 1980 crée des interdépendances pacificatrices…

A. Des territoires en croissance forte depuis 35 ans

- Les mégalopoles : cœur de la croissance et des interdépendances
- Les grandes métropoles : hyperlieux de la mondialisation asiatique
- Des interfaces littorales de plus en plus intégrées

B. Des échanges croissants à l'origine d'interdépendances pacificatrices

- Les hubs portuaires au cœur du réseau de transport mondialisé
- 55% La part croissante du commerce régional (55% du commerce asiatique) : effet d'une décomposition régionale des processus productifs
- Des flux migratoires intra-asiatiques en développement

C. Des processus d'intégration économique par une diplomatie active

- ASEAN L'ASEAN Free Trade Area : marché commun en expansion
- ASEAN+3 L'ASEAN +3 : une dynamique d'intégration régionale et de réconciliation globale ?

II. … mais elle a aussi accru les tensions géoéconomiques…

A. Les approvisionnements stratégiques : une source majeure de tensions

- Grandes routes maritimes par lesquelles circulent les principaux approvisionnements stratégiques des grandes puissances asiatiques
- Des détroits stratégiques de plus en plus cruciaux

B. Des ressources conflictuelles

- Les grands fleuves asiatiques : source d'une nouvelle hydro-conflictualité ?
- Pays riches en ressources dont les autres sont dépendants

C. Des zones stratégiques de plus en plus litigieuses

- Zones maritimes litigieuses du fait de leur ressources (halieutiques ou énergétiques) comme de leur situation (routes maritimes)
- Zones terrestres litigieuses

III. … autant que géopolitiques.

A. La croissance chinoise (1) : un objectif intérieur qui pose problème à l'extérieur ?

- La Chine : nouvel empire à l'ascension de moins en moins pacifique ?
- Stratégie du collier de Perles chinois : une réponse à la croissance des besoins
- Des pays de plus en plus proches de la Chine dans le cadre de sa stratégie de contournement de ses voisins asiatiques

B. La croissance chinoise (2) : le moteur d'un raidissement régional

- Le Japon : leader d'une stratégie d'endiguement de la Chine ?
- Des Etats qui craignent plus ou moins l'ascension et les nouvelles revendications chinoises

C. La centralité des Etats-Unis dans la régulation d'un système de plus en plus bipolaire

- Principales bases américaines en développement du fait de la stratégie du Pivot d'Obama (2010)
- Principales flottes américaines asiatiques

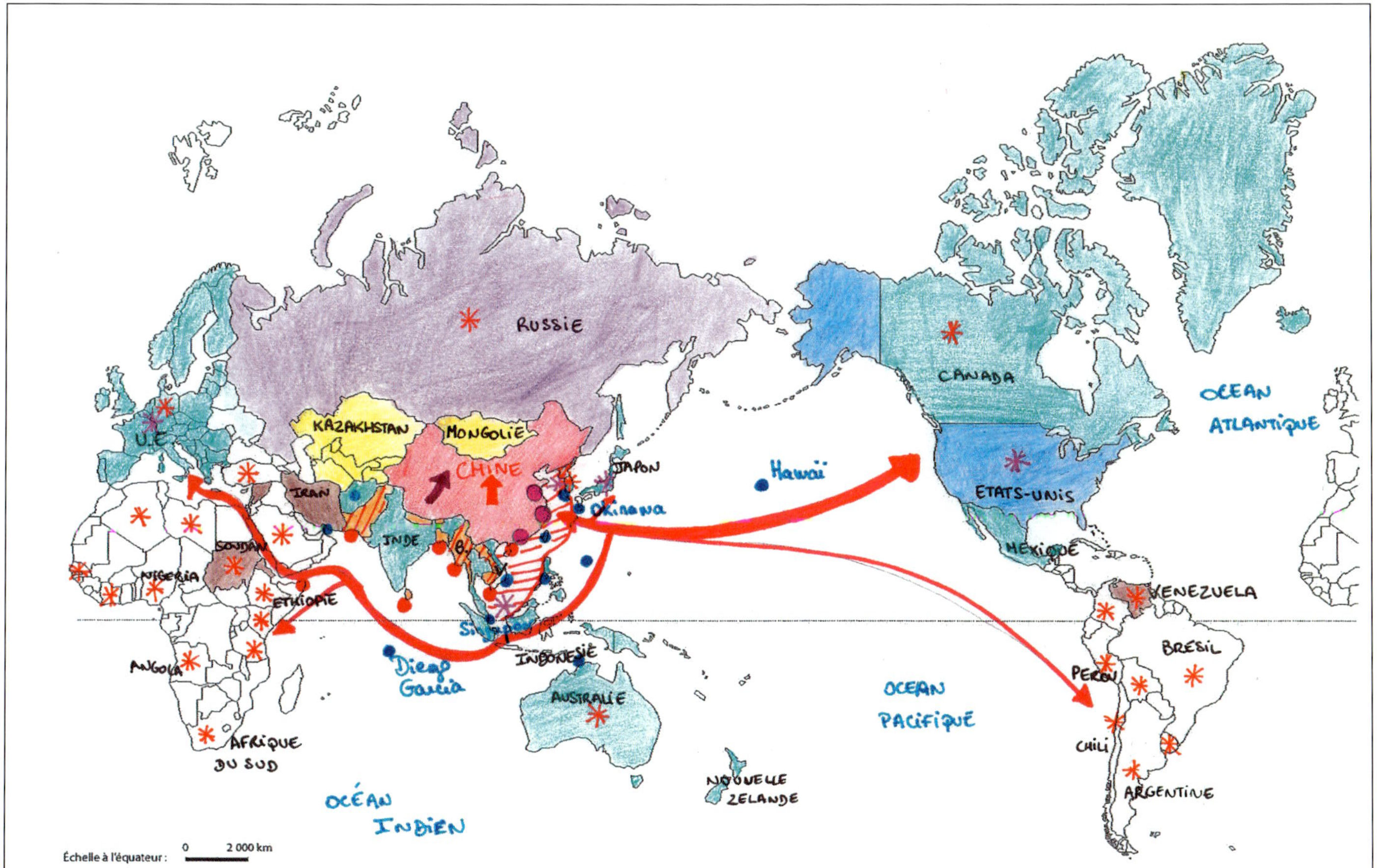

LES EFFETS DIFFÉRENCIÉS DE LA CROISSANCE CHINOISE SUR LE MONDE

Titre : Les effets différenciés de la croissance chinoise sur le monde

I. Les effets économiques de la croissance chinoise : une source de croissance pour une grande partie du monde

A. La croissance chinoise : au cœur d'une interdépendance mondiale plutôt pacificatrice

- La Chine : 35 ans de croissance à plus de 7% par an, 2e PIB mondial
- La Chine : 1er exportateur et 2e importateur mondial

B. La croissance chinoise : une opportunité économique pour nombre de pays exportateurs de matières premières et agricoles

- Pays dont la Chine a tiré la croissance et l'émergence depuis les années 2000

C. La croissance chinoise : une opportunité pour nombre de FTN

- Territoires de délocalisation des grandes FTN occidentales
- Ascension des classes moyennes et donc du marché intérieur chinois
- Les 5 premiers partenaires commerciaux de la Chine

II. Les effets géopolitiques de la croissance chinoise : une opportunité pour la stratégie de certains émergents

A. L'ascension chinoise : un appui pour la stratégie de réaffirmation russe

- La Russie : fournisseur de matières premières et partenaire stratégique de la Chine

B. L'ascension chinoise : une carte maîtresse pour certains pays d'Asie

- Les Etats asiatiques opposés à l'Inde
- Les Etats d'Asie centrale intégrés à l'OCS et lieu d'investissement privilégié de la Chine
- Autres partenaires asiatiques de Pékin

C. L'ascension chinoise : un atout pour les adversaires de l'Occident

- Les « ennemis » de l'Occident en bons termes avec la Chine

III. La croissance chinoise : un facteur d'inquiétude croissant pour nombre de grandes puissances mondiales

A. Les motifs de l'inquiétude mondiale

- La croissance du budget militaire permise par la croissance économique
- Les revendications territoriales chinoises
- Le « collier de Perles » : une expansion militaire ?

B. Les Etats-Unis : maitre d'œuvre d'une nouvelle stratégie de containment

- Les Etats-Unis : rival déclaré de l'ascension chinoise ?
- Le dispositif militaire américain : un containment qui ne dit pas son nom ?

C. Les adversaires de l'ascension chinoise

- Les alliés des Etats-Unis face à la Chine

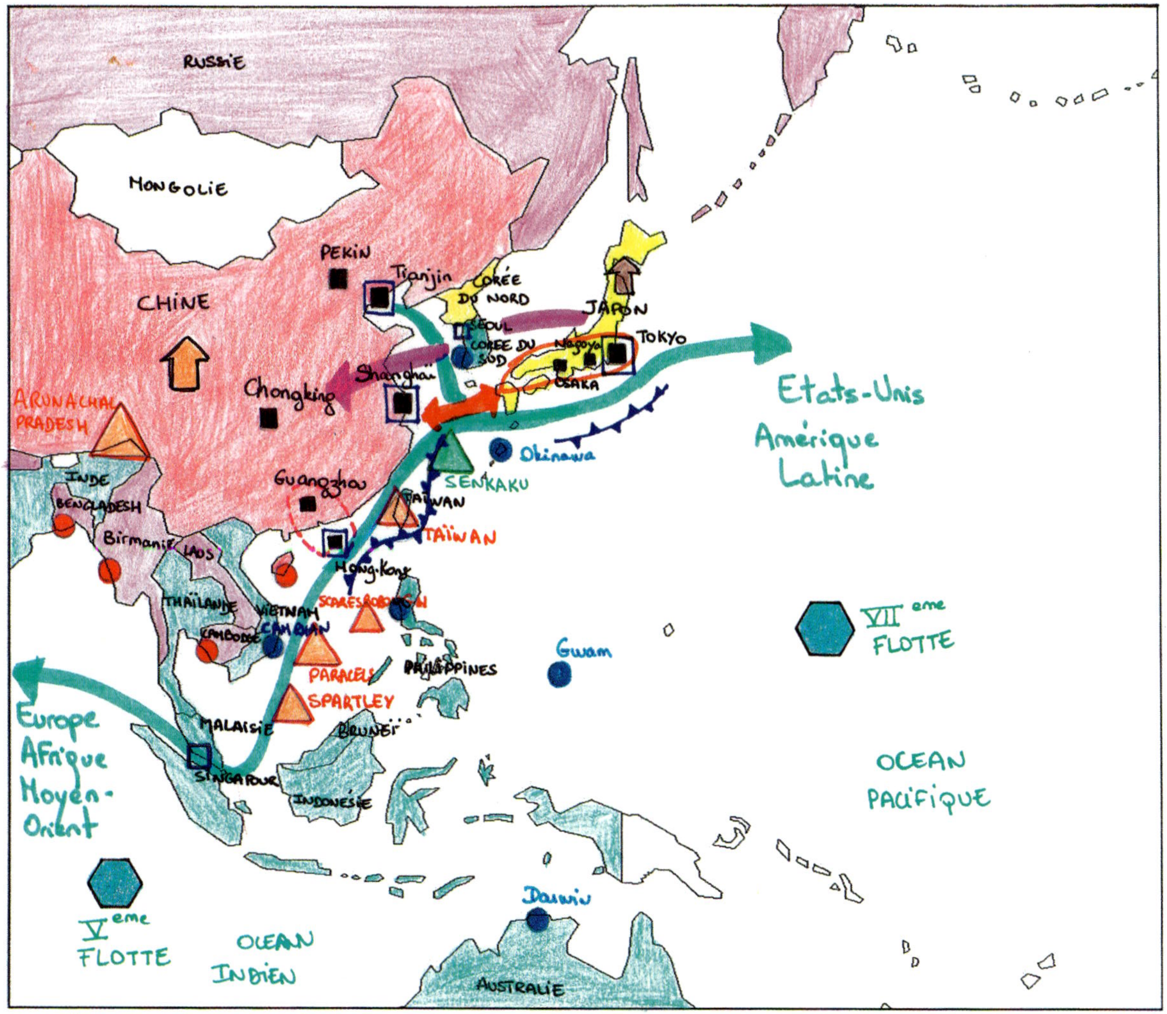

CHINE ET JAPON EN ASIE : UNE RIVALITÉ PERSISTANTE DANS LE CADRE D'UNE INTERDÉPENDANCE CROISSANTE

Chine et Japon en Asie : une rivalite persistante dans le cadre d'une interdependance croissante

I. Chine et Japon : les deux grandes puissances motrices et interconnectées de la mondialisation asiatique …

A. La Chine : la puissance industrielle de l'espace asiatique

- Chine : 1er PIB en parité de pouvoir d'achat, « atelier du monde »
- De grandes métropoles de plus en plus intégrées à l'Archipel mégalopolitain mondial
- Une mégalopole en formation (le delta de la rivière des Perles)

B. Le Japon : la puissance technologique de l'espace asiatique

- Japon : 3e PIB mondial, puissance technologique et financière
- La mégalopole japonaise : cœur économique de l'espace asiatique

C. Deux puissances au cœur des flux mondiaux

- Routes maritimes mondiales
- Principaux hubs mondiaux
- Interfaces de plus en plus active

II. … qui sont prises dans une dynamique d'interdépendances croissantes…

A. L'interdépendance commerciale

- Echanges commerciaux : 20% du commerce extérieur japonais, 18% du commerce extérieur chinois

B. L'interdépendance financière et technologique

- IDE japonais : le Japon, 1er investisseur mondial en Chine

C. L'interdépendance humaine

- Des flux touristiques et d'affaires croissants

III. … et dont pourtant la rivalité en Asie s'accroît irrémédiablement.

A. Une Chine dont l'ascension paraît à ses voisins comme de moins en moins pacifique

- Les revendications territoriales de la Chine
- La stratégie du « Collier de Perles » de sécurisation des routes d'approvisionnements stratégiques
- Les alliés de la Chine en Asie
- Un réarmement rapide et croissant (dépenses militaires en hausse de 400% depuis 2000)

B. Un Japon, pièce maitresse du dispositif d'endiguement américain

- Principales bases américaines en développement du fait de la stratégie du Pivot (2011)
- Flotte américaine en Asie
- Alliés des Etats-Unis et donc du Japon dans la stratégie d'endiguement de la Chine : vers un « Arc des démocraties » ?
- Un réarmement inédit (dépenses militaires +16% depuis 2012)

C. Des tensions géopolitiques croissantes entre les deux puissances

- Les Senkaku/Diaoyu : une rivalité territoriale politique, symbolique et économique croissante
- La Corée du Nord : un acteur menaçant et nucléarisé, sur lequel la Chine joue pour peser contre ses adversaires japonais, américains et sud-coréens

25 Le monde face aux défis alimentaires et agricoles contemporains

Si l'on transforme le sujet en question simple (ce qu'il faut toujours faire au départ), cela revient à interroger la façon dont le monde (dans son ensemble comme dans ses parties) est capable ou non de répondre aux défis alimentaires et agricoles. Il faut donc au préalable bien clarifier certains points :

1. Bien sûr ce qu'on peut entendre par « défis alimentaires et agricoles », à savoir la possibilité comme la capacité à nourrir tout le monde en produisant suffisamment. À cet égard, si deux termes sont utilisés (alimentaires et agricoles) c'est bien parce qu'ils n'ont pas le même sens et que même s'ils sont liés, ils n'impliquent pas les mêmes enjeux
2. Identifier la diversité de ces défis : nourrir en quantité et en qualité, faire face à une demande croissante, produire suffisamment, préserver les ressources, affronter les effets des pollutions et des crises sanitaires du modèle productiviste, surmonter l'impact du dérèglement climatique…
3. Enfin, comme toujours, bien distinguer l'hétérogénéité géographique du problème, car tous les pays du monde n'affrontent pas les mêmes problèmes et ne peuvent y répondre de la même façon.

Les règles d'une bonne analyse sont donc toujours les mêmes : bien expliciter le sens du sujet, parcourir la diversité des enjeux qu'il soulève, toujours chercher à les replacer dans l'hétérogénéité du monde et des échelles auxquelles ils se posent, telles sont les méthodes d'une bonne analyse du sujet.

Bien que la production agricole mondiale augmente massivement depuis les années 1970, le nombre des malnutris stagnent : entre un milliard et 850 millions d'humains ne mangent toujours pas à leur faim, et la tendance est même repartie à la hausse depuis la crise de 2008. Ce défi alimentaire est d'autant plus prégnant aujourd'hui que les possibilités de faire encore davantage croître les productions agricoles semblent se réduire. Alors, le monde peut-il faire face à ce double défi alimentaire et agricole contemporain ?

Depuis les années 1950, le monde a su faire face au défi agricole. Bien que la population mondiale ait presque triplé (passant de 2 à 7,4 milliards d'habitants en 2018), les systèmes agricoles ont été capables de produire 6 à 7 fois plus de nourriture durant cette même période. Les révolutions vertes et la généralisation du modèle productiviste autant que l'accroissement des échanges agricoles dans le cadre de la mondialisation ont permis d'étendre et d'intensifier les capacités de production à un rythme bien supérieur à celui de la croissance démographique. Plus avant, même le défi alimentaire (la possibilité de nourrir toute la planète) a aussi été partiellement surmonté. Si le nombre des malnutris restent globalement stable, en revanche leur part dans la population mondiale s'est considérablement réduite passant de 20 % en 1990 à 12 % aujourd'hui. Pourtant, le monde est encore loin d'avoir surmonté ce double défi. D'un côté, l'équation alimentaire et agricole s'est complexifiée et les défis sont devenus plus difficiles à résoudre : la croissance démographique se poursuit dans un contexte où les comportements alimentaires changent ; le modèle productiviste atteint ses limites écologiques et économiques au moment même où les effets du dérèglement climatique deviennent sensibles. Bref, la demande continue et va continuer de fortement augmenter tandis que les possibilités de produire davantage se réduisent. D'un autre côté, tous les pays du monde ne sont évidemment pas égaux face à ce double défi : leurs ressources respectives en eau et en terres cultivables, les évolutions de leur demande alimentaire (fonction de la pression démographique et des comportements nutritionnels), les moyens dont ils disposent pour y faire face sont tellement hétérogènes d'un pays à l'autre que leur adaptation aux défis contemporains varie grandement. Dans ces conditions, le monde peut-il faire face aux défis alimentaires (nourrir en qualité et quantité tout le monde) et agricoles (produire suffisamment pour répondre aux besoins) du monde actuel et à venir ? Autrement dit, le monde peut-il répondre aux besoins croissants dans un contexte de dégradation environnementale et de mutations des systèmes productifs mondialisés ? Ou bien est-ce, si ce n'est impossible, du moins difficile, notamment pour certaines parties du monde fragilisées ?

Même si le monde est inégalement confronté à de nombreux défis alimentaires et agricoles de plus en plus pressants (1), il dispose néanmoins de moyens pour y faire face globalement (2). Pour autant, l'adaptation aux défis alimentaires et agricoles varie grandement entre les pays et dépend très largement de leurs conditions et de leurs moyens respectifs (3).

Une nouvelle fois, on peut proposer deux plans différents en fonction de la problématique posée. Le Plan 1 axe la réflexion sur la possibilité, ou non, de faire face aux défis alimentaires et agricoles, le jeu d'échelles (global/national/local) ne venant qu'après. Le Plan 2 fait le choix inverse en interrogeant davantage l'articulation entre le global et le local, en se focalisant sur la question de savoir si ces défis sont finalement bien mondiaux. Comme toujours, en fonction de la façon dont on aborde le problème, la réponse varie (et encore, d'autres façons de faire sont évidemment possibles à partir du moment où elles sont logiques, cohérentes et en lien avec le sujet).

Plan 1

Problématique : Le monde peut-il faire face aux défis alimentaires (nourrir en qualité et quantité tout le monde) et agricoles (produire suffisamment pour répondre aux besoins) du monde actuel et à venir ? Autrement dit, le monde peut-il répondre aux besoins croissants dans un contexte de dégradation environnementale et de mutations des systèmes productifs mondialisés ? Ou bien est-ce, si ce n'est impossible, du moins difficile, notamment pour certaines parties du monde fragilisées ?

I. Un monde inégalement confronté à des défis alimentaires et agricoles nombreux et croissants

A. La pression démographique et la transition nutritionnelle

La consommation agricole est et va rester croissante dans les prochaines décennies. D'une part, la population mondiale va continuer de croître de près d'1 % par an et d'ici 2050, on comptera près de 4 milliards d'humains supplémentaires à nourrir. En outre, cette masse de population jeune a besoin de davantage d'apports alimentaires qu'une population vieillissante. D'autre part, et peut-être surtout, le rattrapage des niveaux de vie par les pays pauvres conduit à une transition nutritionnelle par laquelle des centaines de millions de Chinois, d'Indiens ou d'Africains consomment toujours plus de produits d'origine animale (viande, lait, œuf…). L'impact sur la demande globale est d'autant plus fort qu'il faut en moyenne 10kg de végétaux pour produire 1 kg de bœuf ou 4kg pour 1 kg de volaille. On estime que la demande de céréales pour nourrir les animaux devrait augmenter de plus de 60 % d'ici à 2040, alors qu'aujourd'hui c'est déjà plus du quart de la production mondiale qu'ils consomment.

B. La question de l'eau et des terres disponibles

La pression sur les ressources hydriques est un autre défi agricole. D'un côté, là où elle est déjà rare (dans les zones semi-aride) et où la population est croissante, la possibilité d'accroître la production agricole est en question, comme en Égypte. D'un autre côté, les autres usages (industriels mais aussi et surtout urbains) sont aussi en constante augmentation et réduisent d'autant les possibles prélèvements agricoles. Enfin, les terres disponibles sont aussi limitées, en particulier dans certaines régions saturées et pourtant fort peuplées. Évidemment le cas de l'Asie Orientale et du Sud-Est où près de 80 % des terres cultivables sont déjà mises en culture alors même que la pression alimentaire de ces zones les plus peuplées du monde est particulièrement forte est exemplaire.

C. La pression des productions non-alimentaires

En plus d'une demande croissante et de capacités à augmenter la production limitée par le manque d'eau et de terres, il faut aussi tenir compte de la croissance des productions agricoles non-alimentaires. Les cultures de coton ou de lin sont parfois privilégiées dans des pays pourtant importateurs de biens alimentaires. L'Égypte ou le Bénin consacrent une part importante de leur surface cultivable à la production de coton alors même que ce sont de grands importateurs de céréales. Évidemment, ces choix résultent de l'avantage comparatif à produire du coton pour le marché mondial plutôt que des céréales pour le marché domestique. Mais ce sont surtout les agrocarburants qui prennent une place croissante. Dans la mesure où ils peuvent réduire la dépendance économique et stratégique aux hydrocarbures et même possiblement réduire les émissions de gaz à effet de serre des pays qui se lancent dans ces productions, les agrocarburants sont en plein développement. Aujourd'hui ce sont déjà 12 % des céréales, 11 % des huiles végétales, et 20 % de la canne à sucre produites dans le monde qui sont brûlés pour produire de l'énergie. Or, c'est une stratégie limitée : si la France voulait satisfaire ces besoins en hydrocarbures uniquement par ces agrocarburants elle devrait consacrer 20 millions d'hectares à cette seule production, c'est-à-dire plus que la surface cultivable dont elle dispose aujourd'hui (15 millions). Donc, plus on développe les agrocarburants, plus on retire de terres et d'eau à la production alimentaire, et plus l'équation agricole devient insoluble.

D. L'impact des dégradations environnementales et du dérèglement climatique

Le dérèglement climatique est en train de réduire les capacités de production agricole (alors même que la demande ne va cesser de croître). En effet, même si les zones froides pourraient se réchauffer et permettre la mise en culture de nouvelles terres (Sibérie, Canada), même si l'augmentation de la température et du CO_2 pourraient peut-être augmenter le rendement des plantes, le bilan du réchauffement climatique sur la production agricole est pourtant considéré comme négatif par le GIEC. Car, la disparition des terres les plus fertiles (par la montée des eaux, la disparition et/ou la salinisation des plaines ou deltas côtiers aujourd'hui les plus productifs), la raréfaction des ressources hydriques dans les régions qui en manquent déjà, l'accélération de la désertification, la multiplication et surtout l'intensification des phénomènes climatiques extrêmes (sécheresse, canicule, précipitions, tempêtes…), la multiplication des nuisibles, tous ces facteurs joueront (voire jouent déjà) en défaveur de la capacité à produire davantage. De surcroît, les conséquences environnementales de l'agriculture productiviste font aussi peser un danger sur la production agricole : la stérilisation de certaines terres par l'usage abusif d'intrants et/ou d'eau (comme au Pendjab et au Rajasthan, hauts lieux de la révolution verte indienne où la fertilité des terres baisse rapidement aujourd'hui), la disparition inquiétante des polinisateurs probablement détruits par l'épandage massif de pesticides, l'abus des labours profonds qui réduisent la fertilité des terres, tous ces éléments limitent l'agriculture.

II. Un monde qui parvient à répondre, en partie, à ces défis

A. La lutte globalisée contre la faim

Depuis les années 1990, les progrès sont constants : en 1990, on comptait plus d'un milliard de malnutris soit 19 % de la population mondiale, alors qu'aujourd'hui il ne représente plus que 12 %. Les progrès les plus spectaculaires ont concerné l'Asie où la proportion de malnutris a quasiment été diminué par deux (sous l'effet de la croissance économique notamment en Chine), mais également en Afrique où, avec la croissance démographique, le taux a diminué de près de 10 points (mais pas en valeur car le nombre a augmenté de 50 millions de personnes). Ces progrès résultent à la fois de l'enrichissement de certains pays, de la capacité à mieux les nourrir, mais aussi des actions des grandes organisations internationales qui disposent de moyens techniques et financiers pour agir préventivement avant qu'une catastrophe n'arrive. Ainsi, la FAO, le Programme Alimentaire Mondial, l'UNICEF en collaboration avec les États et surtout les ONG spécialisés sont désormais en mesure d'intervenir en cas de risque de famine et d'éviter le pire. Elles l'ont prouvé en 2011, lorsque qu'une exceptionnelle sécheresse (près de deux ans sans pluie) au nord du Kenya et au sud de l'Ethiopie n'a pas dégénéré en famine grâce à leur action préventive.

B. La généralisation du modèle productiviste

Cette réduction relative du nombre de malnutris résulte également des progrès agricoles de nombre de pays capables désormais d'atteindre une forme de sécurité alimentaire ou, du moins, d'autosuffisance grâce à l'adoption de réformes agricoles. La généralisation du modèle productiviste grâce à des révolutions vertes voulues autant que financées et dirigées par l'État a produit ses effets. L'Inde a en partie réussi l'exploit d'être capable de produire suffisamment de céréales mais également de lait et d'huiles désormais grâce aux révolutions vertes, blanches et jaunes que l'État fédéral et les États fédérés ont engagé à partir des années 1970.

C. L'essor des échanges agricoles

La capacité à nourrir toute la planète vient aussi du développement des marchés agricoles mondialisés. En effet, pour les pays incapables de faire face à leur demande croissante (ceux dont la population augmente très rapidement et/ou qui ne disposent pas suffisamment de terres et d'eau), la hausse globale de la production et la baisse des coûts de transport a pu constituer un palliatif aux lacunes de la production locale. Le Nigéria et ses 186 millions d'habitants ou l'Égypte et ses 95 millions d'habitants tous pour moitié urbains ne pourraient survivre sans les massives importations alimentaires en provenance d'Amérique ou d'Europe. L'Égypte est déjà le premier importateur mondial de blé, ses importations couvrant près de 57 % de ses besoins.

D. La quête de nouvelles techniques (OGM) ou de nouveaux modèles (agriculture durable, commerce équitable)

Enfin, face aux défis agricoles et alimentaires croissants, le monde a su développer des réponses techniques ou organisationnelles innovantes. Les OGM sont pour certains pays (principalement ceux d'Amérique) une réponse adéquate au nécessaire changement du modèle productiviste puisque, selon ses promoteurs, son utilisation accroît les rendements en réduisant l'usage d'eau et de pesticides. Pourtant, ces OGM sont fortement contestés (l'UE en a interdit la production massive) et font possiblement peser de nombreux risques. Risques sanitaires de modifications génétiques à l'impact aléatoire ; risques économiques d'une dépendance aux grands semenciers qui contraignent à acheter des plants stériles ; risques écologiques de productions qui en réalité nécessitent l'épandage abondant de produits phytosanitaires. Reste que si ces OGM de première génération ne sont pas forcément une solution pertinente, peut-être que ceux de 2e génération pourront résoudre nombre de problèmes pour des pays aujourd'hui incapable de faire face par eux-mêmes à la demande croissante. C'est ce que suggère Bruno

Parmentier, dans *Faim Zéro*[1], lorsqu'il invoque les recherches actuelles par exemple sur le gène de la mangrove qui pourrait possiblement permettre de faire pousser des plantes avec de l'eau salée. Reste qu'en attendant ces possibles innovations technologiques, de nouveaux modèles pourraient aussi émerger pour faire naître une agriculture plus durable, pour à la fois préserver les sols et l'eau, produire toujours autant ou plus, et enrichir les petits paysans fragilisés. Une multiplicité de solutions locales sont déjà envisagés comme la réduction des labours profonds, la polyculture intensive, l'agroforesterie, l'usage rationnel d'insectes ou de lombrics pour réduire l'usage d'intrants…

III. Toutefois, l'adaptation à ces défis dépend très largement des situations des pays concernés

A. Des pays développés ou émergents exportateurs qui tirent profit de ces défis mais sont désormais confrontés à de nouveaux

Pour l'Union Européenne, pour les États-Unis, pour l'Australie ou la Nouvelle-Zélande, ou pour certains émergents agricoles (Brésil, Argentine, Thaïlande et même en partie l'Inde), bref pour les pays exportateurs, les défis agricoles et alimentaires actuels apparaissent comme une opportunité. Ils ont les moyens de produire beaucoup et de valoriser leurs exportations de biens agricoles bruts ou complexes (vins, fruits, légumes, mais aussi café ou thé) et donc tirer profit de la demande mécaniquement croissante. Pourtant, ils doivent aussi affronter de nouveaux défis : les pollutions consécutives au système productiviste et les crises sanitaires résultant de la complexité des systèmes agro-industriels (vache folle, œufs au fipronil, bœuf brésilien avarié…). Plus avant, ces pays riches de leurs ressources alimentaires abondantes sont aussi désormais confrontés à un nouveau défi sanitaire : l'obésité qui devient la nouvelle maladie mondialisée. Certes, les pays exportateurs ne sont pas les seuls concernés, loin de là. La prévalence de l'obésité est même la plus importante dans certains pays importateurs tel le Mexique. Mais ce sont bien la sédentarisation des modes de vie et plus encore la standardisation globalisée de produits agro-alimentaires d'exportation de moins en moins coûteux mais de plus en plus gras, sucrés et salés qui sont à l'origine de cette épidémie.

B. Des pays développés ou émergents importateurs qui tentent de s'organiser pour faire face

Pour les pays importateurs, qu'ils soient développés ou émergents, tout autant confrontés au problème de l'obésité, les défis ne sont pourtant pas les mêmes. Ces pays qui produisent déjà beaucoup mais qui, pourtant, ne peuvent plus faire

1. Bruno Parmentier, *Faim Zéro, En finir avec la faim dans le monde*, La Découverte, 2014.

face à la demande croissante en biens alimentaires complexes d'origine animale, souffrent de la limitation de leurs ressources en eau et en terres. Nombre de pays d'Asie sont aujourd'hui dans cette situation, à l'instar du Japon ou de la Chine. Devenue autosuffisante grâce aux réformes de Deng Xiaoping des années 1980 jusqu'au milieu des années 2000, cette dernière a vu depuis sa dépendance ne cesser de s'accroître compte tenu de la faiblesse des terres disponibles et de la dégradation environnementale. Pour ces pays, le défi est tout à la fois économique, stratégique mais aussi politique. Pour cet immense pays communiste, garantir la sécurité alimentaire, c'est satisfaire tout à la fois une question de sécurité nationale et d'ordre intérieur, dans la mesure où le contrat social chinois repose sur la prospérité contre l'obéissance. C'est pourquoi l'État chinois incite (via une politique agricole protectionniste) à produire en Chine tout autant qu'il se préoccupe aussi de la sécurisation des approvisionnements en dehors du territoire. Sécuriser les routes du blé, du lait, du bœuf et des oléo-protéagineux via les « Nouvelles routes de la Soie », encourager l'agriculture off-shore via le land grabbing en Asie et de plus en plus en Afrique, tels sont les réponses chinoises aux défis agricoles et alimentaires. La Chine est d'ailleurs suivie dans cette voie par d'autres pays qui ont les moyens de mener de telles politiques : le Japon, la Corée, mais aussi l'Arabie Saoudite, les émirats du Golfe se sont engagés dans ces voies.

C. Des pays, où règnent la faim et la pauvreté, accablés par ces défis

Enfin, restent les pays aujourd'hui importateurs qui n'ont les moyens ni économiques, ni politiques, ni stratégiques de répondre à leurs défis alimentaires et agricoles. Nombre de pays d'Afrique mais également d'Asie ou des Caraïbes sont submergés par les problèmes alimentaires. Plusieurs facteurs se conjuguent et expliquent leurs difficultés. Ce sont pour la plupart des PMA où la croissance démographique et urbaine reste encore forte (2 % par an d'accroissement naturel) à l'image du Niger dont la population a quadruplé depuis 1980 (passant de 5 à 20 millions aujourd'hui) et où l'accroissement naturel frôle les 4 % par an. Or certains d'entre eux ont des ressources agricoles limitées : le manque d'eau (comme au Niger, pays du Sahel) et/ou de terres disponibles (comme en Haïti qui souffrent de son insularité) posent un évident problème. Mais tous ne sont pas dans ce cas. En effet, il existe des pays fortement dépendants de leurs importations alimentaires, qui endurent une malnutrition chronique et qui pourtant disposent de terres et d'eau en abondance, et les vendent et les louent à d'autres États tels Madagascar ou la RDC. Ces situations résultent de deux facteurs qui se cumulent. D'une part, la mondialisation agricole sur des pays qui ont souvent dû s'ouvrir de force au marché mondial (via des PAS) a ruiné les agricultures locales qui n'ont pu faire face à la concurrence de produits bon marché et parfois subventionnés venant d'Amérique ou d'Europe. Les paysans ruinés n'ont eu d'autres choix que de partir en ville ou de s'adonner à des activités illégales. Comment expliquer autrement le développement de la culture du cannabis dans le sud du Mexique (Chiapas) après l'entrée en vigueur de l'ALENA en 1994 ? Car d'autre part, le mal-développement de ces pays s'est aggravé face à cette concurrence insoutenable conduisant des millions de paysans pauvres à une misère plus grande ou bien à faire le choix de développer des cultures d'exportations plutôt que des biens alimentaires destinés au marché intérieur, à l'image de la Côte d'Ivoire premier exportateur mondial de bananes mais 3e importateur de céréales d'Afrique. Tout ceci conduit à un paradoxe : 2/3 des 870 millions d'affamés dans le monde sont des paysans qui ne peuvent subvenir à leurs propres besoins. Cette invraisemblance est d'autant plus étonnante dans des pays, en particulier d'Afrique subsaharienne, qui devraient en théorie devenir des géants agricoles au regard de leurs terres et des ressources en eau disponibles. Comme l'explique Sylvie Brunel[1], si l'Afrique de demain est capable à son tour d'augmenter sa productivité agricole (qui reste faible) grâce à des politiques volontariste et inclusive, alors l'Afrique a les moyens de devenir le futur grenier du monde, elle qui aujourd'hui importe massivement des produits agricoles.

Plan 2

Problématique : Les défis agricoles et alimentaires contemporains sont-ils tellement hétérogènes qu'ils peuvent uniquement être surmontés par une action locale et/ou nationale ? Ou bien, par-delà leur diversité, relèvent-ils aussi que de solutions globales autant que globalisées ?

I. Des défis agricoles et alimentaires qui accablent et déstabilisent encore une partie de la planète

A. Croissance démographique et faim.

B. Une vulnérabilité accrue par la mondialisation agricole.

C. Un défi alimentaire qui n'est pas qu'agricole : le poids de la pauvreté et des inégalités.

1. Sylvie Brunel, *L'Afrique est-elle si bien partie ?*, Éditions des Sciences Humaines, 2014.

II. Des défis pourtant surmontés par de nombreux pays riches ou en développement mais qui doivent désormais faire face à de nouveaux problèmes

A. Les révolutions vertes : un moyen de surmonter les défis agricoles et alimentaires et même d'en tirer profit (exportations).

B. D'un défi à l'autre (1) : l'émergence de nouveaux risques sanitaires (obésité et dérives du système agro-industriel).

C. D'un défi à l'autre (2) : l'insoutenabilité du modèle productiviste en contexte de dérèglement climatique.

III. Des défis par conséquent hétérogènes mais qui concernent pourtant l'ensemble du monde et mènent à des actions et possiblement des solutions globales

A. La lutte globalisée contre la faim (ONU, FAO, ONG…).

B. L'essor des échanges mondialisés et ses limites.

C. Le développement de nouvelles techniques et de nouveaux modes de productions et d'échanges (OGM, agricultures durables, commerce équitable…).

MODULE III

Géodynamique continentale de l’Europe, de l’Afrique et du Moyen-Orient

26 Peut-on définir une identité européenne ?

Ce sujet, apparemment peu géopolitique, l'est bien plus qu'il n'y paraît. En effet, il faut avant tout le problématiser avec précision en s'interrogeant, comme souvent, sur le pourquoi d'une telle question : pourquoi poser cette question-là aujourd'hui ? Quels sens politique ou géopolitique peut-il recouvrir ? Car la question de l'identité européenne est moins un problème d'histoire ou de géographie, qu'un problème politique, de détermination de ce qu'est l'Europe dans le contexte actuel de construction européenne et de trouble identitaire. Finalement, la question est moins de savoir si on peut (évidemment qu'on peut) mais de savoir comment le faire, selon quelles logiques politiques et quels critères ? Bref, voici donc un sujet un peu compliqué puisqu'il invite à mettre en perspective la question pour mieux la résoudre.

Introduction

Lors de l'interview télévisée accordée par le général de Gaulle lors de la campagne présidentielle de décembre 1965, ce dernier a fustigé « l'Europe supranationale » comme relevant du « mythe » et de la « chimère », et ne pouvant résister à la seule réalité qu'il reconnaissait, à savoir celle des Nations. À ses yeux, Italiens, Anglais, Français, Allemands ou Belges ne peuvent - et ne pourront jamais - être fondus dans un seul et même ensemble[1]. Pourtant, dans le même temps, de Gaulle ne cessait de défendre une « Europe européenne » contre les États-Unis, supposant donc qu'une évidence européenne existait néanmoins. Entre la « chimère » et la réalité, peut-on vraiment caractériser l'identité européenne ?

Définir l'identité européenne, cela passe immanquablement par la mise au jour de traits communs fondant l'Homme européen. Or, l'existence même de cet introuvable Homme européen se pose. En effet, d'un point de vue géographique, l'Européen c'est l'habitant de l'Europe, c'est-à-dire d'un espace aux limites floues et imprécises qui ne permet pas de conclure de façon définitive si, par exemple, les Turcs ou les Russes en font ou non partie. De même, sous l'angle civilisationnel, la possible définition de l'Européen se heurte à la multiplicité et à la variabilité des critères permettant de caractériser cette européanité, d'autant plus que nombre d'entre eux sont polémiques, à l'instar de la référence exclusive au christianisme. Dans ces conditions, peut-on aller jusqu'à affirmer que l'Européen n'existe pas ? Qu'il se réduit uniquement à la somme des identités nationales, les seules qui seraient vraiment définissables, et qui de toute façon seraient irréductibles et inassimilables les unes aux autres ? Probablement pas. Car la conscience d'être européen habite le continent depuis au moins le Moyen Âge. De la Chrétienté latine au XIIe-XIIIe siècle à l'exceptionnalisme européen justifiant la conquête coloniale au XIXe siècle, l'idée d'une Europe comme une entité autonome distincte des autres civilisations a pourtant toujours existé. Plus avant, ce sentiment d'européanité s'est largement amplifié depuis le milieu du XXe siècle, sous le poids des processus de mondialisation et surtout d'intégration européenne qui s'est posée comme une construction politique visant à donner forme à une culture européenne porteuse d'identité. Aussi, est-il possible de trouver des caractéristiques communes, passées et présentes, suffisantes pour définir cette identité européenne, par-delà les hétérogènes identités nationales ? Ou bien ces dernières sont-elles tellement diverses qu'elles interdisent de définir une seule et même identité européenne ? Autrement dit, doit-on se résoudre à ne considérer l'Europe que comme la somme des identités nationales qui la composent ?

1. « À quelle profondeur d'illusion ou de parti pris faudrait-il plonger, en effet, pour croire que des nations européennes, forgées au long des siècles par des efforts et des douleurs sans nombre, ayant chacune sa géographie, son histoire, sa langue, ses traditions, ses institutions, pourraient cesser d'être elles-mêmes et n'en plus former qu'une seule ? », *Mémoires d'espoir*, Tome 1, 1970.

Si historiquement et culturellement, il existe de nombreuses caractéristiques communes qui permettent de définir une forme d'identité européenne (1), cependant ces caractéristiques communes cohabitent avec de nombreux facteurs de diversité et de division qui fragmentent cette identité et la troublent (2). C'est pourquoi la possibilité de définir une identité européenne repose davantage sur des traits sociologiques et des choix politiques présents plus (peut-être) que sur des réalités passées (3).

Problématique : Est-il possible de trouver des caractéristiques communes, passées et présentes, suffisantes pour définir une identité européenne ? Ou bien sont-elles tellement diverses qu'elles interdisent de définir une identité européenne, et donc que l'Europe n'est finalement que la somme des identités nationales qui la composent ?

I. Historiquement et culturellement, il existe de nombreuses caractéristiques communes qui permettent de définir une forme d'identité européenne

A. Des origines communes à tous les Européens

Tous les Européens se reconnaissent dans un triple héritage civilisationnel : l'héritage gréco-latin comme le dénomme Paul Veyne (qu'elle partage d'ailleurs avec les cultures islamiques), l'héritage judéo-chrétien (qui se confond avec le premier dans la mesure où Rome s'est christianisé comme le Christianisme s'est romanisé au IVe siècle, à partir de la conversion de Constantin en 312 ap. J.-C.[1]) et les héritages germaniques, de ces peuples qui ont toujours entretenus des rapports étroits avec l'Empire romain avant d'en occuper la partie occidentale au Ve siècle[2].

B. Une Histoire commune qui forge une identité proprement européenne

L'Europe, comme entité autonome de l'espace extrême-occidental du continent eurasiatique, se construit autour d'un destin et d'une civilisation commune à partir du Moyen Âge, comme l'a expliqué Jacques Le Goff[3]. Unifiée par la culture chrétienne et l'Église (ce dont témoigne l'expansion dans cet espace des arts roman puis gothique comme de la langue latine devenue, la langue européenne par excellence jusqu'au XVIe siècle), l'Europe l'a aussi été par des échanges internes croissants notamment autour des grands pôles commerciaux, depuis la Hanse

1. Paul Veyne, *Quand notre monde est devenu chrétien (312-394)*, Livre de poche, 2010
2. Ce que démontre Peter Heather dans *Rome et les barbares. Histoire nouvelle de la chute de l'Empire*, Alma, 2017.
3. Jacques Le Goff, *L'Europe est-elle née au Moyen Âge ?*, Points Histoire, 2010.

jusqu'aux cités flamandes et aux cités italiennes. S'est ensuite créée une modernité européenne singulière : modernité scientifique d'une civilisation qui a élaboré une vision mathématisée du monde ; modernité intellectuelle d'une conception libérale, individualiste et perfectible de la nature humaine ; modernité politique d'un art de la guerre à l'origine d'une révolution militaire et débouchant sur l'émergence des États modernes, de leur fiscalité envahissante à leur bureaucratie gestionnaire (et finalement sur la biopolitique au XVIIIe siècle chère à Michel Foucault[1]). Enfin, toute l'Europe a été bouleversée par l'ère des révolutions du XIXe siècle (politique et industrielle), l'émergence des nationalismes puis des impérialismes, et enfin les deux guerres mondiales qui ont constitué autant de crises de l'esprit européen (Paul Valéry) ou de l'humanité européenne (selon Edmund Husserl).

C. La définition d'une possible culture commune

Ce devenir commun a forgé des traits culturels propres à ce continent européen. Comme par définition, l'identité est difficile à caractériser puisqu'elle se compose d'une infinie variété d'éléments composites, celle de l'Europe ne peut faire l'objet d'une liste exhaustive qui la délimiterait avec précision. Pourtant, les multiples mouvements artistiques qui ont fait son histoire (du roman au romantisme, du baroque au classicisme, de l'art nouveau à l'art déco) et qui se sont exprimés à travers des formes artistiques singulières (architecture monumentale ou privée, peinture murale, paysagère ou portrait, musique orchestrale ou de chambre, genre romanesque ou théâtre classique…) témoignent de cette culture européenne que l'on retrouve (avec d'infinis variations) partout sur le continent : Bach, Mozart ou Debussy, Shakespeare, Marivaux ou Pirandello, Dickens, Hugo ou Kafka, etc., tous ont apporté leur pierre à cette culture européenne qui forme son patrimoine matériel et immatériel commun. Sous cet angle, la Russie comporte d'évidents traits européens : Tchaïkovski, Prokofiev, Chostakovitch, Tolstoï ou Dostoïevski ont inventé des formes russes d'arts proprement européens. Or, ce qui est vrai de cette culture de l'élite, l'est tout autant de la culture populaire (traditions orales, chants, jeux…) d'autant plus que l'intensité des échanges en Europe a constitué autant de vecteurs d'émulation et d'influence réciproque, creuset d'une culture européenne commune. C'est ce passé commun qui forge aujourd'hui l'incontestable sentiment d'européanité aussi flou soit-il.

1. Michel Foucault, *Sécurité, Territoire, Population, Cours au collège de France 1977-1978*, Seuil, 2004.

II. Cependant, ces caractéristiques communes cohabitent avec de nombreux facteurs de diversité et de division qui fragmentent cette identité et la troublent

A. Le trouble identitaire : un problème géographique ?

Le trouble de l'identité européenne repose sur la difficulté géographique et humaine à définir et délimiter l'Europe. Comme l'explique le géographe Jacques Levy, il n'existe pas d'européanité absolue mais plutôt un gradient qui se décline d'ouest en est. Dans cette perspective, l'identité du continent varie fortement d'un point de vue géographique d'autant qu'il n'existe pas une Europe mais des Europes. Entre l'Europe anglo-saxonne et plutôt protestante du Nord-Est, l'Europe latine et plutôt catholique de l'Ouest et du Sud-Ouest, l'Europe slave et plutôt orthodoxe de l'est existent de fortes différences que renforcent l'hétérogénéité nationale. Ainsi, la Pologne est tout à la fois slave et catholique tandis que la Roumanie (dont la langue est dérivée du latin) conjugue influences slaves, latines et majoritairement orthodoxes. L'infinie variété des cultures européennes trouble évidemment son identité.

B. Le trouble identitaire et le morcellement : un problème historique ?

Cette irréductible diversité européenne est directement le produit de son histoire, de son peuplement comme de la succession de ces divisions. Finistère de l'Eurasie, le continent européen a souvent été envahi des peuples chassés de l'Est, des zones centrales du continent. Les Indo-Européens, les Celtes, les peuples germaniques (eux-mêmes poussés par les Huns), les Slaves, les Vikings ont tous migrés vers l'Europe depuis deux millénaires et se sont mélangés à d'autres peuples autochtones ou conquérants. Ces vagues migratoires qui ont fait la diversité européenne se sont poursuivies jusqu'à nos jours, jusqu'à l'arrivée de peuples d'Afrique ou d'Asie dans la deuxième moitié du XXe siècle. Ce sont ces migrations européennes qui ont construit l'hétérogénéité linguistique et culturelle de l'Europe et fragmenté le continent. Plus encore, l'Europe a été le lieu de multiples schismes religieux et politiques : schisme entre Orthodoxes et Latins concrétisé en 1054, schisme protestant au XVIe siècle, guerres idéologiques des XVIIIe et XIXe siècles entre révolutionnaires et monarchistes, guerres idéologiques du XXe siècles entre démocratie libérale, communisme et fascisme. Continent divisé, l'Europe a aussi été le continent de la guerre ce que traduit aujourd'hui la marqueterie politique de cet espace qui ne compte pas moins d'une cinquantaine d'États, certains parmi les plus petits au monde. Et encore, peut-être que le morcellement européen, alimenté par les revendications nationales persistantes, n'a pas encore été achevé. Les Catalans, les Ecossais ou les Flamands, parmi d'autres, rêvent de fragmenter plus encore la petite Europe.

C. La fragmentation nationale des identités européennes

Actuellement les Européens se pensent d'abord par rapport à leurs identités nationales, plutôt que par rapport à une possible identité continentale. Le fait national marque largement les Européens d'aujourd'hui dans la mesure où il a été une conquête de long terme pour nombre d'entre eux. À l'exception des Anglais et des Français dont la conscience remonte au Moyen Âge, la plupart des Européens ont construit leurs identités nationales au cours du XVIIIe et XIXe siècles. Allemands et Italiens au XIXe siècle et jusqu'à récemment encore Polonais, Tchèques ou Hongrois (face à une souveraineté amputée par l'hégémonie soviétique) ont lutté pour obtenir la reconnaissance de leur altérité et la convertir en indépendance. C'est aussi à cette époque que les symboles (le coq français ou l'aigle allemand), les usages, les folklores (comme les hymnes nationaux) mais aussi les préjugés propres à chaque nation ont été fixés et que les cultures nationales ont imprégné les esprits. Favorisant le nationalisme, cette dynamique a fréquemment débouché sur des conflits entre Européens, que ce soient les luttes des Grecs ou des Polonais du XIXe siècle, ou les deux guerres mondiales au XXe siècle. Et aujourd'hui encore, bien que le continent ait été pacifié (à l'exception des marges balkaniques), les Européens se sentent d'abord des Italiens, des Français, des Allemands ou des Espagnols avant d'être des Européens ; les rencontres sportives internationales (Jeux Olympiques, Coupe du monde ou d'Europe de Football, Tournoi des Cinq Nations, Eurovision…) illustrent à échéance régulière cette prégnance des sentiments nationaux : on n'imagine mal y voir une équipe européenne affronter le reste du monde… À cet égard, c'est toute la vie politique, culturelle ou sociale des Européens qui se déroule de ce cadre national exclusif. C'est pourquoi l'identité européenne n'apparaît de prime abord que comme une addition d'identités nationales chèrement acquises, et auxquelles les Européens ne souhaitent aucunement renoncer.

D. Les ferments contemporains de la mauvaise conscience européenne et d'un trouble identitaire parfois polémique

Ce repli sur l'identité nationale aux dépens d'une introuvable identité européenne est le signe d'un trouble identitaire singulier. Face à la montée en puissance d'États-continents qui semblent apparemment dénués de tout questionnement identitaire (Chine, États-Unis et à moindre degré Inde ou Brésil), face à une mondialisation économique et culturelle qui inquiète nombre d'Européens, les peuples d'Europe semblent plus enclins à se tourner vers leur (petite) patrie plutôt que vers une européanité difficile à définir. Les néo-nationalismes (qui ont tous pour point commun de dénoncer l'existence même d'une Europe unie par-delà les identités nationales) voire les régionalismes européens alimentées par la crise des identités nationales et le refus de solidarité (comme en Espagne, au Royaume-Uni ou en Belgique) sapent la possibilité de voir naître une conscience européenne unifiée. De surcroît, comme le montre Dominique Moïsi, l'Europe a peur[1]. Peur du monde tel qu'il va et qui se traduit irrémédiablement par la réduction relative de son poids démographique, économique et politique. Peur qui se nourrit d'une forme de mauvaise conscience européenne, d'un continent sensible aux accusations du reste du monde d'avoir été, pendant quatre siècles, le continent de l'exploitation coloniale, de l'esclavage, du racisme, de la guerre, du nazisme et de l'extermination. Dès lors, entre une fierté affirmée et amnésique portée par les néonationalismes et une inquiétude sourde et un peu coupable, la mémoire européenne et donc son identité sont l'objet de vives polémiques et d'un trouble contemporain prégnant. Serait-ce dès lors que cette identité n'existe finalement pas ?

III. En définitive, la possibilité de définir une identité européenne repose davantage sur des traits sociologiques et des choix politiques présents plus (peut-être) que sur des réalités passées

A. La définition sociologique de l'identité européenne : un mode de vie européen

L'Homme européen existe pourtant dans notre monde actuel. On peut en former un portrait type de nature sociologique de telle sorte qu'une identité actuelle de l'Europe se dessine par rapport aux autres continents. Les Européens sont plus vieux, plus riches, plus urbains que le reste du monde. En termes d'urbanité, la ville européenne est souvent plus petite, plus dense et moins étendue par rapport aux mégapoles des autres continents. Cette urbanité européenne, inscrite dans un patrimoine multiséculaire, trace aussi un mode de vie européen particulier. En outre, l'identité du continent repose aussi sur un modèle social protecteur par lequel les risques de la vie sont pris en charge par la collectivité mais aussi grâce auquel les inégalités sont bien moindres que dans le reste du monde.

B. La définition politique de l'identité européenne (1) : une mémoire et des valeurs communes

Sur un plan historique et sociologique, cette question de la définition de l'européanité se révèle donc en partie insoluble, les Européens étant tout à la fois proches et irrémédiablement différents. Dès lors, si elle ne procède pas d'une réalité aisément indentifiable, cette question de l'identité européenne ne relève-t-elle pas plutôt d'un projet politique ? Celui de la construction européenne elle-même. En effet, l'idée première de la construction européenne a bien été de faire émerger une conscience commune d'appartenir à un même espace, d'avoir un même intérêt et un même destin, par-delà les différences nationales. En ce sens, le projet européen ne vise pas à fondre ces identités dans une seule et même identité européenne,

1. Dominique Moïsi, *La Géopolitique des émotions*. Champs Flammarion, 2015.

et encore moins à les faire disparaître, mais plutôt à les articuler les unes avec l'autre. C'est pourquoi les différents traités qui fondent l'Union reconnaissent la légitimité des identités nationales ; et une des missions de la communauté est justement de défendre cette diversité ne serait-ce que par la préservation des patrimoines culturels ou linguistiques. Ainsi, celui de Maastricht de 1992 a défini une citoyenneté, fondée sur les valeurs démocratiques et libérales que l'histoire européenne a lentement fait naître. C'est bien cette définition par les valeurs communes que les critères de Copenhague de 1993 puis la Charte Européenne des Droits fondamentaux mise en place par le Traité de Lisbonne de 2009 instituent. Le projet de construire à terme une possible nationalité européenne s'ancre dans cette définition politique nouvelle que symbolise le passeport, le drapeau ou bien encore l'hymne européen (*l'Hymne à la joie* de la Neuvième symphonie de Beethoven). De même, les initiatives visant à enseigner prioritairement l'histoire de l'Europe aux jeunes Européens procèdent de cette même volonté de construire aujourd'hui un sentiment d'appartenance européenne. D'ailleurs, au cœur du projet fédéraliste européen, réside l'idée, appliquée par de nombreux États fédéraux comme l'Allemagne ou l'Espagne, selon laquelle les identités régionales ou nationales sont compatibles avec l'identité fédérale. C'est en ce sens que la définition de l'européanité est avant tout un projet politique encore inachevé, et qui, de ce fait, porte largement à contestations : l'actuelle montée en puissance des néo-nationalismes et des populismes en Europe convergent vers une dénonciation d'une identité européenne qui serait exclusivement bruxelloise, abstraite et dissolvante pour le cadre national qu'ils affirment protéger.

C. La définition politique de l'identité européenne (2) : la construction européenne et l'émergence laborieuse d'une citoyenneté commune

Car, finalement définir l'identité européenne, la fixer dans des caractéristiques politiques et laïques, ou bien au contraire affirmer son irréductible essence culturelle et historique, c'est choisir qui doit être dans l'Europe et ce que doit être cette Europe. Par conséquent, répondre définitivement à la question « Qu'est-ce que l'identité européenne ? » revient à manifester des convictions politiques, à entrer dans une polémique qui relève d'un choix individuel et personnel. Le débat de moins en moins actuel des années 2000 sur la possibilité pour les Turcs d'entrer ou non dans l'Union Européenne manifeste bien cette ambiguïté du sujet. Le partage qui s'opère entre ceux qui défendent l'identité européenne de la Turquie (à l'image de l'ancien premier ministre Michel Rocard) et ceux qui la lui récusent et défendent plutôt un partenariat privilégié (à l'instar d'Angela Merkel ou de Nicolas Sarkozy) illustre ce caractère polémique et objectivement insoluble de la question. L'imprécision et la diversité fondatrices de l'identité européenne en font donc une énigme où toute solution tranchée procède d'un choix éminemment politique et subjectif.

Conclusion

En définitive, la définition d'une identité européenne, si elle est bien évidemment possible, restera pourtant à jamais inachevée. L'infinité des critères pouvant permettre de la décrire, la variabilité géographique et historique de ses caractéristiques, les multiples déchirures religieuses, linguistiques, culturelles et politiques qui ont fait son histoire, les actuels déterminants polémiques de ce qui peut apparaître finalement comme un choix politique, tous ces éléments alimentent le trouble identitaire d'une Europe qui se cherche.

Pourtant, sans un minimum de consensus sur ce qu'est être Européen, source d'une possible conscience européenne, la construction politique d'une Europe unifiée apparaîtra comme impossible. C'est ce qui explique les travaux actuels d'intellectuels et d'historiens européens qui tentent, de nos jours, de concilier ces contradictions apparemment inconciliables pour façonner une mémoire commune de l'Europe et tracer les grandes lignes d'une identité nécessaire à sa possible unification. C'est ce qui, par exemple, a animé la centaine d'historiens qui ont dessiné un portrait caléidoscopique de la mémoire et de l'identité européenne dans *Europa, notre Histoire. L'Héritage européen depuis Homère*[1].

1. Etienne François et Thomas Serrier (dir.), *Europa, notre Histoire. L'Héritage européen depuis Homère*, Les Arènes, 2017.

27 L'Union européenne est-elle condamnée à l'impuissance ?

Voici un sujet polémique, complexe et de surcroît en plein cœur de l'actualité. Car si la question de l'impuissance européenne se pose, c'est avant tout parce que l'Europe semble incapable de surmonter ses divergences internes autant que ses problèmes externes (terrorisme, instabilités, Trump ou migrants). L'Union subit plus qu'elle n'agit, ce qui nourrit le discrédit croissant dont elle est l'objet de la part d'une partie des populations européennes qui dénoncent au mieux son inutilité, au pire son caractère néfaste. D'où la dénonciation croissante de l'intégration européenne et l'ascension des partis réclamant le retour des nations, c'est-à-dire la dissolution possible de l'Union (Brexit). C'est donc ce contexte qui légitime une telle question et qui invite à la traiter avec précision et surtout nuances. Or, face à ce type de sujet polémique, il est toujours possible de traiter de façon pertinente en donnant un (son) point de vue, à la seule condition qu'il soit suffisamment pondéré. C'est pourquoi pour ce sujet, trois plans différents vous sont présentés : le premier (plan 1) essaye d'être relativement neutre. Mais du coup, il est également moins problématisé. Les deux autres (plans 2 et 3) tentent une problématisation plus précise : partant du constat que l'impuissance de l'Europe se pose dans le contexte de crises globales auxquelles elle est confrontée, elle interroge son caractère conjoncturel, passager, ou structurel, irrémédiable.

Introduction

Dans la guerre en Syrie comme au Proche-Orient en général, l'Union Européenne semble impuissante. Bien qu'elle soit proche géographiquement du théâtre du conflit, bien qu'elle subisse de plein fouet les conséquences de l'instabilité, l'Europe ne parvient ni à peser face aux autres puissances impliquées, ni à même s'entendre sur un consensus minimum sur la politique à mener. Seules quelques puissances dispersées (comme la France, le Royaume-Uni et plus marginalement l'Allemagne) s'impliquent mais sans grands effets. Alors dans cette région comme sur bien d'autres plans, l'Union est-elle condamnée à l'impuissance ?

De toute évidence, depuis le traité de Maastricht de 1992 qui l'a vu naître, l'Union Européenne aspire à coordonner les intérêts européens pour les faire converger vers une voix commune qui puisse compter dans le monde. D'ailleurs, depuis les années 1950, l'idée selon laquelle l'unité des pays européens serait la condition de la préservation de leur sécurité comme de leur influence dans le monde face à la menace soviétique comme face à la disparation des empires coloniaux, a été le moteur de l'intégration. Pour la France, ce fut même la raison d'être du projet européen tel qu'elle l'a initié après la crise de Suez et en pleine guerre d'Algérie en 1955-1957. Et de fait, aujourd'hui, l'Union Européenne comme entité juridique mais aussi politique prend part aux grandes négociations internationales (principalement commerciales mais pas seulement comme l'ont souligné les négociations ayant abouti à l'accord sur le nucléaire iranien en 2015). Cette réalité permet à l'Union à 27 (désormais) de peser bien davantage que si chaque État défendait son point de vue séparément. Pourtant, force est de reconnaître que cet idéal d'une Europe qui, par son action et son poids, serait capable d'influencer le monde est encore bien loin de s'être réalisé. Bien au contraire. L'Europe actuelle accumule les signes d'impuissance face aux multiples crises qui l'affectent et/ou la menacent : crise géopolitique dans ses périphéries méridionales et orientales ; crise des migrants ; crise économique et sociale produite par les difficultés de la zone euro et les effets déstabilisateurs de la mondialisation ; crise institutionnelle due à des dysfonctionnements organisationnels et à un déficit de légitimité ; crise morale d'une Union qui semble ne plus vouloir défendre ses propres valeurs fondatrices ; crise politique des néonationalismes et des populismes qui cherchent tous à la dissoudre ; crise géopolitique interne de divergences croissantes entre ces pays membres. Ces divisions européennes, source de son impuissance, ont toujours existé mais la concentration de défis à relever en même temps accroit ces tiraillements jusqu'à faire craindre à une possible dissolution de l'Union, point terminal de l'impuissance européenne. Car une telle évolution serait éminemment paradoxale : dans un monde de plus en plus compétitif et dangereux, la vraie impuissance de l'Europe ne résiderait-elle pas plutôt dans la dispersion de ses membres plutôt que dans leur rassemblement ? Désunis, les pays d'Europe ne seraient-ils pas encore moins capables de faire face à la menace terroriste, à l'instabilité du Sahel, à la montée en puissance des émergents et surtout de la Chine, ou à une nouvelle forme d'unilatéralisme américain ? Autrement dit, l'Union Européenne, du fait de ses difficultés et dysfonctionnements internes et des crises externes, est-elle condamnée à l'impuissance, à ne pouvoir agir, à ne faire que subir les évolutions du monde ? Ou bien, a-t-elle tout de même les moyens et les atouts nécessaires pour, malgré tout, compter dans le monde, être en mesure de surmonter les difficultés qui l'assaillent ?

Plan (1) et problématique dialectique

Problématique : Les difficultés actuelles, internes et externes, de l'Union Européenne la conduisent-elle vers une irrémédiable impuissance ? Ou dispose-t-elle des ressorts pour construire une forme de puissance adaptée à ces défis ?

I. Les formes et les signes d'une impuissance multiforme

A. Des économies et des sociétés en crise : crise de l'euro, crise des dettes souveraines, crise grecque, chômage, montée des populismes, Brexit.

B. Des destins économiques et des projets sociétaux trop divergents ? (Divisions Nord/Sud sur le plan économique et Est/Ouest sur le plan politique et sociétal).

C. Les échecs répétés de politiques communes : migrants, énergies, politique sociale, convergence fiscale.

D. Des désaccords et une impuissance croissants vis-à-vis des grands enjeux extérieurs : Proche et Moyen-Orient, Russie, États-Unis, commerce.

II. Des facteurs d'impuissance nombreux

A. Division intérieure et divergences des visions nationales autour du projet européen.

B. Le déclin démographique et ses effets à moyen terme.

C. Mondialisation, concurrence et déclin économique relatif.

D. De multiples dépendances énergétiques et écologiques.

III. Les ressorts d'une puissance en devenir

A. Une incontournable puissance économique et technologique : universités & recherche, FTN, poids du marché intérieur, normes, main-d'œuvre qualifiée, IDE…

B. Un acteur majeur de la gouvernance mondiale qui joue de son exemplarité pour peser (*La Norme sans la force*[1]) : importance de l'UE à l'OMC, dans les négociations climatiques, dans l'Aide Publique au Développement.

C. Un soft power indéniable : attractivité économique comme migratoire, rêve européen d'un niveau et d'un mode de vie enviés, influence diplomatique.

D. L'expression balbutiante d'un hard power : des actions communes (Atalante) menées grâce à des outils nationaux et transnationaux (importance des armées et des industries militaires européennes).

Plans et problématiques (2 et 3) plus polémiques ou engagés

Problématique : L'Union européenne : impuissance conjoncturelle unique produit de crises qu'elle saura surmonter ? Ou bien impuissance structurelle résultant de divergences et de forces centrifuges trop importantes ?

Plan 2 – Plus Optimiste

I. Si l'Union Européenne semble aujourd'hui impuissante face aux crises qui l'affectent…

A. L'impuissance économique face aux crises économiques (crise de l'euro, dettes souveraines, chômage, mondialisation et désindustrialisation).

B. L'impuissance politique face à la question migratoire et aux enjeux institutionnels.

C. L'impuissance géopolitique face aux crises externes (Russie, Sahel, Moyen-Orient, États-Unis de Trump).

II. … cette impuissance résulte avant tout de ses tensions et difficultés internes

A. Des divergences économiques croissantes : opposition Nord/Sud dans la mondialisation et face à la crise de l'euro et des dettes souveraines.

B. Des divergences politiques croissantes : divergences Est-Ouest, Allemagne-France, importances des démocraties illibérales (Pologne, Hongrie, Tchéquie) et montée des gouvernements populistes déstabilisateurs (Autriche ou Italie de Guiseppe Conte et Matteo Salvini).

C. Divergences géopolitiques sur l'avenir du projet européen : Brexit, oppositions France/Allemagne/Europe de l'Est/Europe du Nord.

1. Zaiki Laïdi, *La Norme sans la force, L'énigme de la puissance européenne*, Presses de Sciences Po, 2008.

III. Dès lors, si l'Union Européenne les surmonte, alors elle a suffisamment de moyens et d'atouts pour transformer son impuissance actuelle en puissance future

A. Un contexte favorable à une union plus étroite ? (Trump, Poutine, Erdogan, crises…).

B. Des moyens économiques qui restent encore très importants : universités & recherche, FTN, poids du marché intérieur, normes, main-d'œuvre qualifiée, IDE.

C. Une attractivité et des moyens militaires et politiques encore non négligeables.

D. Une puissance qui compte sur certains dossiers mondiaux (commerce, changements climatiques, APD, Afrique).

Plan 3 – Plus pessimiste

I. Si l'Union Européenne n'est pas encore totalement impuissante dans le monde actuel compte tenu de son poids politique et économique…

A. Un des pôles de l'économie mondiale.

B. Une attractivité encore forte.

C. Une influence diplomatique et un soft power non négligeable.

D. Des moyens militaires dispersés mais qui comptent encore (armées et industries militaires).

II. … pourtant les évolutions et les crises contemporaines la déstabilisent de plus en plus…

A. Une impuissance apparente face à la crise des dettes et la mondialisation.

B. Une impuissance politique à faire face aux enjeux pourtant communs (énergies, dépendances, migrations).

C. Une impuissance flagrante face aux déstabilisations géopolitiques qui l'environnent.

III. … de telle sorte qu'à moyen terme, elle semble, d'une certaine façon, conduite à l'impuissance

A. Une Europe sur la voie de la dissolution politique ? Brexit, montée des populismes et des néonationalismes, crises des sociétés européennes vieillissantes.

B. Des divergences économiques insurmontables ?

C. Des divergences stratégiques et politiques grandissantes.

28 Mondialisation et crise de l'Union Européenne

Ce sujet construit avec « et » peut être lu de multiples façons ce qui induit évidemment différents plans. Ici, on en propose deux :

1. On peut s'interroger sur les liens entre Mondialisation et crise de l'UE en essayant de déterminer si la crise résulte uniquement de la mondialisation, ou si cette dernière procède d'autres facteurs (Problématique et Plan 1).
2. L'autre façon de faire est d'axer la réflexion moins sur la question des origines de la crise de l'UE que sur les effets de la mondialisation sur l'UE (Problématique et Plan 2). Le problème est alors sensiblement différent puisqu'alors on réfléchit à l'impact de la mondialisation sur l'UE : doit-elle être vu comme un problème ou comme une opportunité ?

Il existe sans doute d'autres manières d'appréhender le sujet. C'est d'ailleurs le propre des sujets larges comme celui-ci qui imposent de faire des choix cohérents et justifiés via une problématique adéquate. Voilà pourquoi il est toujours essentiel de bien problématiser et de chercher à y répondre avec logique par un plan adapté pour construire une argumentation qui soit pertinente.

Depuis les années 2000, une vague populiste monte en Europe. Marine Le Pen en France, Beppe Grillo en Italie, Viktor Orban en Hongrie, Petry Frauke en Allemagne, Geert Wilders aux Pays-Bas, ou bien encore Nigel Farrage au Royaume-Uni sont autant de dirigeants de partis qui, par-delà leurs différences et leurs divergences, connaissent des succès électoraux fondés sur leur commune dénonciation de la Mondialisation et de ses effets. Tous accusent l'ouverture des frontières aux hommes comme aux marchandises d'être le facteur principal de la crise que traverse l'Union Européenne (UE) et les États qui la composent. Mais ont-ils raison ? La mondialisation est-elle vraiment le facteur principal de crise de l'Union Européenne ?

Il est indéniable que, depuis au moins le milieu des années 2000 et l'échec du traité de Rome II, l'Union Européenne est en crise. Crise des institutions qui apparaissent aussi complexes qu'inadaptées à un fonctionnement à 28 (ou 27 désormais) ; crise économique conjoncturelle depuis 2008, des subprimes à celle de l'euro ; crise économique structurelle, d'un espace européen frappé par une langueur économique décennale et une désindustrialisation accélérée ; crise sociale, d'inégalités et d'une précarisation croissantes sur fond de chômage de masse ; crise politique des États européens comme des institutions communautaires qui semblent incapables de faire face aux défis extérieurs grandissants. Dans ce contexte, la vague populiste actuelle apparaît autant comme un facteur de crise supplémentaire qu'un symptôme de cette même crise globale qui affecte l'Union. Pour autant, est-ce la dynamique de mondialisation qui est responsable de la crise ? De toute évidence, l'interdépendance croissante des différents espaces de la planète qui s'accompagne d'une croissance des flux de toutes natures bouleverse profondément les différentes économies et sociétés d'Europe. La mondialisation est bien responsable de la fin d'économies industrielles fondées sur le consensus fordo-keynésien d'un modèle étatique et social protecteur et sur le développement des classes moyennes. Croissance des inégalités, de la concurrence, de la vulnérabilité, de l'affaiblissement des États-Providence, tous ces problèmes apparaissent comme des effets directs de cette mondialisation et qui, pour une large part, expliquent la crise actuelle de l'Union. Mais si la mondialisation joue un rôle indéniable dans cette crise des institutions comme de l'espace européen, quelle en est sa part réelle ? Est-elle, comme l'affirment nombre de partis populistes, l'unique cause de ses maux (ce qui signifierait que la démondialisation serait la solution à la crise de l'UE) ? Ou bien, au contraire, cette crise de l'UE provient d'autres difficultés, d'autres dysfonctionnements, qui ne peuvent être attribués à la mondialisation (les solutions alors devant provenir de réformes et d'actions internes et non d'une quelconque démondialisation) ?

Problématique et plan 1

Problématique : La Mondialisation est-elle la principale responsable de la crise de l'UE ? Ou bien les maux économiques et politiques qui affectent l'UE résultent aussi et peut-être principalement d'autres problèmes, notamment de dysfonctionnements internes ?

I. Une crise multiforme de l'UE qui résulte directement de la mondialisation...

A. Un facteur de crise économique : mondialisation et désindustrialisation dans l'UE

La mondialisation, par la concurrence économique qu'elle implique, accélère la désindustrialisation de nombre de pays européens aussi bien dans les industries à basse valeur ajoutée et plus encore désormais dans ceux à haute valeur ajoutée. En résultent pour nombre de pays européens (à l'exception d'une Europe du Nord encore compétitive) des déficits commerciaux problématiques.

B. Un facteur de crise politique et financière : financiarisation de l'économie et crise des dettes souveraines depuis 2009

La mondialisation est aussi à l'origine de la crise politique et financière au sein de l'UE. La concurrence fiscale qui fait pression pour une diminution des prélèvements publics (en particulier sur le travail et les entreprises) d'un côté et la financiarisation de l'économie de l'autre réduisent les capacités d'action d'États endettés. C'est, entre autres, l'origine de la crise de l'euro, elle-même conséquence de la crise américaine des subprimes après que les États sont intervenus massivement en 2009 et que les mensonges grecs ont inquiété les marchés.

C. Mondialisation et crise des États et des modèles sociaux européens : une difficile adaptation des États-Providence ?

Depuis le début de la mondialisation et plus encore depuis 2010-2011, les États européens endettés, soumis à la concurrence croissante des pays émergents comme des autres pays développés comme aux exigences des marchés financiers, se sont engagés dans des réformes de l'État qui visent à transformer le modèle social né après-guerre. Partout, la nécessaire réduction des prélèvements fiscaux et des dépenses publiques est perçue comme un impératif visant à renforcer la compétitivité des entreprises et du pays, comme à rendre les dettes soutenables aux yeux des marchés. C'est même devenu un objectif politique que la Commission

Européenne a pour charge de mettre en œuvre par la surveillance des budgets des États de la zone euro depuis le TSCG (Traité sur la Stabilité, la Coordination et la Gouvernance en Europe ou Pacte budgétaire) de 2012.

II. ... et qui est aggravée (plus que créée) à court et moyen terme par des dysfonctionnements internes

A. Mondialisation et divergences croissantes en Europe

Face à la mondialisation, les divergences entre économies européennes s'accroissent : si certains pays tirent profit de l'ouverture économique mondiale (ce dont témoigne leurs excédents commerciaux abondants à l'image des 245 milliards d'euros allemands de 2017) d'autres souffrent comme nombre de pays de l'Europe du Sud. La raison de cette divergence réside dans les différences structurelles des économies européennes : entre une industrie allemande compétitive grâce à ces PME-PMI innovantes (Mittelstand) et parfaitement adaptée à la demande mondiale, (comme l'explique Guillaume Duval[1]) et une France, ou bien pire la Grèce, qui souffrent des lacunes de son tissu industriel et de son mauvais positionnement stratégique, les écarts sont grands et ne font que s'accroître.

B. Les lacunes et les blocages des institutions européennes face aux enjeux de la mondialisation

Faute de mécanismes de transferts suffisants (malgré la politique de cohésion mais qui ne représente même pas 0,3 % du PIB européen) entre régions favorisées par la mondialisation et régions en difficulté, les écarts se creusent entre pays. Plus encore, en l'absence d'harmonisation fiscale ou sociale, les États européens se livrent entre eux une concurrence fiscale et sociale délétère, à l'image d'une Irlande qui préfère prendre le parti des grandes entreprises contre la commission : en 2017, l'Irlande a été contrainte par la Commission d'imputer à la compagnie Apple 13 milliards d'euros d'arriérés fiscaux non-perçus, et Dublin a préféré se ranger du côté d'Apple plutôt que d'appliquer (à son profit) ce redressement pour conserver le siège social d'Apple sur son sol. Finalement, les États européens mènent des politiques économiques discordantes et non-coopératives alors même que 17 pays de l'UE partagent la même monnaie.

1. Guillaume Duval, *Made in Germany. Le modèle allemand au-delà des mythes*, Points économie, 2014.

C. Mondialisation et blocages politiques nationaux

La mondialisation, ce sont aussi les migrations et les échanges croissants entre les différentes parties du monde qui tendent à créer des sociétés ouvertes et multiculturelles. Or, conjuguée à la crise sociale que subit une partie des populations européennes (les classes populaires ou moyennes fragilisées par la mondialisation), la tentation du repli sur soi est grande. En outre, face à la mondialisation, les autorités politiques apparaissent parfois impuissantes et les alternances politiques inutiles puisque les politiques semblent toutes se ressembler. Par conséquent, la démocratie représentative en Europe est en crise, ce qui se traduit par la déstabilisation des partis de gouvernement comme par la montée du modèle illibéral notamment en Europe de l'Est. En ce sens, la mondialisation crée une peur en Europe (comme l'explique Dominique Moisi) qui nourrit la montée des partis populistes et/ou néonationalistes.

III. Pourtant, la Mondialisation est loin d'être l'unique facteur de crise au sein de l'UE

A. Le problème démographique et la question migratoire ne sont pas directement liés à la Mondialisation

Les problèmes économiques et sociaux européens ne résultent pas uniquement de la mondialisation. « L'hiver démographique » qui touche une grande partie de l'Europe se manifeste par un vieillissement des populations, une hausse des dépenses de santé et de retraites, une baisse de la population active mais aussi de la productivité. En résultent tout à la fois la crise de l'État-Providence (comment financer la hausse des dépenses collectives dans un contexte d'endettement et de pressions extérieures ?), la crise économique (comment faire face à la concurrence dans une société vieillissante, moins innovante et productive ?) et la crise politique (comment ne pas avoir peur de l'avenir face à la montée en puissance démographique et économique du reste du monde ?). D'ailleurs, une partie des enjeux migratoires relèvent de cette dynamique intra-européenne, de sociétés qui aurait besoin de la main-d'œuvre et de la jeunesse des autres continents (en particulier africain) mais qui en même temps craignent les modifications sociétales, culturelles et sociales que cette ouverture impliquerait.

B. L'impact des crises géopolitiques dans sa périphérie

La crise actuelle de l'UE est aussi le produit d'une crise géopolitique qui ne relève pas directement de la mondialisation : la simultanéité du désengagement américain (amorcé dès G. W. Bush), du retour de la Russie, de l'instabilité conflictuelle du monde arabo-musulman comme du Sahel ne sont pas le produit de la mondialisation.

C. Divergences de visions entre États européens : un problème crucial

Enfin, peut-être moins que la mondialisation, le vrai problème des Européens, face aux défis qu'elle implique, provient de l'incompatibilité des différentes visions de ce que devrait être l'Europe. L'antagonisme entre une vision libérale, minimale, souverainiste et atlantiste de l'Union (telle que la défendaient les Britanniques avant qu'ils ne s'en aillent) ne peut s'accorder avec ceux qui espèrent plus d'intégration, de fédéralisme et d'autonomie stratégique. Or, l'entre-deux permanent par lequel l'Union s'est construit conduit à des ambiguïtés et des contradictions aujourd'hui nuisibles pour cet OPNI, cet Objet Politique Non Identifié comme la nomme Jacques Delors.

Problématique et plan 2

Problématique : La mondialisation n'est-elle qu'un facteur de crise pour l'Union Européenne ? Ou bien peut-elle aussi être considérée comme une opportunité ?

I. La Mondialisation est bien un facteur de crise au sein de l'UE...

A. Mondialisation : facteur de déstabilisation et de divergences économiques au sein de l'Union.

B. Mondialisation : facteur d'amoindrissement des États-Providence.

C. Mondialisation : facteur de crise socio-politique multiforme.

II. ... mais la Mondialisation n'est pas seulement un facteur de crise, mais également de croissance et de dynamisme pour l'UE...

A. Mondialisation : une chance pour le secteur agro-alimentaire européen.

B. Mondialisation : des marchés en expansion pour les industries et les services européens.

C. Mondialisation : une opportunité pour le développement et l'affirmation de l'Europe (migrations des qualifiés, IDE, commerce, normes, attractivité du modèle et influence de l'Europe).

III. ... d'autant plus que nombre de problèmes à l'origine de la crise de l'UE ne viennent finalement pas de la Mondialisation

A. Les difficultés internes des pays européens et crise démographique.

B. Les divergences politiques et économiques croissantes entre Européens.

C. La crise géopolitique ne résulte pas directement de la mondialisation.

29 L'Union Européenne dans le monde globalisé : un acteur marginal ?

Comme le précédent, ce sujet fermé autorise plusieurs réponses qui peuvent très bien être orientées dans un sens positif ou négatif. Tout le travail consiste, bien évidemment, à toujours nuancer le propos et le préciser. Reste encore à bien délimiter le sujet.

1. La question du sujet (l'UE est-elle ou non un acteur marginal ?) invite d'abord à réfléchir à sa marginalité ou sa centralité, ce qui qui signifie qu'il faut bien prendre la mesure de la capacité de l'UE à agir ou à subir les évolutions du monde.
2. La notion de « monde globalisé » pousse à s'interroger sur la place de l'UE dans la mondialisation d'un point de vue économique mais aussi d'un point de vue géopolitique.
3. Enfin, la question, comme toujours, incite à faire varier les paramètres thématiques et géographiques du sujet : l'UE est-elle marginale ou centrale d'un point de vue économique, géopolitique, diplomatique, etc. ? L'est-elle aussi à l'échelle mondiale ? Ou bien cela dépend des différentes parties du monde (sous-entendant que la plus ou moins grande marginalité de l'Europe dépend des espaces concernés) ?

Finalement, en faisant varier tous ces éléments, on peut soit insister sur la centralité persistante de l'UE (Plan 1) soit sur sa marginalité croissante (Plan 2). Cela relève à la fois de votre penchant et des connaissances dont vous disposez.

La part de l'Europe dans l'économie mondiale ne cesse de se réduire. Alors qu'en 1980, l'Europe concentrait 33 % du PIB mondial, en 2016 ce n'est plus que 21 %. Sur le plan démographique, la décrue est encore plus importante : les Européens représentaient 25 % de la population mondiale en 1950, aujourd'hui ce n'est plus qu'à peine 10 % et encore si l'on comptabilise la Russie d'Europe. Seule, l'Union Européenne et ses 510 millions d'habitants ne rassemble que 6,8 % de la population mondiale. Alors, l'Union Européenne serait-elle sur la voie de la marginalisation ?

Si la perception d'une marginalisation de l'Europe est si forte aujourd'hui, c'est d'abord parce que l'Europe a été le centre du monde pendant près de quatre siècles. À partir du XVIe siècle, l'Europe est partie à la conquête du monde et a su en grande partie le dominer d'un point de vue géopolitique comme économique. En 1913, après les deux révolutions industrielles et l'expansion coloniale, cette domination européenne est à son apogée et la mondialisation d'alors (cette « première mondialisation » chère à Suzanne Berger) s'organise par et pour l'Europe. Depuis, après les deux guerres mondiales, l'Europe a perdu de sa centralité (notamment d'un point de vue stratégique) au profit des États-Unis : les empires coloniaux européens ont disparu et le centre d'impulsion de l'économie mondiale a basculé vers l'Ouest. Pourtant, malgré cette première marginalisation et l'affaiblissement évident au lendemain de la guerre, l'Europe (en particulier l'Europe de l'Ouest unie à partir de 1957 dans la CEE) a su renaître. Si elle a perdu en influence et en autonomie, cette Europe était pourtant loin d'être marginale. Profitant de la modernisation impulsée par les Trente Glorieuses, ces pays se sont enrichis comme jamais et ont développé des secteurs d'exportation performants. Même la crise, à partir de 1973, n'a pas pour autant fait disparaître cette importance européenne, notamment d'un point de vue économique. Lorsqu'en 1985 Kenichi Ohmae invente le concept de Triade, il souligne combien, avec les États-Unis et le Japon, l'Europe de l'Ouest est un des cœurs de l'activité mondiale. Or, depuis les années 1990-2000, cette centralité européenne est pourtant de plus en plus mise en cause et la globalisation en semble en grande partie responsable. Le décollage de l'Asie et l'orientalisation du monde (comme l'appelle Gideon Rachman[1]), la montée en puissance des pays émergents en général comme la désindustrialisation d'une Europe en crise sont autant de facteurs et de signes d'une marginalité croissante tant d'un point de vue économique que géopolitique. Déjà périphérique durant la guerre froide, l'Union Européenne (en tant qu'espace économique comme en tant qu'ensemble politique en construction) tend à devenir de plus en plus marginale sur les grands dossiers mondiaux et son poids économique que démographique ou géopolitique se réduit irrémédiablement. Pour autant, peut-on dire aujourd'hui qu'elle est effectivement devenue marginale ? Autrement dit, cette Union est-elle en train de devenir une périphérie du monde globalisé, marginalisée par les dynamiques de la mondialisation et du basculement du monde ? Ou bien l'Union reste-t-elle (et même restera) encore centrale sur de nombreux plans du fait des nombreux atouts dont elle dispose ?

1. Gideon Rachman, *Easternisation, War and Peace in the Asian century*, Vintage, 2017.

Problématique : L'UE est-elle en voie de marginalisation dans le monde globalisé ? Ou bien reste-t-elle un acteur central et incontournable ?

Plan 1 : L'UE est loin de se marginaliser

I. L'Union Européenne souffre d'une marginalisation relative dans le monde globalisé

A. Un centre économique concurrencé, dépendant et en perte de vitesse dans certains secteurs

La mondialisation crée une concurrence qui affaiblit la compétitivité de certains secteurs européens : ceux à basse valeur ajoutée (textile, mécanique, électronique) mais aussi des secteurs traditionnels en crise (construction navale, sidérurgie, automobile). De surcroît, la dépendance européenne s'est accrue avec la mondialisation : dépendance énergétique (taux de dépendance de l'UE est de 53 %), dépendance aux matières premières stratégiques (terres rares chinoises) mais aussi commerciales : l'Europe est dominée dans les secteurs informatique, électronique et mêmes des nouvelles technologies. Il n'existe ni constructeur européen de smartphone, ni grande compagnie de la nouvelle économie (à l'image des GAFA américains ou d'un Baidu ou Alibaba chinois).

B. Un acteur géopolitique négligé ?

L'Union Européenne compte peu dans les grands problèmes géopolitiques mondiaux. La faiblesse des moyens mis en commun (aussi bien en termes militaires que diplomatiques) autant que la division des États membres sur les grandes questions paralysent et marginalisent l'Union. Face à la Russie, comme dans la guerre en Syrie, au Proche et au Moyen-Orient ou (plus encore) sur les tensions grandissantes en Asie, l'Union Européenne ne pèse aucunement alors même parfois qu'elle est la première à en subir les effets (terrorisme ou migrations). Quelques États membres tentent bien d'agir, surtout ceux qui disposent encore de moyens tels que la France, la dernière puissance membre permanent du Conseil de Sécurité et puissance nucléaire de l'Union après le départ des Britanniques. Mais, seule, son action pèse finalement bien moins que celle d'autres grandes puissances (États-Unis, Chine, Russie).

C. Une Union fragilisée et divisée, donc marginalisée

La crise économique depuis 2008, le chômage de masse dans nombre de pays, la précarité croissante, l'endettement des États poussant à la nécessaire transformation des modèles sociaux et des États-Providence, tous ces éléments se combinent et créent la crise sociale et économique de l'Union Européenne. Conjuguée aux crises exogènes (crise des migrants, crise géopolitique mal-maîtrisée, désengagement américain) l'Union est immanquablement dans une situation difficile. Or, face à ces difficultés croissantes, les tensions entre États membres s'accroissent comme les opinions publiques se détournent du projet européen. D'un côté, les visions de l'Europe sont de plus en plus antagonistes. L'Europe de l'Est est de plus en plus tentée par le modèle illibéral (Pologne du PIS ou Hongrie de Victor Orban) et soucieuse de préserver à tout prix une souveraineté récemment recouvrée. L'Europe méditerranéenne, fragilisée par les difficultés économiques et la question migratoire, oscille entre colère et désillusion vis-à-vis de l'Union (Italie de Guiseppe Conte, Grèce de Syriza). L'Europe du Nord, persuadée de la supériorité de son modèle, exige de ses partenaires toujours plus de rigueur économique et budgétaire tout en semblant aux autres peu solidaire (de leurs difficultés sociales comme face aux pressions migratoires). Quant aux Britanniques, alors même qu'ils étaient dans l'Union sans avoir à en appliquer les politiques (Euro, Schengen, charte sociale), ils ont choisi de la quitter. D'un autre côté, apeurés par ces bouleversements et dépités par les déficiences de l'Union, les Européens eux-mêmes sont de plus en plus attirés par des solutions de repli soit sur l'État-Nation (montée des populismes), soit même sur leur région (indépendantisme catalan, écossais ou flamand). Toutes ces dynamiques fragilisent l'Europe et favorisent immanquablement sa marginalisation dans la mesure où ses faiblesses sont autant d'opportunités pour les autres puissances. La Russie de Vladimir Poutine, la Chine de Xi Jinping, la Turquie d'Erdogan ou les États-Unis de Donald Trump jouent tous à merveille de ses divisions pour déstabiliser l'Union.

II. Mais sa centralité dans le monde globalisé est encore évidente aujourd'hui du fait de son poids économique comme des nombreux atouts dont elle dispose

A. Un centre d'impulsion de l'économie globalisée

Si on fait la somme des moyens économiques de ses pays membres, l'Union Européenne est tout à la fois le premier marché de consommation du monde (510 millions de consommateurs avec un pouvoir d'achat annuel moyen de 36.000$/an/habitant), le premier exportateur mondial (17 %), la première puissance industrielle et la première puissance agricole exportatrice du monde. Enfin, l'Union Européenne est le premier investisseur mondial avec en moyenne près du tiers des IDE sortants investis dans le monde. Tous ces éléments disent combien, d'un point de vue économique, l'Union Européenne, en tant qu'espace, est loin d'être marginale. La mégalopole européenne, forte de ses métropoles globales (Paris, Londres) ou mondiales (Francfort, Barcelone, Turin…) et de ses hubs (Rotterdam, 8e port mondial ou Heathrow et CDG, 4e et 8e aéroports du monde), polarise une grande part des flux mondiaux. À cet égard, Londres et Paris, du fait des services hautement qualifiés dans la finance, la recherche, les hautes technologies, l'art et les services aux entreprises occupent une place essentielle dans l'archipel mégapolitain mondial.

B. Des secteurs économiques performants dans la mondialisation

Dans la compétition mondiale, si elle souffre de la concurrence et de lacunes dans certains secteurs, l'Union Européenne reste pourtant centrale dans d'autres. Ainsi, dans un contexte de demande croissante de biens agro-alimentaires, l'Union Européenne qui est tout à la fois le deuxième producteur agricole mondial et le premier exportateur occupe une position stratégique. De même, dans certains secteurs industriels de pointe, l'Union possède de sérieux atouts : l'automobile (pensons à Volkswagen, longtemps 1er constructeur mondial), l'aéronautique (Airbus), l'aérospatiale, les industries chimiques, pharmaceutiques, pétrolières, de machines-outils, de robotique…etc. Plus encore, les services (cœur de l'activité économique dans l'Union) sont très compétitifs : la finance, bien sûr, avec les grandes bourses mondiales que sont Londres, Francfort, Paris, l'assurance, les services aux entreprises (marketing, conseils juridiques ou techniques, informatiques…) ou encore le tourisme. Dans le cadre d'une mondialisation qui voit les classes moyennes émergentes croître, la domination écrasante de l'Europe dans ce secteur en fait un de ses points forts (538 millions de touristes internationaux en 2017 soit 42 % du total mondial).

C. Les acteurs et les atouts d'une centralité économique incontestable

Cette centralité économique de l'Union Européenne repose sur des acteurs et des atouts majeurs. D'abord, les grandes entreprises européennes jouent un rôle central dans l'économie mondialisée. Près d'un tiers des 500 plus importantes FTN du monde sont européennes et certaines sont leader dans leur domaine telles que l'allemand BASF, leader mondial de la chimie ou le français LVMH, leader mondial des produits de luxe. Cette puissance des FTN européennes repose sur des atouts européens qui rendent cet espace économique tout à la fois attractif et compétitif. C'est, entre autres, grâce au marché unique de 510 millions de consommateurs potentiels que ces firmes ancrent leur dynamisme. C'est aussi la main-d'œuvre européenne fortement qualifiée, productive et mobile au sein de l'espace unifié européen qui façonne cette centralité économique. Le système universitaire est particulièrement performant (36 des 100 meilleures universités du monde sont européennes d'après le classement de Shanghai de 2017, 400 sur 980 d'après le *Times Higher Education*) et nourrit la recherche européenne qui représente plus du quart des dépenses mondiales. Enfin, le niveau de vie des Européens (source de leur productivité parfois record), la qualité des infrastructures, le patrimoine accumulé sont autant d'éléments supplémentaires de cette attractivité européenne et qui fait que près du ¼ des IDE entrants dans le monde sont dirigés vers l'UE.

III. Cette centralité économique persistante lui assure encore un poids stratégique contesté certes, mais loin d'être négligeable dans le monde globalisé

A. L'Union Européenne reste un acteur au cœur de certains grands enjeux mondiaux

Malgré ses évidentes faiblesses, l'Union Européenne joue un rôle parfois essentiel sur certains enjeux mondiaux, notamment dans les grandes négociations multilatérales. Depuis sa naissance, le projet européen a cherché à jouer de son exemplarité pour accroître son influence dans le monde. À défaut de capacités stratégiques et militaires, l'Union a cherché à développer des accords préférentiels pour apparaître comme une puissance douce, tout à la fois solidaire et responsable, en mesure alors aussi parfois de pousser les autres à aller dans son sens, voire d'adopter ses normes, comme l'explique Zaki Laïdi[1]. Ainsi, a-t-elle mené des politiques commerciales asymétriques et d'aide au développement pour favoriser les pays les moins avancé des accords de Yaoundé (1963) aux accords de Cotonou (2000) qui organise le partenariat avec les nations pauvres de l'Afrique, des Caraïbes et du Pacifique jusqu'en 2020. D'ailleurs, les pays de l'Union sont les premiers contributeurs de l'aide publique au développement depuis les années 1980. Surtout, l'Union joue de l'attractivité de son marché intérieur pour tenter d'imposer ses normes à ceux qui souhaitent y accéder. En effet, l'accès au marché européen est toujours conditionné à l'adoption de normes productives, sociales, environnementales et même parfois politiques. Or, compte tenu de l'importance de ce marché européen pour nombre d'acteurs (en particulier ceux situés à sa périphérie) ces derniers sont obligés de s'y conformer. Enfin, ce soft power européen, produit de sa centralité géoéconomique dans le monde globalisé, lui permet aussi de peser dans certaines négociations multilatérales. L'UE occupe ainsi une place centrale à l'OMC (née de son initiative) où elle défend un libéralisme organisé à l'échelle mondiale comme elle a su le faire à son échelle continentale. De même, l'UE occupe, depuis le protocole de Kyoto (1997) jusqu'aux COP 21 (Paris), 23 (Bonn) et 24 (Katowice), un rôle essentiel dans les négociations mondiales visant à lutter contre le réchauffement climatique. C'est aussi l'Union qui promeut et soutient la Cour Pénale Internationale de La Haye, espérant par là-même permettre l'émergence d'un droit et d'une justice internationale. Autrement dit, l'UE joue un rôle central dans la naissance d'une gouvernance mondiale qu'elle s'efforce de modeler à son image.

1. Zaiki Laïdi, *La Norme sans la force, L'énigme de la puissance européenne*, Presses de Sciences Po, 2008.

B. L'Union Européenne reste encore loin d'être marginale pour partie du monde (Afrique, Russie, Méditerranée, et même l'Amérique latine)

La marginalité ou la centralité de l'Union dépend grandement des espaces concernés. Si l'Union semble marginalisée en Asie, voire au Moyen-Orient, en revanche elle est centrale et/ou essentielle dans d'autres parties du monde. Ainsi, en Afrique subsaharienne, l'Union occupe une place encore importante. Certes, cette position relève souvent de stratégies nationales plus que de politiques communes. Mais, via la France surtout, la Belgique, l'Allemagne ou l'Italie à un moindre degré, les États de l'Union restent essentiels à nombre de pays africains tant d'un point de vue sécuritaire (Afrique de l'Ouest, Sahel) que commercial. Les pays méditerranéens aussi dépendent de l'Union qui constituent leur partenaire central (la réciproque n'étant pas vraie) : les deux tiers des exportations de la rive sud se dirigent vers l'Union autant que trois quarts des IDE proviennent de l'Union. De même, même si les relations restent difficiles, la Russie ne peut se passer de l'UE qui représente autour de 55 % de son commerce extérieur et trois quarts des investissements entrants. Ces relations économiques centrales impliquent évidemment aussi une centralité stratégique : les interdépendances euro-russe, euro-africaine ou euro-méditerranéenne expliquent l'intérêt réciproque que ces espaces se portent, les partenariats que l'UE a tenté de développer avec eux et l'influence (certes difficilement mesurable) qu'elle exerce sur eux. À cet égard, sans être au centre des intérêts d'autres régions du monde, l'UE n'en est pourtant pas toujours marginalisée. C'est le cas en Amérique latine où le partenariat avec l'Union représente pour ces pays très (trop ?) dépendants des États-Unis et/ou de la Chine un moyen de s'en déprendre. D'où le développement du partenariat Mercosur/UE et l'importance des échanges avec l'UE (14 % du commerce extérieur des pays du Mercosur, 25 % des IDE entrants), en particulier pour le Brésil.

C. L'Union Européenne tente de construire une politique commune qui pourrait à terme lui permettre de peser davantage

Si elle apparaît parfois comme marginale, l'Union tente pourtant de réagir et de construire des outils et une politique commune pour ne pas l'être. Depuis le traité de Maastricht (1992), une politique étrangère et de sécurité commune (PESC) s'est lentement mise en place. Aujourd'hui, l'Union s'est dotée d'un haut représentant pour les affaires étrangères et d'un service européen pour l'action extérieure (SEAC) qui lui assure une représentation diplomatique dans 139 pays. En 2015, lors de la négociation sur le nucléaire iranien, ce SEAC a joué un rôle central permettant d'aboutir à l'accord du 14 juillet. Plus avant, une politique de défense et de sécurité commune (PDSC) permet depuis le début des années 2000 à l'UE de mener ses premières opérations militaires conjointes. Certes, celles-ci restent encore limitées. Mais, elles sont loin d'être marginales, en particulier l'opération Atalante qui a permis de réduire presque totalement l'activité de piraterie dans le Golfe d'Aden. Or, le contexte actuel pourrait conduire à un renforcement des moyens de défense communs. Le désengagement américain amorcé par G.W. Bush et accentué par Donald Trump conjugué avec les menaces croissantes à ses périphéries (Russie, Moyen-Orient, Sahel) incitent les Européens à approfondir leur défense commune de façon autonome. Disposant d'industries militaires performantes (Dassault, Airbus, Saab, Kraus-Maffei) et d'armées encore importantes, les États de l'Union pourraient peser davantage à l'avenir. Mais cela reste encore hypothétique.

Plan 2 : L'UE semble se marginaliser

I. L'Union Européenne demeure encore un acteur central au cœur du monde globalisé

A. UE : un pôle encore majeur de l'économie mondiale.

B. UE : de nombreux atouts centraux.

C. UE : acteur stratégique de certains grands enjeux mondiaux.

II. Mais l'UE tend pourtant à se marginaliser du fait de dynamiques internes et externes

A. Dynamiques internes d'une marginalisation : divergences d'intérêts, divisions politiques et crise économique.

B. Dynamiques externes d'une marginalisation : concurrences et dépendances croissantes.

C. Dynamiques externes : une impuissance diplomatique et stratégiques.

III. L'UE est finalement de plus en plus impuissante dans nombre de domaines économiques et géopolitiques

A. Un déclassement économique relatif dans certains secteurs clés (industries traditionnelles, nouvelle économie, électronique…).

B. Un déclassement géopolitique plus affirmé face à des dangers extérieurs croissants (Ukraine, Syrie, Sahel, Turquie…).

C. Une influence à géométrie variable.

30 La Russie a-t-elle les moyens de ses ambitions ?

Voici un sujet classique mais qu'il s'agit de bien analyser. En effet, la question ne porte pas sur la puissance russe en tant que telle, ce qui conduirait à construire un plan analytique de type Aspects/Facteurs/Limites. Elle porte sur les moyens, les outils et les ressources dont dispose la Russie pour atteindre certains objectifs. Aussi, le problème est double :

1. Quelles sont les ambitions réelles de la Russie actuelle ? Que veut-elle et pourquoi ? Tels sont les questionnements qu'il faut aborder en premier pour pouvoir les mesurer à ses moyens.
2. Quels sont alors les forces qu'elle possède pour les mettre en œuvre ? Sont-ils adaptés ? Autrement dit, peut-elle vraiment atteindre ses objectifs à court comme à long terme ?

C'est un sujet qui demande donc d'être correctement problématisé pour ne pas conduire à une récitation d'un cours sur la puissance russe, ce qui serait alors inadapté.

En intervenant en Syrie en octobre 2015, la Russie de Vladimir Poutine a marqué sa volonté de redevenir une puissance qui compte au Moyen-Orient après une longue éclipse après la fin de la guerre froide. En se posant en médiateur entre la Turquie d'Erdogan, l'Iran des mollahs, une Arabie Saoudite soucieuse de s'entendre avec cette autre grande puissance pétrolière et même Israël (qui a toujours conservé des relations de proximité avec la Russie post-soviétique), la Russie a réussi l'exploit, avec à peine une trentaine d'appareils et 5.000 hommes, de devenir la puissance incontournable dans cette région. Au prix de bombardements indiscriminés et massifs sur les populations civiles des zones rebelles et au mépris des droits de l'homme, la Russie semble avoir retrouvé son statut de grande puissance mondiale, perdue après la chute de l'URSS. Mais, cette réussite diplomatique, qui illustre les ambitions mondiales de la Russie, signifie-t-elle qu'elles sont réalistes. Autrement dit, la Russie a-t-elle vraiment les moyens de ses ambitions ?

L'ambition de la Russie, depuis au moins Pierre le Grand au début du XVIIIe siècle (si ce n'est avant), a toujours été d'être une grande puissance. C'est même la logique fondatrice de cet État impérial dont l'assise territoriale comme l'identité s'enracinent dans une ambigüité originelle. Car la Russie, c'est d'abord un peuple russe, unifié à partir du XVe siècle par un pouvoir monarchique autoritaire, autour d'un espace continental vaste et sans limites précises. Aussi, l'identité russe flotte entre deux définitions contradictoires. D'un côté, la Russie actuelle promeut une identité spécifiquement russe, fondée sur la langue, la culture, l'histoire et le patrimoine d'un peuple uni. Mais de l'autre, elle se définit aussi comme un Empire organisé par un État centralisé qui repousse toujours plus loin sa frontière pour mieux la défendre et qui par là-même associe et intègre au cœur russe d'autres peuples allogènes (Kazakhes, Tatars, Tchétchènes…), de telle sorte qu'aujourd'hui encore 20 % des citoyens de la Russie ne sont pas russes (au même titre d'ailleurs que Staline qui était géorgien). Dès lors, l'ambition de la Russie a toujours été d'étendre toujours plus loin son territoire et de s'inscrire dans un entre-deux géographique et culturel, tout à la fois asiatique et européen, slave et occidental. En ce sens, l'affirmation du caractère impérial de la Russie se traduit par une aspiration constante à la puissance, garante de son existence en tant qu'État eurasiatique le plus grand du monde. Or, si la Russie tsariste puis soviétique (malgré l'effondrement et les reculs territoriaux consécutifs à la révolution puis la guerre civile dans l'entre-deux-guerres) a su étendre et défendre la vocation de la Russie à la puissance, la chute de l'URSS en 1991 marque une rupture majeure dans l'histoire russe. C'est ce qui explique que Vladimir Poutine a considéré que cet évènement constituait « la plus grande catastrophe géopolitique du XXe siècle ». Depuis, la principale ambition de la Russie est moins de chercher à reconstituer l'empire soviétique qu'à rétablir une influence à l'échelle régionale et mondiale. Pourtant, cette grande ambition russe bute sur de faibles moyens, comme le souligne l'historien Georges Sokoloff qui la considère depuis toujours comme une « puissance pauvre[1] ». Ses fragilités économiques et démographiques freinent de toute évidence ses ambitions. Alors, la Russie a-t-elle vraiment les moyens de ses ambitions ? Autrement dit, la Russie post-soviétique peut-elle vraiment, malgré ses faiblesses, soutenir son rêve de redevenir une grande puissance dans son environnement régional comme sur le plan mondial ? Ou bien, face aux grandes puissances actuelles et à ses fragilités structurelles, n'est-ce qu'un songe impossible qui la condamne à ne pouvoir devenir qu'une puissance de second rang, loin derrière la Chine ou les États-Unis ?

De toute évidence, l'ambition russe d'être ou de redevenir une grande puissance régionale et mondiale a d'une certaine manière toujours dépassé ses moyens (1). Aussi, est-ce encore le cas aujourd'hui où la Russie parvient à jouer un rôle majeur sur la scène régionale et mondiale grâce davantage à des capacités de nuisance que d'action (2). Donc, cette réémergence russe, si elle est aujourd'hui très visible, est pourtant freinée à plus ou moins long terme par de nombreux handicaps et des contradictions qui la limitent fortement (3).

Problématique : L'aspiration russe à la puissance : une ambition démesurée pour ses moyens ? Ou un objectif atteignable en dépit de ses faiblesses ?

I. Les ambitions russes : une aspiration à la puissance qui a toujours dépassé ses moyens ?

A. Des ambitions de longue durée : histoire d'une « *puissance pauvre* » qui a toujours (peut-être) eu des ambitions dépassant ses moyens

Sur la longue durée, les ambitions russes ont peut-être toujours dépassé ses moyens. Depuis que Pierre le Grand a voulu l'occidentaliser afin de la moderniser et de renforcer sa puissance, la Russie est parvenue à s'étendre presque continuellement aussi bien vers l'est que vers l'ouest. Malgré ses moyens limités, elle a su tirer profit de l'affaiblissement de l'Empire Ottoman, des fragilités de l'Europe orientale et du vide sibérien pour construire son empire. En 1913, un siècle après sa victoire contre l'Europe napoléonienne coalisée qui l'a propulsée au rang d'arbitre de l'Europe lors du Congrès de Vienne (1814), la Russie est regardée comme une grande puissance militaire mais aussi de plus en plus industrielle. Pourtant, dès cette époque, la Russie a des ambitions qui semblent dépasser ses moyens : elle demeure largement un pays rural, à l'industrialisation superficielle (à peine 5 % de la production industrielle mondiale), au territoire mal maîtrisé (malgré l'achèvement du transsibérien en 1904) et surtout affaiblie intérieurement

1. Georges Sokoloff, *La puissance pauvre. Une histoire de la Russie de 1815 à nos jours*, Fayard, 1993.

(révolution de 1905) comme extérieurement (défaite contre le Japon en 1904-1905). De même, en 1945, l'URSS stalinienne, pourtant à l'apogée de sa puissance et de son influence, apparaît comme un colosse aux pieds d'argile (ce qui explique en partie son complexe obsidional). Elle a été le principal artisan de la victoire contre Hitler. L'armée rouge, devenue la première armée du monde, occupe une moitié de l'Europe et elle apparaît comme la deuxième superpuissance mondiale à l'aura planétaire. Et pourtant, l'URSS de 1945 est peut-être plus faible qu'il n'y paraît. Au-delà de l'ampleur des destructions et des disparitions (27 millions de morts) consécutives à la guerre, l'URSS représente moins du tiers du PNB américain et elle est largement surclassée par la puissance technologique et industrielle américaine. Ce retard sur les États-Unis s'est d'ailleurs creusé tout au long de la guerre froide, plaçant effectivement l'URSS comme une grande « puissance pauvre » dans la compétition mondiale. C'est d'ailleurs ces défaillances russes (largement dues au modèle soviétique) qui ont conduit à sa chute : dans les années 1980, elle n'avait plus les moyens de ses ambitions et ne parvenait plus à suivre la course imposée par les États-Unis. Bref, de Pierre le Grand à Gorbatchev, la Russie a toujours peut-être eu des ambitions qui dépassaient ses moyens réels.

B. Les ambitions d'aujourd'hui (1) : reconstituer l'influence régionale dans « l'étranger proche » pour répondre au complexe obsidional

La chute de l'URSS et les années 1990 ont marqué un point de rupture dans l'histoire de longue durée des ambitions russes. Non seulement la Russie a perdu son empire, mais ce fut même le territoire de la fédération qui fut menacé de dislocation face à la montée des forces centrifuges. Les deux guerres de Tchétchénie (1994-1996 puis en 1999-2000) ont été le point de focalisation de cette peur. Dans le même temps, le recul de l'influence russe dans le monde fut flagrant. Accaparée par ses difficultés intérieures (recul de moitié du PIB, conséquence des effets dramatiques de la thérapie de choc, des privatisations massives et de la dégradation des services publics), la Russie de Eltsine a été marginalisée sur les grands dossiers internationaux. Les interventions unilatérales des Occidentaux dans les guerres yougoslaves (1995), puis au Kosovo (1999) et finalement en Irak (2003) et en Libye (2011) comme l'extension constante de l'OTAN aux ex-démocraties populaires et même à certaines républiques soviétiques (États baltes) ont alimenté le sentiment d'une déchéance de la Russie. Alors que les Américains ont tout de suite estimé avoir gagné la guerre froide, les Russes n'ont de leur côté jamais perçu la fin de la guerre froide comme une défaite. Cette incompréhension réciproque (passée comme présente) nourrit le ressentiment actuel de la Russie comme l'analyse le politologue Andreï Gratchev[1] : des avancées de l'OTAN aussi bien en Europe qu'en Asie Centrale (bases en Afghanistan comme dans

1. Andreï Gratchev, *Un nouvel avant-guerre ? Des hyperpuissances à l'hyperpoker*, Alma éditeur, 2017.

certaines ex-Républiques) aux révolutions de couleur des années 2000, la Russie post-soviétique a perçu ces politiques comme des menaces pour son existence. C'est ce complexe obsidional, héritage de longue durée d'une Russie « malade de son espace » (comme l'explique Jean Radvanyi et Marlène Laruelle[1]) qui explique son ambition renouvelée de reconstituer son influence dans ses marges, dans son « étranger proche ». Parce qu'elle considère de son intérêt vital d'un point de vue économique (transit des hydrocarbures) et stratégique (présence de minorités russes, défense des frontières), la Russie actuelle souhaite qu'on lui reconnaisse le droit d'appliquer sa propre Doctrine Monroe à ses régions périphériques de l'ex-URSS. Et elle s'y est employée. En 2008 en Géorgie, en 2013-2014 en Crimée, depuis 2014 dans l'est de l'Ukraine, mais aussi en conservant certains conflits gelés comme en Transnistrie ou dans le Caucase, la Russie joue de ses guerres hybrides et de (plus ou moins) basse intensité pour garantir cette ambition régionale. Et sur ce plan, elle démontre qu'elle en a les moyens.

C. Les ambitions aujourd'hui (2) : le renouveau d'une vocation mondiale de la puissance russe

Cette ambition russe d'une défense de son influence dans sa périphérie se double aussi d'une volonté de jouer un rôle majeur sur la scène mondiale. Bien sûr, la Russie de Vladimir Poutine ne peut égaler l'influence de l'ex-URSS qui bénéficiait à la fois d'alliés (plus ou moins contraints) et surtout du soft power incarné par l'idéologie communiste. Mais l'actuel pouvoir a pour objectif clairement affirmé de réhabiliter la grandeur mondiale de la Russie afin de satisfaire deux intérêts. Le premier est avant tout intérieur : le régime actuel sait jouer sur cette image internationale de la Russie pour faire vibrer une fibre patriotique blessée par le sentiment de déclassement et d'humiliation né des années 1990. C'est pourquoi cette action internationale de la Russie est largement mise en scène par les médias russes proches du pouvoir d'autant plus lorsque la conjoncture économique est mauvaise, comme depuis les sanctions occidentales et le contre-choc pétrolier de 2014. Le second est de défendre au mieux les intérêts économiques et stratégiques russes : pour un pays, qui dépend tant de ces hydrocarbures, développer ses relations avec le reste du monde présente un intérêt évident : il s'agit de mieux se coordonner avec les pays exportateurs pour maintenir des prix suffisamment élevés tout en essayant de diversifier ses clients. Cette ambition mondiale de la Russie s'appuie sur une stratégie de plus en plus affirmée depuis 2007 : apparaître comme un contre-modèle à l'Occident. Alors que dans les années 1990 et même le début des années 2000, la Russie a cherché à s'entendre avec les Occidentaux, le discours de Munich en 2007 a marqué un tournant stratégique qui s'est ensuite traduit par la guerre en Géorgie puis l'affaire de Crimée. Depuis, la Russie se pose dans le camp des émergents, défendant tout à la fois un souverainisme intransigeant, un

1. Jean Radvanyi et Marlène Laruelle, *La Russie entre peurs et défis*, Armand Colin, 2016.

modèle politique illibéral, un capitalisme d'État et les valeurs conservatrices les plus traditionnelles. En creux, Poutine a construit une Russie se présentant comme un possible contre-modèle à un Occident (en particulier une Europe) présenté comme faussement démocratique, faible et décadent comme l'explique Michel Eltchaninoff[1]. En retour, la Russie a inscrit son action internationale dans la dynamique d'affirmation des grands émergents. L'institutionnalisation du forum des BRIC à Ekaterinbourg en 2009 et le développement de l'Organisation de Coopération de Shanghai depuis 2011 en sont les deux principaux outils.

II. Les ressorts de l'ambition russe : des moyens d'agir ou de nuire ?

A. Ressources, territoires et hydrocarbures : les trois atouts russes dans la mondialisation

Quels sont les moyens russes pour défendre cette double ambition vis-à-vis de l'étranger proche comme lointain ? Dans le cadre du monde globalisé, elle dispose de trois atouts majeurs. En premier, son territoire immense, au carrefour de deux des principaux pôles de l'économie mondiale (l'Europe et l'Asie Orientale) peut en faire l'axe majeur des échanges mondialisés. Si c'est déjà le cas du point de vue du trafic aérien, la Russie compte aussi le devenir sur le plan terrestre et maritime. D'un côté, la Russie souhaite participer aux projets des Nouvelles Routes de la Soie chinoises pour intensifier la circulation ferroviaire sur son territoire entre l'Europe et l'Asie (ce qui a déjà commencé depuis que les premières liaisons Duisbourg-Chongqing ont été mises en place en 2014). D'un autre côté, la Russie espère profiter de la fonte des glaces en Arctique pour pouvoir exploiter au mieux la nouvelle route du Nord-Est à son profit. Deuxième atout : l'immense richesse minière du pays. Le territoire russe dispose de ressources naturelles gigantesques : fer, nickel, bauxite, or, diamant, plomb, uranium, cuivre, cobalt, palladium, sans compter aussi les terres fertiles disponibles, le bois et les ressources hydrauliques. Enfin, l'atout principal aujourd'hui de la puissance russe, ce sont les hydrocarbures. Avec les premières réserves prouvées de gaz au monde et les 6ᵉ de pétrole, la Russie est un géant de la production énergétique. Elle est aujourd'hui le 2ᵉ producteur mondial de gaz et le 3ᵉ de pétrole (autour de 11 millions de barils/jour soit quasiment autant que l'Arabie Saoudite). Dans un contexte de demande en hausse constante du fait du développement économique des pays émergents, cette manne est un des moyens essentiels de la réaffirmation russe. C'est d'abord une ressource financière formidable pour l'État russe dont la moitié des recettes provient des hydrocarbures. Mais c'est aussi un outil géopolitique majeur. Car la Russie contrôle non seulement la production mais également une partie du transit de ressources qui ne proviennent pas toutes de son territoire mais aussi d'Asie Centrale (héritage soviétique). D'ailleurs la Russie mène une géopolitique des tubes

1. Michel Eltchaninoff, *Dans la tête de Vladimir Poutine*, Actes Sud, 2015.

visant à conserver ce contrôle de la circulation des hydrocarbures eurasiatiques. Ainsi, a-t-elle, avec succès, tout fait pour saborder le projet européen de gazoduc Nabucco pour maintenir son monopole d'évacuation du gaz d'Azerbaïdjan. Cette mainmise sur la circulation du pétrole et du gaz à destination de l'Europe lui permet de faire pression sur ses voisins (comme vis-à-vis de l'Ukraine et de la Biélorussie) ou de mieux diviser les Européens (notamment grâce aux projets germano-russes Nord-Stream 1 et 2).

B. Les outils diplomatiques et militaires : des atouts conséquents pour la mise en œuvre d'une stratégie anti-occidentale

Deuxième moyen russe de mettre en œuvre ses ambitions : ses atouts diplomatiques et militaires. La Russie conserve de réels leviers diplomatiques pour peser dans le monde comme sur ses périphéries. Membre permanent du Conseil de sécurité, la Russie se sert de sa position à l'ONU pour défendre ses principes politiques. Echaudée depuis l'affaire libyenne en 2011 où les Occidentaux ont été accusés d'outrepasser la résolution 1973, la Russie s'attache à défendre un souverainisme intransigeant refusant toute intervention qui pourrait conduire à un changement de régime. Dans la guerre civile syrienne, la Russie avec la Chine a usé de tout son poids pour empêcher toute résolution condamnant le régime de Bachar El-Assad. D'ailleurs, la diplomatie russe tente par tous les moyens de contrer les initiatives occidentales en développant une diplomatie multilatérale ou bilatérale parallèle et concurrente. L'initiative (peu fructueuse) de conférence d'Astana avec la Turquie et l'Iran pour parvenir à un accord de paix en Syrie l'illustre. Dans cette perspective, la Russie cultive des bonnes relations avec tous les émergents. Bien sûr la proximité avec la Chine est au cœur de cette stratégie anti-occidentale. Mais la Russie ne manque pas d'entretenir d'excellentes relations avec des pays pourtant opposés les uns aux autres. C'est ainsi que Moscou se sent tout à la fois proche de New Delhi (son premier client en matière d'armement), Tokyo (malgré les différends territoriaux persistants), Pyongyang et Seoul, ou Ryad et Téhéran. Contre les Occidentaux, Vladimir Poutine tente de placer la Russie en médiateur central d'un monde émergent pourtant divisé. Cet outil diplomatique se double d'un appareil militaire modernisé et en croissance. Grâce à la croissance des années 2000, les dépenses militaires russes ont fortement augmenté : depuis 2000, elles ont été multipliées par plus de trois, faisant de la Russie en 2017 le troisième budget militaire du monde. Cet effort financier s'est accompagné d'une modernisation et d'une transformation de l'armée pléthorique et hypertrophiée héritée de l'URSS. Concentrant ses forces sur les moyens aériens, balistiques et navals modernes (sous-marins stratégiques de la classe Boreï), l'industrie militaire russe reste performante, faisant de la Russie le 2e exportateur mondial d'armes au monde. Même si elle comporte certaines lacunes, son armée dispose pourtant des moyens complets d'une grande puissance. En outre, l'ampleur de ses moyens de dissuasion en font toujours la 2e puissance nucléaire du monde.

C. La lente (re-)construction d'un soft power ?

Longtemps l'URSS a disposé d'un soft power idéologique déterminant via l'internationale communiste (même si la Chine la concurrençait fortement). Depuis, la disparition du communisme, la fuite des cerveaux russes, l'effondrement de sa recherche et de ses atouts technologiques ont considérablement amoindri ce soft power russe. Mais depuis 2000, une volonté de redévelopper cette capacité d'influence est réapparue. La Russie multiplie les initiatives culturelles via ses 73 instituts Pouchkine. Moscou joue en outre de plus en plus sur l'orthodoxie comme un atout pour son rayonnement à l'image de la nouvelle cathédrale orthodoxe russe en plein cœur de Paris inauguré en 2016. Cet activisme religieux se double de la promotion d'un conservatisme idéologique qui placerait la Russie comme le vrai défenseur des valeurs chrétiennes contre un Occident dévoyé. À l'intérieur, la législation anti-gay, les restrictions à l'avortement, la répression des manifestations culturelles jugées décadentes (Pussy Riots), la proximité affichée avec l'Église orthodoxe sont la manifestation de cette orientation politique. La réception et le soutien (parfois financier) aux leaders populistes et des droites européennes en sont le corolaire extérieur. D'ailleurs, Poutine ne cesse d'apporter son appui aux leaders réactionnaires au pouvoir en Europe de l'Est, notamment à Victor Orban qui le lui rend bien. Ce positionnement idéologique s'accompagne d'une action médiatique à l'étranger particulièrement bien organisée. Des médias officiels plus ou moins proches du Kremlin (Russia Today ou Sputnik) mais aussi des trolls agissant sur les réseaux sociaux tentent d'influencer les opinions occidentales dans l'intérêt d'une Russie aujourd'hui accusée d'être illégalement intervenue pour influencer le résultat d'élections au Royaume-Uni (Brexit), en France, en Catalogne (referendum de 2017) ou plus encore aux États-Unis avec les soupçons de collusion pesant sur l'entourage de Donald Trump. Enfin, par-delà ces méthodes plus ou moins légales, la Russie mène également une politique événementielle et sportive propre à changer son image dans le monde. Les Jeux Olympiques d'hiver de Sotchi en 2014 ou la coupe du monde de football 2018 ont été organisés dans ce but. Mais c'est aussi la réussite sportive qui doit, comme à l'époque soviétique, manifester cette bonne image russe, conduisant à des accusations de dopage et à l'exclusion des Jeux Olympiques d'hiver de Seoul en 2018. En d'autres termes, sport, événements, promotion de la langue, de la culture et de la religion orthodoxe, médias internationaux, manipulation des réseaux sociaux, tous les moyens sont mis en œuvre pour appuyer l'ambition mondiale de la Russie.

III. Les limites d'une ambition : faiblesses et handicaps d'une Russie ré-émergente

A. *À long terme* : l'hiver démographique et le retard technologique et en infrastructures

Sur le long terme, les difficultés démographiques, technologiques et territoriales de la Russie limitent ses ambitions. Depuis les années 1980, avant même la chute de l'URSS, la Russie a entamé une longue période de décroissance démographique. En 1980, la Russie seule (sans l'URSS) rassemblait près de 150 millions d'habitants. Au dernier recensement de 2010, elle n'en comptait plus que 142, depuis en 2015 elle est remontée à 146 millions. D'ici 2050, la Russie devrait perdre 20 millions d'habitants malgré l'immigration importante en provenance principalement des ex-républiques d'Asie Centrale. La faiblesse de la natalité (1,1 en 1999 mais 1,6 aujourd'hui) conjuguée à une espérance de vie qui s'est améliorée mais qui reste inférieure à celle des pays occidentaux (65 ans en 2003, 70 aujourd'hui) sont à l'origine du problème. Cet « hiver démographique » pèse sur l'évolution économique de la Russie. La réduction de la population active et le vieillissement d'une population parfois encore peu développée ne pourront que réduire les capacités économiques de la Russie. Or, ce problème démographique est aussi géographique, car la diminution de la population concerne d'abord les régions peu peuplées mais riches en ressources naturelles du grand-est, celles à proximité du foyer de peuplement chinois. Autre lacune à long terme pour la Russie, le retard technologique et en infrastructure. Certes, la Russie dispose encore d'une recherche performante dans certains secteurs de pointe (aérospatial, industrie militaire, aéronautique, voire même le numérique). Mais, dans l'ensemble la Russie souffre d'un retard technologique important depuis l'époque soviétique que la crise des années 1990 et les stratégies actuelles ne parviennent pas à surmonter. La Russie souffre du Brain Drain comme du manque d'investissement dans la recherche. D'ailleurs, ces faiblesses d'investissement sont un évident problème à long terme. L'immensité russe ne peut être maîtrisée que par d'importants investissements dans les infrastructures énergétiques et de transport. Or, la Russie post-soviétique, qui manque de capitaux tout en étant peu attractive aux investissements extérieurs, est sous-équipée : on ne compte que 800.000 km de routes dans ce plus grand pays du monde alors que l'UE à 27 (d'une superficie quatre fois moins importante) en dispose de plus de 5 millions.

B. *À moyen terme* : les handicaps d'une économie de rente (faiblesses industrielles, corruption, et vulnérabilités)

La Russie pâtit aussi de son économie de rente qui la place comme une économie peu industrielle et de peu d'envergure. Le PIB russe (autour de 1400 milliards de $ en 2017) équivaut à celui de l'Espagne, au tiers de l'Allemagne, au huitième de la Chine, et au douzième des États-Unis. La Russie n'est donc pas une grande puissance économique d'autant plus que les hydrocarbures et plus largement le secteur primaire y occupe une place démesurée : la moitié du PIB et 85 % de ses exportations relèvent de l'industrie pétrolière, gazière ou minière ou de l'agriculture. Cette réalité est le fruit direct de la malédiction de la rente en Russie. Les activités primaires concentrent l'essentiel des investissements et favorisent la désindustrialisation du pays. Depuis le milieu des années 1990, la Russie a perdu 9 millions d'emplois industriels et la part de l'industrie dans le PIB est passé de 30 % à 19 % en 2015. Aussi, la Russie manque de structures industrielles et l'essentiel des grandes compagnies russes sont dans le domaine des matières premières (Gazprom, Loukoi ou Norilsk Nickel). Autre problème économique pour le développement de la Russie : l'ampleur de la corruption et le manque de transparence. L'économie de rente et le capitalisme d'État russe, mis en place après la période d'anarchie des années 2000, favorisent la bureaucratie et la corruption endémique (la Russie est classée 154e sur 178 dans le classement de Transparency International) autant qu'ils freinent évidemment l'investissement productif. Enfin, tous ces maux expliquent la vulnérabilité de cette économie sujette aux crises et aux retournements de conjonctures comme l'a montré la crise déclenchée par le contre-choc pétrolier et les sanctions occidentales à partir de 2014.

C. *À court terme* : les positions ambivalentes d'une puissance relative

Enfin, dernière limite aux ambitions russes, les ambiguïtés de sa stratégie. Si la puissance russe cherche à s'affirmer dans son « étranger proche » comme lointain, ses actions et son positionnement, du fait de ses moyens limitées, se révèlent fragiles. Son agressivité récente vis-à-vis de ses voisins a certes permis de maintenir son influence dans certaines régions, mais a également inquiété les anciennes républiques soviétiques, soucieuses de conserver leur souveraineté récente. Si la Crimée est redevenue russe, si le Donbass n'est plus vraiment contrôlé par Kiev, en revanche l'Ukraine a définitivement basculé vers l'Ouest et l'Europe. Pour Gérard Chaliand, cette intervention constitue donc un échec majeur pour la Russie[1]. Plus encore, le peu d'entrain des pays de « l'étranger proche » à vouloir adhérer à l'Union Économique Eurasiatique (seuls la Biélorussie, le Kazakhstan, l'Arménie et le Kirghizstan y appartiennent) témoignent du discrédit relatif dont la Russie est l'objet dans ces États récents. Ceux-ci d'ailleurs n'hésitent pas à se tourner vers d'autres protecteurs (américains et surtout chinois) pour obtenir des marges de manœuvre plus importantes. Donc, plus la Russie promeut une politique néo-impériale, plus ses voisins ont tendance à se tourner vers d'autres. Cet échec régional vaut aussi à l'échelle mondiale. Les moyens limités de l'économie, comme de la démographie russe fragilisent son positionnement mondial vis-à-vis du monde émergent. Car la Russie n'est pas un pays émergent comme les autres, comparable à l'Inde ou à la Chine qui ont connu des croissances économiques plus durables

1. Gérard Chaliand, *Pourquoi perd-t-on la guerre ? Un nouvel art occidental*, Odile Jacob, 2016.

et bien plus spectaculaires. D'ailleurs, vis-à-vis de la Chine, dont la Russie se sent si proche, la relation est ambivalente. Pour la Russie, jouer la proximité chinoise, c'est marquer son opposition à l'Occident. Mais, la Chine a pourtant des intérêts contraires à la Russie. La volonté d'exploiter les terres et les ressources de l'Asie Centrale mais aussi de l'Extrême-Orient russe peut être considérée comme une possible source de discorde. Plus encore, passer d'une dépendance à l'Europe à une dépendance à la Chine (en termes d'exportations comme d'investissements) n'est pas forcément une façon pour la Russie de s'émanciper. Et aujourd'hui si le partenariat sino-russe est de plus en plus développé sur les plans commerciaux, politiques et même technologiques, la relation n'en demeure pas moins fortement asymétrique et lourde de risques à long terme pour la Russie. Bref, la faiblesse des moyens économiques et stratégiques de la Russie l'oblige à déployer une stratégie d'opposition à l'Occident qui pourrait finalement se retourner contre elle.

Avec croquis couleurs (→ voir cahier central)

31 L'Europe doit-elle craindre la Russie ?

Là encore attention aux erreurs d'analyse. Si en cours vous avez traité de la question des relations entre l'Europe et la Russie (entre interdépendance et rivalité), le sujet ici posé est en revanche légèrement différent.

1. Si l'Europe actuelle semble de facto craindre aujourd'hui la Russie, alors la question est de savoir si cette inquiétude est ou non fondée. Donc, c'est un sujet qui interroge une perception : celle que les Européens ont de la Russie. Dès lors, deux questions se posent : cette peur vient-elle d'une réalité ou n'est-elle qu'une illusion ? Et ce sentiment résulte-t-il d'une incompréhension réciproque et contingente ou d'une stratégie délibérée de la Russie ?

   Ce questionnement autour de la perception des acteurs est essentiel en géopolitique. Car les conflits ne résultent pas uniquement d'intérêt antagonistes réels et rationnels. Ils procèdent aussi et même peut-être surtout de peurs réciproques, de mésententes plus ou moins imaginaires, de projections fantasmées sur les intentions de l'autre. Comment ainsi comprendre le déclenchement de la guerre de 1914 sans cette dimension psychologique, ces croyances erronées qui animaient les chancelleries européennes, comme le démontre Gerd Krumeich[1] ? Ce point méthodologique peut se révéler essentiel pour le traitement de certains sujets. Réfléchir à la dimension émotionnelle des perceptions et des tensions est souvent fondamental. Ici, il l'est bien évidemment : comment saisir l'obsession des PECO vis-à-vis de la Russie sans se référer aux enjeux affectifs et mémoriels douloureux vis-à-vis de la Russie ?

1. Gerd Krumeich, *Le Feu aux poudres. Qui a déclenché la guerre en 1914 ?*, Belin, 2014.

2. Deuxième dimension à ne pas oublier : la variabilité géographique. Une fois encore, on ne peut ignorer que l'Europe est constituée de nombreux pays et que, par conséquent, les attitudes vis-à-vis de la Russie varie d'un pays à l'autre. C'est d'ailleurs le sens du croquis proposé qui doit être l'occasion à la fois de localiser et schématiser les facteurs de tensions, mais aussi la variabilité des perceptions en Europe, évidemment fort différentes entre Lettons, Grecs, Français ou Portugais.
3. Comme dans d'autres sujets, une telle question fermée et relativement polémique peut faire l'objet de plusieurs approches. Ici, on peut aussi bien défendre un point de vue optimiste ou russophile (d'une mésentente passagère entre l'Europe et la Russie traité dans le Plan 1) ou un autre pessimiste et russophobe (d'une hostilité irrémédiable entre les deux espaces). Tout dépend et de vos penchants et (peut-être davantage) de vos connaissances.

L'Europe a longtemps craint la Russie. Avant même la révolution bolchevique de 1917, les puissances européennes se sont inquiétées des ambitions de cet empire continental dont les projets expansionnistes dépassaient de loin les seules marges de la Mitteleuropa. Dès Pierre le Grand et Catherine II et plus encore après la victoire russe d'Alexandre Ier sur Napoléon, la Russie aspirait à jouer les premiers rôles sur le continent européen. Et la conversion de l'empire au communisme n'a finalement guère modifié cette aspiration à l'hégémonie en Europe, que Staline finit par réaliser, au moins dans sa partie orientale, après 1945. C'est pourquoi les Européens unifiés après-guerre par « la peur des Russes » (H. Spaak) ont-ils vécu l'effondrement de l'URSS comme un soulagement et le début d'une nouvelle entente avec une Russie réduite, pacifiée et démocratisée. Le retour actuel de la puissance russe n'en est que plus inquiétante aux yeux d'Européens qui pensaient pouvoir tirer les « dividendes de la paix » (L. Fabius). Alors l'Europe doit-elle à nouveau craindre la Russie ?

Si le sentiment de crainte est indéniable dans nombre de chancelleries européennes, c'est parce qu'il repose d'abord sur une réalité : celle du retour des ambitions mondiales et européennes de la Russie. Depuis au moins l'avènement de Vladimir Poutine (1999), la Russie aspire à retrouver son rang et n'hésite plus (depuis 2008) à agir sur la scène européenne et mondiale pour y parvenir. L'augmentation des budgets militaires, la multiplication des foyers de tensions, la prolifération des cyberattaques des hackers russes, le positionnement anti-européen des dirigeants actuels sont autant de facteurs d'inquiétude pour une Europe divisée et fragilisée par la crise économique et les divisions internes. Pour autant, est-ce une raison légitime de craindre la Russie ? Car, le retour sur la scène européenne et mondiale de la puissance russe pourrait aussi être regardé comme une opportunité pour une Europe qui souhaite l'avènement d'un ordre multipolaire et qui partage avec cet État des intérêts convergents. L'hostilité actuelle ne serait alors que passagère et relèverait davantage d'une erreur de perception que d'une réelle menace. En ce sens, le retour de la Russie se fait-il réellement contre les intérêts et les valeurs des Européens, ce qui justifierait leur crainte croissante ? Ou bien, cette peur n'est-elle le fruit que d'une erreur de perception de la part d'Européens, aveuglés par les précédents historiques et qui ne saisiraient pas toutes les opportunités que représenterait ce retour de la puissance russe pour faire face aux défis du monde actuel ?

Problématique : L'Europe a-t-elle des raisons manifestes de craindre l'affirmation de la puissance russe ? Ou bien ce retour de la puissance russe n'est finalement ni en mesure de la déstabiliser vraiment, ni même contraire à ses intérêts ?

Plan russophile ou optimiste

I. La Russie de Vladimir Poutine multiplie les sources d'inquiétude vis-à-vis des Européens

A. La démocrature poutinienne et l'hostilité déclarée aux valeurs européennes (eurasiatisme, guerre de Tchétchénie, entraves aux libertés fondamentales, guerre de propagande, cyberattaques, soutien aux populistes……).

B. Des révolutions de couleur à la déstabilisation de l'étranger proche : une dynamique grandissante d'inquiétude réciproque depuis les années 2000.

C. La crise ukrainienne : facteur déclencheur d'une inquiétude grandissante mais différenciée en fonction des États européens.

II. Mais les fragilités de la puissance russe ne peuvent pour autant pas réellement déstabiliser l'Europe

A. Une économie fragile et fortement dépendante de l'Europe.

B. Une puissance faible au regard des moyens de l'alliance atlantique.

C. Un pouvoir de nuisance plus que d'action ?

III. D'autant que l'Europe comme la Russie ont de nombreux intérêts convergents qui pourraient permettre de surmonter les inquiétudes

A. Convergences économiques : une interdépendance croissante.

B. Convergences géopolitiques (1) : faire bloc face au basculement du monde.

C. Convergences géopolitiques (2) : stabiliser les périphéries instables de l'espace eurasiatique (Moyen-Orient, Asie centrale, Arctique, djihadisme).

Plan russophobe ou pessimiste

I. L'Europe et la Russie ont beau avoir de nombreux intérêts convergents qui devraient être source d'une confiance réciproque...

A. Convergences économiques : une interdépendance croissante.

B. Convergences géopolitiques (1) : faire bloc face au basculement du monde.

C. Convergences géopolitiques (2) : stabiliser les périphéries instables de l'espace eurasiatique (Moyen-Orient, Asie centrale, Arctique, djihadisme).

II. ... les divergences politiques et stratégiques sont pourtant croissantes...

A. La démocrature poutinienne et l'hostilité déclarée aux valeurs européennes (eurasiatisme, guerre de Tchétchénie, entraves aux libertés fondamentales, guerre de propagande, cyberattaques, soutien aux populistes…).

B. Des révolutions de couleurs à la déstabilisation de l'étranger proche : une dynamique grandissante d'inquiétude réciproque depuis les années 2000.

C. La crise ukrainienne : facteur déclencheur d'une inquiétude grandissante.

III. ... d'autant que les moyens et les ambitions russes se développent par la confrontation avec une Europe de plus en plus divisée et fragilisée

A. Des moyens de plus en plus inquiétants : la montée en puissance militaire et le positionnement anti-occidental.

B. La division des Européens : une opportunité pour le jeu russe.

C. La marginalisation des Européens : un objectif russe ? (L'intervention en Syrie : une intervention contre les intérêts européens ?).

Avec croquis couleurs (→ voir cahier central)

32 L'Europe et le monde arabo-musulman

Étudier la relation entre l'Europe et le monde arabo-musulman soulève plusieurs questions :

1. D'abord, quand commence le sujet ? Dans la mesure où le programme d'ECS débute en 1913, si aucune date n'est précisée et que l'analyse des termes n'indiquent aucun repère chronologique, alors il est préférable de donner pour point de départ à l'argumentation le début du XXe siècle (en mentionnant quelques éléments historiques antérieurs, si vous en avez les moyens).
2. Pourquoi ce terme ambigu de « monde arabo-musulman » ? Tout simplement parce que nommer cet espace du Maghreb et du Machrek s'avère difficile du fait de sa complexité. Le seul « monde arabe » aurait exclu la Turquie et l'Iran. Le « monde musulman » est beaucoup plus large que le monde arabe, puisque ¾ des Musulmans ne sont pas Arabes et sont pour la plupart Asiatiques (Pakistanais, Bangladais, Indiens, Indonésiens). Donc cette notion floue invite à se centrer sur cette zone de la première conquête arabe au VIIIe siècle du Maroc à l'Iran et de la Turquie au Yémen.
3. Enfin, voici un sujet qui invite à bien faire varier les trois paramètres de toute dissertation en ECS. Comment caractériser cette relation ? Elle varie en fonction 1. de l'angle thématique sous lequel on la regarde (économique, culturel, géopolitique…), 2. de la donne géographique (tous les pays d'Europe n'entretiennent pas la même relation avec tous les pays arabo-musulmans, cette variabilité justifiant alors le croquis), 3. de l'Histoire (la relation a bien sûr varié entre 1913 et aujourd'hui). C'est bien le sens de cet enseignement qui allie trois disciplines distinctes mais complémentaires : l'Histoire, la Géographie et la Géopolitique.

Alors qu'elle en subit les conséquences (crise migratoire, terrorisme), l'Europe est pourtant exclue des principaux enjeux de la guerre civile syrienne. Les États, que ce soit séparément ou bien ensemble dans l'Union Européenne, ne peuvent presque rien faire face aux déchirements socio-politiques et religieux d'un pays ravagé. Cette impuissance de l'Europe vis-à-vis de l'espace arabo-musulman est bien singulière dans la mesure où longtemps les pays européens ont dominé cet espace à leur avantage. De ce fait, comment expliquer cette évolution des rapports de l'Europe avec le monde arabo-musulman ?

Le monde arabo-musulman est une notion particulièrement floue et polysémique. On peut l'entendre comme l'espace dans lequel s'étend une civilisation arabo-musulmane, c'est-à-dire qui a été marqué par la conquête arabe et donc l'Islam aux VIIe et VIIIe siècles. Dans ces conditions, le monde arabo-musulman regroupe les principaux pays arabes (du Maroc à l'Irak) mais aussi les peuples non-arabes qui ont été pleinement intégrés à leur histoire, principalement les Berbères, les Kurdes, les Turcs et les Iraniens. L'unité de cette région repose dès lors sur une culture et une histoire commune fait de divisions mais aussi d'unité, comme à l'époque ottomane (XVIe-XVIIIe), où seuls trois États (le Maroc Saadien puis Alaouite, l'Empire Ottoman et celui des Safavides) se partagent cette zone du Maghreb au Machrek. Mais leur destin est aussi lié à l'Europe. Dès l'époque des croisades (XIe-XIIIe siècles), l'Europe médiévale développe des liens ambigus, faits de fascination et de répulsion, d'échanges commerciaux et intellectuels et évidemment de guerres, avec ce monde. Plus avant, c'est surtout à partir de l'expédition d'Égypte de Bonaparte (1798-1801) que s'ouvre une période de relations intenses avec l'Europe, celle d'une domination exclusive. Au XIXe siècle, tous les espaces concernés sont conquis et/ou soumis par des États européens, totalement ou en partie, directement (colonisation de l'Algérie dès 1830) ou indirectement (protectorats comme en Égypte dès 1882). Tous, même l'Empire Ottoman, endurent les ingérences des puissances européennes et développent en réaction des mouvements émancipateurs plus ou moins nationalistes. Et le monde arabo-musulman se transforme sous le poids de cette emprise. Finalement, dès l'entre-deux-guerres et plus encore après 1945, il s'émancipe de la tutelle européenne. Le lien se rompt avec l'Europe (surtout après la crise de Suez en 1956) et le monde arabo-musulman se tourne vers d'autres horizons, d'autres puissances tutélaires, marginalisant l'influence européenne. Pourtant, si les liens politiques ont été amoindris, il est indéniable que le monde arabo-musulman est resté proche humainement, culturellement et économiquement de l'Europe. Des échanges et des interdépendances se sont maintenus et développés du fait d'intérêts convergents comme de la proximité géographique. Aujourd'hui, dans le contexte de mondialisation, de concurrences et d'interdépendances croissantes, l'Europe a de plus en plus intérêt, pour des raisons énergétiques, démographiques aussi bien que géopolitiques, à se préoccuper de cet espace en crise. Or (l'exemple syrien le montre) son intervention est inopérante, ou du moins elle ne semble même plus y prétendre. Aussi, comment expliquer cette relation paradoxale que l'Europe (puissance marginalisée alors qu'elle est directement affectée par son instabilité) entretient avec le monde arabo-musulman ? Est-ce uniquement le poids d'une histoire et d'une mémoire douloureuse ? Ou bien est-ce également la conséquence de son impuissance présente ?

Une nouvelle fois, on présente deux façons d'aborder le sujet, donc deux problématiques et deux plans différents. Le premier (Plan 1) axe la réflexion autour de la dimension évolutive et donc historique du sujet. Adopter une telle démarche suppose de bien maîtriser les connaissances et la chronologie. Mais c'est une façon pertinente d'interroger le paradoxe actuel de la relation Europe-monde arabo-musulman. Le second (Plan 2) essaye de façon thématique (et à l'aide d'une longue partie historique) de démêler ce qui relève de l'Histoire et de la mémoire dans l'incompréhension actuelle et ce qui procède d'autres facteurs, en particulier d'une forme d'impuissance intrinsèque de l'Europe. Ces deux démarches, l'une comme l'autre, soulignent combien, loin de toute récitation fade du cours, la problématisation, c'est-à-dire la manière de poser le sujet, de l'appréhender, est essentielle pour développer une argumentation judicieuse.

Plan 1 : Chronologique

Problématique : Comment expliquer la progressive marginalisation de l'Europe vis-à-vis du monde arabo-musulman ?

I. L'Europe a longtemps été l'acteur dominant du monde arabo-musulman (1798-1945)

A. Le partage européen du monde arabo-musulman dominé par les Ottomans (1880-1914) par la conquête (Algérie, Libye en 1911 par les Italiens) ou la mainmise financière (Égypte, Empire Ottoman).

B. L'impact de la présence européenne après la Première Guerre mondiale (1918-1923) : la formation d'États et de frontières sources actuelles d'instabilités.

C. L'humiliation arabo-musulmane : le poids de la mémoire coloniale et des réalités migratoires sur les relations humaines et culturelles actuelles.

II. Mais l'Europe en a été progressivement exclue (depuis 1945) de telle sorte qu'elle est aujourd'hui de plus en plus marginalisée…

A. Une Europe chassée du monde arabo-musulman (indépendances au Moyen-Orient, guerre d'Algérie, crise de Suez).

B. Une Europe exclue par la guerre froide d'un monde arabo-musulman dont elle est pourtant de plus en dépendante d'un point de vue énergétique (malgré l'exception française de la politique arabe).

C. Une Europe qui est aujourd'hui relativement impuissante à agir et peser sur l'avenir de cet espace (division des Européens vis-à-vis des multiples zones de conflits comme Palestine, Syrie, Libye, Irak, Iran, Yémen, Chiites/Sunnites…).

III. … alors même que l'Europe est, simultanément et paradoxalement, de plus en plus affectée et concernée par l'instabilité de l'espace arabo-musulman

A. L'enjeu énergétique : l'Europe, dépendante de ses importations d'hydrocarbures, a besoin du Maghreb (Algérie, Libye), du Moyen-Orient mais aussi de la Turquie pour diversifier ses approvisionnements et garantir aussi la sécurité du transit.

B. La question sécuritaire : l'instabilité du monde arabo-musulman est une préoccupation majeure pour les pays européens qui sont menacés de l'intérieur et de l'extérieur par les répercussions des problèmes de cet espace et notamment le terrorisme djihadiste.

C. Le défi migratoire : au-delà de la crise migratoire (conséquence des crises syrienne et libyenne), le monde arabo-musulman apparaît comme un réservoir en croissance de migrants et la porte d'entrée vers l'Europe.

Plan 2 : Thématique

Problématique : Comment expliquer la relation paradoxale que l'Europe (puissance marginalisée alors qu'elle est directement affectée par son instabilité) entretient avec le monde arabo-musulman ? Est-ce uniquement le poids d'une histoire et d'une mémoire douloureuse ? Ou bien est-ce également la conséquence de son impuissance présente ?

I. Le paradoxe de la relation Europe-monde arabo-musulman (1) : le poids de l'Histoire et d'une mémoire douloureuse

A. Une Europe dominatrice et déstabilisatrice (1798-1945).

B. Une Europe exclue (depuis 1945).

C. Une Europe tout à la fois admirée et détestée (depuis 1945).

II. Le paradoxe de la relation Europe-monde arabo-musulman (2) : la proximité géographique et l'imbrication socio-économique

A. L'enjeu énergétique.

B. La question sécuritaire.

C. Le défi migratoire.

III. Le paradoxe de la relation Europe-monde arabo-musulman (3) : les effets d'une impuissance intrinsèque de l'Europe

A. La division des Européens vis-à-vis des défis du monde arabo-musulman.

B. La dépendance volontaire vis-à-vis des États-Unis depuis 1945 malgré des exceptions (politique arabe de la France).

C. L'impuissance diplomatique et miliaire : Irak, Syrie, Libye, conflit israélo-palestinien…

33 L'instabilité du monde arabe, un enjeu régional aux répercussions mondiales

Ce sujet-phrase doit être décrypté avec rigueur pour être convenablement traité.

1. Il s'intéresse au monde arabe, donc il faut bien évidemment éviter d'y impliquer les pays non-arabes de la région tels qu'Israël, l'Iran ou la Turquie. En revanche, dans la mesure où le sujet porte sur les facteurs d'instabilité, l'implication de ces puissances régionales est évidemment un aspect à aborder.
2. Le sujet se focalise sur l'instabilité du monde arabe et donc sur ses facteurs comme sur ses effets. Appliquons la méthode et posons le sujet sous une forme interrogative (question du sujet). Cela donne : en quoi l'instabilité du monde arabe est-elle un enjeu régional aux répercussions mondiales ? Autrement dit, il y a d'une certaine manière deux questions. 1. Dans quelle mesure cette instabilité provient-elle de la région et ne concerne-t-elle qu'elle ? et 2. dans quelle mesure impacte-t-elle le reste du monde et résulte-t-elle de son implication ? On peut donc dire que quatre paramètres sont à l'œuvre dans ce sujet : 1. les facteurs internes de l'instabilité, 2. les effets internes, 3. les facteurs externes, 4. les effets externes. C'est donc en faisant varier l'échelle de l'analyse (régional/mondial) et son angle (causes/effets) qu'on parvient à développer une argumentation et un point de vue sur une question relativement polémique.
3. Car ce sujet se révèle bien plus controversé qu'il n'y paraît. En effet, il revient à se demander si le monde arabe est par nature irrémédiablement instable et incapable de se développer correctement, comme le sous-entendent parfois des opinions culturalistes considérant que l'Islam est foncièrement responsable d'une situation inextricable. Ou bien sont-ce les interventions étrangères qui font le malheur du monde arabe (comme le suggèrent les Islamistes) ? Bien évidemment, il ne s'agit pas d'adopter ou de trancher entre le point de vue de l'un ou de l'autre mais de bien aborder tous les paramètres d'un problème épineux pour l'examiner dans toute sa complexité.

Lorsqu'en 1916, les Britanniques convainquent le chérif hachémite de La Mecque, Hussein, de se soulever contre les Ottomans en échange d'un futur royaume arabe de la Syrie à l'Arabie, ils comptent tirer profit d'un sentiment national naissant pour leur seul intérêt stratégique. Or, après-guerre, ces mêmes Britanniques ne tiennent guère leurs promesses et ils doivent affronter des soulèvements simultanés en Irak (1920) en Égypte (1919) et en Palestine (1920-1921). Résultat de leur action, cette instabilité du monde arabe à laquelle ils sont confrontés devient alors un enjeu pour leur domination régionale autant que mondiale. La région revêt pour l'Empire une importance énergétique (depuis la découverte des champs pétrolifères autour de Mossoul) et territoriale (maîtrise de la route des Indes) primordiale. Ce qui était vrai au début du XXe siècle, l'est encore aujourd'hui : l'instabilité du monde arabe est un enjeu régional qui concerne et implique le reste du monde.

Les pays de langue, de peuplement et de culture arabe (du Maroc à l'Irak, de la Syrie au Yémen) sont, depuis le début du XXe siècle, confrontés à de multiples formes d'instabilité. Celle-ci est d'abord politique dans cette région qui depuis les indépendances est le lieu privilégié des coups d'État et des dictatures plus ou moins sanglantes. Cette violence politique s'enracine dans les difficultés économiques et sociales d'une région tout à la fois pauvre, mal-développée et souffrant de sa richesse abondante en hydrocarbures. Plus encore, depuis le début des années 1980 et l'échec des régimes nationalistes et modernisateurs d'inspiration plus ou moins socialiste, le monde arabe subit de plein fouet une crise multiforme. Alors que les sociétés arabes sont profondément bouleversées par la transition démographique et urbaine et les défaillances d'économies peu productives et peu créatrices d'emplois, des régimes politiques autoritaires, liberticides et corrompus se révèlent incapables de répondre à ces défis croissants. Déchiré idéologiquement entre des aspirations démocratiques réprimées, un nationalisme détourné à des fins politiques et un islamisme plus ou moins radical qui se présente comme la seule alternative crédible, le monde arabe est entré en révolution en 2011. Depuis, cette vague révolutionnaire a évolué soit vers de difficiles transitions pacifiques (Tunisie) et plus souvent vers des contre-révolutions sanguinaires allant jusqu'à des guerres civiles impitoyables (Syrie). Or, tout à la fois sociale, politique et idéologique, cette instabilité multiforme dépasse largement le cadre régional. Des puissances extérieures (non-arabes comme l'Iran, Israël ou la Turquie) ou mondiales (États-Unis, Russie, France) s'impliquent dans ces conflits pour se prémunir des effets qui les frappent (migrations, terrorismes) autant que pour y défendre leurs intérêts stratégiques ou pétroliers. Ainsi, naît une forme d'interdépendance dialectique entre cette instabilité régionale et l'implication mondiale. D'un côté, c'est en partie parce que le monde intervient que l'instabilité s'accroît (intervention occidentale en Libye en 2011). De l'autre, c'est aussi parce que l'instabilité s'accroît que le monde intervient (implications en Syrie et en Irak depuis 2014 et l'émergence de Daesh). Aussi, s'agit-il de comprendre pourquoi et depuis quand le monde arabe est à la fois l'épicentre d'une instabilité régionale aux implications mondiales, et le lieu privilégié d'une implication mondiale qui le déstabilise. Est-ce le produit de difficultés intérieures qui se répercutent sur le monde ? Ou bien est-ce davantage des ingérences extérieures qui créent et/ou enveniment une situation fragilisée ?

Ce sujet tourne donc autour de quatre variables : facteurs/effets endogènes, facteurs/effets exogènes. Dès lors pour construire un plan, il faut mettre en trois parties ces quatre éléments ce qui peut se faire de multiples façons. Voici trois propositions de plan.

Le Plan 1, est un plan qui joue des échelles d'analyse (1. À l'échelle des pays, 2. À l'échelle régionale, 3. À l'échelle mondiale).

Le Plan 2 dispose les quatre paramètres en insistant sur l'interaction des effets de l'instabilité (1. Les facteurs internes et externes de l'instabilité, 2. Les effets internes, 3. Les effets externes).

Le Plan 3 fait l'inverse et développe davantage les facteurs de l'instabilité (1. Une instabilité historiquement due à l'intervention de puissances extérieures, 2. Facteurs internes au monde arabe, 3. Les effets).

Autant de manières, une nouvelle fois, de traiter le même sujet en fonction de votre analyse et de vos connaissances.

Problématique : En quoi l'instabilité du monde arabe impacte-t-elle les puissances mondiales autant qu'elle résulte de leurs interventions ? Autrement dit, en quoi le monde arabe est-il à la fois l'épicentre d'une instabilité régionale aux implications mondiales, et le lieu privilégié d'une implication mondiale qui le déstabilise ?

Plan 1 (le jeu d'échelle)

I. L'instabilité du monde arabe : un défi commun pour les différentes nations arabes

A. Les racines[1] économiques d'une instabilité chronique

L'instabilité du monde arabe s'enracine dans une série de difficultés économiques et sociales structurelles et décennales. Le modèle de développement d'inspiration socialiste adopté par nombre de pays arabes au lendemain des indépendances a conduit à des échecs, à de faibles croissances (entre 2 à 3 % par an en moyenne dans les années 1960) ne garantissant aucun développement pérenne. Dans les

1. Bachir El-Khoury, *Monde arabe : les racines du mal*, Actes Sud, 2017.

années 1970, la hausse des prix des matières premières a certes accru les recettes d'exportation de ces pays rentiers, mais elle a surtout permis de gonfler l'endettement public. Avec le retournement brutal de conjoncture dans les années 1980 et 1990, nombre d'entre eux ont dû faire appel au FMI, s'ouvrir aux marchés mondiaux et se libéraliser. Cette ouverture forcée a aggravé les difficultés économiques et provoqué des révoltes sociales. En Algérie, après une longue période d'échec de l'économie administrée cherchant à mettre place une « industrie industrialisante » sous Boumediene (1965-1978), Bendjedid (1979-1992) a tenté en vain de libéraliser l'économie. Mais les faiblesses d'une économie de rente peu productive conjuguée à l'effondrement des prix du pétrole (contre-choc pétrolier de 1986) ont plongé l'Algérie dans la récession, l'agitation sociale (émeutes de 1988) et finalement une décennie sanglante de guerre civile (1991-2000). L'exemple dramatique de l'Algérie est symptomatique des lacunes structurelles de ces économies arabes, rentières et par conséquent instables. Victimes de la malédiction des matières premières, elles n'ont pas su tirer profit de la reprise et du super-cycle des années 2000. Avec des taux de croissance deux à trois fois inférieurs à ceux des pays d'Asie, le monde arabe ne s'est ni industrialisé, ni développé. Pire, il a dû subir la concurrence asymétrique de ces pays asiatiques ce qui a accéléré la désindustrialisation de pays qui ne l'étaient pas encore. Dans la mondialisation, cet espace arabe souffre d'autant plus que les évolutions démographiques amplifient le malaise social.

B. Les facteurs socio-démographiques

La forte croissance démographique du monde arabe depuis les années 1960 a conduit à ce que la population triple en à peine 35 ans. Et même si depuis les années 2000, la natalité chute, les effets à terme de cette croissance se font notablement sentir : le monde arabe est particulièrement jeune (en moyenne 50 % de la population a moins de 25 ans) et donc la population active croît rapidement. Toujours plus de jeunes, en outre de plus en plus qualifiés du fait des progrès notables de l'éducation, arrivent sur un marché du travail qui n'offre que peu d'emplois. Les lacunes des économies de rente et les effets de la mondialisation se conjuguent donc à cette rapide montée du nombre de demandeurs d'emplois et explique le fléau social d'un chômage de masse dramatique. En moyenne et officiellement, un tiers des moins de 30 ans est au chômage dans le monde arabe ; certaines situations sont pires comme en Algérie où c'est plutôt la moitié qui n'a aucune activité. De surcroît, la modernisation croissante des sociétés arabes favorise l'émancipation et donc le travail des femmes augmentant aussi la pression sur le marché du travail. Enfin, ce chômage de masse encourage le développement d'emplois précaires et sous-qualifiés, que des cohortes de jeunes diplômés sont contraints d'occuper. En conséquence, la frustration sociale monte à mesure que les espoirs d'ascension sociale vendus par des régimes autoritaires et corrompus deviennent irréalisables. Car, dans ces pays arabes, l'absence de liberté va de pair avec les défaillances de la prospérité.

C. Les facteurs politiques : clanisme et dictatures

Depuis les indépendances, des régimes autoritaires et parfois claniques se sont installés dans tous les pays arabes. Des monarchies autoritaires du Maroc, de Jordanie ou d'Arabie Saoudite aux républiques dirigées par les militaires en Algérie, en Égypte ou en Syrie (après 1970), l'absence de liberté et de démocratie est une caractéristique de ce monde arabe. Elle s'explique par de multiples facteurs interdépendants. La captation des revenus de l'économie de rente par un clan (les Saoud en Arabie, les Kadhafa en Libye, les Trabelsi en Tunisie, les Trikiti dans l'Irak de Saddam Hussein, etc.) ou par une partie de l'armée (Égypte, Algérie ou officiers alaouites dans la Syrie des Assad) leur permet à la fois de se doter des moyens (de séduction ou de contrainte) pour conserver le pouvoir et en retour de garder la mainmise sur les ressources du pays. L'intérêt de ces Mamelouks (comme les appelle Jean Pierre Filiu qui les compare à des groupes mafieux[1]) n'a jamais été de permettre un développement économique, mais au contraire de maintenir l'ascendant de leur caste sur le partage des maigres richesses du territoire pour conserver le pouvoir. D'ailleurs, la corruption et l'opacité inhérentes à ce type de régime freinent toute croissance durable. En outre, ils ont tous su habilement jouer des peurs occidentales (peur du communisme à partir des années 1950 puis surtout peur de l'islamisme et du djihadisme depuis 1979) pour obtenir le silence et plus souvent encore le soutien de ces puissances. Aussi, la répression, la censure et donc l'absence de toute liberté font-elles partie intégrante de ces sociétés politiques arabes. Or, face à la frustration et au bouillonnement social d'une jeunesse délaissée et désespérée, la situation est devenue particulièrement instable, surtout depuis 2011 et le déclenchement des réveils arabes.

D. Les formes de l'instabilité : contestations sociales, djihadismes, guerres civiles

Autoritarisme, faiblesses économiques, frustrations sociales, les raisons endogènes expliquant l'instabilité du monde arabe sont donc communes et nombreuses. Mais cette instabilité prend des formes différentes en fonction des pays. Longtemps, surtout dans les pays occidentaux, on a cru le monde arabe immobile, sclérosé dans une immuable situation de mal-développement et d'arbitraire autocratique. Inattendue, l'explosion de 2011 n'en fut que plus surprenante. Et, de fait, touchant l'ensemble des pays arabes (à l'exception peut-être d'une Algérie où les troubles furent moins vifs du fait des souvenirs de la guerre civile, ou d'un Irak en proie à la division), ce printemps arabe fut la manifestation de la colère souterraine qui travaillait ces sociétés. Parties de Tunisie en décembre 2010, les émeutes urbaines ont très vite concerné l'Égypte, la Libye, la Syrie, le Maroc, la Jordanie et les pays du Golfe. Toutes ont été menées et nourries par des jeunes urbains qui dénonçaient

1. Jean-Pierre Filiu, *Généraux, gangsters et djihadistes. Histoire de la contre-révolution arabe*, La Découverte, 2018.

Module III

aussi bien leur malaise social que le manque de libertés. Depuis l'éclatement de cette vaste protestation néanmoins, les destins ont divergé. Certains pays se sont débarrassés de leur autocrate (Tunisie, Libye, Égypte, Yémen). D'autres non. Tous ont, plus ou moins, également engagé des processus électoraux visant à démocratiser le pays. Beaucoup ont alors vu les partis islamistes remportés les élections (Tunisie, Maroc, Égypte, Jordanie) dans la mesure où ces derniers ont bénéficié de l'aura et de l'expérience acquises durant des décennies d'opposition aux régimes autoritaires. Mais seule la Tunisie, et un peu la Jordanie et le Maroc, sont sur la voie d'une véritable démocratisation. Partout ailleurs, la contre-révolution a permis de rétablir le *statu quo ante* ou presque, comme en Égypte où, après l'expérience désastreuse du président Morsi et des Frères Musulmans au pouvoir (2011-2012), le coup d'État du maréchal Al-Sissi a conduit au retour du régime liberticide des militaires. Enfin, d'autres (Syrie, Yémen, Libye) ont plongé dans le chaos d'interminables guerres civiles. Dans ce contexte, le djihadisme a prospéré. Contre des régimes autoritaires violents et corrompus comme contre une démocratisation jugée occidentale et pervertie, voire parfois contre un islamisme politique jugé trop modéré, la voie de la lutte armée au nom d'un islam à la fois révolutionnaire et réactionnaire a pu séduire de nombreux jeunes. Al-Qaida puis surtout Daesh depuis 2014 ont pu grandir sur le terreau fertile d'un monde arabe instable et fragile. En ce sens, l'instabilité du monde arabe est d'abord et avant tout un fait interne à cet espace. Pourtant, c'est aussi un enjeu régional et géopolitique entre les grandes puissances de la région qui entretiennent cette instabilité socio-politique comme elles en jouent.

II. L'instabilité du monde arabe : un enjeu pour les grandes puissances arabes comme non-arabes de la région

A. L'instabilité : un enjeu pour les pouvoirs arabes

L'instabilité est d'abord un enjeu pour les pouvoirs arabes qui en jouent pour se maintenir au pouvoir. C'est ce que démontre en détail Jean-Pierre Filiu dans son livre, *Généraux, gangsters et djihadistes.* En effet, l'instabilité est non seulement en partie créée par les régimes autoritaires, mais également entretenue par eux pour accroître leur légitimité. Les difficultés économiques et le malaise social entretiennent le désespoir d'une jeunesse qui bascule parfois vers le djihadisme. Or, les djihadistes sont les alliés objectifs des autocraties arabes. C'est un ennemi commode qui, sur le plan extérieur comme intérieur, justifie les mesures répressives. Au nom d'une conception élargie de la qualification de terroristes (qui s'applique à tous ceux qui s'opposent à eux), ils ont pu dès les années 1980 et plus encore depuis 2001 accroître la répression. En retour, plus ils sont violents, plus ils alimentent une rancœur qui entretient la violence. L'Égypte comme l'Algérie aux mains des militaires en ont abusé. Mais, cette logique a atteint son paroxysme dans la Syrie de Bachar El-Assad. En 2011, lorsque les révoltes pacifiques éclatent, le régime fait immédiatement le pari d'une confessionnalisation et surtout d'une radicalisation de l'opposition pour engager une lutte sans merci contre elle. Libérant les djihadistes emprisonnés dans les geôles syriennes, les forces gouvernementales souhaitent apparaître comme le seul rempart contre le désordre et ce qu'elles qualifient de terrorisme. Cette stratégie mortifère, dans laquelle d'ailleurs les forces syriennes gouvernementales ont tout fait pour affronter le moins possible les djihadistes (notamment Daesh après 2014) se concentrant sur les autres oppositions, a été efficace. Après sept ans de guerre, et alors qu'on le croyait sans avenir, Bachar El-Assad est en passe de triompher et de conserver son pouvoir sur un pays en ruine.

B. La déstabilisation du voisin : un outil dans la lutte pour le leadership arabe

L'instabilité est aussi entretenue par l'action de puissances arabes en quête de leadership. L'utopie panarabe a fait long feu et ce dès les années 1950 et 1960. Dès cette époque, les différents États nouvellement indépendants entrent en rivalité pour chacun d'entre eux tenter de s'imposer comme le pays phare du monde arabe. Pour ce faire, ils n'hésitent à déstabiliser leur voisin dans leur propre intérêt. L'action de l'Égypte de Nasser pour renverser Al-Badr qui a succédé à son père sur le trône du Yémen en 1962 s'inscrit dans cette stratégie hégémonique du nassérisme. Elle engendre la réaction de l'Arabie Saoudite qui refuse ce coup de force égyptien et déclenche une guerre civile yéménite qui dure jusqu'en 1970. Elle fut donc bien aussi une guerre indirecte entre les deux puissances arabes rivales. Mais cette logique interventionniste, qui favorise l'instabilité au sein du monde arabe, perdure au-delà des années 1960. Ainsi, longtemps l'Irak de Saddam Hussein a revendiqué le leadership sur le monde arabe au nom duquel il a prétendument lutté pour contenir l'expansionnisme perse durant la guerre Iran-Irak (1980-1988). C'est bien un des motifs pour lesquels il a envahi le Koweït en août 1990. Aujourd'hui, la compétition entre deux États arabes et wahhabites comme l'Arabie Saoudite et le Qatar nourrit l'instabilité. Si le Qatar a soutenu (financièrement et politiquement) dès 2011 les partis arabes affiliés aux Frères Musulmans pour accroître son influence (en Égypte, en Tunisie, au Maroc, en Palestine, en Jordanie), l'Arabie, effrayée par le républicanisme de ce mouvement évidemment contraire à l'absolutisme saoudien, a joué contre eux. Le royaume des Saoud a misé sur les contre-révolutions autoritaires, notamment en Égypte où il appuie encore aujourd'hui le régime militaire d'Al-Sissi. De même, en Syrie, l'affrontement ne peut se comprendre sans le jeu d'influence de chaque puissance arabe qui a tenté de financer des groupes sunnites rebelles tous hostiles à Bachar El-Assad mais rivaux entre eux.

C. Le jeu des puissances non-arabes de la région dans l'instabilité du monde arabe (Iran, Israël, Turquie)

Enfin, d'autres puissances régionales mais non-arabes disposent de leur propre agenda pour s'ingérer dans les affaires intérieures de leurs voisins arabes et entretenir l'instabilité. Au premier rang d'entre elles figure bien sûr l'ennemi héréditaire de ce monde arabe depuis 1948 : Israël. Menacé depuis sa création par ses voisins arabes (au moins jusque dans les années 1990), l'État d'Israël a toujours eu pour intérêt de déstabiliser ses ennemis. Le meilleur exemple réside dans le rôle que l'État hébreu a joué dans la guerre civile libanaise (1975-1990). Il s'est allié aux phalangistes chrétiens des Gemayel du fait de leur commune hostilité aux mouvements palestiniens réfugiés en masse aux Liban. Il est même intervenu militairement à leurs côtés en 1982 perpétrant le massacre de civils palestiniens à Sabra et Chatila. Mais au Liban, comme dans d'autres pays arabes, il n'y a pas qu'Israël comme puissance alimentant les conflits ; il faut aussi tenir compte de la Turquie et de l'Iran. Ces deux pays se sont tout de suite impliqués dans les troubles du monde arabe pour mieux défendre leurs intérêts. Ainsi, dès le déclenchement de la guerre civile syrienne, si la Turquie a soutenu nombre de groupes rebelles et djihadistes proches de ses frontières espérant la chute rapide du régime de Bachar El-Assad, les Iraniens ont fait le pari inverse. Ils ont voulu à tout prix soutenir leur unique et fidèle allié arabe (qui avait pris leur parti contre l'Irak durant la guerre des années 1980) tout autant qu'ils ont cherché à développer leur stratégie d'influence régionale. D'ailleurs, profitant de l'aubaine qu'ont constituée la chute du régime de Saddam Hussein et l'arrivée au pouvoir de la majorité chiite en Irak, l'Iran a pourtant entretenu un double jeu vis-à-vis de son nouvel allié. S'ils ont tout fait pour qu'un régime pro-chiite prenne le pouvoir à Bagdad, les dirigeants iraniens ont aussi veillé à ce que le nouvel État convalescent ne puisse pas devenir un rival arabe lui contestant le leadership du monde chiite (d'autant que les lieux saints du chiisme sont irakiens et non iraniens). Aujourd'hui, l'Iran est un acteur majeur de l'instabilité en Irak, en Syrie, au Liban et au Yémen. En retour, cette situation motive les ingérences de l'Arabie Saoudite. Les rivalités entre pays arabes et non-arabes font donc bien de l'instabilité du monde arabe un enjeu régional.

III. L'instabilité du monde arabe et les grandes puissances mondiales : une interdépendance séculaire

A. Les facteurs d'internationalisation

Les raisons pour lesquelles les grandes puissances mondiales entretiennent l'instabilité du monde arabes par leurs interventions sont nombreuses. D'abord, historiquement, les puissances européennes, en particulier la puissance britannique, ont voulu dominer ce carrefour entre l'Europe, l'Afrique et l'Asie pour contrôler les grandes routes mondiales. La position stratégique du Moyen-Orient a justifié l'immixtion croissante des puissances européennes qui ont voulu à tout prix profiter des difficultés de l'Empire Ottoman pour prendre le contrôle d'une région aussi centrale. Cette « question d'Orient » a animé les chancelleries européennes jusqu'en 1914. Elle a connu une intensité croissante à mesure que les empires européens partaient à la conquête du monde et que la première mondialisation intensifiait les échanges internationaux. En ce sens, le percement du canal de Suez (1869) marque une césure qui a définitivement consacré l'importance de la région pour les grandes puissances coloniales. Puis, avec la découverte du pétrole en Perse (1908) puis en Mésopotamie (1909-1914) et finalement l'exploration des gigantesques ressources en hydrocarbures dans le Golfe Persique (dès les années 1930) comme au Maghreb (gisement algérien d'Hassi Messaoud en 1956), la convoitise des puissances extérieures a changé de nature. Dès lors, la maîtrise et la sécurisation de ces richesses pétrolières si précieuses pour nombre de puissances dépendantes ont induit leur immixtion croissante. Enfin, les affrontements idéologiques et/ou politiques ne sont pas négligeables. La lutte contre l'influence communiste ou l'impérialisme américain jusque dans les années 1980, aujourd'hui le combat contre le terrorisme djihadiste expliquent aussi l'ingérence des grandes puissances. Toutes jouent de l'instabilité pour mieux défendre leurs intérêts économiques et stratégiques.

B. Une instabilité créée par les grandes puissances

L'ingérence des grandes puissances contribue à l'instabilité du monde arabe depuis les indépendances. La construction *ad hoc* d'États établis dans l'intérêt des colonisateurs est en partie à l'origine des difficultés actuelles. En traçant (parfois) des frontières artificielles, les colonisateurs français et britanniques ont fait naître des États pluri-religieux instables. De surcroît, en imposant des minorités à la tête de ces pays pour mieux asseoir leur domination, ils ont encouragé la violence politique et l'autoritarisme. Ainsi, en créant l'État irakien en 1923 et en plaçant à sa tête un roi (Fayçal) et un pouvoir arabe sunnite dans un pays à majorité chiite, ils ont créé les conditions d'un autoritarisme chronique. Les affrontements intercommunautaires dans ces États devinrent donc structurels puisqu'ils fonctionnaient sur le principe d'un accaparement du pouvoir par une minorité au détriment d'une majorité (Sunnites en Irak jusqu'en 2003 ou à Bahreïn, Alaouites en Syrie). Et les guerres civiles actuelles découlent, en partie, de ces déséquilibres originels. En outre, les grandes puissances européennes, américaine et russe (ou soviétique) ont toujours eu intérêt à soutenir des régimes autoritaires. D'un côté, ceux-ci devenaient dépendants de leur soutien et de leurs subsides pour se maintenir. De l'autre, ces régimes pouvaient justement permettre de contenir l'instabilité pour mieux asseoir les intérêts stratégiques des grandes puissances. L'appui quasiment inconditionnel que les États-Unis apportent à la monarchie saoudienne, à ce régime pourtant obscurantiste qui professe et diffuse une conception de l'Islam particulièrement rigoriste, procède d'un intérêt réciproque. Les États-Unis sont assurés de conserver comme allié le pays qui dispose des plus grandes réserves pétrolières du monde, tandis que l'Arabie Saoudite obtient une sécurité qu'elle n'aurait jamais été en mesure d'assurer par elle-même. D'ailleurs, pour encourager des États à se placer sous leur tutelle, les grandes puissances n'hésitent pas à déstabiliser certains pays : le choix d'appuyer le coup d'État contre Mossadegh en Iran en 1953, par une action clandestine pilotée conjointement par la CIA et les services britanniques, l'illustre.

C. Une instabilité entretenue par les grandes puissances

Aujourd'hui, les tensions et les guerres qui traversent le monde arabe sont largement entretenues par les ingérences des grandes puissances. Si (comme nous l'avons montré) les racines de l'instabilité résident d'abord dans les enjeux socio-économiques et géopolitiques internes au monde arabe, on ne peut nier pour autant que l'intervention récurrente des grandes puissances participe aux turbulences qui touchent cet espace. L'hégémonie exercée par la puissance américaine sur la région depuis 1945 visait pourtant à stabiliser une région à ses yeux essentielle. Pour éviter les fluctuations des prix du pétrole, pour contenir l'expansion du communisme et (à partir de 1979) de l'influence iranienne, pour favoriser la sécurité de son allié israélien, voire pour contrer l'expansion de la menace djihadiste, les États-Unis avaient tout intérêt à maintenir la paix et la stabilité géopolitique. C'est par exemple ce qu'ils ont fait en encourageant le processus de paix entre Israël et l'Égypte à partir de 1978 (accords de camp de camp David) ou entre Israël et la Jordanie en 1994. C'est aussi ce qui a guidé leur action en 1991 lorsqu'ils sont intervenus après l'annexion du Koweït et en veillant à s'assurer le soutien de tout le monde arabe. Pourtant, en 2003, ils ont été l'acteur principal d'une instabilité devenue incontrôlable. En intervenant sans raison légitime en Irak, ils ont été le facteur initiant l'effondrement du pays, le déclenchement de la guerre civile, l'expansion du risque djihadiste et finalement l'éclosion de Daesh (fusion entre des combattants étrangers dissidents d'Al-Qaida venus les affronter en Irak et des cadres sunnites du défunt régime de Saddam Hussein qu'ils ont licenciés). Mais, les États-Unis ne sont pas les seules grandes puissances à intervenir et à entretenir l'instabilité. La Russie de Vladimir Poutine a également joué de la guerre civile syrienne pour développer son agenda géopolitique visant à se replacer la Russie au centre du jeu mondial et reprendre pied dans une région proche de ses frontières. Même si elles restent encore aujourd'hui marginales et fort prudentes, certaines puissances émergentes aussi tentent de s'immiscer dans le jeu instable du monde arabe. Discrètement, la Chine, l'Inde, le Japon et même le Brésil, dans un intérêt énergétique bien compris, cherchent à se placer dans la recomposition en cours.

Conclusion

En définitive, l'instabilité du monde arabe procède d'une multiplicité de facteurs comme elle engendre une multitude d'effets qui affectent tout autant les pays concernés que la région dans son ensemble et même le monde. L'interaction entre les difficultés socio-économiques d'une région victime d'économies de rente et de régimes prédateurs, le jeu des puissances arabes et non-arabes qui tentent de profiter de l'affaiblissement des uns pour se renforcer, et les intérêts énergétiques et stratégiques de grandes puissances qui les poussent à s'y impliquer, produit cette instabilité.

Pour autant, le monde arabe est-il condamné à souffrir éternellement de ces maux ? L'évolution actuelle d'une Tunisie qui, certes avec difficulté, réussit à construire une transition démocratique et pacifique, laisse entrevoir un espoir. Encore faudrait-il peut-être que les autres puissances, en particulier l'Europe, la soutiennent.

Plan 2 (axé sur la question des effets de l'instabilité)

I. L'instabilité du monde arabe : des facteurs multiscalaires et interdépendants

A. Une instabilité créée par les grandes puissances (avant 1945) ?

B. Une instabilité politico-religieuse et géopolitique entre États arabes et non-arabes de la région.

C. Une instabilité socio-démographique et économique au sein des États arabes.

II. L'instabilité du monde arabe : des problèmes internes aux pays arabes qui se répercutent sur le monde

A. Instabilités et pétrole.

B. Instabilités et migrations.

C. Instabilités, terrorisme et djihad global.

III. L'instabilité du monde arabe : des ingérences mondiales qui entretiennent l'instabilité ?

A. Des interventions extérieures qui déstabilise des États (Irak, Libye).

B. Des interventions extérieures qui entretiennent des conflits (Syrie, Irak 1980-1988).

C. Une présence et des interventions extérieures qui peuvent contribuer à la stabilité (1re guerre du Golfe, EU dans le Golfe persique).

Plan 3 (axé davantage sur les facteurs de l'instabilité)

I. L'instabilité du monde arabe au XXe siècle : un effet de l'intervention des puissances extérieures

A. 1914-1945 : France et Royaume-Uni, les déstabilisateurs originaux ?

B. 1945-1991 : le jeu instable de la guerre froide.

C. 1991-2018 : le jeu instable des États-Unis et (de plus en plus) d'autres acteurs.

II. L'instabilité du monde arabe depuis 1950 : une dynamique endogène

A. Facteurs endogènes : la sclérose politique et les divergences idéologiques.

B. Facteurs endogènes : les évolutions socio-démographiques.

C. Facteurs endogènes : la rivalité entre pays arabes ou non arabes de la région.

III. L'instabilité du monde arabe depuis 1950 : une dynamique exogène

A. Effets mondiaux de l'instabilité : la question du pétrole et du positionnement stratégique.

B. Effets mondiaux de l'instabilité : la dynamique migratoire.

C. Effets mondiaux de l'instabilité : terrorisme et djihadisme.

34 Conflictualité et religions au Moyen-Orient

Voici un sujet pour le moins délicat car particulièrement polémique. En transformant le sujet en question, on obtient : quel rôle jouent les religions dans la conflictualité du Moyen-Orient ? Le sujet soulève donc un problème éminemment complexe.

1. En premier lieu, il faut expliciter correctement les termes du sujet. La notion de « conflictualités » invite d'abord à ne pas se limiter aux seules guerres mais à élargir aussi à toutes les formes d'affrontements et de violences qui s'exercent au Moyen-Orient, au sein des États comme entre les États.
2. Deuxièmement, le sujet invite à interroger l'origine de cette conflictualité et à faire la part du religieux dans la dynamique conflictuelle. Voilà une gageure. Car, d'une part, comment déterminer précisément ce qui relève de la religion dans des processus multifactoriels comme les conflits ? Cela s'avère quasiment impossible. D'autre part, peut-on vraiment trancher une telle question aussi polémique, tant elle attise les passions, aussi bien de ceux qui défendent l'idée que nous vivons de nouvelles guerres de religions et que de ceux qui la perçoivent comme un prétexte fallacieux ? Une fois encore, il ne s'agit surtout pas de trancher, mais d'avancer dans un sens ou dans l'autre avec moults précautions et suffisamment d'exemples et de nuances. Ici, suivant nombre d'analystes et d'historiens (en particulier Georges Corm[1] qui a inspiré l'idée de ce sujet), nous pencherons davantage vers une analyse profane des conflits, qui semble plus éclairante pour comprendre la complexité moyen-orientale. Mais d'autres réponses seraient possibles (une nouvelle fois) à condition d'être précises et nuancées.

1. Georges Corm, *La Nouvelle Question d'Orient*, La Découverte, 2017.

André Malraux aurait-il dit que « le XXIe siècle sera religieux ou ne sera pas » ? Probablement pas. Et pourtant, après l'effondrement des grandes idéologies au XXe siècle, en ce début de XXIe siècle, le poids du religieux dans l'analyse des dynamiques mondiales est de plus en plus pris en compte. En particulier, depuis que Samuel Huntington a cherché à démontrer l'émergence d'un *Choc des civilisations* dont le principal facteur consisterait en des identités religieuses réifiées, l'idée que le monde entrerait dans une nouvelle ère de guerres de religions fait florès. Le développement des fondamentalismes (évangéliques, catholiques, juifs et plus encore musulmans), se substituant à la disparition des grandes utopies politiques, deviendrait le moteur de l'affirmation et de la conflictualité identitaire pour des sociétés globalisées et en perte de repères. Une telle grille de lecture du monde prend bien évidemment l'Islam comme le laboratoire de cette nouvelle dynamique et en particulier le Moyen-Orient où les affrontements d'origine apparemment religieuse se multiplient. Mais est-ce bien le cas ? Les conflits du Moyen-Orient ont-ils pour principal objet la différence religieuse ?

Il est indéniable que les religions, surtout les trois grandes religions monothéistes, occupent une place importante dans les évolutions du Moyen-Orient. Le Judaïsme y est né, il y a trois millénaires ; le Christianisme il y a 2000 ans et l'Islam s'y est développé au VIIe siècle. Toutes trois d'ailleurs se reconnaissent successivement puisque le Christianisme procède de la révélation hébraïque autant que l'Islam s'inscrit dans le récit des deux religions qui l'ont précédé. La concurrence entre les trois confessions en est d'autant plus forte. Aujourd'hui cette rivalité originelle se focalise sur Jérusalem puisque la ville est sainte pour les trois religions. Mais le Moyen-Orient a aussi été le lieu de la division théologique à l'origine de vastes affrontements inter- comme intra-religieux. L'époque des Croisades l'illustre. Aux XIe-XIIIe siècles, les Chrétiens latins combattent effectivement les Musulmans au Levant pour conquérir puis conserver la Terre sainte. Mais, la conflictualité est loin de se résumer à cette stricte opposition religieuse. Les Orthodoxes finissent aussi par affronter les Latins, notamment lors de la 4e Croisade qui aboutit en 1204 à la chute de Constantinople. De même, les Musulmans s'entredéchirent entre Seldjoukides sunnites et Fatimides chiites d'Égypte, jusqu'à ce que Saladin mette fin au Califat en 1171. Au total, il ne fut pas rare de voir des Chrétiens (Latins ou Orthodoxes) prendre le parti de Musulmans (Sunnites ou Chi'ites) et réciproquement. Car la complexité politique a parfois pris le dessus sur les déterminants religieux. Or, ce qui était vrai durant la période médiévale l'est plus encore aujourd'hui. De nombreux chercheurs, dont l'historien Georges Corm[1], soulignent combien les tensions au Moyen-Orient jusqu'aux années 1980 ne procédaient pas de la religion. Le conflit israélo-palestinien a été vécu comme un affrontement entre nationalismes jusqu'à ce qu'on assiste à une confessionnalisation réciproque avec la fin de la guerre froide. Les racines des conflits au Moyen-Orient ne reposent donc pas exclusivement voire principalement, sur des fondements religieux :

1. Georges Corm, *Pour une lecture profane des conflits. Sur le « retour du religieux » dans les conflits contemporains au Moyen-Orient*, La Découverte, 2015.

la violence politique, la désespérance sociale, l'intervention de puissances extérieures, l'accaparement des ressources (en particulier pétrolières) apparaissent tout autant comme des éléments de conflictualité à prendre en compte. La religion est alors appréhendée uniquement comme un élément parmi d'autres, voire pour certains analystes, à l'instar de sociologues comme Hamit Bozarslan[1] ou Olivier Roy[2], comme un instrument au service d'objectifs politiques dénués de toute dimension spirituelle ou religieuse. Ainsi, les passions et les différences religieuses sont-elles vraiment le principal moteur des dynamiques conflictuelles du Moyen-Orient ? Ou bien ces dernières ne relèvent-elles pas plutôt d'une multiplicité de facteurs interdépendants et complexes parmi lesquels la religion n'occupe qu'une place somme toute mineure ?

Si le Moyen-Orient apparaît bien comme l'épicentre de tensions religieuses, le seul facteur religieux paraît insuffisant pour comprendre les conflits qui le parcourent (1). Car ces conflits procèdent d'une multiplicité de facteurs socio-économiques et socio-politiques très largement indépendants des questions religieuses (2). Plus encore, cette conflictualité se révèle être aussi et surtout liée à une dynamique d'affrontements politiques et géopolitiques entre des puissances qui instrumentalisent la dimension religieuse à leur profit (3).

Problématique : Les passions et les différences religieuses sont-elles vraiment le principal moteur des dynamiques conflictuelles du Moyen-Orient ? Ou bien ces dernières ne relèvent-elles pas plutôt d'une multiplicité de facteurs interdépendants et complexes parmi lesquels la religion n'occupe qu'une place somme toute mineure ? Autrement dit, quelle est la part exacte de la religion dans la compréhension de la conflictualité moyen-orientale ?

I. Si le Moyen-Orient apparaît bien comme l'épicentre de tensions religieuses, le seul facteur religieux paraît insuffisant pour comprendre les conflits

A. Le berceau historiquement conflictuel des trois religions monothéistes.

B. Le Moyen-Orient : lieu de divisions religieuses et d'affrontement confessionnel passé comme actuel (Juifs, Chrétiens, Chi'ites, Sunnites et les conflits au Liban, en Syrie, au Yémen).

1. Hamit Bozarslan, *Histoire de la violence au Moyen-Orient. De la fin de l'Empire Ottoman à Al-Qaida*, La Découverte, 2008.
2. Olivier Roy, *Le Djihad et la mort*, Seuil, 2016. L'auteur insiste sur le fait que ceux qui commettent des attentats sont moins animés par la religion (dont ils ont une connaissance très superficielle pour ne pas dire nulle) et bien davantage par des motifs psychologiques et sociologiques singuliers. Ce qui l'amène à conclure qu'on assiste moins à une radicalisation islamiste qu'à une « islamisation de la radicalité », sous-entendant ainsi que le processus de radicalisation prime sur celui d'islamisation.

C. Une grille de lecture religieuse des conflits qui se révèle insuffisante.

II. Car ces conflits moyen-orientaux procèdent aussi d'une multiplicité de facteurs socio-économiques et socio-politiques indépendants des questions religieuses

A. Les dynamiques socio-démographiques en contexte de mal-développement économique.

B. Les effets socio-politiques de l'exploitation des hydrocarbures.

C. Le poids des conflits idéologiques et politiques.

D. La violence politique de pouvoirs autoritaires, claniques et corrompus.

III. Plus encore, la conflictualité au Moyen-Orient est aussi et surtout liée à une dynamique d'affrontements politiques et géopolitiques entre des puissances qui instrumentalisent la dimension religieuse

A. Historiquement, l'instabilité procède de l'intervention de puissances extérieures depuis au moins le XIXe siècle.

B. Aujourd'hui, ces puissances continuent de jouer des lignes de fractures du Moyen-Orient pour défendre leurs intérêts.

C. Mais ce sont surtout les grandes puissances régionales qui instrumentalisent les enjeux religieux pour imposer leur stratégie comme le souligne l'actuelle guerre froide entre l'Arabie Saoudite et l'Iran.

35 La Méditerranée : carrefour ou frontière ?

Voici un sujet tout à la fois historique, géographique et géopolitique.

1. Historique parce que l'aspect évolutif du sujet est essentiel. La Méditerranée a tantôt été plus fermée, tantôt plus ouverte en fonction des époques et des périodes. Voilà pourquoi il est fondamental d'y intégrer une dimension historique, ce que de nombreux étudiants oublient bien souvent.
2. Géographique parce que l'ouverture ou la fermeture méditerranéenne dépend aussi de l'échelle à laquelle on la regarde et, bien évidemment, les relations entre les deux rives varient en fonction des pays étudiés. Par exemple, la relation de l'Europe à la Turquie, à Israël ou à la Libye ne peuvent évidemment être considérées comme similaire.
3. Géopolitique car le sujet invite à s'interroger sur les enjeux stratégiques que l'évolution de la Méditerranée vers davantage de rapprochement ou au contraire vers plus de distance revêtent pour les puissances du Nord comme du Sud. À cet égard, les représentations des uns et des autres sont un point essentiel dans la compréhension des évolutions actuelles et à venir.

C'est donc un sujet relativement classique sur une partie de cours à cheval sur deux chapitres. En effet, la question méditerranéenne relève aussi bien du cours sur l'Europe (et de sa relation à ses périphéries) que de celui sur l'Afrique et le Moyen-Orient.

Introduction

Né en 2013, le MUCEM (Musée des Civilisations de l'Europe et de la Méditerranée) à Marseille a pour ambition de mettre en exergue l'unité civilisationnelle de la Méditerranée par-delà sa diversité intrinsèque et sa conflictualité. Financé par des fonds structurels européens et inauguré au moment où Marseille était capitale européenne de la culture, ce musée revêtait, au moment de sa naissance, un sens politique : celui d'une Europe cherchant, tant bien que mal, à se tourner vers une Méditerranée dont elle s'est longtemps détournée et tenter de transformer cette frontière en carrefour. Mais y est-elle parvenue ? La Méditerranée est-elle une frontière ou un trait d'union ?

Longtemps, la Méditerranée a été le cœur d'un espace unifié, celui de l'Empire romain. Jusqu'au Ve siècle apr. J.-C., de Marseille à Athènes, de Carthagène à Tripoli, tous les citoyens romains appartenaient au même ensemble politique et civilisationnel. Ce n'est qu'au Ve-VIIIe siècles que deux ruptures majeures, la chute de l'Empire d'Occident alors que celui d'Orient se maintenait (V^e^-VIe siècles) puis l'expansion arabe (VIIe-VIIIe), firent de la Méditerranée une frontière mouvante mais permanente. Depuis, cette coupure méditerranéenne perdure et même se renforce. Les écarts socio-économiques et socio-démographiques entre l'Est et l'Ouest et plus encore entre Nord et Sud se sont creusés depuis le décollage industriel de l'Europe au XIXe siècle et la soumission de la rive Sud à ses intérêts à partir de la conquête de l'Algérie en 1830. Depuis, la décolonisation au XXe siècle n'a fait qu'accentuer cette coupure économique mais également de plus en plus politique, entre une rive Nord en voie d'unification et une rive Sud instable et en conflit. Aujourd'hui, l'Europe comme les pays du Sud méditerranéen se défient les uns des autres, en particulier les pays européens qui craignent les effets déstabilisateurs (terrorisme, migrations, crises) des États en difficulté du Maghreb et du Levant. Or, dans le cadre d'un monde globalisé où les grands pôles ont tout intérêt à intégrer leurs périphéries, face à une dépendance croissante des États européens aux importations énergétiques d'une Russie à nouveau crainte, ou face à une instabilité au Sud largement due à un moindre développement économique dont les grandes entreprises européennes pourraient davantage profiter, la Méditerranée pourrait redevenir un carrefour. D'ailleurs, par-delà les liens humains, culturels et mémoriels qui unissent cette mer du fait d'une histoire coloniale puis migratoire commune, les flux de capitaux comme de marchandises entre les deux rives s'intensifient : le Maroc et plus encore la Turquie sont de plus en plus intégrés dans les chaînes d'activités des grandes entreprises européennes. Alors, comment ces relations intra-méditerranéennes vont-elles évoluer ? La Méditerranée constitue-t-elle un lieu de rapprochement et d'échanges croissants entre ses différentes parties ? Ou bien, au contraire, s'apparente-t-elle à une frontière qui sépare de plus en plus des mondes qui s'ignorent et se craignent ?

Si la Méditerranée a été et est encore une frontière qui sépare des cultures, des sociétés et des économies hétérogènes (1), celle-ci n'a pourtant jamais été totalement étanche, dans la mesure où la Méditerranée a aussi été un carrefour qui a permis des échanges et des proximités historiques nombreuses (2). Pourtant, aujourd'hui, malgré des tentatives de rapprochements politiques et des intérêts convergents, la Méditerranée tend de plus en plus à se fracturer (3).

Problématique : La Méditerranée constitue-t-elle un lieu en devenir de rapprochement et d'échanges entre ses différentes parties ? Ou bien, au contraire, s'apparente-t-elle à une frontière qui sépare de plus en plus des mondes qui s'ignorent et se craignent ?

I. Si la Méditerranée a été et est encore une frontière qui sépare des cultures, des sociétés et des économies hétérogènes...,

A. La Méditerranée : une mer fracturée culturellement entre Nord et Sud (Chrétienté Latine/Islam, croisades, guerres saintes, Lépante, Question d'Orient au XIXe siècle...) et Est-Ouest (Latins/Grecs, Catholiques/Orthodoxes, Europe industrielle/Europe rurale...) depuis le Moyen Âge.

B. La Méditerranée : une frontière économique croissante entre un Nord, pôle majeur de la mondialisation, et un Sud, marginal dans la mondialisation et souffrant de mal-développement.

C. La Méditerranée : des évolutions socio-politiques opposées et parfois rivales depuis la décolonisation (croissance démographique, urbanisation, unification et démocratisation de l'Europe contre autoritarisme au Sud).

II. ... cette frontière n'a jamais été totalement étanche, et la Méditerranée a aussi été un carrefour qui a permis des échanges et des proximités historiques

A. La Méditerranée : un lieu d'échanges culturels, humains et commerciaux intenses depuis le Moyen Âge et qui a façonné des traits identitaires communs sur les deux rives (de l'huile d'olive à la structure familiale en passant par une longue histoire migratoire).

B. La Méditerranée : une mer qui a été un pont entre Nord et Sud à l'époque coloniale, ce qui a laissé des traces mémorielles plus ou moins bien partagées (XIXe-XXe siècles).

C. La Méditerranée, une mer qui aujourd'hui entretient de nombreux échanges humains et économiques asymétriques : la rive Sud est marginale pour les économies du Nord (moins de 5 % de son commerce extérieur) alors que les échanges avec le Nord sont vitaux pour le Sud (dépendance aux importations alimentaires, aux biens manufacturés et aux IDE, dépendance aux exportations de matières premières ou d'hydrocarbures).

III. Pourtant, aujourd'hui, malgré des tentatives de rapprochements politiques et des intérêts convergents, la Méditerranée tend de plus en plus à se fracturer

A. Des intérêts convergents entre Nord et Sud (environnement, investissements dans le cadre de la mondialisation, énergies, gestion des flux migratoires, terrorisme et sécurité) qui expliquent des tentatives de rapprochement politique (Union pour la Méditerranée – 2008).

B. L'échec de tout rapprochement dû aux discordances au sein de l'Europe comme entre pays de la rive Sud : divergences des intérêts économiques et migratoires, instabilité des pays de la rive Sud (printemps arabes, guerres en Libye et en Syrie, indifférence à l'expérience tunisienne…).

C. La Méditerranée : une frontière qui devient de plus en plus une barrière et une coupure entre Nord et Sud (entre une Europe apeurée et préoccupée par l'instabilité du Sud et un Sud défiant vis-à-vis d'une Europe divisée et indifférente à l'image de la relation entre l'Europe la Turquie depuis 2011).

Conclusion

Depuis le Moyen Âge, la Méditerranée est donc devenue une frontière culturelle et politique entre les pays d'Islam, ceux de la Chrétienté latine et le monde orthodoxe. Multiséculaire, cette divergence civilisationnelle n'a pourtant jamais conduit pour autant à l'absence d'échanges et de rapprochement entre ces différentes parties de la Méditerranée. Bien au contraire. Ceux-ci ont été nombreux tout au long des siècles et se sont même intensifiés lorsque le Nord est parti à la conquête du Sud à partir de 1830. Par ce brassage des cultures et des peuples comme par l'intensité des flux commerciaux, la Méditerranée est devenue et reste encore un indéniable carrefour. Pourtant, entre Nord et Sud, les contrastes économiques et sociaux, les divergences d'intérêts géopolitiques et l'aggravation des enjeux migratoires sont en train d'alimenter une fracture croissante. Malgré des convergences possibles sur de nombreux sujets, le Nord et le Sud nourrissent l'un envers l'autre une indifférence voire une défiance grandissante qui creusent un fossé entre eux. C'est pourquoi, bien qu'elle devrait prendre place au sein d'une « Grande Europe » (Pierre Beckouche et Yann Richard[1]) qui jouerait de ses marges pour peser dans un monde globalisé, la Méditerranée devient de nos jours et paradoxalement toujours davantage une frontière, une barrière.

En ce sens, comme l'explique Dominique Moïsi[2], la Méditerranée devient l'équivalent métaphorique du Mur de *Game of Thrones,* le lieu de focalisation d'une quête de protection vis-à-vis d'autres peuples qu'on craint de façon irraisonnée alors qu'ils pourraient être des alliés dans la lutte contre les marcheurs blancs, ceux qui menacent toute l'Humanité (incarnation symbolique du terrorisme ?). Faudrait-il alors comme le suggère Dominique Moïsi, adopter l'attitude de John Snow et tenter de s'entendre avec les Sauvageons pour faire face aux dangers communs ?

1. Pierre Beckouche et Yann Richard, *Atlas de la Grande Europe, Économies, Cultures, Politiques*, Autrement, 2015.
2. Dominique Moïsi, *Géopolitique des séries ou le triomphe de la peur*, Champs Flammarion, 2017.

36 L'Afrique subsaharienne : un continent marginalisé ?

Voici un sujet qui ne pose gère de problèmes, si tant est qu'on explicite correctement son sens.

1. Il est d'abord essentiel de centrer l'argumentation sur cette marginalité africaine, c'est-à-dire sur le fait double que l'Afrique subsaharienne fut à la fois mise à l'écart d'elle-même (soumise et dominée) comme éloignée du monde (sur le plan géopolitique et économique). Car être marginal signifie ne pas compter aussi bien pour les autres (être insignifiant) que pour soi-même (être impuissant). Ces deux dimensions de l'Afrique vis-à-vis d'elle-même et du monde doivent être donc abordées.
2. Ce sujet offre une nouvelle fois un bon exemple de la triple analyse à fournir. En effet, il invite à réfléchir aux aspects historiques, évolutifs de la question (la marginalité a changé avec le temps), géographique (la marginalité varie en fonction de l'échelle et des pays concernés) et géopolitique (la plus ou moins grande marginalité s'inscrit dans un rapport de pouvoir multiforme).

Introduction

En 2007, Nicolas Sarkozy dans son discours de Dakar affirmait que le « drame de l'Afrique [vient du fait que] l'homme africain n'est pas assez entré dans l'Histoire » suggérant par là-même que l'Afrique a toujours été aux marges du devenir de l'Humanité. Cette expression particulièrement polémique apparaît pour le moins paradoxale en ces années 2000 où pour la première fois depuis les indépendances, l'Afrique subsaharienne entrait dans un cycle de croissance tiré par une insertion toujours plus grande dans la mondialisation. Aussi, peut-on vraiment parler de l'Afrique subsaharienne comme d'un continent marginalisé ?

L'apparente marginalisation de l'Afrique dans la longue durée résulte moins d'une réalité historique que d'une perception ignorante et ethnocentrée d'Européens longtemps indifférents à son histoire. Car celle-ci a toujours participé aux grandes dynamiques historiques du continent eurasiatique via l'or, la main-d'œuvre et les multiples matières premières échangés avec les autres parties du monde connu. Les échanges ont été nombreux et intenses et ne se limitaient pas aux marchandises : idées, religions (dont l'Islam bien sûr), textes, œuvres d'art et hommes ont largement circulé. Plus encore, l'Afrique au sud du Sahara a aussi été le lieu de naissance de nombreux royaumes puissants et à la culture brillante à l'image de l'Empire Songhaï aux XVe-XVIe siècles autour de Gao. Cette vitalité politique, culturelle et économique de l'Afrique a évidemment été perturbée par sa rencontre avec les Européens, surtout quand ceux-ci à la fin du XIXe siècle se sont lancés dans une course pour sa conquête. Alors seulement l'Afrique subsaharienne, en tant qu'espace dominé par des puissances extérieures, a été marginalisée puisqu'elle n'était plus maître de son destin. Cette marginalisation fut tout à la fois politique, économique et culturelle sans pour autant faire disparaître des formes de résistance et d'espoir d'émancipation, dont l'Ethiopie, vainqueur des italiens à Adoua en 1896, fut le symbole. Pourtant, les indépendances acquises entre 1957 et 1975 n'ont guère changé cette marginalisation de l'Afrique sur la scène mondiale. Proie des intérêts étrangers comme d'un mal-développement chronique, l'Afrique subsaharienne est demeurée une périphérie instable tout au long de la guerre froide et plus encore après. Les décennies perdues des années 1980 et 1990 semblaient confirmer la prophétie de René Dumont : l'Afrique était effectivement mal partie. Pourtant, les choses changent depuis les années 2000. L'Afrique semble enfin décoller et revient au centre d'une attention mondiale du fait de son potentiel humain comme de ses ressources. Le continent le plus dynamique démographiquement et le plus jeune du monde paraît appelé dans la mondialisation à ne plus être relégué dans ses marges. Dès lors, qu'en est-il vraiment ? Doit-on considérer que l'Afrique subsaharienne est condamnée à rester marginale et que son décollage actuel n'est finalement qu'illusoire ? Ou bien, cette Afrique n'a-t-elle été sur la longue durée que temporairement marginalisée, la situation actuelle marquant son retour sur la scène économique et géopolitique mondiale ?

Si l'Afrique a *de facto* été longtemps marginalisée (1), il est indéniable que depuis les années 2000, elle tend à se replacer au centre des grands enjeux mondiaux (2). Pourtant, ce recentrement africain reste relatif tout autant que nuancé puisqu'il ne résout pas tous les problèmes africains et surtout varie fortement entre les différents pays qui composent ce vaste continent (3).

Problématique : Peut-on vraiment parler d'une marginalisation africaine ? N'assiste-t-on pas plutôt à des formes de centralité nouvelle des principaux enjeux africains dans le cadre d'un monde globalisé ?

I. L'Afrique a longtemps été un continent marginalisé

A. La marginalisation coloniale (fin XIXe-années 1960) : la soumission aux intérêts économiques et stratégiques de l'Europe.

B. La marginalisation économique post-coloniale : du mal-développement des années 1960-1970 aux crises de la dette à partir des années 1980 et 1990).

C. La marginalisation géopolitique de la guerre froide aux années 1990 : un continent devenu le jouet de la rivalité Est-Ouest (mais aussi entre Anglo-saxons et Français) puis qui a finalement sombré dans l'indifférence générale.

II. Mais aujourd'hui l'Afrique tend à se replacer au centre des enjeux mondiaux...

A. Années 2000 : la nouvelle centralité africaine d'un point de vue démographique et économique (Investissements, ressources, marchés, migrations).

B. Années 2000 : la nouvelle centralité africaine d'un point de vue géopolitique (djihadismes, criminalités mondialisées, présence des grandes puissances concurrentes, protection des ressortissants étrangers).

C. Années 2010 et futures : un potentiel économique à long terme (dynamisme démographique, innovations, terres, eau et surtout ressources...).

III. ... même si ce recentrage africain reste tout de même très relatif

A. Vulnérabilités et dépendances des économies africaines très soumises aux fluctuations des cours et de la demande mondiale.

B. Vulnérabilités et fragilités des États africains encore instables, autoritaires et fragiles.

C. Typologie de marginalités africaines différenciées (émergents, PMA, États faillis).

Avec croquis couleurs (→ voir cahier central)

37 L'Afrique subsaharienne : un continent émergent ?

Par rapport au précédent, ce sujet fait moins appel à l'Histoire et bien davantage à l'économie, à la géographie et la géopolitique.

1. La question du sujet est de savoir si l'Afrique subsaharienne peut ou non être considérée comme un espace émergent. L'est-il ou ne l'est-il pas ? Tout dépend d'abord et avant tout de ce qu'on peut entendre par émergence. Pour simplifier, on peut dire, filant la métaphore hydraulique, que l'émergence est le fait de remonter à la surface, autrement dit de connaître une croissance (certes) mais aussi un développement économique et social conséquent tout autant qu'une affirmation géopolitique.
2. Poser ainsi la question de l'émergence africaine, cela revient à s'interroger sur les effets sociaux, politiques et géopolitiques de la croissance du continent depuis les années 2000. Si le dynamisme économique est incontestable, se traduit-il pour autant par un réel développement des États africains et une affirmation stratégique ? Ou bien, la croissance économique, trop vulnérable et déséquilibrée, ne serait-elle qu'une illusion masquant la réalité d'une Afrique toujours aussi dépendante et marginale ? Ainsi posée, la question se focalise donc sur les années 2000 et n'invite pas à prendre en compte le passé africain, au-delà de l'introduction qui nécessite de replacer le problème dans son contexte.
3. Autre réflexe habituel : la variabilité de l'argumentation en fonction de l'échelle à laquelle on aborde le problème. Car, dès que l'on est confronté à un sujet sur un continent dans son ensemble, invariablement, à un moment ou un autre, il faut impérativement distinguer ce qui peut relever de l'ensemble du continent et ce qui a trait à chaque pays. Or, l'Afrique, est immense et la diversité des situations d'émergence doit être mis en avant.

4. C'est d'ailleurs ce jeu d'échelle qui justifie la réalisation d'un croquis. Son objectif est de vous permettre de synthétiser ces différentes dimensions du sujet, de mettre en exergue la dynamique globale de l'émergence autant que l'hétérogénéité géographique de ses effets (États émergents/ États en crise, Villes dynamique et mondialisée/ espaces ruraux fragilisées, Littoraux/arrière-pays).

Un sujet classique et qui (vous le noterez) diffère sensiblement du précédent. Ce qui montre bien que la modification d'un seul mot bouleverse toute l'argumentation.

Introduction

Depuis le début des années 2000, une forme d'afro-optimiste tend à supplanter à un afro-pessimisme prédominant depuis les années 1960, depuis l'ouvrage de René Dumont qui estimait que *l'Afrique noire était mal partie*. Cette nouvelle perception des réalités africaines est par exemple défendue avec nuance par Jean-Michel Severino et Olivier Ray dans leurs ouvrages[1]. Est-ce à dire qu'ils ont raison et que l'ensemble du continent est désormais « bien parti » sur la voie de l'émergence ?

De toute évidence, depuis maintenant une quinzaine d'années, l'Afrique subsaharienne connaît un dynamisme économique inédit. Certes au lendemain des indépendances, durant les années 1960 et 1970, certains pays d'Afrique avait connu de fortes croissances tirées par des exportations de produits agricoles et de matières premières en hausse constante. Ne parlait-on pas jusqu'au début des années 1980 d'un miracle ivoirien ? Pourtant, ce dynamisme commercial coexistait avec une instabilité politique chronique, une mal-gouvernance généralisée et des maux sociaux (pauvreté, analphabétisme, faim) persistant, voire s'aggravant. Cette croissance était davantage portée par la bonne santé économique des anciennes métropoles en pleines Trente Glorieuses que par un développement endogène solide. D'ailleurs, la crise de la dette qui a éclaté dans les années 1980 et qui touche la quasi-totalité des économies d'Afrique subsaharienne a souligné combien ces croissances à crédit étaient vulnérables. Leur fragilité intrinsèque cumulée à des Plans d'Ajustement Structurel parfois destructeurs a plongé l'Afrique dans deux décennies de récession mais également de guerres incessantes. À la fin des années 1990, la situation était catastrophique pour presque tout le continent : le revenu par habitant moyen de l'Afrique subsaharienne en 1996 était inférieur de

1. Jean-Michel Severino et Olivier Ray, *Le Temps de l'Afrique*, Poche Odile Jacob, 2011 et *Entreprenante Afrique*, Odile Jacob, 2016.

près de 5 % à ce qu'il était en 1966 ; en 2000, plus de 20 % de la population d'Afrique subsaharienne était touchée par des guerres se déroulant dans 14 pays différents. De 1979 à 1999, 35 pays sur 48 ont été touchés par un conflit. Guerres et mal-développement s'autoalimentant, l'Afrique semblait dans une impasse inextricable. Or, à compter des années 2000, les choses changent sensiblement. Nombre de conflits s'apaisent enfin ; une croissance solide dynamise le continent ; de réels progrès dans le domaine du développement se font enfin sentir et une classe moyenne africaine apparaît. L'Afrique semble enfin sur la voie de l'émergence, prise dans le sillage des autres émergents latino-américains et plus encore asiatiques. Aussi, l'Afrique subsaharienne est-elle vraiment enfin bien partie ? Ou n'est-ce qu'une illusion produite par la croissance des années 2000 et qui masque une vulnérabilité et un mal-développement persistants ?

Pour aborder un tel sujet, on peut avancer deux problématiques et deux plans donc différents. Dans le premier (Plan 1), on axe la réflexion autour de la réalité de l'émergence produite par la croissance des années 2000 (émergence ou illusion ?). On fait alors le choix de s'orienter vers une réponse nuancée mais plutôt positive par un traditionnel plan Aspects/Facteurs/Limites.

Dans le second (Plan 2), le sujet est abordé de façon bien différente. Il ne s'agit pas de savoir s'il y a ou non émergence, mais si les signes d'émergence concernent bien toute l'Afrique ou bien s'ils ne sont pas cantonnés à quelques espaces restreints marginalisant le reste du continent. Autrement dit, a-t-on une réelle émergence de toute l'Afrique ou une émergence en archipel dans un continent qui reste à la dérive ? En posant ainsi le sujet, on oriente la réflexion sur un jeu d'échelle qui devient le support de l'argumentation. Là encore, on mesure combien la problématisation détermine la structure de l'argumentation.

Plan 1 (Un afro-optimisme nuancé)

Problématique : L'Afrique subsaharienne : une dynamique d'émergence enclenchée ? Ou une illusion produite par la croissance des années 2000 ?

I. Un continent où les signes d'émergence sont nombreux...

A. Une croissance de longue durée portée par l'insertion dans les flux de la mondialisation (exportations, IDE).

B. Une amélioration globale des niveaux de développement (hausse de l'IDH, développement d'une classe moyenne africaine, innovation).

C. Une présence accrue sur la scène internationale (des États africains qui prennent davantage de responsabilités et obtiennent des marges de manœuvre plus grandes grâce à la mondialisation).

II. ... et qui reposent sur un potentiel d'émergence réel dans le monde globalisé...

A. Le dividende démographique et ses effets d'offre et de demande.

B. Les ressources du sol et de la terre en contexte de pressions croissantes.

C. La trajectoire singulière et opportune de certains États (Nigéria, Éthiopie, Afrique du Sud, Côte d'Ivoire).

III. ...mais qui bute encore sur nombre d'obstacles parfois apparemment insurmontables

A. Les obstacles économiques : rentes, sous-investissement et trappes à pauvreté.

B. Les obstacles politiques : mal-gouvernance, corruption et guerres civiles.

C. Les obstacles géopolitiques : djihadismes, dépendances et déstabilisations.

Plan 2 (Une question d'échelle)

Problématique : L'émergence globale d'un ensemble continental ? Ou une émergence en archipel au sein d'un continent à la dérive ?

I. Une dynamique d'émergence multiforme qui touche l'ensemble du continent...

A. La croissance économique d'une Afrique au fort potentiel (Facteurs et effets de la croissance : ressources, terre et eau, marchés, IDE, exportations).

B. L'essor démographique et le développement africain (Dividende démographique, changement social, urbanisation, hausse globale des niveaux de vie).

C. Vers une africanisation des enjeux géopolitiques africains (L'implication croissante de certains Africains dans la gestion des problèmes du continent ; des marges de manœuvre plus importantes du fait d'une multiplication des acteurs qui courtisent l'Afrique).

II. ... qui bute cependant sur des fragilités apparemment insurmontables et largement communes...

A. Le mal-développement persistant et ses effets récessifs (faiblesse des investissements, déstabilisation, vulnérabilités).

B. Des dépendances encore très marquées (exportations, importations, alimentation).

C. Une instabilité chronique (de nombreuses zones encore en proie aux guerres et aux conflits intraétatiques du Kivu au Soudan du Sud en passant par la Centrafrique).

III. ... mais qui surtout varient grandement au sein d'un continent fracturé

A. Les fractures socio-spatiales de l'émergence : Classes moyennes/classes pauvres, Villes/campagnes, Quartiers gentrifiés/Bidonvilles, Littoraux/hinterland.

B. Une Afrique encore très loin d'émerger (Afrique sahélienne, Corne de l'Afrique, RDC (Kivu), Centrafrique, Zimbabwe).

C. Une Afrique d'émergents entravés (Côte d'Ivoire, Nigéria, Éthiopie, Kenya, Mozambique, Angola et États des Grands lacs).

D. L'Afrique du Sud et le Botswana : seuls vrais émergents ?

MODULE IV

Géodynamique continentale de l'Amérique et de l'Asie

Avec croquis couleurs (→ voir cahier central)

38 Les États-Unis face aux bouleversements économiques et géopolitiques des trente dernières années

Voici un bon sujet de synthèse sur les États-Unis car il impose de traiter aussi bien des aspects intérieurs qu'extérieurs de la puissance américaine.

1. En effet, l'expression « face à » (qu'on a déjà rencontrée) suppose de traiter deux dimensions : 1. la façon dont un acteur est affecté par une ou des dynamiques, comment il les subit et les perçoit, 2. la manière dont il y réagit. Dès lors, en posant le sujet sous une forme interrogative, on obtient : comment les États-Unis ont-ils été affectés par les bouleversements des trente dernières années ? Et comment y ont-ils réagi ? Comment s'y sont-ils adaptés ?
2. Évidemment tout dépend de ce qu'on entend par « les bouleversements économiques et géopolitiques des trente dernières années ». Sous l'angle économique, il s'agit de l'accélération de la mondialisation et du basculement de l'économie mondiale vers l'Asie. D'un point de vue géopolitique, l'émergence d'un monde de plus en plus et multipolaire et chaotique est en jeu. Tout le problème réside dès lors dans la juste mesure de l'impact de ces deux dynamiques sur les États-Unis, c'est-à-dire sur la première puissance mondiale. C'est ainsi qu'on peut problématiser ce sujet en l'axant sur la remise en cause des fondements de la prépondérance américaine.
3. Or, une telle question n'est bien sûr pas anodine mais bien ancrée dans l'actualité : comment ne pas voir qu'un tel sujet est au cœur de l'élection comme de l'action de l actuel président Donald Trump. Ce sont bien les transformations des trente dernières années et le sentiment d'une partie des Américains que celles-ci ont conduit à une perte de puissance et un affaiblissement de leur niveau de vie, qui expliquent le succès de Trump. Reste encore à savoir si ce n'est qu'une perception erronée ou une réalité ?

Introduction

Dans *Is the American Century Over ?*[1], Joseph Nye estime que les bouleversements advenus depuis la fin de la guerre froide, en particulier l'émergence de la Chine, ne remet pas en cause de façon aussi radicale qu'on le dit la primauté de la puissance américaine. Certes, économiquement, la Chine est en passe de devancer les États-Unis. Mais, comme la puissance relève aussi d'aspects militaires et stratégiques (hard power) autant que d'une immesurable capacité d'attraction et d'influence (soft power), à ses yeux, les États-Unis sont encore bien loin d'avoir perdu leur leadership. Pourtant, d'autres auteurs contestent ce point de vue. Pierre Mélandri[2] ou Maya Kandel[3] jugent pour leur part que les effets multiformes de la mondialisation sur les États-Unis sont à la source d'une crise telle qu'elle déstabilise leur prépondérance séculaire. Alors qu'en est-il vraiment ? Comment les États-Unis ont-ils subi et réagi aux bouleversements des trente dernières années ?

La puissance américaine s'est construite au XXe siècle en profitant des grandes dynamiques économiques et géopolitiques mondiales. En étant à l'origine de la seconde révolution industrielle, les États-Unis ont amorcé une expansion économique exceptionnelle dès la fin du XIXe siècle. Le Gilded Age (âge doré) fut suivi d'une affirmation stratégique sans précédent (surtout après 1898) pour un pays jusqu'alors isolé du monde. Malgré le repli et l'isolationnisme de l'entre-deux-guerres, les deux guerres mondiales ont propulsé les États-Unis au rang de superpuissance hégémonique. Et en 1945, selon la célèbre phrase d'Henry Luce de 1941, le siècle était devenu américain. En ce sens, la guerre froide comme l'internationalisation croissante des échanges dans la seconde moitié du XXe siècle n'ont fait que conforter cette suprématie relative des États-Unis. Lorsque la guerre froide a pris fin, les États-Unis ont eu le sentiment d'avoir vaincu l'adversaire soviétique par leur puissance et de pouvoir désormais entamer une nouvelle ère de prospérité et de sécurité garanti par une *Pax Americana* universellement bénéfique. Or, depuis trente ans, les évolutions du monde tendent à remettre en cause cet espoir. D'un côté, l'accélération de la mondialisation a offert à d'autres pays (en particulier à la Chine) l'opportunité spectaculaire de connaître un développement sans précédent conduisant à une déstabilisation des fondements de l'économie américaine comme à une remise en cause de sa prépondérance. De l'autre, ce basculement du monde et l'émergence de nouvelles menaces telle que le djihadisme ont mis en exergue les limites d'une puissance américaine parfois impuissante à y faire face. L'ère des guerres contre le terrorisme de la présidence de Georges W. Bush (Irak, Afghanistan) a révélé les lacunes d'un « wilsonisme botté » (Pierre Hassner) dans l'impasse. Plus encore, pour une partie des Américains, l'exceptionnalisme d'une nation, dont le modèle d'une société libre et mobile est considéré comme un

---

1. Joseph Nye, *Is the American Century over ?*, Polity, 2015.
2. Pierre Mélandri, *Le Siècle américain, Une histoire*, Perrin, 2016.
3. Maya Kandel, *Les États-Unis et le monde, de Georges Washington à Donald Trump*, Perrin, 2018.

rêve universel, est en voie de disparition. L'élection en 2016 de Donald Trump s'est justement faite sur le refus affiché par le candidat d'accepter les évolutions économiques et géopolitiques des trente dernières années afin de retourner vers un mythique âge d'or perdu (« *Make America great again* »). Dès lors, cette prépondérance voire cette suprématie des États-Unis sont-elles effectivement fragilisées par trente années de bouleversements mondiaux ? Autrement dit, ceux-ci conduisent-ils inéluctablement à la fin du « siècle américain » ? Ou bien, ces bouleversements ne permettent-ils pas, au contraire, à une puissance américaine qui a su s'y adapter, de conserver sa primauté ?

Une telle problématique invite à orienter son propos. Avec nuance et précision, on peut très bien défendre l'idée optimiste quant à l'avenir des États-Unis selon laquelle la prépondérance américaine se maintiendra en se transformant et en s'adaptant au défi du nouveau siècle comme le pensent certains analystes américains comme Joseph Nye ou Fareed Zacharia[1] (Plan 1 et 2). Ou bien, on peut pencher vers un pessimisme plus affiché en insistant davantage sur l'ensemble des contraintes que les bouleversements actuels font peser sur le devenir des États-Unis (Plan 3). Dans les deux cas, vos opinions comme vos connaissances pourront déterminer votre choix à condition que celui-ci soit précis et surtout pas univoque.

Problématique : La prépondérance voire la suprématie des États-Unis sortent-ils fragilisées par trente années de bouleversements mondiaux ? Autrement dit, ceux-ci conduisent-ils à la fin du « siècle américain » ? Ou bien, ces bouleversements ne permettent-ils au contraire, à une puissance américaine qui a su s'y adapter, de conserver sa primauté ?

Plan 1 (américano-optimiste)

I. Le leadership des États-Unis a été déstabilisé par les bouleversements économiques et géopolitiques des trente dernières années

A. Une prépondérance industrielle et commerciale de plus en plus concurrencée par les émergents et ébranlée par la mondialisation.

B. Une société civile et politique de plus en plus divisée et fragilisée par les effets de la mondialisation.

C. Une difficile adaptation stratégique face à des acteurs non-étatiques hostiles et conduisant à des guerres asymétriques perdues (du 11 septembre à Daesh, en passant par la guerre d'Irak et l'Afghanistan ou la Somalie).

D. Une capacité d'action et d'influence extérieure amoindrie par des puissances étatiques concurrentes et/ou rivales.

1. Fareed Zacharia, *Le Monde post-américain*, Perrin, 2008.

II. Mais, les États-Unis ont pourtant su s'adapter et tirer profit des bouleversements de la mondialisation, qu'ils ont pour une bonne part, provoqués…

A. Mutations et adaptation du système productif américain dans la mondialisation et face aux émergents (agriculture, nouvelles technologies, services, finances, industries culturelles ou de pointe).

B. La prépondérance maintenue d'un territoire attractif dans la mondialisation (Dollar, IDE, R&D, université, innovation, Sun Belt, NY).

C. La puissance renforcée des firmes américaines grâce à la mondialisation (DIPP) et l'émergence de nouveaux marchés

III. … tout autant qu'ils tentent, et parviennent en partie, à faire face aux bouleversements géopolitiques relatifs à l'émergence chaotique d'un monde multipolaire

A. Une primauté américaine persistante tant en matière militaire, que diplomatique ou d'influence face à la montée d'émergents qui ne peuvent pas encore rivaliser.

B. Un recentrement stratégique vers l'Asie et l'Amérique dans une stratégie de long terme face au rival chinois (Stratégie du Pivot et partenariat croissant avec les Amériques).

C. Une dépendance moindre mais une centralité maintenue dans les espaces en crise (Europe, Moyen-Orient, Afrique).

Plan 2 (américano-optimiste)

I. Le leadership américain a été affecté et déstabilisé par les bouleversements du monde

A. Un système productif de plus en plus concurrencé.

B. Une société et un système politique en crise.

C. De nouveaux défis géopolitiques : contestations internationales, menaces asymétriques, impuissance de la puissance.

II. Mais les États-Unis ont pourtant été résilients et capables de s'adapter et de définir de nouvelles stratégies face aux bouleversements du monde

A. L'adaptation structurelle et les mutations territoriales du système productif américain.

B. D'abondantes ressources territoriales et humaines aux sources d'un possible rebond.

C. La recherche de nouvelles stratégies géopolitiques (Leading from Behind, Smart Power, stratégie du Pivot).

III. Et finalement ces bouleversements du monde ont aussi représenté une opportunité pour maintenir et renforcer certains pans de la puissance américaine

A. La croissance des émergents, moteur de la croissance des États-Unis : FMN, agro-business, industries culturelles et médiatiques, IDE.

B. Un soft power renforcé par le basculement du monde : dynamisme et attractivité américains alimentés par les émergents.

C. Le basculement du monde : une centralité géopolitique repensée et renforcée autour de l'Asie et des Amériques.

Plan 3 (américano-pessimiste)

I. Si les États-Unis ont su conserver sur de nombreux plans une forme de primauté face aux bouleversements économiques et géopolitiques des trente dernières années...

A. Des atouts économiques encore déterminants dans la mondialisation.

B. L'adaptation et la persistance d'un hard power encore prépondérant face à des émergents qui n'ont pas fini d'émerger.

C. Un chaos mondial qui ne les affecte qu'à la marge.

II. ... il n'en demeure pas moins que les fondements de l'hégémonie américaine au XXe siècle sortent ébranlés par ces bouleversements...

A. Une prépondérance militaire et politique concurrencée et minée par des échecs.

B. Des signes de déclin relatif et de crise à venir dans la mondialisation (déclin relatif du PIB, déficits jumeaux, perte de compétitivité).

C. Un rêve américain qui ne fait plus rêver ?

D. Une société et un ordre politique divisés et fragilisés.

III. ... et que le monde multipolaire, en devenir au XXIe siècle, constitue un défi porteur de menaces et de risques qui pourraient éroder la prépondérance américaine

A. Une économie désindustrialisée et fragilisée par « l'ascension des autres ».

B. Des rivaux en ascension et qui profitent des difficultés américaines.

C. Une puissance en déclin face à un géant en ascension : les limites du containment chinois.

D. Face à ces menaces, des signes croissants d'isolement, de désengagement et d'impuissance (les effets à terme de la politique de Trump ?).

Avec croquis couleurs (→ voir cahier central)

39 Mondialisation et transformation des États-Unis

Comme souvent avec les sujets utilisant la conjonction de coordination « et », il peut être intéressant de formuler deux questions à partir de deux lectures du sujet : 1. En quoi la mondialisation transforme-t-elle les États-Unis ? et 2. En quoi cette transformation des États-Unis leur permet ou non de s'adapter à la mondialisation ? Autrement dit, pensez toujours à lire les sujets en jouant sur les deux termes qui sont mis en relation par le mot « et ». À partir de cette double question, on peut chercher à problématiser avec pertinence.

1. S'il s'agit de réfléchir aux interactions entre les effets de la mondialisation sur les États-Unis et leur adaptation, encore faut-il réfléchir à ce que le terme « États-Unis » recouvre. Ici, il faut entendre aussi bien l'État américain (et possiblement sa place dans le monde) que son économie, sa société, son système politique ou son territoire. Dès lors, ce sont ses multiples angles à partir desquels on peut argumenter. Pour synthétiser ces aspects hétérogènes, faire intervenir la notion de « modèle américain » peut être intéressante car elle permet de rassembler des dimensions pourtant différentes. Le modèle américain étant tout à la fois social, politique, économique et géopolitique.
2. Une fois ces aspects explicités, la problématique saute aux yeux et consiste à interroger les capacités d'adaptation et de résilience d'un modèle américain apparemment fragilisée par la mondialisation. Et, une fois encore, on perçoit le caractère actuel d'un tel problème dans le contexte de l'élection et de l'action de Donald Trump dont le principal objectif a toujours été de tenter de réhabiliter le modèle américain traditionnel, celui d'une Amérique de petites villes industrielles dominantes qui aurait été abîmée par une mondialisation néfaste pour les États-Unis.

3. Enfin, n'oublions pas le jeu d'échelle pour aborder une telle question dans la mesure où les transformations de ce modèle varie en fonction des catégories sociales et plus encore des territoires concernés. Pose-t-on la question à l'échelle mondiale, nationale, régionale, urbaine ? Les transformations ne sont évidemment pas les mêmes, d'où la justification du croquis de synthèse (centré sur le territoire américain) et qui invite à situer ces transformations et ces dynamiques dans l'espace.

C'est donc un sujet synthétique, plutôt centré sur les questions intérieures mais vis-à-vis duquel on peut aussi aborder quelques aspects extérieurs.

Introduction

Pour Sylvain Cypel[1], les transformations socio-démographiques qui bouleversent actuellement les États-Unis font naître *Un Nouveau rêve américain* en phase avec les évolutions de la globalisation. À ses yeux, la fin de l'Amérique blanche, masculine, protestante du monde rural ou des villes industrielles, au profit d'une Amérique plus cosmopolite, plus diverse, plus féminine, plus tertiaire, plus dynamique caractérise la métamorphose d'un modèle américain plus que jamais adapté au monde globalisé. Mais évidemment, une telle transformation des États-Unis s'accompagne de fortes résistances qu'il soulignait avant même l'élection de Donald Trump en 2016. Mais Sylvain Cypel voit-il juste ? La transformation des États-Unis dans la mondialisation correspond-t-elle à une forme d'adaptation du système américain face à un processus qui le déstabilise ?

Car de toute évidence, la mondialisation ébranle les États-Unis. L'interdépendance croissante d'économies toujours plus ouvertes, la multiplication et l'intensification des flux de toute nature, la puissance croissante d'acteurs transnationaux de plus en plus influents, tous ces facteurs conduisent à une recomposition des États-Unis. Le système politique américain, comme sa société, son organisation territoriale ou son influence extérieure sont affectés et transformés par la dynamique de la mondialisation. La perte apparente du leadership économique et géopolitique, la concurrence croissante d'économies émergentes, la désindustrialisation, la montée constante des inégalités sociales et territoriales, tout autant que les effets persistants de la crise de 2008, tous ces éléments concourent pour dire que les États-Unis subissent les effets déstabilisateurs d'une mondialisation qui se fait à leurs dépens. Cette perception négative de la mondialisation est d'ailleurs de plus en plus partagée par une partie croissante d'Américains, à l'image des électeurs de Donald Trump, notamment dans

1. Sylvain Cypel, *Un Nouveau rêve américain*, Autrement, 2015, réédité au Livre de Poche en 2016.

une Rust Belt longtemps acquise aux démocrates, séduits par son discours (et ses actes désormais) protectionnistes. Pour autant, la mondialisation ne fait-elle que nuire au modèle américain ? Fondé sur la liberté individuelle source d'une mobilité sociale méritocratique et ouverte à tous, bref sur le rêve américain et le mythe du « self made man », ce modèle semble néanmoins conserver une part de son attractivité. Car les États-Unis, dans la mondialisation, sont encore loin d'avoir perdu tous leurs atouts : pêle-mêle le dollar, Hollywood, les drones, la Silicon Valley et les GAFA témoignent de cette résilience d'un modèle américain qui conserve des capacités indéniables, une avance technologique et un dynamisme uniques. En ce sens, si la mondialisation transforme incontestablement les États-Unis, ce n'est pas forcément dans le sens d'un affaiblissement de son modèle qui semble au contraire conserver de puissants ressorts. Aussi, ces mutations résultant de la mondialisation sont-elles en train de faire disparaître le modèle américain et le rêve qui l'accompagne ? Ou, au contraire, ces transformations permettent-elles une redéfinition et par là-même une pérennisation de ce même modèle ?

De fait, comme la mondialisation conduit bien à une transformation et une redéfinition du modèle américain à toutes les échelles (1), elle accélère la disparition de nombreux aspects traditionnels qui le caractérisaient (2). Pour autant le met-elle vraiment en péril ? Pas vraiment car la mondialisation ne remet pas en cause tous les fondements de ce modèle américain d'autant plus qu'elle lui offre de nouvelles opportunités pour se perpétuer (3).

Problématique : Les mutations provoquées par la mondialisation aux États-Unis affaiblissent-elles ou renforcent-elles le modèle américain ?

I. La mondialisation : moteur d'une redéfinition du modèle américain

A. À l'échelle mondiale : concurrences économiques croissantes et crise d'un leadership géopolitique.

B. À l'échelle nationale : financiarisation, tertiarisation et désindustrialisation.

C. À l'échelle régionale : recomposition et polarisation régionale entre territoires gagnants et zones industrielles et rurales perdantes.

D. À l'échelle urbaine : les effets de la métropolisation, entre ascension des métropoles mondiales, shrinking cities et fragmentation socio-spatiale.

II. La mondialisation : un péril pour le modèle américain ?

A. La fin de la prépondérance économique ? : la perte relative de compétitivité et le poids à terme des déficits jumeaux (commerciaux et budgétaires).

B. La fin de l'exceptionnalisme et de l'interventionnisme ? : les effets des échecs extérieurs répétés et de la difficile adaptation à un monde de puissances émergentes (en particulier face à la Chine).

C. La fin du rêve américain ? : La question de la crise des classes moyennes, de la hausse des inégalités et de la walmartisation des emplois.

D. La fin d'une Amérique WASP ? : les effets des politiques migratoires depuis 1965 (lois Hart-Celler), du changement démographique et de ses effets politiques.

III. La mondialisation : de multiples opportunités pour la pérennisation d'un modèle américain transformé

A. Un modèle toujours très attractif et dynamique : recherches, universités, innovations, immigration, IDE, exportations de biens culturels, vitalité entrepreneuriale…

B. Un modèle résilient et réactif face aux contraintes économiques extérieures : privilège exorbitant du dollar, révolutions des pétroles et gaz de schistes, réindustrialisation, robotisation, puissances financières et normatives des FTN américaines en particulier dans les nouvelles technologies…

C. Un modèle encore influent sur la scène internationale : avances technologiques en matière militaire, poids diplomatique et alliances, extra-territorialité du droit américain, soft power multiforme.

40 Les États-Unis : puissance hégémonique des XXe et XXIe siècles ?

Voici un sujet historique mais qui impose une réflexion géopolitique.

1. En effet, la question interroge l'hégémonie américaine sur le siècle précédent et celui à venir. Aussi, est-on tenté de retracer les étapes de l'ascension puis du déclin d'une hégémonie américaine qui serait aujourd'hui en crise (pour paraphraser le titre du célèbre livre de Paul Kennedy[1]). Or, il faut chercher à aller au-delà d'une reprise du cours d'histoire sur la puissance américaine qui ouvrirait la porte à une possible et maladroite récitation. Comment faire ? Il faut discuter la notion « d'hégémonie » qui suppose une domination mondiale sans partage. Or, si les États-Unis ont incontestablement exercé une suprématie mondiale, celle-ci a toujours été non seulement contestée mais aussi limitée. Dès lors, on peut axer la réflexion sur le fait de savoir si les États-Unis ont ou non jamais été hégémoniques. Et donc aussi sur le statut qu'ils ont pu avoir s'ils ne l'étaient pas totalement. Il s'agit par conséquent de remettre en perspective historique un déclin actuel qui est peut-être plus relatif qu'il n'y paraît.
2. Bien évidemment, un plan chronologique va de soi puisque la dimension évolutive prime sur tout autre dimension. Certes, l'hégémonie se doit d'être étudiée sous différents angles thématiques (économique, militaire, politique, diplomatique, et même culturel). Mais ceux-ci ne peuvent amener à une présentation qui nierait la variabilité historique de l'hégémonie américaine.

C'est donc un sujet historique assez classique mais qui suppose tout de même une problématisation pertinente pour construire une argumentation cohérente et éviter de tomber dans une narration inadéquate.

1. Paul Kennedy, *The Rise and Fall of Great Powers*, Vintage, 1989.

Introduction

Le 19 septembre 1796, dans son discours d'adieu comme premier président des États-Unis, Georges Washington défendait l'attitude foncièrement neutraliste, voire isolationniste, que le nouvel État américain devait adopter vis-à-vis du reste du monde et en particulier de l'Europe. Il la justifiait au nom de la défense d'un exceptionnalisme américain qui se devait d'être préservé des querelles étrangères autant que par l'exemplarité que ce refus de toute projection mondiale donnerait au reste du monde. Cette posture prudente pour un jeune État en construction ne fut pourtant plus de mise à la fin du siècle. Et les préceptes des Pères fondateurs furent abandonnés dès 1898 où pour la première fois les États-Unis se lancèrent de leur plein gré dans une guerre contre une puissance européenne (l'Espagne) et en retirèrent des avantages territoriaux (Hawaï, Porto Rico, Guam et les Philippines). De ce moment date le début d'une forme d'hégémonie américaine qui semble se poursuivre jusqu'à aujourd'hui.

Puissance hégémonique du XXe siècle, les États-Unis le sont à tous égards. Dès 1913, ils assurent à eux seuls plus du tiers de la production industrielle mondiale. Ils sont devenus la terre de prédilection de l'innovation et de l'invention d'une modernité nouvelle. Née après la guerre civile (1861-1865), cette puissance revêt alors des formes multiples : un dynamisme économique sans précédent ; un modèle de société transformé en rêve pour de nombreux immigrants en quête d'une vie meilleure ; une « destinée manifeste » qui témoigne d'une exception voire d'une supériorité américaine. Et pourtant, il a fallu attendre 1945 pour que la suprématie économique se transforme en hégémonie stratégique. Malgré elle d'une certaine façon, la puissance américaine a été plongée dans un conflit mondial dans lequel elle a vaincu sur deux fronts (en Europe comme dans le Pacifique) par une projection de puissance inédite jusqu'alors. Le dollar, les porte-avions, l'arme nucléaire, la pénicilline, les bas-nylon, le chewing-gum et le jazz sont autant d'éléments de cette suprématie à la fin de la guerre. Bien qu'ils soient concurrencés par le modèle soviétique, les États-Unis n'en demeurent pas moins dominants sur de nombreux plans durant la guerre froide et plus encore dans la décennie qui suit. Le temps de l'unipolarité américaine (1991-2001) est celui de son « hyperpuissance » apparente (Hubert Védrine en 1997). Or, cette hégémonie construite tout au long du XXe siècle, paraît de plus en plus ébranlée au XXIe siècle et le spectre d'un déclin américain reparaît. Certes, ce dernier est un leitmotiv de son histoire. La crise des années 1970 consécutive à la défaite au Vietnam en témoigne. Pourtant, jamais les États-Unis n'ont semblé à ce point fragilisés. L'émergence de puissances économiques, en particulier chinoise, vraiment rivales (ce que l'URSS n'a jamais été), la crise de 2008 dont les États-Unis sortent affaiblis, un rêve américain en panne, des inégalités sans cesse croissantes, des déficits budgétaires et commerciaux abyssaux, un système politique de plus en plus polarisé et paralysé, un pays divisé à l'identité troublée, jamais les États-Unis ne paraissent avoir été confrontés à une telle succession de crises intérieures qui se répercutent immanquablement vis-à-vis de l'extérieur. C'est ce qui fait craindre à de nombreux Américains comme à multiples analystes[1] que le siècle américain, celui de son hégémonie, touche à sa fin. Encore faudrait-il savoir si les États-Unis ont vraiment exercé une hégémonie au XXe siècle. En ce sens, peut-on parler d'une hégémonie américaine au XXe siècle qui serait aujourd'hui, au XXIe siècle, condamnée ? Ou bien cette hégémonie depuis toujours contestée et contestable ne relève-t-elle pas plutôt d'une prépondérance relative qui, d'une certaine manière est appelée à se maintenir encore aujourd'hui ?

Malgré eux, les États-Unis ont tiré profit d'une prépondérance économique pour devenir une puissance hégémonique dans la première moitié du XXe siècle (1898-1945) (**1**). Puis, dans la seconde moitié du siècle (1945-2001), ils ont exercé une forme d'hégémonie économique et géopolitique mais qui fut toujours contestée et relative (**2**). De nos jours (depuis 2001), les États-Unis voient *de facto* leur hégémonie disparaître mais sans perdre pour autant une prépondérance déterminante qui leur laisse espérer que le XXIe siècle pourrait encore être américain (**3**).

Problématique : Les États-Unis dans le monde : une hégémonie au XXe siècle qui disparaît au XXIe ? Ou une prépondérance sans hégémonie qui se transforme au cours des siècles ?

I. La montée en puissance d'une prépondérance multiforme qui a conduit les États-Unis vers une forme d'hégémonie mondiale (1898-1945)

A. Naissance d'une hégémonie économique multiforme

A la fin du XIXe siècle et dans la première moitié du XXe, les États-Unis ont connu un développement spectaculaire qui les a fait passer du rang de puissance agricole secondaire à celui de première puissance économique mondiale. Une fois la Guerre civile (1861-1865) et la Reconstruction (1865-1877) achevées, les États-Unis sont entrés dans un cycle de croissance de longue durée : Angus Maddison estime que le PIB des États-Unis a été multiplié par 5 entre 1870 et 1917 et que leur part dans l'économie mondiale est passée de moins de 10 % à plus de 30 % entre ces deux dates. Cette ascension économique exceptionnelle, les États-Unis la doivent à de nombreux atouts : un territoire vaste et riche, des institutions inclusives qui favorisent l'initiative privée, un État libéral et protectionniste, une croissance démographique nourrie par une immigration massive et qui fournit à la fois un vaste marché et une main-d'œuvre nombreuse et peu coûteuse. Tous ces facteurs alimentent une dynamique entrepreneuriale grâce à laquelle l'innovation et la prise de risque sont stimulées. Cet âge doré (*Gilded Age*) est aussi celui des barons voleurs (*Robber Barons*), de la concentration monopolistique ou oligopolistique

1. Voir dissertation précédente : Joseph Nye et Fareed Zacharia.

des grands secteurs industriels, des transports ou des services. Les États-Unis inventent un nouveau capitalisme qui les positionne, avant même le déclenchement de la Première Guerre mondiale, comme le nouveau cœur de l'économie internationale. Aussi, après le conflit de 1914, leur position d'hégémon économique est-elle définitivement consacrée. L'ampleur des dettes alliées à leur égard et la dépendance du monde aux marchandises comme aux capitaux américains leur ont garanti une suprématie marchande, financière et monétaire inédite. La crise de 1929 a finalement démontré combien cette économie américaine était devenue centrale en quelques dizaines d'années. D'un pays rural et marginal sur le plan industriel au début du XIXe siècle, les États-Unis, même grandement affaiblis par les effets de la crise, ont basculé vers un leadership incontestable d'un point de vue économique dès les années 1920.

B. Une hégémonie stratégique peu assumée (jusqu'en 1941)

Si l'hégémonie économique américaine date du début du XXe siècle, sa traduction sur le plan géopolitique fut bien plus tardive. En effet, bien qu'ils soient de loin la première puissance productive dès 1890, les États-Unis ont longtemps été réticents à se tourner vers le monde. Ce neutralisme ou cet isolationnisme a plusieurs racines : la conquête de l'Ouest, l'immensité des ressources naturelles et des terres disponibles, la taille croissante de son marché intérieur produit par son dynamisme démographique justifiaient le fait que cette jeune nation se tourne exclusivement vers elle-même. Plus encore, l'héritage politique des Pères fondateurs, forgé par la conscience d'avoir été probablement le premier pays à s'émanciper du joug colonial et la conviction d'incarner un exemple pour le monde, n'incitait guère les dirigeants qui leur ont succédés à se lancer dans des aventures extérieures. Pourtant, progressivement, l'ascension économique américaine autant que certains courants politiques intérieurs ont pu développer l'intérêt des États-Unis pour le monde. Pour défendre l'ouverture des marchés mondiaux (qui ne pouvait que leur profiter), les États-Unis n'ont pas hésité parfois à jouer d'une politique de la canonnière qui n'avait rien à envier aux Européens : l'expédition du commodore Perry en 1853 pour forcer le Japon en témoigne. Mais à partir du moment où les États-Unis eurent fermés leur frontière (1890) et que les milieux d'affaires de la côte Est se sont mis à craindre la surproduction, l'intervention extérieure pouvait devenir légitime. Le corolaire de 1904 à la Doctrine Monroe marque ce tournant que la victoire contre l'Espagne en 1898 et l'annexion de territoires en dehors des États-Unis (Hawaï, Guam, Porto Rico, mise sous tutelle de Cuba) avaient anticipé. Pourtant, les États-Unis n'occupaient aucune position hégémonique d'un point de vue stratégique. D'une part, même après la Première Guerre mondiale, les États-Unis n'étaient pas encore devenus une puissance militaire majeure. À l'exception de moyens navals prépondérants que la conférence de Washington (1922) leur a consacré à parité avec les Britanniques[1], la démobilisation dès 1919 a réduit leur armée à peau de chagrin. D'autre part, cette situation relevait d'un choix délibéré, celui de ne pas faire correspondre la position économique écrasante et centrale des États-Unis avec son poids politique et militaire : refusant le wilsonisme et par la même occasion le Traité de Versailles en 1920, le sénat américain comme le nouveau président (Harding) souhaitaient retourner aux préceptes isolationnistes originels. Après 1929 et le déclenchement de la crise, et malgré la montée des périls extérieurs, Roosevelt ne put dévier de cette orientation défendue par une majorité d'Américains (*America First*). Seul Pearl Harbor (7 décembre 1941) y mit fin.

C. 1941-1945 : le temps d'une hégémonie quasiment incontestable

Jamais les États-Unis n'ont exercé une position aussi dominante qu'après la Seconde Guerre mondiale. Plus avant, jamais aucun pays dans le monde n'avait concentré une part aussi écrasante de la richesse et de la puissance mondiales ou même disposé d'une telle avance technologique. En 1945, les États-Unis créent plus de la moitié de la richesse produite sur terre ; 90 % des voitures, des camions et des avions, deux tiers du pétrole et de l'acier produits dans le monde le sont sur le territoire américain ; ils assurent à eux-seuls près des deux tiers du commerce mondial ; deux tiers des réserves bancaires d'or sont dans des coffres américains ; ils disposent du monopole de l'arme nucléaire (jusqu'en 1949) et ils ont inventé et développé en masse tout aussi bien le nylon, la pénicilline que le chewing-gum. C'est cette domination économique qui leur a permis d'asseoir leur hégémonie stratégique. Ils ont mené et gagné la guerre sur deux fronts : en Europe en débarquant en Normandie (juin 1944) et en soutenant massivement l'effort de guerre soviétique et dans le Pacifique cette fois-ci seuls. Une telle suprématie économique et désormais militaire leur assure une présence mondiale inégalée : en Europe et en Asie bien sûr, mais également désormais au Moyen-Orient depuis l'accord de Quincy avec l'Arabie Saoudite en février 1945. Un tel ascendant les pousse à s'impliquer dans l'émergence d'un nouvel ordre mondial, de la conférence de Bretton Woods (1944) qui impose l'hégémonie du dollar dans le système monétaire mondial à la conférence de San Francisco (juin 1945) qui concrétise l'idée américaine d'Organisation des Nations-Unies (ONU). Cette hégémonie incontestable permet aux États-Unis de façonner à leur image un ordre mondial libéral.

1. Cette conférence est du point de vue d'Adam Tooze le point de bascule de l'hégémonie britannique vers l'hégémonie américaine, cf. *Le Déluge (1916-1931). Un nouvel ordre mondial*, Les Belles Lettres, 2015.

II. L'exercice d'une hégémonie réelle mais souvent contestée (1945-2001)

A. La domination économique et stratégique sur le bloc de l'Ouest

Si les États-Unis sont évidemment concurrencés par l'autre superpuissance, l'URSS, qui leur conteste l'hégémonie sur une partie du monde, en revanche la domination qu'ils exercent sur leur bloc est écrasante. Les États-Unis placent sous leur tutelle nombre de pays devenus leurs alliés par la dynamique de la guerre froide, la peur de la menace soviétique et la nécessité d'obtenir une garantie de sécurité. Parfois, les États-Unis ont aussi contraint des nations à se soumettre à leur protection : l'Iran de Mossadegh (1953), le Guatemala d'Arbentz (1954) ou le Chili d'Allende (1973) en sont l'illustration. Aussi, leur réseau d'alliés et de bases militaires couvrent toutes la planète, de l'OTAN (1949) à l'OTASE (1954), du Pacte de Rio (1947) à l'ANZUS (1951) ou au Pacte de Bagdad (1955), les États-Unis se sont engagés, pour la première fois de leur histoire, dans des alliances extérieures contraignantes. Cette domination géopolitique peu contestée au sein du bloc de l'Ouest (sauf peut-être par le général de Gaulle dans les années 1960) se double d'un leadership commercial et financier. Les pays sous dépendance stratégique des États-Unis ont aussi dû compter parfois sur l'aide (Plan Marshall de 1947 ou Plan Dodge de 1949), parfois sur les exigences économiques (Accords du Plazza sur la réévaluation du yen en 1985) de leur protecteur. C'est aussi cette hégémonie globale qui a permis aux entreprises américaines de s'internationaliser et de s'implanter dans tous les pays alliés.

B. Les mutations d'une économie encore prépondérante

L'économie américaine jusqu'aux années 2000 a connu un déclin très relatif qui n'a en rien entamé sa prépondérance. Jusqu'au milieu des années 1960, l'économie américaine a représenté encore un bon tiers de la richesse mondiale et conservait une avance industrielle et commerciale sans véritable rivale. Ensuite, le redressement du Japon et de l'Europe, voulu par les États-Unis, l'a progressivement concurrencée réduisant sa part relative comme sa compétitivité. Ainsi sont apparus les déficits jumeaux dès la fin des années 1960 : un déficit commercial résultant des excédents croissants des Européens et des Japonais, un déficit budgétaire produit des dépenses liées à la Guerre du Vietnam (1963-1973). C'est, entre autres, un des facteurs déclencheurs du choc monétaire de 1971 puis de la crise économique de 1973 dont la croissance américaine a pâti pendant une décennie. Pourtant, tout au long de ce second XXe siècle, la résilience de l'économie américaine lui a permis de conserver une forme de prépondérance. Dès les années 1980 et jusqu'aux années 2000, les États-Unis n'ont jamais représenté moins d'un quart du PIB mondial et leur revenu par habitant n'a cessé de croître et de rester bien supérieur à celui de ses concurrents européens ou japonais. L'hégémonie financière et monétaire du pays est même sortie renforcée de la fin du système de Bretton Woods comme de la libéralisation croissante des échanges. La puissance de ses firmes, leur capacité à innover et devancer nombre d'évolutions technologiques sont bien restés l'apanage de l'économie américaine (d'Apple à Google, de Boeing à IBM).

C. Une suprématie parfois ébranlée

Pour autant, on ne peut nier le fait que dans les années 1970, l'hégémonie américaine a semblé vaciller. Sur le plan géopolitique, la défaite dans la Guerre du Vietnam a ébranlé la confiance de ses alliés, mis en doute les réelles capacités de l'armée américaine à vaincre et l'a obligée, pour un temps, à renoncer à toute intervention extérieure massive. Parallèlement, le modèle soviétique semblait prendre le dessus dans la mesure où il apparaissait aux yeux de nombre de pays du Tiers-Monde comme plus séduisant. En Afrique, en Asie et même au sein du continent américain, le communisme se diffusait et l'URSS avançait ses pions. Même des alliés en venaient à critiquer le leadership des États-Unis (sans pour autant l'atteindre) à l'image de la France gaulliste. Sur le plan intérieur aussi, la crise fut profonde. Le ralentissement de l'activité après 1973, le creusement des déficits et plus encore les contestations sociales de la jeunesse et des populations noires remirent en cause le modèle et le rêve américains. Le système politique semblait corrompu et paralysé par la multiplication des scandales (Pentagon Papers 1971 ; Watergate, 1974) et des assassinats (Les deux frères Kennedy, Martin Luther King, Malcolm X). Tous ces facteurs ont nourri un profond doute sur la réelle possibilité pour les États-Unis de conserver leur hégémonie. Mais, ce ne fut que temporaire et les années 1980 et plus encore 1990 ont marqué un retour d'une forme nouvelle de suprématie américaine.

D. Les années 1990 : une hyperpuissance américaine ? Ou une unipolarité fragile ?

La décennie 1990 marque-t-elle l'apogée d'une hégémonie américaine sur le monde ? Évidemment, la disparition de l'ennemi soviétique et de tout modèle concurrent donnait le sentiment que les États-Unis avaient remporté la guerre froide et qu'ils restaient la seule superpuissance dans le monde. Hubert Védrine a même parlé en 1997 « d'hyperpuissance » pour décrire ce moment unipolaire et dominateur des États-Unis. Et c'est vrai que l'élargissement apparent des valeurs universelles et des principes politiques fondant l'ordre américain (la démocratie libérale et l'économie de marché), le poids croissant de ses firmes de plus en plus mondialisées, la séduction planétaire d'un mode de vie connu de et envié par le monde entier laissaient penser que l'hégémonie américaine était à son zénith. D'ailleurs, les États-Unis ont fait le choix avec G. Bush père et Bill Clinton de renforcer l'ordre libéral que leur pays avait fondé en 1945 En relançant et en approfondissant le libre-échange (ALENA et OMC nées toutes deux en 1994) mais aussi en élargissant l'OTAN aux pays d'Europe de l'Est ou en intervenant, tels des « gendarmes du monde », pour garantir la *Pax Americana* (en Irak comme en Yougoslavie), les raisons de percevoir les États-Unis comme une puissance hégémonique étaient nombreuses. Pourtant, déjà, des fragilités laissaient poindre les premières failles d'un leadership contestable. Les échecs des États-Unis (comme à Mogadiscio en 1993 ou en délaissant « un arc des crises » de l'Afrique à l'Afghanistan pourtant très instable) comme le décollage spectaculaire de nouvelles puissances économiques rivales (les pays émergents dont la Chine) étaient autant de prémices d'une suprématie relative et finalement temporaire. Si peut-être les années 1990 marquent (au même titre que 1945) une forme d'apogée de l'hégémonie américaine, depuis les années 2000, celle-ci semble avoir définitivement disparu.

III. La transformation d'une hégémonie amoindrie et concurrencée en une prépondérance renouvelée (2001-aujourd'hui) ?

A. La crise d'une hégémonie économique

Depuis 1998, la part des États-Unis dans la richesse mondiale est passé de 27 % à 22 % et on estime qu'à l'horizon 2035, les États-Unis pourraient en représenter à peine moins d'un cinquième. Ce déclin relatif de l'économie américaine procède de deux dynamiques liées. D'une part, la crise de 2008 (et ce malgré la reprise plutôt vigoureuse depuis 2012) a profondément déstabilisé les capacités productives du pays, déjà bien entamées depuis la crise des années 1970. La désindustrialisation s'est accélérée et près de 8,3 millions d'emplois industriels ont disparu depuis 1979, dont 2 millions depuis 2008. Cette perte s'est traduite en retour par une plongée du déficit commercial qui oscille depuis 2006 entre 750 et 500 milliards de $ chaque année. Parallèlement, le déficit public gonfle au rythme des baisses d'impôts successives et de l'augmentation régulière des dépenses publiques pour relancer ou soutenir l'activité. Les États-Unis vivent sur les importations massives et à crédit dans une relation interdépendante et ambiguë avec une Asie (en particulier une Chine) qui est tout à la fois son fournisseur et son créditeur. Car, d'autre part, l'origine de cet affaiblissement américain réside bien évidemment dans la concurrence croissante des nations émergentes. Leur développement rapide réduit mécaniquement la part des États-Unis dans le monde, d'autant plus que les stratégies néomercantilistes, qu'elles ont souvent adoptées, ont bien pour but de prendre la place du dominant américain. Sinopec, Samsung, Wipro ou Alibaba concurrencent voire devancent parfois ExxonMobil, Apple, IBM et Amazon. Parler désormais d'hégémonie économique des États-Unis sur le monde n'a donc plus grand sens.

B. Une hégémonie stratégique en voie de disparition ?

En termes géopolitiques aussi, l'hégémonie américaine est menacée. Les attentats du 11 septembre ont donné le sentiment aux Américains que le temps de leur invulnérabilité était révolu. Plus grave, les aventures militaires des néoconservateurs sous l'ère de G. W. Bush (2001-2009) ont abouti à des échecs en Irak comme en Afghanistan. En Irak, l'armée américaine a certes défait le régime de Saddam Hussein en trois semaines. Mais ce fut pour ensuite être confronté à des révoltes et une instabilité presqu'incontrôlables jusqu'à ce que finalement ils se retirent d'eux-mêmes en 2011. En définitive, l'expédition irakienne n'a fait qu'affaiblir l'influence américaine : ils se sont discrédités par des mensonges et des exactions contraires à leurs valeurs (prison d'Abou Ghraib) ; ils ont permis l'éclosion de Daesh, le groupe terroriste le plus meurtrier et puissant jamais connu ; ils ont renforcé leur ennemi régional, l'Iran, en les débarrassant de leur pire ennemi et en leur offrant l'opportunité d'étendre leur influence ; ils ont finalement accéléré la décomposition et accru le chaos d'une région pourtant vitale du fait de ses réserves en hydrocarbures. De même en Afghanistan, après plus de 17 ans de guerre (la plus longue de toute l'histoire américaine), les Talibans sont sur le point de revenir. Ces échecs répétés expliquent la tentation actuelle des États-Unis (sous Barack Obama comme avec Donald Trump) de réduire leur présence dans le monde et de ne plus nécessairement vouloir assurer un ascendant sur tous les terrains instables. Cet indiscutable recul ouvre la porte à des concurrents en pleine ascension. La Russie tente depuis 2008 de reconquérir sa place perdue et d'apparaître comme un acteur capable de faire jeu égal avec l'homologue américain. Mais c'est surtout la Chine qui tente d'asseoir son leadership en concurrençant directement celui des États-Unis. Les dirigeants actuels ne s'en cachent pas, eux qui se sont fixés comme objectif de faire de leur pays la puissance mondiale dominante à l'horizon 2049. Pour l'instant, la Chine est en passe de dépasser le PIB américain et d'entamer son influence en Asie.

C. De l'hégémon au *primus inter pares*, de la suprématie à la prépondérance : les ressorts et les atouts persistants de la puissance américaine au début du XXIe siècle

Alors peut-on dire que l'hégémonie américaine a pris fin ? De toute évidence, tant d'un point de vue économique que géopolitique, la puissance américaine n'exerce plus une incontestable suprématie. Pourtant, s'ils ne sont plus l'hégémon qu'ils ont pu être en 1945 ou en 1990, les États-Unis n'en conservent pas moins des forces et des ressorts leur garantissant une prépondérance persistante. L'armée américaine est encore, de très loin, la première armée du monde. Elle seule est capable d'assurer une présence globale sur tous les continents et toutes les mers du globe et son avance technologique (porte-avions nucléaires, drones, avions et navires furtifs, système de détection, satellites) est encore grande. Avec près de 40 % des dépenses mondiales, et plus encore depuis que Donald Trump a encore augmenté son budget, l'armée américaine peut conserver sa primauté pendant encore plusieurs décennies. Sur le plan économique aussi, les États-Unis conservent un poids conséquent. Un tiers des 500 premières FTN du monde, 7 des 10 premières universités, 30 % de la recherche et développement et la moitié des transactions financières du monde sont localisés aux États-Unis. D'ailleurs, s'il est un domaine où l'hégémonie américaine persiste, c'est bien dans le domaine financier et monétaire. Le dollar reste de très loin la seule monnaie internationale et elle confère au droit américain un statut d'extraterritorialité unique. Un tiers des 30 plus grandes banques du monde sont américaines et Wall Street reste le cœur du système financier mondial. Enfin, l'attractivité du modèle américain reste fort : les États-Unis demeurent un territoire où les capitaux (3e récepteur d'IDE en 2016) comme les meilleurs chercheurs ou ingénieurs du monde entier se pressent pour profiter des opportunités qu'offre ce modèle. Cette attractivité explique la domination américaine persistante dans certains domaines comme le numérique où les GAFA et autres Tesla, Uber, Airbnb ou Twitter gouvernent la nouvelle économie. Autrement dit, à défaut d'hégémonie globale, les États-Unis restent encore dominants dans certains domaines, ce qui leur assurent de demeurer encore un temps la première puissance mondiale.

Conclusion

Finalement, si les États-Unis n'exercent plus d'hégémonie globale sur le monde, comme celle qu'ils avaient lentement construit entre la fin XIXe siècle et les années 1990, ils n'en conservent pas moins aujourd'hui une suprématie dans certains secteurs (militaire, technologique, financier, voire cinématographique avec Hollywood) et des atouts majeurs (dynamisme démographique, attractivité, soft power, richesse territoriale) qui leur permet, malgré la concurrence croissante de rester un *primus inter pares*[1], c'est-à-dire la puissance de premier rang.

C'est exactement la thèse que défendent deux analystes renommés aux États-Unis : Fareed Zacharia[2] comme Joseph Nye[3] jugent tous deux que les États-Unis perdront inévitablement un leadership économique du fait de la montée en puissance des autres, en particulier de la Chine. Mais ils insistent aussi pour dire que la puissance militaire (*hard power*) comme l'influence du modèle américain (*soft power*) mettront encore beaucoup de temps avant d'être possiblement concurrencés par la Chine. Mais, ces deux intellectuels, fidèles à l'esprit américain, ne seraient-il pas d'incorrigibles optimistes ?

1. Frédéric Charillon et Célia Belin (dir.), *Les États-Unis dans le monde*, CNRS éditions, 2016.
2. Fareed Zacharia, *Le Monde post-américain*, Perrin, 2008.
3. Joseph Nye, *Is the American Century over ?*, Polity, 2015.

41 L'Amérique : un continent dominé par les États-Unis ?

Voici une question fermée, assez classique, mais qui suppose de bien y intégrer toutes les dimensions historiques, géographiques et géopolitiques.

1. Les termes du sujet ne posent pas vraiment problème et la question du sujet encore moins : le continent américain a-t-il été et est-il toujours dominé par les États-Unis ? Il s'agit donc d'analyser la relation des États-Unis à l'Amérique et réciproquement. 1. Quand, comment et pourquoi les États-Unis dominent-ils le continent ? 2. Quand et comment l'Amérique a-t-elle réagi à cette domination ?
2. Dès lors la réponse à cette question varie en fonction de l'angle sous lequel on la regarde. Il existe : 1. une dimension évolutive qui invite à retracer les étapes historiques de cette domination, 2. une dimension géographique ou typologique, qui consiste à faire varier l'échelle à laquelle s'exerce la domination et à montrer qu'elle se différencie en fonction des espaces 3. une dimension thématique où l'on se doit d'aborder cette domination en distinguant ses différents aspects (militaires, politiques, économiques, et même culturels).
3. Comment alors problématiser ? Comme la relation de domination varie (historiquement comme géographiquement), c'est donc qu'elle s'est transformée et qu'elle se recompose encore aujourd'hui. Or actuellement, plusieurs éléments laissent entendre que l'Amérique serait sur la voie d'une émancipation vis-à-vis de cette domination états-unienne. C'est donc cette idée qu'il faut discuter. Dès lors, l'Amérique s'émancipe-t-elle vraiment ? Ou bien la domination, même changeante, se maintient-elle ?

Un tel sujet, où le jeu d'échelle joue un rôle important, peut très bien faire l'objet d'un croquis de synthèse pour distinguer aujourd'hui les dynamiques de cette domination.

Introduction

Franklin Roosevelt aurait dit en 1939 à propos de Somoza, le dictateur du Nicaragua, « *Somoza may be a son of a bitch, but he's our son of a bitch* ». Il en savait quelque chose puisque c'est lui qui en 1937 a soutenu, après plus de 20 ans d'occupation du pays par le corps des marines et une forte instabilité, l'installation de son régime personnel. Depuis, les États-Unis n'ont eu de cesse de s'immiscer dans les affaires intérieures de ce petit État d'Amérique centrale, à l'instar du reste d'un continent qu'ils ont toujours cherché à dominer.

En 1823, la doctrine Monroe a voulu définir le rapport que les États-Unis devaient entretenir avec le reste de l'Amérique. Officiellement, les États-Unis souhaitaient défendre l'indépendance et la neutralité de cette dernière face aux ingérences européennes. Mais progressivement, cette posture évolua vers une volonté de dominer l'ensemble du continent (à l'exception d'un Canada, partie prenante de l'Empire britannique). Le « corolaire » formulé par Théodore Roosevelt en 1904 a eu pour but de justifier *a posteriori* cette influence grandissante que les États-Unis ont bâti depuis leur victoire sur le Mexique en 1848 et plus encore sur l'Espagne en 1898. Dès lors, tout au long du XXe siècle, la puissance américaine a usé de tous ses moyens (militaires mais aussi monétaires, politiques, financiers et commerciaux) pour maintenir l'ensemble du continent dans sa sphère d'influence. Or, face à cette hégémonie univoque, les pays d'Amérique ne sont pourtant jamais restés passifs. L'anti-américanisme virulent (et parfois toujours d'actualité) vis-à-vis de Yankees méprisants et méprisés a pris racine dans cette contestation d'une suprématie mal vécue. Le succès des rebellions communistes à partir des années 1960 devait beaucoup à ce ressentiment latino-américain entretenu depuis le début du siècle. Pourtant, l'asymétrie des relations entre la superpuissance américaine et le reste d'un continent en voie de développement ne put jamais vraiment remettre en cause cette domination (excepté à Cuba après 1959). En revanche, depuis le début des années 2000, depuis que l'Amérique latine connaît un cycle de croissance sans précédent, la place des États-Unis dans le continent américain change. Non seulement des puissances émergentes s'émancipent de la tutelle américaine (à l'image du Brésil), mais la relation exclusive des États-Unis à l'Amérique est de plus en plus remise en cause par la présence croissante de nouveaux partenaires : en particulier, la Chine est devenue en une quinzaine d'années le premier partenaire commercial et le premier investisseur étranger pour nombre de pays d'Amérique du Sud (1er client pour le Brésil, 1er investisseur pour le Pérou et la Bolivie). Ces évolutions économiques seraient-elles dès lors en train de mettre fin à la domination américaine ? Autrement dit, le continent américain, face à la primauté états-unienne, est-il vraiment sur la voie de l'émancipation ? Ou bien les liens de subordination, même reconfigurés, se maintiendraient-ils ?

Si la domination de l'Amérique par les États-Unis a connu de notables évolutions, elle reste historiquement incontestable (1). Pour autant, les pays d'Amérique l'ont toujours contestée voire combattue par les armes et de plus en plus aujourd'hui par l'émancipation économique produite par la mondialisation (2). Aussi, désormais, cette domination états-unienne du continent n'est elle plus aussi uniforme qu'au XXe siècle, et elle induit des relations différenciées en fonction des espaces continentaux (3).

Problématique : Les Amériques face à la domination des États-Unis : subordination pérenne ou émancipation progressive ?

I. Les États-Unis en Amérique : une domination historique

A. 1823-1945, naissance de l'hégémonie américaine aux Amériques : impérialisme militaire, politique et économique de la doctrine Monroe (1823) à la Seconde Guerre mondiale.

B. 1945-1991, la guerre froide et les formes d'une domination renforcée des États-Unis : Pacte de Rio (1947), impact du basculement cubain (1959-1962), multiplication des interventions militaires (République Dominicaine 1965, Chili 1973 ou Grenade en 1983) et soutien aux États terroristes des années 1970 et 1980.

C. Depuis 1991, la recomposition des liens de subordination : un interventionnisme plus discret et moins fréquent (Haïti 1994 ou guerre contre la drogue en Colombie à partir des années 1990) se combinent avec une volonté de développer des relations plus égalitaires et ouvertes (ALENA et projet de ZLEA nés tous deux en 1994). Une présence tout de même persistante entre la défense d'intérêts économiques mais aussi financiers (dépendance de l'Argentine aux fonds vautours américains).

II. L'Amérique face aux États-Unis : une domination contestée

A. Des contestations politiques permanentes : un anti-américanisme permanent, développement des guérillas communistes (comme les FARC ou le Sentier Lumineux péruvien) pendant la guerre froide, victoire des gauches des années 2000 qui s'appuie sur ce désir d'émancipation, révolution bolivarienne et projet de l'ALBA.

B. La mondialisation, une force d'émancipation économique : croissance et autonomie économique de nombre de pays qui dépendent moins du marché et des capitaux américains, diversification des partenaires commerciaux (en particulier grâce au développement des échanges avec l'Asie), affirmation stratégique de certains pays (Brésil, Venezuela, Bolivie).

C. Une domination culturelle renversée : des cultures et des identités latino-américaines renforcée par la mondialisation, l'hispanisation croissante des États-Unis.

III. Les États-Unis et les Amériques : une domination différenciée

A. Les pays alliés plus ou moins encore sous l'emprise économique et/ou géopolitique des États-Unis (Canada, Mexique, Chili, Colombie).

B. Les pays soumis (une Amérique centrale et caraïbe dollarisée et totalement dépendante des marchés et des capitaux américains).

C. Les pays potentiellement rivaux (surtout le Brésil qui tente de construire une autonomie sud-américaine).

D. Les pays toujours ennemis (Cuba bien sûr, le Venezuela et les autres États bolivariens qui développe un discours mais aussi des stratégies ouvertement hostiles aux États-Unis).

42 Le Brésil dans le monde : nouvelle puissance mondiale ?

Les sujets de ce type qui interrogent la puissance et la place d'un pays dans le monde sont assez fréquents. Ils peuvent concerner aussi bien la France, que les États-Unis, le Japon, la Chine, l'Inde, la Russie ou, ici, le Brésil. D'une certaine manière, ils invitent tous à questionner trois éléments :

1. Le désir de puissance, l'ambition et les intérêts que ces pays défendent vis-à-vis du reste du monde et qui se traduisent par un certain discours sur le monde
2. Les moyens dont ils disposent ou dont ils se dotent pour mettre en œuvre ces ambitions
3. Les limites ou les fragilités qui peuvent freiner ses ambitions.

Bien sûr, en fonction de chacun de ces pays, les aspects à traiter varient ; mais tous portent à discuter cette triple perspective. Pour ce qui concerne le Brésil, l'adjectif « nouveau » est aussi à critiquer (comme pour l'Inde dans une certaine mesure) dans la mesure où le désir de puissance est né de façon récente pour ce pays longtemps à la marge de la scène mondiale.

Tous ces éléments permettent de suivre une problématique peu originale mais toujours commode : nouvelle puissance ou ambition démesurée ?

Introduction

« Nous sommes fatigués de jouer en deuxième division », affirmait Lula à la fin de son mandat soulignant ainsi, par une métaphore footballistique chère à la culture brésilienne, combien le Brésil aspirait désormais à jouer aux premiers rangs des grandes puissances mondiales. Pourtant, le géant brésilien est aujourd'hui à nouveau fragilisé par une profonde crise économique (1 % de croissance en 2017 après deux années de récession), sociale et politique (la présidente Dilma Roussef ayant été destituée pour corruption en 2016). Alors peut-on vraiment tenir le Brésil pour une nouvelle puissance mondiale ?

Que le Brésil désire jouer dans la cour des grands s'avère relativement nouveau. Longtemps, cet immense pays continent a été plus tourné vers la conquête de son espace intérieur (de son « far west » amazonien et du Mato Grosso) que par une vocation planétaire. L'unification d'un territoire gigantesque où l'occupation humaine, ponctuelle, s'apparentait à une forme d'archipel, la délimitation de frontières très étendues qui l'ont conduit à affronter ses voisins tout au long du XIXe siècle (guerre Cisalpine de 1825 à 1828 ou la guerre de la triple Alliance de 1865 à 1870), la maîtrise de forces centrifuges pour unifier un territoire et une Nation hétérogènes, tous ces facteurs ont conduit à ce que le Brésil soit un pays replié sur lui-même. D'ailleurs, le choix d'un développement autocentré dans les années 1950 (via l'industrialisation par substitution aux importations) autant que l'influence des États-Unis sur le devenir du pays (surtout après le coup d'état de 1964 fomenté par la CIA) ont participé de cet isolationnisme brésilien. À peine, le Brésil a-t-il pris part de façon marginale aux Première et Seconde Guerre mondiale comme à la lutte anticommuniste aux côtés des États-Unis. Mais, la démocratisation du pays dans les années 1980 et plus encore le spectaculaire décollage économique des années 2000 ont changé le rapport du Brésil au monde. Profitant de la mondialisation, le Brésil a su développer des atouts dans la compétition mondiale qui l'ont convaincu d'avoir désormais des intérêts à défendre. Présentant sa diversité sociale, son développement économique et son organisation politique comme un nouveau modèle, le Brésil de Lula (2003-2011) a effectivement cherché à jouer un rôle mondial inédit dans un contexte de basculement du monde et de multipolarité naissante. Alors ce désir est-il en passe de devenir réalité ? Autrement dit, l'émergence économique que connaît le Brésil lui permet-il de se positionner comme un nouveau pôle de puissance dans un monde multipolaire en devenir ? Ou bien, les fragilités et la vulnérabilité de cet immense pays le condamne-t-il à rester une puissance de second rang ? Est-il condamné à demeurer, selon le bon mot attribué à Clemenceau, « un pays d'avenir et qui le restera longtemps » ?

Comme depuis les années 2000 le Brésil dispose d'atouts nouveaux pour désormais prétendre jouer un rôle mondial (1), il cherche à développer une stratégie et des moyens lui permettant de soutenir cette ambition (2). Pourtant, cette aspiration nouvelle est encore très largement bridée par des fragilités qui le renvoient encore (et toujours ?) à son statut de puissance régionale plus que véritablement mondiale (3).

Problématique : L'émergence brésilienne permet-elle au Brésil de se positionner comme un nouveau pôle de puissance dans un monde multipolaire en devenir ? Ou bien, les lacunes et la vulnérabilité de cet immense pays le condamnent-elles à rester une puissance de second rang ?

I. Le Brésil depuis les années 2000 peut désormais prétendre jouer un rôle mondial

A. L'émergence économique du Brésil et ses effets socio-politiques (8e PIB mondial, une croissance continue de plus de 5 % par an pendant 13 ans, une hausse constante du niveau de vie, le développement de nouvelles classes moyennes et d'une économie de services performante).

B. Les atouts brésiliens dans la mondialisation (les ressources agricoles et minières, les hydrocarbures, des FTN performantes dans les secteurs primaires (Vale, Brasil Food, Petrobras) et de la construction (Odebrecht) mais aussi aéronautique (Embraer) ou mécanique, une population nombreuse, de mieux en mieux formée et dynamique).

C. Le Brésil : un modèle et médiateur pour un monde multipolaire ? (Un Brésil qui défend une « logique de contrepoids » selon Michel Foucher et qui affiche son rôle de médiateur entre pays émergents auxquels il s'identifie (BRICS) et pays occidentaux avec qui il entretient de bonnes relations).

II. Le Brésil se donne les moyens de jouer un nouveau rôle mondial

A. Le renforcement des moyens d'action et d'influence du Brésil dans le monde (outil militaire en construction, stratégie diplomatique et de bonne entente, place à l'ONU, soft power via la culture et le sport).

B. Une puissance économique qui compte (exportations, IDE, FTN, marché intérieur).

C. Une puissance politique de plus en plus présente dans le monde (organisations internationales, ONU, OMC, Afrique, Lusophonie, Amérique latine, partenariat avec la Chine).

III. Mais, le Brésil reste encore une puissance régionale plombée par des fragilités multiples

A. Une puissance toujours dépendante (dépendance aux exportations, aux importations d'Asie et d'Europe, aux fluctuations des cours mondiaux, aux IDE).

B. Une puissance vulnérable économiquement et socialement (« désindustrialisation précoce » analysée par Pierre Salama[1], inégalités particulièrement fortes, pauvreté et mal-développement persistants, crise d'un système politique corrompu).

C. Une puissance géopolitique restreinte et contestée (des moyens extérieurs militaires comme politiques limités, une concurrence avec d'autres puissances d'Amérique pour ce seul pays lusophone).

1. Pierre Salama, *Les économies émergentes latino-américaines. Entre cigales et fourmis*, Armand Colin, 2012.

43 La mondialisation : une chance pour l'Amérique latine ?

Voici un sujet proche du cours sur l'Amérique latine et son rapport à la mondialisation (passage obligé de tous les chapitres de 2e année quel que soit le continent étudié). Il ne pose pas vraiment de problème si tant est qu'on traite bien tous ses aspects et toutes ses dimensions.

1. Par mondialisation, il faut entendre aussi bien l'ouverture économique au commerce mondial et aux capitaux mais également les conséquences de la mondialisation grise (criminalité, paradis fiscaux, migrations) qui pèsent sur ces pays.
2. Il faut s'intéresser à ce mot « chance ». Chance peut-être mais pour quoi et pour qui ? Chance pour la croissance ? Chance pour le développement social ? Chance pour la stabilité politique et la démocratie ? Chance pour l'affirmation géopolitique ? Les déclinaisons thématiques de ce sujet sont donc nombreuses.
3. Enfin, tenez toujours compte des trois dimensions propres aux dissertations d'HGG. Ici, il existe une dimension historique (cela a été une chance mais ne l'est plus forcément, le basculement se faisant au début des années 2010), une dimension géographique (cela a pu être une chance pour certains pays plus que pour d'autres), une dimension géopolitique et multifactorielle (ce qu'on a montré dans le point 2).
4. Enfin, comment problématiser ? Comme souvent avec ces questions fermées, il peut être commode d'inverser la question et de jouer sur les mots. Si ce n'est une chance, serait-ce alors une malchance, ou plus encore (en référence à la Dutch Disease si courante sur le continent) une malédiction ?

En 1920, l'Argentine, qui a largement profité de l'effondrement économique européen résultant de la Première Guerre mondiale, se classait parmi les 7 premiers PNB mondiaux devant plusieurs pays européens dont l'Espagne (l'ancien colonisateur). En 1945, après la sévère récession consécutive à la crise de 1929, à nouveau l'Argentine était considérée comme un des pays les plus riches et prometteurs au monde. Et pourtant, l'espoir d'une Argentine développée s'est brisé sur la crise de la dette à partir de 1983. Aussi, avec l'accélération de la mondialisation et la formidable croissance qui en avait résulté pour elle (près de 8,5 % par an en moyenne entre 2003 et 2008), l'Argentine entretenait l'espoir qu'elle était enfin bien partie. Or, la crise de 2008 l'a replongé dans une longue période de fluctuation récessive. À croire que l'Argentine n'a pas su saisir la chance que pouvait représenter la mondialisation pour enfin rejoindre le niveau de vie des pays développés. Mais est-ce bien le cas ? Et l'exemple argentin est-il généralisable à l'ensemble du continent latino-américain ?

La dépendance et la vulnérabilité des économies latino-américaines sont structurelles et chroniques. Les États qui sont devenus indépendants au début du XIXe siècle ont néanmoins conservé les principaux traits d'économies coloniales fondées sur l'exportation exclusive de leurs ressources naturelles (agricoles ou minières). Sans connaître de réel développement intérieur, cas pays ont vu les élites foncières (qui ont fait la révolution) continuer de s'accaparer l'essentiel des richesses produites creusant des inégalités déjà importantes. Aussi, si les États latino-américains étaient déjà intégrés à la première mondialisation (représentant près de 7 % du commerce mondial en 1913), ce fut dans un rapport asymétrique avec l'Europe et les États-Unis qui s'est plus ou moins poursuivi jusqu'aux années 1990. Comme l'explique les économistes Daron Acemoglu et James Robinson[1], ces « économies extractives » d'Amérique latine n'ont jamais réussi à devenir inclusives, à basculer vers un réel développement intérieur qui leur aurait permis de rejoindre le niveau de vie des pays du Nord. Malgré des croissances parfois élevées, les inégalités criantes et le faible réinvestissement productif les ont condamnées au mal-développement. Or, la mondialisation, telle qu'elle se déploie à partir des années 1980 et 1990, a pu apparaître comme une chance de sortir de l'ornière. Non seulement ces pays sont entrés dans un cycle de croissance forte tirée par les exportations et l'investissement intérieur, mais en outre un réel développement en est ressorti : la pauvreté, la faim, les inégalités ont spectaculairement reculé sur tout le continent (le taux de pauvreté est passé de 50 % à 30 % en 20 ans) et une classe moyenne urbaine et qualifiée a même émergé. Et pourtant. Si la mondialisation a pu alors apparaître pour l'Amérique latine comme une véritable chance dans les années 2000, la situation de crise actuelle (depuis 2011-2013) semble révéler combien cette ouverture au monde a plutôt contribué à encore renforcer les difficultés et la vulnérabilité de ce continent. Alors qu'en est-il vraiment ? La mondialisation est-elle une chance ou une malédiction pour l'Amérique latine ?

---

1. Daron Acemoglu et James Robinson, *Prospérité, puissance et pauvreté. Pourquoi certains pays réussissent mieux que d'autres*, Markus Haller éditions, 2015.

Si la mondialisation a pu apparaître comme une chance pour le développement de l'Amérique latine des années 1980 jusqu'aux années 2010 (1), elle semble, aujourd'hui, plus une malédiction pour la plupart des pays dans la mesure où elle a renforcé leur vulnérabilité et leur instabilité intrinsèques (2). Pour autant, cette question des effets de la mondialisation sur ces États varie grandement en fonction des pays concernés, certains en ayant finalement plutôt tiré parti et d'autres bien moins (3).

Problématique : Si la mondialisation a pu apparaître pour l'Amérique Latine comme une chance dans les années 2000, la situation de crise actuelle (depuis 2011-2013) semble révéler combien l'ouverture au monde a plutôt contribué à renforcer les difficultés et la vulnérabilité de ce continent. Alors qu'en est-il vraiment ? La mondialisation est-elle une chance ou une malédiction pour l'Amérique latine ?

I. La mondialisation a pu apparaître comme une chance pour le développement de l'Amérique latine des années 1980 jusqu'aux années 2010

A. La mondialisation : une chance pour le développement économique de l'Amérique latine (croissance des années 1990-2000 par les exportations et les IDE, développement des FTN).

B. La mondialisation : une chance pour la mise en valeur des atouts latino-américains (ressources, agriculture, terres, eau, position stratégique).

C. La mondialisation : une chance pour le développement social et politique de l'Amérique latine (réductions des inégalités sociales, émergence de classes moyennes, attractivité du marché intérieur, démocratisation).

D. La mondialisation : une chance pour l'affirmation stratégique de l'Amérique latine.

II. Mais la mondialisation semble, aujourd'hui, plus une malédiction qu'une vraie chance pour nombre de pays d'Amérique latine parce qu'elle a renforcé leur vulnérabilité et leur instabilité intrinsèques

A. La mondialisation a renforcé la dépendance et la vulnérabilité des économies latino-américaines.

B. La mondialisation a aggravé la malédiction des matières premières en Amérique Latine et accéléré à sa « désindustrialisation précoce ».

C. La mondialisation a déstabilisé les sociétés latino-américaines en augmentant les inégalités spatiales, la pression criminelle, le narcotrafic et la violence, tout autant que l'instabilité politique dans l'espace latino-américain.

III. En définitive, cette question des effets de la mondialisation sur les pays d'Amérique Latine varie grandement en fonction des pays concernés

A. La mondialisation : une chance pour certains pays de se développer (Chili, Pérou, Equateur ou paradis fiscaux).

B. La mondialisation : une malchance pour d'autres qui ont vu leurs fragilités et leurs dépendances s'accroître (de l'espace Caraïbes à l'Amérique centrale en passant par le Venezuela).

C. La mondialisation : l'unique chance du Brésil pour devenir un grand dans le monde multipolaire ?

Avec croquis couleurs (→ voir cahier central)

44 La croissance économique en Asie Orientale et du Sud-Est : un facteur de paix ?

Ce sujet peut paraître au départ relativement complexe puisqu'il invite à faire le lien entre les dynamiques économiques (la croissance) et géopolitiques (la paix ou la guerre ?).

1. Il ne s'agit donc ni d'expliquer la croissance, ni d'analyser les tensions pouvant exister en Asie Orientale et du Sud-Est. Le propre de ce sujet est justement de comprendre si la croissance économique qui s'amorce dans les années 1970 (et qui marque donc le point de départ implicite de cette dissertation) a favorisé ou non la paix entre les nations. On renoue alors le fil avec une antienne de la pensée libérale du XVIIIe siècle en général, et de Montesquieu en particulier, celle de la théorie du « doux commerce ». Elle suggère que le développement des échanges entre les États conduirait à une interdépendance pacifiante en réduisant les intérêts réciproques à se faire la guerre. Or justement, loin de tout débat de nature philosophique, l'exemple asiatique montre (comme toujours) qu'il n'y a rien de mécanique ou de naturel et que tout dépend du contexte, c'est-à-dire des conditions de la croissance.
2. Dès lors, on en revient toujours aux mêmes paramètres d'analyse à savoir qu'il faut faire varier l'angle d'appréhension de la question selon trois dimensions : historique (cela a pu l'être mais l'est de moins en moins), géographique (cela dépend de l'échelle à laquelle on regarde les dynamiques et les pays concernés), géopolitique et thématique (il faut distinguer les différentes pacifications, politique, sociale ou géopolitique).
3. En ce sens, la problématique n'est pas trop difficile à construire (la croissance est-elle pacifiante ou belligène pour l'Asie ?), c'est la réponse qui exige beaucoup de connaissances et de nuances

pour bien décortiquer les mécanismes à l'œuvre et surtout les contextualiser avec précision. D'autant plus que la question est d'une certaine manière double : 1. La croissance favorise-t-elle la paix ou la guerre ? 2. La croissance est-elle le facteur de la pacification ou est-ce la paix qui permet la croissance ?

Tous ces éléments d'analyse poussent donc à discuter un problème moins anodin qu'il n'y paraît et d'une grande actualité dans un espace asiatique où les tensions nées de l'ascension chinoise deviennent chaque jour plus fortes. C'est aussi le sens du croquis de synthèse par lequel on peut schématiser l'ensemble de ces processus parfois opposés.

Introduction

L'Asie orientale et du Sud-Est a été une zone conflictuelle tout au long du XXe siècle : des guerres coloniales à la guerre du Pacifique (1937-1945), des guerres de décolonisation à celles de la guerre froide, cet espace n'a guère été épargné par les conflits. Une des raisons de son mal-développement relève pour une part de cette conflictualité de longue durée de laquelle elle sort miraculeusement à la fin des années 1970. Or, à cette même date, l'Asie Pacifique entame aussi une croissance pluri-décennale qui fait d'elle aujourd'hui le principal moteur de l'économie mondiale. Serait-ce à dire alors que cette paix a été le principal fruit de la croissance ?

Il est bien évident que la croissance contagieuse qui a affecté la région à partir des années 1980 aurait été impossible sans la pacification qui débute dans les années 1970. En effet, avec la fin de la guerre du Vietnam (1975) et du conflit cambodgien et sino-vietnamien (1979) et plus encore avec le rapprochement sino-américain (1971), l'espace asiatique semble, malgré la glaciation coréenne persistante, sortir de la guerre froide. C'est cette dynamique d'apaisement régional qui a été la condition tout à la fois de l'ouverture de la Chine (1979), de l'entente sino-japonaise (1972) et sino-coréenne, et finalement de l'envolée des investissements extérieurs et des échanges inter-asiatiques. Le modèle de développement « en vol d'oies sauvages » (Kaname Akamatsu) a produit une croissance mutuellement bénéfique pour l'ensemble des pays d'Asie Pacifique (autour de 7 % par an pendant 30 ans et même 10 % en Chine). Les ennemis irréconciliables d'hier sont devenus d'indissociables partenaires commerciaux aujourd'hui. Pourtant, depuis au moins le milieu des années 2000, l'Asie Pacifique est redevenue une des zones les plus dangereuses pour la paix du monde : des gesticulations nucléaires nord-coréennes aux nouvelles disputes sino-japonaises en passant par la course aux armements en mer de Chine du Sud, les sources de tensions ne manquent pas. À l'heure où la croissance de l'Asie Pacifique s'accélère, la conflictualité dans la région semble de plus en plus marquée. Dans ces conditions, la croissance économique en Asie Orientale et du Sud-Est a-t-elle vraiment été un facteur de paix ? Correspond-t-elle à la théorie libérale du « doux commerce » qui pose comme principe que l'interdépendance commerciale favorise l'enrichissement, la stabilité intérieure, voire la démocratisation et donc la paix ? Ou inversement, ne serait-ce pas justement cette même croissance forte et simultanée qui serait à l'origine des nouvelles tensions (invalidant la doctrine libérale précédemment décrite) ?

La croissance économique en Asie Orientale et du Sud-Est a bien été dans les années 1980 et 1990 le produit comme la source d'une pacification inédite (1). Mais depuis les années 2000, la croissance est plutôt devenue une source de déséquilibres et de rivalités croissantes (2). Et celles-ci sont désormais le moteur de tensions géopolitiques de plus en plus vives (3).

Problématique : La croissance économique qui a affectée l'Asie Orientale et du Sud-Est à partir des années 1980 a-t-elle plutôt favorisé l'apaisement politique et géopolitique des États ? Ou bien au contraire a-t-elle contribué à raviver les tensions ?

I. La croissance économique en Asie Orientale et du Sud-Est a été dans les années 1980 et 1990 le produit comme la source d'une pacification inédite

A. La croissance « en vol d'oies sauvages » : modèle d'un « doux commerce ».

B. Le développement des organisations régionales : une intégration pacificatrice par la diplomatie économique.

C. Enrichissement et développement en Asie : un facteur de paix sociale à moyen terme.

II. Mais depuis les années 2000, la croissance est plutôt devenue une source de déséquilibres et de rivalités croissantes…

A. Les effets sociaux de la croissance : une remise en cause à long terme des équilibres sociaux et politiques ?

B. Les stratégies néomercantilistes : une guerre économique inter-asiatique qui alimente une concurrence accrue.

C. Les effets géopolitique de la croissance : une pression et des tensions multiformes sur les ressources (énergies, terres, matières premières, eau et fleuves,…).

III. … qui aujourd'hui engendrent de multiples tensions géopolitiques

A. La croissance avive les tensions dans les zones stratégiques (détroits, routes maritimes, territoires riches en ressources).

B. La croissance de la Chine : le principal facteur de déstabilisation ? (la croissance : objectif de politique intérieure qui impose une montée en puissance extérieure déstabilisante).

C. La croissance alimente la course aux armements et la compétition stratégique : la bipolarisation de l'espace asiatique et ses effets.

45 Agriculture et émergence dans l'espace asiatique

Voici un sujet pointu et peut-être difficile si on ne le problématise pas suffisamment.

1. Il suppose de croiser deux chapitres, l'un de première année (Nourrir le monde) et l'autre de seconde année (l'Asie). Il requiert aussi de se référer au cours d'histoire économique (de première année) puisque la dimension évolutive du sujet est essentielle pour pouvoir l'appréhender correctement. D'ailleurs, plus le sujet semble précis et porté sur un aspect restreint, plus vous devez mobiliser toutes les connaissances qui, de près ou de loin, se rapportent à la question posée en faisant appel à la totalité du cours d'ECS que vous avez reçu. En ce sens, je vous invite à ne jamais vous restreindre à un chapitre et à bien mobiliser toujours le maximum de connaissances ou d'idées que vous pouvez vous remémorer.
2. Comment comprendre ce sujet ? Formulons-le d'abord sous forme interrogative : quels liens peut-on établir entre l'émergence (avant tout économique mais aussi géopolitique) de l'Asie et l'agriculture ? Pour expliciter ces liens que le mot « et » invite à analyser, dédoublons la question, lisons-la dans les deux sens : 1. Est-ce que l'agriculture a joué et joue encore un rôle dans l'émergence des pays asiatiques ? 2. Est-ce que l'émergence transforme ou pose des problèmes à l'agriculture dans les pays asiatiques ? Cette technique permet de balayer tous les aspects du sujet qui relèvent bien alors des fameuses trois dimensions des dissertations d'HGG : 1. historique (l'agriculture a pu être un atout pour l'émergence et devenir aujourd'hui un problème), 2. géographique (les rapports entre agriculture et émergence dépendent des pays et de l'échelle à laquelle on les regarde), 3. géopolitique et thématique (ces rapports

varient en fonction de l'angle sous lequel on les observent que ce soit d'un point de vue alimentaire, politique, économique, social, environnemental ou géopolitique).

3. Comment alors problématiser ce sujet ? la variabilité de la question peut orienter vers une problématique atout/problème, moyen/obstacle, moteur/frein… Ce qui peut donner : l'agriculture est-elle un moteur ou un frein pour l'émergence des pays asiatiques ?

C'est donc un sujet complexe certes mais qui balaye beaucoup d'aspects finalement assez importants pour l'espace asiatique comme pour le monde.

Introduction

En 1958, lorsque Mao lance son slogan « marcher sur deux jambes », c'est pour mieux souligner combien le socialisme chinois doit se focaliser sur la question agricole et non la sacrifier à une industrialisation univoque comme l'ont fait les Soviétiques. Pour Mao, lui-même d'origine paysanne, le monde rural et ses traditions communautaires devaient être le point de départ de la révolution. Pendant la révolution culturelle (1966-1969), cette idée que la ruralité est le berceau du socialisme chinois se traduit par l'envoi de centaines de milliers d'urbains et d'intellectuels aux champs où ils sont rééduqués par l'exercice du seul travail qui vaille, celui de la terre. Ces préceptes maoïstes ont pourtant conduit à une catastrophe : celle du Grand Bond en Avant, de la plus grande famine du XXe siècle. Aussi, pour permettre à la Chine de se développer, Deng Xiao Ping a décidé d'impulser une réforme agraire (la première des quatre modernisations) pour permettre à la Chine d'enfin émerger. Pour Deng comme pour Mao, le lien entre l'agriculture et l'émergence économique de la Chine était évident. Il l'a tout autant été pour le reste de l'Asie.

Car la question agricole en Asie est évidemment cruciale. Le poids démographique de l'espace asiatique (qui réunit près d'un humain sur deux depuis deux millénaires) impose de pouvoir nourrir une telle masse d'individus. Aussi, dans le monde indien, comme dans le monde chinois, de l'Indochine ou de l'Insulinde, le système rizicole s'est développé pour répondre à ce défi alimentaire : d'un côté la masse démographique fournit suffisamment de main-d'œuvre pour satisfaire les immenses besoins nécessaires à cette culture irriguée et intensive ; de l'autre, la productivité de la plante et sa richesse énergétique permet de nourrir une population nombreuse. Pourtant, malgré les performances de ce système qui explique les densités asiatiques actuelles, l'Asie a été le continent par excellence de la faim. Tout au long du XXe siècle, c'est en Asie plus qu'en Afrique, que les capacités agricoles ne suffisaient pas à nourrir une population en très forte croissance (en particulier dans la seconde moitié du siècle). Et cette incapacité à fournir suffisamment d'aliments à toute la population fut évidemment un handicap majeur freinant toutes les possibilités de développement. Aussi, à partir des années 1970 et 1980, c'est par la résolution de cette question que nombre de pays asiatiques (notamment l'Inde et la Chine) ont réussi à amorcer un processus d'émergence : parvenant à produire suffisamment et à mieux nourrir leur population, celle-ci est devenue plus productive et a pu se concentrer sur d'autres secteurs, en particulier industriel. En retour, l'enrichissement de la société a permis d'avoir un accès quotidien à une nourriture plus abondante et plus diverse. Le nombre des affamés en Asie s'est alors effondré. En Chine, la moitié de la population était sous-alimentée en 1979 ; ils ne sont plus que 10 % aujourd'hui. Pourtant, si l'émergence a permis de surmonter les difficultés alimentaires et agricoles, celles-ci semblent sur la longue durée créer de nouveaux problèmes : la propagation de l'obésité, la raréfaction des terres arables, la multiplication des pollutions et des risques sanitaires, la dépendance croissante résultant de besoins toujours plus importants, les nouveaux défis agricoles ne manquent pas. D'où ce paradoxe d'une émergence qui s'est faite grâce à l'agriculture et qui en même temps pose problème à ce secteur d'activité. Alors qu'en est-il vraiment ? L'agriculture dans l'espace asiatique, est-ce un moteur ou frein pour l'émergence du continent ?

Si la dynamique d'émergence dans l'espace asiatique a pu être enclenchée par comme elle a accompagné la résolution des problèmes agricoles dans les pays concernés **(1)**, elle impose pourtant aujourd'hui de nouveaux défis aux pays asiatiques **(2)**. Pour autant, les enjeux agricoles pour l'émergence asiatique varient grandement d'un État à l'autre dans la mesure où ils dépendent très largement des atouts dont les États disposent et des stratégies d'émergence qu'ils ont adoptées **(3)**.

Problématique : L'agriculture : un moteur ou un frein pour l'émergence des pays asiatiques ?

I. Si l'émergence a pu être enclenchée par comme elle a accompagné la résolution des problèmes agricoles dans les pays concernés...

A. Des pays asiatiques longtemps entravés par la difficulté à nourrir leur population : famines en Inde des années 1940 à 1970, Grand Bond en Avant chinois (1958-1960), Cambodge de l'époque des Khmers rouge (1975-1979), famine en Corée du nord (1994).

B. Accroître la production pour nourrir une population en expansion : l'importance des réformes agraires dans les pays asiatiques émergents (Révolution verte en Inde des années 1970 et modernisation agricole chinoise sous Deng Xiao Ping, réforme du *Doi Moi* au Vietnam à partir de 1986).

C. La spectaculaire réduction de la faim dans l'espace asiatique et le développement des cultures d'exportation depuis les années 1980.

II. … la dynamique d'émergence impose aujourd'hui de nouveaux défis aux pays asiatiques

A. Un défi alimentaire : l'impact de la transition nutritionnelle sur la croissance des besoins.

B. Un défi environnemental : la pression croissante sur les terres et l'eau en contexte d'urbanisation rapide, d'impact négatif de l'agriculture productiviste et de changement climatique.

C. Un défi géopolitique : les stratégies de sécurisation des approvisionnements agricoles (land grabbing, Routes de la soie, diplomatie).

III. Pourtant, les enjeux agricoles en Asie dépendent très largement des stratégies d'émergence que les différents États ont adoptées

A. Les émergents exportateurs agricoles : des pays riches de leur agriculture et de leurs exportations vers leurs voisins mais qui subissent des contraintes économiques et environnementales (Thaïlande, Malaisie, Vietnam, Philippines, Indonésie).

B. Les émergents dépendants en quête d'autosuffisance : le cas d'une Inde qui a poursuivi ses révolutions agricoles (blanche et jaune des années 1990) et qui parvient à atteindre une forme d'autosuffisance mais qui est confrontée à de nouvelles contraintes environnementales, sanitaires et économiques.

C. Les émergents dépendants en quête de sécurité alimentaire : le cas d'une Chine devenue dépendante depuis les années 2000 et dont la sécurité alimentaire est devenue un problème stratégique national.

46 Peut-on considérer l'Inde comme une nouvelle grande puissance ?

C'est un sujet qui ne pose pas de difficulté particulière d'autant plus qu'il ressemble fortement à d'autres que l'on a déjà traités, à l'instar de celui sur le Brésil (n°42). Alors, pourquoi poser ainsi le sujet ?

1. Justement parce qu'un point intéressant diffère entre cette question sur l'Inde et celle sur le Brésil : l'idée que l'Inde serait « une nouvelle grande puissance ». En effet, il y a un certain paradoxe à placer l'adjectif « nouveau » devant l'Inde, un pays quasiment bimillénaire. Il faut donc s'appuyer sur ce paradoxe pour, dès l'introduction (mais aussi tout au long du développement), jouer dessus. Dans le cas de l'Inde, la nouveauté réside non dans l'aspiration à la puissance (elle existe depuis au moins 1947) mais dans la possibilité actuelle et récente d'y accéder enfin. Et évidemment, le statut actuel de grande puissance de l'Inde est contemporain de son décollage économique, notable à partir de 1991 et qui s'accélère depuis les années 2000. N'a-t-elle pas connu encore 7,2 % de croissance en 2017 soit bien davantage que son rival chinois ? Car l'Inde semble entrée dans une phase de rattrapage sans précédent alors même qu'elle est appelée à devenir le pays le plus peuplé du monde d'ici dix ans.
2. C'est bien sûr ce contexte qui invite à problématiser autour de la réalité de ce nouveau statut : ses nouveaux aspects, ses facteurs, mais aussi ses limites persistantes et fort nombreuses. D'ailleurs en répondant de façon fort synthétique, on peut dire que probablement l'Inde n'est pas encore une grande puissance mondiale mais qu'elle le sera bientôt.

Introduction

La civilisation indienne est millénaire et pourtant l'émergence de l'Inde en tant que puissance unifiée est un phénomène plutôt récent. Certes, l'Empire Moghol était parvenu à unifier politiquement l'Inde (à l'exception de la partie sud du Deccan) entre le XVIe et le XVIIIe siècle. Mais jamais pourtant cet empire brillant et puissant ne chercha à s'imposer au-delà du monde indien. La longue période de pénétration et de soumission aux intérêts de l'East India Company à partir du XVIIe siècle aboutit à l'annexion par la couronne britannique en 1858 après la révolte des Cipayes (1857). Le vaste monde indien passa sous le joug du Royaume-Uni jusqu'en 1947. À cette date, une Union indienne naît de sa rupture avec une Inde musulmane sécessionniste (les deux Pakistan) et impose un État fédéral chargé de façonner une unité nationale à partir d'une mosaïque de peuples, de langues et de religions. Or, dès 1947, malgré les immenses difficultés qu'elle doit affronter, l'Inde aspire à jouer un rôle mondial nouveau, à apparaître comme une nouvelle grande puissance. Y est-elle parvenue ?

L'Inde de Nehru a, dès son indépendance, voulu jouer un rôle mondial, celui d'une grande puissance fondatrice et leader naturel du Tiers-Monde. Son passé millénaire, son rayonnement culturel et religieux, son poids démographique (370 millions d'habitants en 1947, 1,3 milliard aujourd'hui), sa lutte séculaire pour l'émancipation, tous ses atouts ont justifié cette volonté indienne de devenir une grande puissance prenant la tête des pays pauvres. Pour y parvenir, l'Inde s'est lancée dans une stratégie de développement autocentré visant à mobiliser les immenses ressources du pays pour qu'il émerge par lui-même et garantisse son autonomie stratégique. Car sur le plan extérieur l'Inde s'est faite le chantre du neutralisme et de la défense des souverainetés des pays du Tiers-Monde dans le cadre d'un monde bipolaire qui ne les respectait guère. Or, cette double orientation a globalement échoué. D'un côté, l'Inde est resté un pays pauvre condamné à subir des croissances insuffisantes pour améliorer le niveau de vie de sa population et lui donner les moyens de sa puissance (*Hindu rate of growth*). De l'autre, l'espoir de voir naître un Tiers-Monde uni et neutre dans la guerre froide s'est brisé sur l'autel de la realpolitik de la bipolarisation. Contrainte par l'hostilité originelle d'avec le voisin pakistanais, un allié des États-Unis, l'Inde s'est plus ou moins tournée vers l'URSS, affrontant alors l'hostilité d'une Chine maoïste elle-même opposée au modèle soviétique (guerre sino-indienne de 1962). Ni puissance économique, ni puissance stratégique ou militaire, sans véritables capacités d'influence, l'Inde a donc bien échoué, dans les premières décennies suivant son indépendance, à devenir une réelle grande puissance. Toutefois, à partir des années 1980 et surtout 1990, le contexte de mondialisation et de fin de la guerre froide lui a ouvert de nouvelles possibilités. Après le défaut de 1991, l'Inde est enfin entrée dans un cycle de croissance de longue durée qui s'accélère depuis les années 2000 et qui l'ont transformée en nouvelle grande puissance économique (dépassant la France en 2017 et devenant désormais le 6e PIB mondial). De même, sur le plan géopolitique, l'Inde semble sortir de sa neutralité originelle et s'affirmer comme un nouveau pôle d'influence et de puissance non seulement mondial mais également régional. Dès lors, l'Inde peut-elle être vraiment considérée aujourd'hui comme une grande puissance ? Son expansion économique et sa nouvelle place dans le monde sont-ils suffisants pour la placer aux premiers rangs ? Ou bien, ses fragilités intérieures mais également extérieures rendent-elles ces prétentions encore irréalistes ?

Si l'Inde prétend à un nouveau statut de grande puissance mondiale aujourd'hui (1), c'est bien parce qu'elle dispose de nombreux atouts le lui permettant (2). Pour autant, il semble encore prématuré de dire que l'Inde est une grande puissance, à l'égal des États-Unis ou de la Chine, dans la mesure où les handicaps et les menaces qui pèsent sur elle freinent son ambition (3).

Problématique : Les prétentions de l'Inde à jouer un rôle mondial sont-elles justifiées ? Ou bien sont-elles aujourd'hui encore irréalistes ?

I. L'Inde se considère comme une nouvelle grande puissance mondiale

A. Nouvelle puissance indienne et héritage tiers-mondiste : relations historiques, humaines et économiques avec l'Afrique en particulier de l'est, non-alignement, promotion d'un modèle de démocratie, BRICS et relations avec les autres émergents en particulier l'IBAS.

B. Puissance indienne et promotion du multilatéralisme : G20, implication dans l'ONU, volonté d'apparaître comme un pont entre Nord/Sud, Russie/Occident, Chine et Brésil.

C. La puissance indienne dans son cadre asiatique : Look East Policy, relations croissantes avec le Moyen-Orient, orientation vers l'Asie centrale.

II. L'Inde a de nombreux atouts qui soutiennent cette prétention à jouer un rôle mondial

A. L'expansion d'un géant démographique qui tire profit d'une classe moyenne éduquée et du dividende démographique.

B. La croissance économique et l'insertion dans la mondialisation : Exportation de services, développent des industries low cost et/ou à haute valeur ajoutée, importance d'un secteur agricole modernisé.

C. Une puissance militaire, spatiale et nucléaire en expansion : premier importateur d'armes au monde, montée en gamme des moyens aériens et navals, développement d'un programme balistique spatial, stratégie d'une dissuasion nucléaire indienne depuis 1974.

D. Une capacité d'influence multiforme : image, diasporas, yoga, Bollywood, exportations culturelles, tourisme…

III. Mais les handicaps et les menaces qui pèsent sur l'Inde la contraignent à rester aujourd'hui une puissance régionale plus que mondiale

A. Des lacunes économiques considérables : inégalités socio-spatiales, pauvreté, lacunes des infrastructures de transport et d'énergies, urbanisation anarchique, corruption, et mal-gouvernance.

B. La dépendance commerciale et énergétique : déficit commercial structurel peu compensé par l'exportation de services, lacunes du tissu industriel indien, et surtout dépendance énergétique avec un taux de près de 75 % pour les hydrocarbures alors même que la production électrique est défaillante.

C. La dépendance stratégique : hostilité régionale avec ses voisins et surtout avec le Pakistan, rivalité multiforme avec la Chine, une stratégie de non-alignement difficile à tenir face à la menace chinoise d'où la proximité croissante avec les États-Unis, les pays d'Asie du Sud-est et « l'arc des démocraties » (Australie, Japon, Inde).

Avec croquis couleurs (→ voir cahier central)

47 La croissance chinoise menace-t-elle le monde ?

Voici un sujet sur la Chine mais qui ne se limite pas à la Chine. Pourquoi ?

1. D'abord parce que le sujet n'est pas uniquement la Chine mais la « menace » chinoise. Or, saisir une menace consiste à s'intéresser autant aux facteurs réels qui poussent à la considérer ainsi qu'à interroger une perception, une représentation qui implique aussi celui qui la regarde. Autrement dit, savoir si la croissance chinoise est ou non une menace revient à comprendre la réalité de la dynamique chinoise autant que la façon dont elle est perçue par les autres.
2. En outre, puisqu'il s'agit d'étudier une perception, il est inévitable de jouer de ses variations, du fait qu'elle change en fonction de celui qui regarde. Dès lors, une fois encore, la variabilité géographique est une dimension essentielle et qui justifie le croquis de synthèse à réaliser pour donner à voir cette variation.
3. Autre point à éclaircir : la « croissance chinoise » plutôt que la Chine. En effet, le sujet se focalise sur la croissance dans la mesure où ce sont les effets induits de cette ascension économique (après 1979 donc) qui sont à étudier. L'impact social, environnemental, politique, économique et géopolitique de cette croissance pour le monde comme pour chaque pays du monde est à prendre en compte.
4. Enfin, n'oublions jamais la dimension historique. La plus ou moins grande perception de la menace a changé avec le temps. Entre une Chine pauvre et marginalisée qui fait « profil bas » en 1979 et une Chine aujourd'hui devenue la première économie du monde et qui revendique un rôle mondial et des territoires en Asie il est évident que la menace a changé.

Un sujet qui invite à alterner entre réalités et représentations comme entre les trois dimensions propres aux dissertations d'HGG.

Introduction

En janvier 2017, à la veille de l'investiture de Donald Trump, Xi Jinping s'est lancé à Davos, devant un parterre de patrons et de dirigeants de la planète, dans une défense du libre-échange et de la mondialisation. Il a vanté les mérites de l'ordre économique mondial et présenté la Chine comme une puissance responsable qui saurait défendre le libre-échange face aux menaces américaines dans l'intérêt du monde. Ainsi, alors que les États-Unis devenaient potentiellement une menace pour l'ordre libéral qu'ils avaient eux-mêmes créé, la Chine, après trente ans de croissance ininterrompue, prenait le relais et se présentait en puissance pacificatrice. Pourtant, cette posture chinoise est bien loin d'être partagée par toute la planète qui au contraire craint cette affirmation permise par son exceptionnelle croissance économique. Aussi, la croissance chinoise menace-t-elle vraiment le monde ?

Pour un des principaux intellectuels de PCC, Zheng Bijian, les Trente Glorieuses chinoises n'ont été qu'une « ascension pacifique ». D'ailleurs, lorsque Deng Xiaoping lance ses quatre modernisations en 1979, il le fait grâce à un apaisement des tensions avec le reste du monde, en particulier avec les États-Unis, le Japon, la Corée, le Vietnam et même Taïwan. En retour, l'insertion de la Chine dans les flux mondiaux par sa transformation en « atelier du monde » a eu pour effet de créer des interdépendances économiques, des opportunités et des besoins nouveaux dont une grande partie de la planète a profité (des Occidentaux à l'Afrique, l'Amérique latine et le reste de l'Asie). Parallèlement, à l'instar donc de Zheng Bijian, le dynamisme chinois a été présenté par les dirigeants communistes comme un rééquilibrage nécessaire mais sans ambitions dominatrices. Pendant trente ans, la stratégie du « profil bas » de Deng Xiaoping a été maintenue par ses successeurs. Mais, à mesure que la croissance économique a transformé la Chine en puissance géopolitique, la perception a changé. Plus la Chine a renforcé ses moyens politiques et militaires, plus elle a développé ses intérêts et ses investissements extérieurs, plus elle a disposé de nouvelles capacités technologiques et financières, plus elle a pu apparaître aux yeux du monde comme une menace. La concurrence qu'elle imposait mais aussi les accusations de non-respect des règles portées contre elle ont entretenu une crainte devenue parfois une hostilité ouverte. Plus encore, la fin des années 2000 et surtout l'arrivée au pouvoir de Xi Jinping (2012) semble marquer une rupture. La Chine ne cherche plus « à cacher ses talents et attendre son heure » comme le recommandait Deng Xiaoping. Désormais, Xi Jinping promeut un « rêve chinois », celui d'une Chine qui assume sa puissance et qui entend occuper la première place avant 2049. Le discours de Davos illustre ce nouveau positionnement qui ne manque pas de se traduire par des actes : le projet de « Nouvelles routes de la Soie » comme l'expansion navale en Mer de Chine du Sud ou l'ouverture de la première base étrangère chinoise à Djibouti fin 2017 en témoignent. Alors la croissance de la Chine est-elle une menace ou un facteur de paix et de stabilité pour le monde ? Autrement dit, les effets économiques et géopolitiques induits par la forte croissance chinoise depuis 1979 sont-ils un atout pour la croissance et la stabilité du monde ? Ou bien au contraire, cette croissance alimente-t-elle des risques économiques et géopolitiques grandissants pour le monde ?

Si à partir de 1979, la croissance chinoise a plutôt été perçue comme un facteur de croissance et de stabilité pour le monde (1), depuis le milieu des années 2000 cette croissance est de plus en plus regardée comme une nouvelle menace (2). Pour autant, la perception des effets induits par la croissance chinoise varie et dépend largement des pays concernés (3).

Problématique : Les effets économiques et géopolitiques induits par la forte croissance chinoise depuis 1979 sont-ils un atout pour la croissance et la stabilité du monde ? Ou bien au contraire, cette croissance alimente-t-elle des risques économiques et géopolitiques grandissants qui pour le monde ?

I. À partir de 1979, la croissance chinoise a plutôt été perçue comme un facteur de croissance et de stabilité pour le monde

A. La croissance chinoise : cause et conséquence d'un apaisement géopolitique régional comme mondial.

B. La croissance chinoise : une opportunité économique pour ces voisins comme pour les Occidentaux.

C. La croissance chinoise : facteur de croissance pour de nombreux pays en développement (Afrique, Amérique latine, Asie centrale, Moyen-Orient, Russie).

II. Mais depuis la fin des années 2000, cette croissance est de plus en plus regardée comme une nouvelle menace

A. La croissance chinoise : une menace écologique à court et moyen terme pour le monde (émission de gaz à effet de serre, impact écologique de la transition nutritionnelle).

B. La croissance chinoise : une concurrence économique croissante (et parfois déloyale) pour les pays avancés comme pour les pays en développement.

C. La croissance chinoise fait peser une réelle menace sur les ressources stratégiques (énergies, minerais, terres, pêche).

D. La croissance chinoise : le moteur d'une réaffirmation géopolitique et militaire menaçante.

III. En définitive, la perception des effets induits par la croissance chinoise dépend largement des pays concernés

A. Des pays asiatiques de plus en plus hostiles envers la Chine du fait de leur inquiétude vis-à-vis des effets géopolitiques et économiques de la croissance chinoise en Asie.

B. Des pays occidentaux ambivalents vis-à-vis de la croissance chinoise et de ses effets (États-Unis/Europe).

C. Des pays en développement (d'Afrique, d'Asie centrale ou d'Amérique latine) tout à la fois bénéficiaires et défiants vis-à-vis des effets de la croissance chinoise sur leur propre développement et leur dépendance extérieure.

D. Des puissances associées qui jouent des effets induits par la croissance chinoise pour s'opposer et/ou s'affirmer (la Russie et les Occidentaux, le Venezuela ou Cuba face aux États-Unis, le Pakistan face à l'Inde…).

48 Les défis intérieurs de l'ascension chinoise depuis 1979

Ce sujet phrase est assez classique mais doit être correctement problématisé.

1. D'abord il s'agit avant tout de parler des « défis intérieurs » c'est-à-dire des problèmes intérieurs auxquels la Chine a été confrontée à partir du moment où elle est entrée dans un long cycle de croissance (ce qu'on peut comprendre comme étant « l'ascension chinoise »), depuis 1979.
2. Dans ces conditions, la dimension historique du sujet doit sauter aux yeux. Bien évidemment les défis de sortie du communisme et du décollage économique ne sont pas les mêmes que ceux actuels relatifs au changement de modèle de croissance. Il faut donc inévitablement jouer de cette évolution et tenir compte des césures chronologiques (notamment celle de la fin des années 2000).
3. De même, comme toujours, la variabilité thématique est essentielle : des défis, oui mais lesquels ? On peut dire que ceux-ci sont tout à la fois sociaux, spatiaux, économiques, politiques et même géopolitiques (n'oubliez jamais les aspects intérieurs de la géopolitique, ici l'unité territoriale d'une Chine en proie aux forces centrifuges).
4. Aussi la problématique n'est finalement pas si compliquée. Il faut toujours jouer sur les mots du sujet à savoir « défi intérieur » et « ascension chinoise ». La question est donc bien de savoir si ces défis intérieurs sont ou non capables d'entraver l'ascension chinoise. Est-ce bien en surmontant ces défis que la Chine a connu et connaîtra encore une ascension ?

Un sujet sans grand piège donc et qui s'inscrit bien dans le cours de deuxième année sur la Chine comme dans celui de première année sur l'histoire économique du monde avant et après 1990.

Introduction

En octobre 2017, Xi Jinping tout juste réélu à la tête du Parti Communiste Chinois (PCC) a promis à son pays d'entamer une « nouvelle ère » pour la Chine. Certes, il est assez consensuel (y compris dans un pays communiste) de promettre le changement avant de débuter un nouveau mandat. Pourtant, cette expression du dirigeant chinois n'était pas aussi formelle qu'il y paraît. Car après trente années de forte croissance, la Chine ralentit. Depuis 2012 et son arrivée au pouvoir, la croissance chinoise décélère, passant officiellement de 7,9 % en 2012 à 6,7 % en 2017, bien loin donc de la barre des 10 % en dessous de laquelle ses prédécesseurs ne descendaient jamais. Ce ralentissement économique est le signe de l'essoufflement du modèle chinois et peut être la source de nouveaux défis intérieurs. Lesquels ?

Jusqu'en 1979, la Chine communiste tentait bien de mener une politique extérieure visant à réhabiliter sa puissance après le « siècle des humiliations ». Mais en réalité, l'ère maoïste s'est caractérisée par une monopolisation des défis intérieurs qui visaient à faire de la Chine le pays phare du communisme mondial (contre le modèle soviétique) capable de « dépasser l'Angleterre et rattraper l'Amérique » (slogan du Grand Bond en avant) et de faire de la Chine un géant économique. Mais les échecs répétés de Mao ont au contraire replié la Chine sur elle-même, l'essentiel de ses défis intérieurs ayant été après chaque poussée de fièvre révolutionnaire de réparer les dégâts (surmonter la famine et les pénuries après 1960, rétablir l'ordre après la révolution culturelle en 1969). La voie du socialisme ayant failli, en 1979 Deng Xiaoping a voulu changer de méthode. Pour attraper les souris, peu importait que le chat changeât de couleur. Le principal défi de ce tournant a été d'ouvrir le pays, de progressivement sortir du communisme et de la pauvreté généralisée pour aller vers un capitalisme qui assurerait la prospérité sans remettre en cause le monopole du parti sur la société et l'État. Cet immense défi social, économique et politique Deng Xiaoping l'a relevé grâce à un pragmatisme et une méthode expérimentale qui ont permis à la Chine d'entrer dans ses Trente Glorieuses. Mais cette prudence n'a pas empêché l'immense révolte puis la répression féroce du printemps 1989 qui ont mis au jour le bouillonnement social et politique que ces changements radicaux avaient provoqué. Vingt ans plus tard, la Chine est à nouveau confrontée à d'immenses défis : il ne s'agit plus d'aller vers la prospérité mais de trouver les moyens de la poursuivre comme d'en gérer les effets. C'est ce qui explique la volonté de Xi Jinping d'entrer dans une « nouvelle ère », de refonder ce modèle de croissance chinois qui a porté ses fruits mais qui arrive en bout de course depuis la fin des années 2000. L'objectif final reste le même : restaurer la puissance chinoise et garantir le maintien du monopole du parti. Mais la transition à venir est d'autant plus complexe que les défis à relever sont nombreux et interdépendants. Dans ces conditions, la Chine a-t-elle les moyens de relever ses défis intérieurs ? Ou bien ceux-ci sont-ils tellement difficiles à surmonter qu'ils peuvent à terme entraver la dynamique d'ascension chinoise ?

Jusque dans les années 2000, l'essentiel des défis intérieurs de la Chine fut de parvenir à gérer la transition du communisme vers un capitalisme d'État pour permettre la croissance tout en conservant la mainmise du Parti (1). Mais depuis une décennie, la Chine est confrontée à la fin de ses Trente Glorieuses et à la nécessité de changer de modèle (2) tout en faisant face à de nouveaux risques intérieurs tout à la fois sociaux, écologiques, politiques et géopolitiques qui mettent en péril sa stabilité (3).

Problématique : La Chine a-t-elle les moyens de relever ses défis intérieurs ? Ou bien ceux-ci sont tellement difficiles à surmonter qu'ils peuvent à terme entraver la dynamique d'ascension chinoise ?

I. Jusque dans les années 2000, l'essentiel des défis intérieurs de la Chine fut de parvenir à gérer la transition du communisme vers un capitalisme d'État pour permettre la croissance

A. Le défi de l'ouverture contrôlée (à partir des lois de 1979) : naissance d'un système mixte, d'un « socialisme de marché » où les mécanismes du marché s'accordent avec l'omniprésence de l'État et du Parti.

B. Le défi de la modernisation sociale : contrôler l'exode rural et l'expansion urbaine, réduire la natalité, encourager le profit et l'initiative privée.

C. Le défi politique : conserver le monopole du parti et surmonter Tienanmen (1989) en créant un nouveau contrat social chinois (la prospérité comme palliatif à l'absence de libertés).

II. Mais depuis une décennie, la Chine est confrontée à la fin de ses Trente Glorieuses et à la nécessité de changer de modèle de croissance...

A. La Chine à partir de 2009 est un modèle à bout de souffle : les limites d'une croissance fondée sur les exportations et l'investissement intérieur qui risque de tomber dans « la trappe des pays à revenu intermédiaire ».

B. Aller vers un nouveau modèle (1) : se tourner vers le marché intérieur donc permettre une hausse des salaires (et une baisse de compétitivité), la mise en place d'un système de protection sociale (pour désépargner), et lutter contre les inégalités sociales.

C. Aller vers un nouveau modèle (2) : garantir une montée en gamme de l'économie par le développement des services, de l'innovation et des activités à haute valeur ajoutée.

III. … tout en faisant face à de nouveaux risques intérieurs tout à la fois sociaux, écologiques, politiques et géopolitiques qui mettent en péril sa stabilité

A. Le risque politique du tournant : la lutte contre la corruption et la déstabilisation du parti, concilier libertés nécessaires à l'innovation et monopole du parti, faire face aux contestations sociales et environnementales.

B. Le risque social du tournant : sortir au mieux de la fenêtre d'opportunité démographique et gérer le vieillissement.

C. Le risque écologique du tournant : sortir du modèle productiviste à l'origine de nombreuses catastrophes, de risques à long terme et de colère sociale (airpocalypse, pollutions industrielles et de l'eau, effets du réchauffement climatique) et organiser la transition énergétique.

D. Le risque géopolitique interne : rééquilibrer la croissance vers l'espace intérieur pour garantir l'unité nationale comme la stabilité sociale des périphéries (la dimension intérieure du projet OBOR vis-à-vis du Tibet, du Xinjiang mais aussi des autres pays asiatiques en croissance).

49 Le Japon en Asie depuis la fin du XIXe siècle

Voici un sujet plutôt historique mais qu'il faut problématiser dans un sens plutôt géopolitique.

1. Historique, cette question l'est dans la mesure où la période à étudier est particulièrement longue. Elle impose de remonter jusqu'à la fin du XIXe siècle, c'est-à-dire jusqu'à la révolution du Meiji (1868) qui inaugure la période d'expansion industrielle et miliaire du Japon. Dans ces conditions, un plan chronologique s'impose car la place du Japon en Asie a beaucoup varié depuis un siècle et demi. À cet égard, les ruptures chronologiques pour construire le plan sont assez évidentes : 1945 puis les années 1990-2000 constituant deux tournants majeurs dans l'histoire de Japon en Asie.
2. Car, le sujet ne porte pas sur le Japon dans le monde (comme vous pouvez l'avoir étudié dans le cours), mais sur le Japon en Asie. Il faut donc se limiter à l'espace asiatique et réfléchir à l'interaction entre ce pays et cet espace.
3. Comment alors problématiser ? Posons la question du sujet : Comment évolue la place du Japon en Asie ? Réponse : d'un statut d'hégémonie stratégique (jusqu'en 1945) puis économique (jusqu'aux années 2000) à une position aujourd'hui remise en cause. Dès lors, c'est cette singularité japonaise en Asie qu'on peut interroger. Comment cette exceptionnalité japonaise et sa prépondérance en Asie se sont-elles construites et transformées ? Et surtout (aspect géopolitique crucial) en quoi sont-elles en train de disparaître aujourd'hui ?

C'est donc bien un sujet sur l'anormalité historique puis la normalisation actuelle du Japon en Asie.

Introduction

Dans son livre, *Moderne sans être occidental*[1], Pierre-François Souyri explore l'exceptionnalité japonaise. Il y démontre que, contrairement à ce qu'un regard européo-centré professe, le Japon a pensé et inventé une modernité économique, sociale et politique en puisant aux sources du confucianisme, du shintoïsme, du bouddhisme et d'un rapport singulier à la nature qui lui était propre. Irréductible aux catégories de pensée occidentales, et sans manquer pourtant de lire les classiques occidentaux, le Japon a façonné un modèle de modernité asiatique sans nécessairement prendre les chemins de la rationalité européenne. Or, cette modernité est à l'origine d'une exceptionnalité japonaise dans le monde comme surtout en Asie : celle du seul pays asiatique (et même non-occidental) à être devenu une puissance résistant à la domination européenne dès le début du XXe siècle. Dès lors, comment expliquer cette singularité japonaise en Asie ?

L'ouverture forcée du pays par le commodore Perry en 1853 et les troubles politiques qui ont suivie et qui ont mis fin au shogunat et au féodalisme nippons, constituent le point de départ de l'exceptionnalité géopolitique du Japon en Asie. Le choc de l'humiliation a poussé le Japon à enclencher une révolution par le haut (révolution du Meiji - 1868) qui a permis au pays de s'industrialiser et de se doter de moyens militaires modernes et performants. Ce pays longtemps fermé et replié sur lui-même à l'ère d'Edo (1641-1858) est, dès la fin du XIXe siècle, de plus en plus ouvert et puissant, capable d'infliger une lourde défaite à l'Empire de Chine en 1895. De ce moment date le début d'une hégémonie japonaise sur l'Asie. Certes, l'Empire du Soleil Levant a dû composer avec les puissances coloniales occidentales au moins jusqu'aux années 1930. Certes, le pays a été défait et réduit en cendres en 1945. Pourtant, même si elle a bien sûr muté tout au long du XXe siècle, la puissance japonaise a exercé une prépondérance économique unique sur l'espace asiatique dans la seconde moitié du XXe siècle. Or, cette prépondérance et cette exceptionnalité japonaise en Asie sont aujourd'hui remises en cause. L'ascension spectaculaire de la Chine conjuguée à d'immenses défis intérieurs (économiques comme socio-démographiques) sont à l'origine de ce changement de statut. Confronté à une concurrence inédite de la part d'un autre pays asiatique, le Japon est en train de se repositionner que ce soit d'un point de vue géopolitique ou économique. La fin de la prépondérance japonaise semble aussi annoncer la fin de son exceptionnalité et de son anormalité. Sa réintégration au sein d'une Asie complexifiée, en croissance mais aussi sous tensions tend à en faire une puissance parmi d'autres. Alors, est-ce bien le cas ? La prépondérance et l'exceptionnalité séculaires du Japon dans l'espace asiatique depuis le XIXe siècle sont-elles arrivées à leur terme ?

1. Pierre-François Souyri, *Moderne sans être occidental. Aux origines du Japon d'aujourd'hui*, Gallimard, 2016.

De fait, le Japon a d'abord tenté en vain d'assumer une prépondérance totale sur l'espace asiatique (fin XIXe siècle-1949) (1). Celle-ci a pris fin avec la défaite mais a muté vers un leadership économique sur l'Asie sans aucune prétention géopolitique (1949-2000) (2). En revanche, aujourd'hui, face à la perte de toute prépondérance en Asie, le Japon est sur la voie d'une normalisation dans l'espace asiatique qui se caractérise donc par la fin d'une forme d'exceptionnalité économique et géopolitique (3).

Module IV

Problématique : La prépondérance et l'exceptionnalité du Japon dans l'espace asiatique depuis le XIXe siècle : une dynamique séculaire arrivée à son terme ?

I. Le Japon en Asie (fin XIXe siècle-1949) : la quête avortée d'une hégémonie totale

A. **1868-1931 : la seule puissance asiatique de l'Asie** (développement industriel, colonisation de Formose (1895) et de la Corée (1910), victoires sur la Chine (1895), la Russie (1905) et l'Allemagne (1918), intégration dans le concert des nations après le traité de Versailles et la conférence de Washington (1922)).

B. **1931-1942 : l'hégémonie par la conquête et la domination militaire** (les facteurs internes et externes de l'expansionnisme nippon, la conquête de la Mandchourie (1931), la guerre contre la Chine (1937) et l'émergence de la sphère de coprospérité (1941-1942) après Pearl Harbor).

C. **1942-1949 : la défaite et l'occupation, une éclipse temporaire** [les raisons de la défaite, l'annihilation militaire et l'occupation, la renaissance dans un cadre de guerre froide et de guerre en Corée (1949-années 1950)].

II. Le Japon en Asie (1949-2000) : un leadership économique sans ambitions géopolitiques

A. **Une puissance économique en Asie** : le miracle nippon et ses ressorts intérieurs (épargne, État, innovation, toyotisme, entreprises), la 2e économie du monde devenu une puissance financière dans les années 1980.

B. **Un leadership économique sur l'Asie** : le Japon oie de tête du « modèle en vol d'oies sauvages ».

C. **Un nain politique en Asie** : une soumission totale à la protection et aux intérêts des États-Unis dans la guerre froide.

III. Le Japon en Asie depuis les années 2000 : une puissance normalisée, une prédominance perdue ?

A. **Le dépassement chinois et ses conséquences** : une interdépendance qui tourne progressivement à la concurrence et à la revanche de l'Empire du Milieu.

B. **De multiples difficultés internes, facteur d'affaiblissement économique, malgré des atouts persistants** : crise de 1990, hiver démographique, vieillissement de la population, stagnation économique, crise sociale, mais aussi persistance d'atouts technologiques et innovants, puissance des FTN.

C. **Vers une normalisation stratégique et une réinsertion sans prédominance du Japon en Asie** : la normalisation diplomatique et militaire s'accompagne d'une présence plus grande du Japon en Asie (alliances avec les États d'Asie du Sud-est, de l'Inde ou de l'Australie contre la Chine) du fait même de la fin de sa prédominance et de son exceptionnalité.

Dissertation rédigée intégralement

Avec croquis couleurs (→ voir cahier central)

50 Chine et Japon en Asie : une insurmontable rivalité ?

Ce sujet pose plusieurs difficultés qu'il s'agit de bien surmonter :

1. Il ne faut surtout pas traiter séparément de la Chine et du Japon mais bien réfléchir aux relations qu'ils entretiennent entre eux comme avec le reste de l'Asie. Évidemment, et bien qu'elle ne soit pas mentionnée, la question du rapport aux États-Unis est centrale dans la compréhension des rapports entre Chine et Japon (les États-Unis ayant été pro-chinois jusqu'en 1945-1949, puis pro-japonais depuis).
2. La question des bornes chronologiques est essentielle. Elles ne sont pas indiquées mais la notion de « rivalité » invite à s'interroger sur sa profondeur historique. Comme il n'y a pas de dates précises, vous devez remonter jusqu'en 1913, c'est-à-dire là où le programme d'ECS commence. En ce sens, s'il ne faut pas forcément construire un plan chronologique, en revanche la dimension historique d'un tel sujet est indispensable pour qu il soit convenablement traité.
3. Ensuite, il faut bien sûr discuter le caractère « insurmontable » de cette rivalité. Là encore, ce terme polémique ne doit surtout pas vous conduire à démontrer que l'opposition Chine-Japon est insurmontable ou inversement. De toutes les façons, rien n'est jamais vraiment insurmontable ! Il faut donc bien mettre en avant les formes comme les facteurs de rivalités autant que ceux qui conduisent ces deux géants à se rapprocher, ou plutôt à s'affronter dans une interdépendance croissante.
4. Enfin, le croquis de synthèse se justifie dans la mesure où cette rivalité procède d'interactions et d'interdépendances avant tout asiatiques. Dès lors, il s'agit de localiser et de mettre en valeur les formes et les lieux de cette rivalité dans l'interdépendance.

Introduction

À peine intronisé en janvier 2017, Donald Trump a immédiatement accueilli avec tous les honneurs (dont celui d'une partie de golf privée en Floride) le premier ministre japonais Shinzo Abe, impatient de rencontrer au plus vite son nouvel homologue. La raison d'un tel empressement ? La crainte de voir le nouveau président américain s'éloigner des principes du Traité de sécurité mutuelle de 1951 à l'heure où le péril chinois se fait de plus en plus pressant en mer de Chine. La rivalité séculaire entre les deux géants asiatiques, dans laquelle les États-Unis ont toujours été un acteur central (pro-chinois durant la Seconde Guerre mondiale puis pro-japonais durant la guerre froide) semble plus que jamais d'actualité. À croire qu'elle est présentement insurmontable.

De toute évidence, la relation sino-japonaise est celle d'une rivalité multiséculaire. Bien que la culture japonaise ait puisé largement aux sources de celle du monde sinisé, l'Empire du Soleil Levant a toujours eu à cœur de cultiver sa différence avec celui du Milieu. N'a-t-il pas été un des rares pays asiatiques à ne plus verser tribut à partir du XVIIe siècle, refusant par là-même de reconnaître l'hégémonie de son immense voisin ? Mais c'est bien sûr à la fin du XIXe siècle, que cette rivalité s'exacerbe lorsque le Japon du Meiji engage une politique d'expansion aux dépens d'une Chine déjà affaiblie et humiliée par les puissances européennes. Connaissant son apogée durant la guerre du Pacifique (1937-1945), cet antagonisme se poursuit sous une autre forme pendant la guerre froide et laisse à vif des cicatrices mémorielles qui enveniment encore le rapport des deux puissances. À l'orée du XXIe siècle, cette rivalité perdure sous des formes certes désormais nouvelles (tout à la fois économiques, géopolitiques et politiques) mais qui laissent à penser qu'elle n'a finalement jamais pu être vraiment surmontée. Et pourtant, elle l'a été. En effet, à partir de la fin des années 1970, s'ouvre une ère de coopération sans précédent entre la Chine et le Japon. Fruit du parrainage américain, ce rapprochement permet l'essor d'intenses échanges à l'origine aujourd'hui d'une interdépendance inédite. Aussi, la situation actuelle se révèle bien paradoxale entre deux pays à nouveau rivaux mais dont les intérêts sont tout à la fois convergents et imbriqués. Alors, cette rivalité peut-elle être qualifiée d'insurmontable ? Autrement dit, leur dynamique d'affrontement séculaire en Asie peut-elle s'apaiser du fait de leur intégration économique croissante ? Ou bien le poids des enjeux mémoriels comme géopolitiques actuels rend-il cette perspective irréaliste ?

La Chine et le Japon entretiennent une insurmontable rivalité historique pour le leadership en Asie (1). Mais ils ont su la dépasser à partir de 1978 par le développement de coopérations et d'interdépendances croissantes (2). Pourtant celles-ci n'ont pas empêché la résurgence actuelle des tensions qui *de facto* alimentent cette rivalité qui semble insurmontable (3).

> **Problématique** : La dynamique d'affrontement séculaire de la Chine et du Japon en Asie peut-elle s'apaiser du fait de leur intégration économique croissante ? Ou bien le poids des enjeux mémoriels comme géopolitiques actuels rend-il cette perspective impossible ?

I. Chine-Japon : une insurmontable rivalité historique pour le leadership en Asie...

A. 1895-1945 : le temps de la domination japonaise sur la Chine

À partir de 1894-1895 et la première guerre sino-japonaise, le Japon du Meiji se lance dans une politique de conquête coloniale aux dépens des intérêts chinois en Corée, à Formose (Taïwan) comme en Chine du Nord (Mandchourie). Le Japon profite de l'affaiblissement de l'Empire, fruit des avancées des Occidentaux depuis 1839, pour trouver des ressources et des débouchés qu'il juge indispensables à son industrialisation. Dès le traité de Shimonoseki (1895), le Japon acquiert l'île de Formose et impose son influence dans la péninsule de Liaodong comme en Corée. Puis, la guerre russo-japonaise de 1904-1905 comme l'engagement aux côtés des Alliés dans la Première Guerre mondiale confirment l'ascendance japonaise sur une Chine alors en proie à l'instabilité après la chute de l'Empire et la proclamation de la république (1912). Plus avant, c'est à partir de 1931 et surtout après 1937, que l'affrontement sino-japonais connaît son apogée. Le Japon annexe une grande partie de la Chine utile (le littoral et ses grandes villes) par une guerre totale et destructrice. Les forces chinoises se révèlent incapables de contenir cette poussée japonaise d'autant plus qu'elles sont divisées entre communistes (Mao) et nationalistes (Tchang Kai Tchek)

B. 1945-1978 : la guerre froide sino-japonaise

La fin de la guerre ne marque aucunement la fin de la rivalité entre la Chine et le Japon. Bien que le Japon ait été défait et occupé, la victoire des communistes en Chine ravive la rivalité. En effet, dès 1949, le danger communiste encourage les États-Unis à engager la renaissance du Japon (plan Dodge, 1949) pour en faire un allié essentiel du containment (Traité de sécurité mutuelle de 1951). Plus encore les débuts de la guerre de Corée qui voit la Chine s'engager militairement à partir de 1951, accélèrent le processus de reconstitution d'une puissance nippone (au moins économique) et conduisent à en faire le « porte-avion » des États-Unis contre la menace chinoise en Asie. Dès lors de 1949 à 1972, le Japon et la Chine n'ont plus de relations diplomatiques, le Japon reconnaissant comme légitime le gouvernement de Taïwan. La rivalité idéologique se double d'ailleurs d'une renaissance militaire avec la constitution de forces d'auto-défense japonaise (Jeitai). À partir du rapprochement sino-américain de 1971, les tensions s'apaisent : en 1972, les relations diplomatiques sont rétablies et en 1978, un traité de paix est enfin signé. Ce retournement s'explique par plusieurs facteurs : 1. l'intérêt américain, 2. la volonté chinoise de contrer l'URSS jugée désormais plus dangereuse que le camp occidental, 3. le désir de Deng Xiao Ping d'ouvrir son pays aux investissements étrangers comme au commerce mondial, et donc japonais. Un axe Pékin-Tokyo-Washington s'instaure contre un axe Moscou-Hanoï.

C. Le poids de l'Histoire : la rémanence mémorielle d'un conflit loin d'être apaisé

Ce long passé d'affrontement direct ou indirect entre la Chine et le Japon est un des facteurs principaux qui expliquent le caractère insurmontable de la rivalité aujourd'hui. En effet, ce passé douloureux ne cesse de peser dans les relations actuelles malgré l'apaisement officiel. Du côté du Japon, on note un refus constant de reconnaître une quelconque responsabilité dans les exactions commises contre la Chine (massacre de Nankin, 1937 – expérimentations de l'unité 731...). Cette amnésie (parfois révisionniste) japonaise est entretenue par certains responsables politiques (Koizumi ou l'actuel premier ministre Shinzo Abe) qui n'hésitent pas à se rendre au cimetière militaire de Yasukuni pour rendre hommage aux soldats morts dont les criminels de guerre de classe À condamnés au procès de Tokyo en 1946. Ces provocations, qui enflamment régulièrement la Chine, servent à mobiliser une partie de la société japonaise en proie au doute et inquiète de la montée en puissance de son grand voisin. Du côté de la Chine aussi la réminiscence des exactions japonaises joue un rôle politique. Pour un PCC obsédé par la conservation du pouvoir, il est toujours facile de jouer du nationalisme chinois à fleur de peau pour détourner l'attention d'autres difficultés (économiques, sociales ou environnementales). C'est un moyen facile et efficace de mobiliser une opinion publique.

II. ... mais qui a su être dépassée depuis 1978 par le développement de coopérations et d'interdépendances croissantes...

A. L'interdépendance industrielle, commerciale et financière des deux puissances : reflet de la DIPP asiatique

Le Japon et la Chine ont d'évidents intérêts convergents d'un point de vue économique. Les FTN japonaises comptent 10.000 filiales à l'étranger dont 5.000 sont en Chine. Elles profitent alors des avantages comparatifs de la Chine dans la fragmentation de la chaîne de production et de la valeur ajoutée. Du coup une grande part des exportations chinoises sont constituées de réexportations de biens manufacturés issus d'entreprises japonaises. En outre, le commerce entre les deux nations s'est considérablement développé. Le Japon est le 3e fournisseur et le 3e client de la Chine (12 % importations, 8 % exportations) ; la Chine est le 1er fournisseur et le 1er client du Japon (20 % exportations et importations). Ces relations commerciales sont relativement complémentaires. Le Japon exporte des biens à fort contenus technologiques (machines-outils, composants électroniques) quand la Chine vend des produits à moindre valeur ajoutée comme le textile, l'électronique grand public, des produits manufacturés assemblés ou des produits agricoles. Enfin, l'interdépendance est aussi financière, le Japon détenant le premier stock d'IDE en Chine.

B. Chine et Japon : deux acteurs aux intérêts parfois convergents et qui savent coopérer

La Chine et le Japon se sont impliqués dans des organisations politiques régionales pour approfondir leurs relations économiques : ASEAN +3, APEC, Banque Asiatique de Développement (BAD), accords sur l'exploitation du gaz en mer de Chine (2008). En outre, Chine et Japon peuvent aussi avoir des intérêts convergents : le changement climatique, la modération des gesticulation nord-coréennes et la persistance de la division en deux Corée, la sécurité maritime (en particulier dans le détroit de Malacca), et plus largement la stabilité de l'espace asiatique où les deux acteurs ont de nombreux intérêts commerciaux et financiers.

III. ... et qui pourtant n'ont pas empêché la résurgence actuelle des tensions

A. Le poids des représentations : une peur réciproque ?

La rivalité semble insurmontable du fait d'une peur réciproque. Le Japon craint de plus en plus la montée en puissance de la Chine qu'il perçoit comme une menace directe contre ses intérêts vitaux : sécurisation des approvisionnements, remise en cause de son leadership économique en Asie, concurrences croissantes, course aux armements...La Chine aussi craint son rival japonais : alignement sur les États-Unis et rapprochement avec tous les adversaires de la Chine, développement de son arsenal militaire, système de défense balistique contre la Corée du Nord mais que les Chinois estiment être tourné contre eux...Bref, la rivalité géopolitique repose largement sur cette représentation d'une crainte réciproque (envenimée par l'Histoire) et qui se renforce à mesure que chaque acteur se crispe et se prépare au pire

B. Les différends territoriaux et géopolitiques

Les Îles Senkaku : tout à la fois un prétexte à la rivalité et un facteur de tensions croissantes dans la mesure où elles font jouer nombre de problèmes : querelles territoriales symboliques, nationalismes, délimitation des ZEE pour la pêche comme pour la possible exploitation d'hydrocarbures off-shore

La Corée du Nord : menace nucléaire directe contre le Japon dans la mesure où la Corée ne peut pas vraiment s'en prendre directement aux États-Unis. Pour le Japon, la Corée fait peser une menace vitale. En retour, la Chine profite de la menace nord-coréenne pour conserver un atout diplomatique non négligeable d'autant plus qu'elle ne veut à aucun prix d'une chute du régime de Kim Jong-Un qui signifierait une réunification problématique de la Corée et la présence d'un pays allié des États-Unis à ses frontières.

C. La question des ressources et des approvisionnements stratégiques

Chine et Japon sont fortement dépendants de leurs approvisionnements maritimes stratégiques : tous deux dépendent de leurs importations énergétiques et alimentaires via les principales routes maritimes asiatiques. Cette rivalité s'exprime d'ailleurs en Asie où ils sont concurrents aussi bien dans l'exploitation des ressources d'hydrocarbures que pour les zones de pêche (Senkaku) ou bien encore vis-à-vis du land-grabbing (île de Bornéo). Mais il existe une asymétrie entre le Japon et la Chine, dans la mesure où le Japon est encore plus vulnérable que la Chine et où la Chine peut couper certains approvisionnements stratégiques comme l'a montré l'embargo chinois sur les exportations des terres rares à destination du Japon en 2010.

D. La nouvelle course aux alliances et aux armements en Asie

Courses aux armements : la Chine développe à grande vitesse ses capacités militaires en particulier navales et aériennes ce qui fait peser une menace directe sur le Japon. En retour, le Japon a entrepris de reconstituer des capacités de projection aéronavale pour répondre à ce qu'elle perçoit comme une menace (porte-hélicoptères de la classe Izumo, Izumo et Kaga, les plus grands navires construits depuis la fin de la Seconde Guerre mondiale).

Courses aux alliances : Japon développe de nouveaux partenariats stratégiques avec les rivaux de la Chine en Asie du Sud-est (Vietnam, Malaisie, Indonésie, Philippines…) comme dans le reste de l'espace asiatique et Pacifique (triangle des démocraties avec l'Inde et l'Australie). En retour, la Chine développe ses relations avec ses alliés anti-américains et par voie de conséquence antijaponais (Birmanie, Sri-Lanka, Pakistan, Asie Centrale, voire en partie la Russie).

Conclusion

Depuis au moins 1895, la Chine comme le Japon semblent voués à s'affronter indéfiniment. Si les facteurs actuels de tensions ne manquent pas, tant d'un point de vue économique, que stratégique ou géopolitique, il n'en demeure pas moins que le poids de l'Histoire semble être un des moteurs de cette rivalité, ou en tout cas de son caractère apparemment insurmontable. Le passé de la Seconde Guerre mondiale ne passe toujours pas : l'amnésie révisionniste japonaise comme l'intérêt politique chinois à conserver cette plaie ouverte alimentent cette hostilité réciproque. Le contexte de tensions régionales en Asie ne vient alors que se surajouter à cet enjeu mémoriel et nourrit la peur mutuelle.

Pourtant, la rivalité est-elle vraiment insurmontable ? De toute évidence, l'inimitié sino-japonaise est largement comparable à la séculaire haine franco-allemande. Or, comme la France et l'Allemagne, la Chine et le Japon pourraient se réconcilier dans la mesure où ils sont eux-aussi devenus des partenaires commerciaux et politiques interdépendants. Encore faudrait-il que le Japon, comme l'Allemagne a su le réaliser, affronte lucidement son passé. C'est d'ailleurs ce qu'il a su en partie faire, comme en témoignent (malgré leurs insuffisances) les « excuses sincères » de Tomiichi Murayama de 1995. Mais peut-être faudrait-il aller plus loin, ce que les tensions actuelles ne semblent guère encourager.

BIBLIOGRAPHIE
récapitulative des ouvrages cités

Acemoglu Daron et Robinson James, *Prospérité, puissance et pauvreté. Pourquoi certains pays réussissent mieux que d'autres*, Markus Haller éditions, 2015

Allison Graham, *Destined for war. Can America and china escape Thucydide's trap ?*, Houghton Mifflin Harcourt, Boston, 2017.

Appadurai Arjun, *Géographie de la colère. La violence à l'âge de la globalisation*, Payot, 2007

Atkinson Anthony, *Inégalités*, Points économie, 2017

Badie Bertrand, *La Diplomatie de connivence*, La Découverte, 2013

Badie Bertrand et Foucher Michel, *Vers un monde néo-national ?*, CNRS éditions, 2017

Beckouche Pierre et Richard Yann, *Atlas de la Grande Europe, Économies, Cultures, Politiques,* Autrement, 2015.

Bourguignon François, *La mondialisation de l'inégalité*, Seuil, 2012

Bozarslan Hamit, *Histoire de la violence au Moyen-Orient. De la fin de l'Empire Ottoman à Al-Qaida*, La Découverte, 2008

Branaa Éric, *Trumpland, portrait d'une Amérique divisée*, Privat, 2017

Brunel Sylvie, *L'Afrique est-elle si bien partie ?*, Éditions des Sciences Humaines, 2014

Chaliand Gérard, *Pourquoi perd-t-on la guerre ? Un nouvel art occidental*, Odile Jacob, 2016

Charillon Frédéric et Belin Célia (dir.), *Les États-Unis dans le monde*, CNRS éditions, 2016

Conesa Pierre, *Hollywar* : Hollywood, arme de propagande massive, Robert Laffont, 2018

Corm Georges, *Pour une lecture profane des conflits. Sur le « retour du religieux » dans les conflits contemporains au Moyen-Orient*, La Découverte, 2015

Corm Georges, *La Nouvelle Question d'Orient*, La Découverte, 2017

Cypel Sylvain, *Un Nouveau rêve américain*, Autrement, 2015, réédité au Livre de Poche en 2016.

Davezies Laurent, *Le Nouvel égoïsme territorial*, Seuil, 2015

Deneault Alain, *De quoi Total est-elle la somme ?*, Rue de l'échiquier/écosociété, 2017.

Deroubaix Christophe, *L'Amérique qui vient*, Éditions de l'Atelier, 2016

Duval Guillaume, *Made in Germany. Le modèle allemand au-delà des mythes*, Points économie, 2014

Duval Guillaume, *La France ne sera jamais plus une grande puissance ? Tant mieux !*, La Découverte, 2015

El-Khoury Bachir, *Monde arabe : les racines du mal*, Actes Sud, 2017

Eltchaninoff Michel, *Dans la tête de Vladimir Poutine*, Actes Sud, 2015

Filiu Jean-Pierre, *Généraux, gangsters et djihadistes. Histoire de la contre-révolution arabe*, La Découverte, 2018.

François Etienne et Serrier Thomas (dir.), *Europa, notre Histoire. L'Héritage européen depuis Homère*, Les Arènes, 2017

Freidman Thomas L., *La Terre est plate, Brève histoire du XXIe siècle*, Perrin, Texto, 2010

Glaser Antoine, *AfricaFrance. Quand les dirigeants africains deviennent les maitres du jeu*, Fayard, 2014.

Gratchev Andreï, *Un nouvel avant-guerre ? Des hyperpuissances à l'hyperpoker*, Alma éditeur, 2017

Guilluy Christophe, *La France périphérique. Comment on a sacrifié les classes populaires*, Champs Flammarion, 2015

Heisbourg François, *L'épaisseur du monde*, Stock, 2007

Kandel Maya, *Les États-Unis et le monde, de Georges Washington à Donald Trump*, Perrin, 2018

Kennedy Paul, *The Rise and Fall of Great Powers*, Vintage, 1989

Krumeich Gerd, *Le Feu aux poudres. Qui a déclenché la guerre en 1914 ?*, Belin, 2014

Laïdi Ali, *Histoire de la guerre économique*, Perrin, 2016.

Laïdi Zaiki, *La Norme sans la force, L'énigme de la puissance européenne*, Presses de Sciences Po, 2008

Le Goff Jacques, *L'Europe est-elle née au Moyen Âge ?*, Points Histoire, 2010.

Mélandri Pierre, *Le Siècle américain, Une histoire*, Perrin, 2016

Meyer Claude, *Chine ou Japon, quel leader pour l'Asie ?*, Presses de Sciences Po, 2010

Moïsi Dominique, *La Géopolitique des émotions*, Champs Flammarion, 2015

Moïsi Dominique, *Géopolitique des séries ou le triomphe de la peur*, Champs Flammarion, 2017

Noël Giraud Pierre, *Les Globalisations. Émergence et fragmentations*, Sciences Humaines Éditions, 2018

Nye Joseph, *Is the American Century over ?*, Polity, 2015

Parmentier Bruno, *Faim Zéro, En finir avec la faim dans le monde*, La Découverte, 2014

Piketty Thomas, *La Capital au XXIe siècle*, Seuil, 2013

Piketty Thomas, (sous la dir.), *Rapport sur les inégalités mondiales*, Seuil, 2018

Pitron Guillaume, *La guerre des métaux rares. La face cachée de la transition énergétique*, Les Liens qui libèrent, 2017.

Rachman Gideon, *Easternisation, War and Peace in the Asian century*, Vintage, 2017

Radvanyi Jean et Laruelle Marlène, *La Russie entre peurs et défis*, Armand Colin, 2016

Roy Olivier, *Le Djihad et la mort*, Seuil, 2016

Salama Pierre, *Les économies émergentes latino-américaines. Entre cigales et fourmis*, Armand Colin, 2012

Severino Jean-Michel et Ray Olivier, *Le Temps de l'Afrique*, Poche Odile Jacob, 2011

Severino Jean-Michel et Ray Olivier, *Entreprenante Afrique*, Odile Jacob, 2016

Sokoloff Georges, *La puissance pauvre. Une histoire de la Russie de 1815 à nos jours*, Fayard, 1993

Souyri Pierre-François, *Moderne sans être occidental. Aux origines du Japon d'aujourd'hui*, Gallimard, 2016

Stiglitz Joseph, *Le prix de l'inégalité*, Babel, 2014

Tooze Adam, *Le Déluge (1916-1931). Un nouvel ordre mondial*, Les Belles Lettres, 2015.

Veltz Pierre, *Mondialisation, villes, territoires. L'économie d'archipel*, PUF, 2014

Veyne Paul, *Quand notre monde est devenu chrétien (312-394)*, Livre de poche, 2010

Westad Odd Arne, *La guerre froide globale : le Tiers-Monde, les États-Unis et l'URSS 1945-1991*, Payot, 2009.

Withol de Wenden Catherine, *L'immigration, découvrir l'histoire, les évolutions et les tendances des phénomènes migratoires*, Eyrolles, 2017

Withol de Wenden Catherine, *La question migratoire au XXIe siècle*, Presses de Sciences Po, 2017.

Withol de Wenden Catherine, *L'Atlas des migrations. Un équilibre mondial à inventer*, Autrement, 2018.

Zacharia Fareed, *Le Monde post-américain*, Perrin, 2008

Zucman Gabriel, *La richesse cachée des nations, enquête sur les paradis fiscaux*, Seuil, 2017

TABLE DES MATIÈRES

Module I

Les grandes mutations du monde au XXe siècle (de 1913 au début des années 1990)

Module II

La mondialisation contemporaine : rapports de forces et enjeux

Table des matières

Module III

Géodynamique continentale de l'Europe, de l'Afrique et du Moyen-Orient

Module IV

Géodynamique continentale de l'Amérique et de l'Asie

Imprimé en Italie par «La Tipografica Varese Srl» Varese